मानसरोवर - 4

प्रेमचंद

डायमंड पाकेट बुक्स

ISBN 81-284-0012-6

प्रकाशक	:	**डायमंड पॉकेट बुक्स (प्रा.) लि.** X-30, ओखला इंडस्ट्रियल एरिया, फेज-II, नई दिल्ली-110020
फोन	:	011-6841033, 6822803, 6822804
फैक्स	:	011-6925020
ई-मेल	:	mverma@nde.vsnl.net.in
वेबसाइट	:	www.diamondpocketbooks.com
प्रथम पेपरबैक संस्करण	:	2002
मूल्य	:	रु. 60/-
अभिकल्पन एवं संयोजन	:	मीडिया पल्स, 28, शंकर विहार, दिल्ली
ई-मेल	:	acaditm@del2.vsnl.net.in
मुद्रक	:	आदर्श प्रिंटर्स, मोहन पार्क, शाहदरा, दिल्ली

MANSAROVAR - 4 ***(Novel)***
(Prem Chand) **Rs. 60.00**

प्रेमचंद

मानसरोवर-4

प्रेमचंद ने हिन्दी कहानी को एक निश्चित परिप्रेक्ष्य और कलात्मक आधार दिया। उन्होंने कहानी के स्वरूप को पाठकों की रुचि, कल्पना और विचार शक्ति का निर्माण करते हुए विकसित किया है। उनकी कहानियों का भाव-जगत् आत्मानुभूत अथवा निकट से देखा हुआ है। कहानी-क्षेत्र में वे वास्तविक जगत की उपज थे। उनकी कहानी की विशिष्टता यह है कि उसमें आदर्श और यथार्थ का गंगा-यामुनी संगम है। कथा का रूप घटनाओं और चरित्रों के माध्यम से निरुपित होता है। कथाकार के रूप में प्रेमचंद अपने जीवनकाल में ही किंवदन्ती बन गए थे। उन्होंने मुख्यतः ग्रामीण एवं नागरिक सामाजिक जीवन को कहानियों का विषय बनाया है। उनकी कथायात्रा में क्रमिक विकास के लक्षण स्पष्ट हैं। यहां विकास वस्तु विचार अनुभव तथा शिल्प सभी स्तरों पर अनुभव किया जा सकता है। उनका मानवतावाद अमूर्त भावात्मक नहीं, अपितु उसका आधार एक प्रकार का सुसंगत यथार्थवाद है, जो भावुकतापूर्ण आदर्शवाद प्रस्थान का पूर्णक्रम, पाठकों के समक्ष रख सका है।

अनुक्रमाणिका

प्रेरणा

मेरी कक्षा में सूर्यप्रकाश से ज़्यादा ऊधमी कोई लड़का न था, बल्कि यों कहो कि अध्यापन-काल के दस वर्षों में मुझे ऐसी विषम प्रकृति के शिष्य से साबका न पड़ा था। कपट-क्रीड़ा में उसकी जान बसती थी। अध्यापकों को बनाने और चिढ़ाने, उद्योगी बालकों को छेड़ने और रुलाने में ही उसे आनन्द आता था। ऐसे-ऐसे षड्यंत्र रचता, ऐसे-ऐसे फंदे डालता, ऐसे-ऐसे बाँधनू बाँधता कि देखकर आश्चर्य होता था। गरोहबंदी में अभ्यस्त था।

खुदाई फौजदारों की एक फौज बना ली थी और उसके आतंक से शाला पर शासन करता था। मुख्य अधिष्ठाता की आज्ञा टल जाये, मगर क्या मजाल कि कोई उसके हुक्म की अवज्ञा कर सके। स्कूल के चपरासी और अर्दली उससे थर-थर काँपते थे। इंस्पेक्टर का मुआइना होनेवाला था, मुख्य अधिष्ठाता ने हुक्म दिया कि लड़के निर्दिष्ट समय से आध घंटा पहले आ जायें। मतलब यह था कि लड़कों को मुआइने के बारे में कुछ ज़रूरी बातें बता दी जाएँ, मगर दस बज गये, इंस्पेक्टर साहब आकर बैठ गये, और मदरसे में एक लड़का भी नहीं। ग्यारह बजे सब छात्र इस तरह निकल पड़े, जैसे कोई पिंजरा खोल दिया गया हो। इंस्पेक्टर साहब ने कैफ़ियत में लिखा—डिसिप्लिन बहुत ख़राब है। प्रिंसिपल साहब की किरकिरी हुई, अध्यापक बदनाम हुए, और यह सारी शरारत सूर्यप्रकाश की थी, मगर बहुत पूछ-ताछ करने पर भी किसी ने सूर्यप्रकाश का नाम तक न लिया। मुझे अपनी संचालन-विधि पर गर्व था। ट्रेनिंग कॉलेज में इस विषय में मैंने ख्याति प्राप्त की थी। मगर यहाँ मेरा सारा संचालन-कौशल जैसे मोर्चा खा गया था। कुछ अक्ल ही काम न करती कि शैतान को कैसे सन्मार्ग पर लाएँ। कई बार अध्यापकों की बैठक हुई, पर यह गिरह न खुली। नयी शिक्षा-विधि के अनुसार मैं दंडनीति का पक्षपाती न था, मगर यहाँ हम इस नीति से केवल इसलिए विरक्त थे कि कहीं उपचार से भी रोग असाध्य न हो जाए। सूर्यप्रकाश को स्कूल से निकाल देने का प्रस्ताव भी किया गया, पर इसे अपनी अयोग्यता का प्रमाण समझकर हम इस नीति का व्यवहार करने का साहस न कर सके। बीस-बाईस अनुभवी और शिक्षाशास्त्र के आचार्य एक बारह-तेरह साल के उद्दंड बालक का सुधार न कर सकें, यह विचार बहुत ही निराशाजनक था। यों तो सारा स्कूल उससे त्राहि-त्राहि करता था, मगर सबसे ज़्यादा संकट में मैं था, क्योंकि वह मेरी कक्षा का छात्र था, और उसकी शरारतों का कुफल मुझे भोगना पड़ता था। मैं स्कूल आता, तो हरदम यही खटका लगा रहता था कि देखें आज क्या विपत्ति आती है।

एक दिन मैंने अपनी मेज़ की दराज़ खोली, तो उसमें से एक बड़ा मेंढक निकल पड़ा। मैं चौंककर पीछे हटा तो क्लास में एक शोर मच गया। उसकी ओर सरोष नेत्रों से देखकर रह गया। सारा घंटा उपदेश में बीत गया और वह पट्ठा सिर झुकाए नीचे मुस्कुरा रहा था। मुझे आश्चर्य होता था कि यह नीचे की कक्षाओं में कैसे पास हुआ था। एक दिन मैंने गुस्से से कहा—तुम इस कक्षा से उम्र भर नहीं पास हो सकते।

सूर्यप्रकाश ने अविचलित भाव से कहा—आप मेरे पास होने की चिंता न करें। मैं हमेशा पास हुआ हूँ और अबकी भी हूँगा।

'असम्भव।'

'असम्भव सम्भव हो जायेगा!'

मैं आश्चर्य से उसका मुँह देखने लगा। ज़हीन-से-ज़हीन लड़का भी अपनी सफलता का दावा इतने निर्विवाद रूप से न कर सकता था। मैंने सोचा, वह प्रश्न-पत्र उड़ा लेता होगा। मैंने प्रतिज्ञा की, अबकी इसकी एक चाल भी न चलने दूँगा। देखूँ, कितने दिन इस कक्षा में पड़ा रहता है। आप घबराकर निकल जायगा।

वार्षिक परीक्षा के अवसर पर मैंने असाधारण देख-भाल से काम लिया, मगर जब सूर्यप्रकाश का उत्तर-पत्र देखा, तो मेरे विस्मय की सीमा न रही। मेरे दो पर्चे थे। दोनों में ही उसके नम्बर कक्षा में सबसे अधिक थे। मुझे खूब मालूम था कि वह मेरे किसी पर्चे का कोई प्रश्न भी हल नहीं कर सकता! मैं इसे सिद्ध कर सकता था, मगर उसके उत्तर-पत्रों को क्या करता! लिपि में इतना भेद न था, जो कोई संदेह उत्पन्न कर सकता। मैंने प्रिंसिपल से कहा, तो वह भी चकरा गये, मगर उन्हें भी जान-बूझकर मक्खी निगलनी पड़ी। मैं कदाचित् स्वभाव से ही निराशावादी हूँ। अन्य अध्यापकों को मैं सूर्यप्रकाश के विषय में ज़रा भी चिंतित न पाता था। मानो ऐसे लड़कों का स्कूल में आना कोई बात नहीं, मगर मेरे लिए वह एक विकट रहस्य थी। अगर यही ढंग रहे, तो एक दिन या तो जेल में होगा या पागलखाने में।

2

उसी साल मेरा तबादला हो गया। यद्यपि यहाँ की जलवायु मेरे अनुकूल थी, प्रिंसिपल और अन्य अध्यापकों से मैत्री हो गई थी, मगर मैं अपने तबादले से ख़ुश हुआ, क्योंकि सूर्यप्रकाश मेरे मार्ग का काँटा न रहेगा। लड़कों ने मुझे विदाई की दावत दी, और सब-के-सब स्टेशन तक पहुँचाने आए। उस वक़्त सभी लड़के आँखों में आँसू भरे हुए थे। मैं भी अपने आँसुओं को न रोक सका। सहसा मेरी निग़ाह सूर्यप्रकाश पर पड़ी, जो सबसे पीछे लज्जित खड़ा था। मुझे ऐसा मालूम हुआ कि उसकी आँखें भी भीगी थीं। मेरा जी बार-बार चाहता था कि चलते-चलते उससे दो-चार बातें कर लूँ। शायद वह भी मुझसे कुछ कहना चाहता था, मगर न मैंने पहले बातें कीं, न उसने, हालाँकि मुझे बहुत दिनों तक इसका खेद रहा। उसकी झिझक तो क्षमा के योग्य थी, पर मेरा अवरोध अक्षम्य था। सम्भव था, उस करुणा और ग्लानि की दशा में मेरी दो-चार निष्कपट बातें उसके दिल पर असर कर जातीं, मगर इन्हीं खोए हुए अवसरों का नाम तो जीवन है। गाड़ी मंदगति से चली। लड़के कई कदम तक उसके साथ दौड़े। मैं खिड़की के बाहर सिर निकाले खड़ा था। कुछ देर तक मुझे उनके हिलते हुए रूमाल नज़र आए। फिर वह रेखाएँ आकाश में विलीन हो गईं, मगर एक अल्पकाय मूर्ति अब भी प्लेटफार्म पर खड़ी थी। मैंने अनुमान किया, वह सूर्यप्रकाश है। उस समय मेरा हृदय किसी विकल क़ैदी की भाँति घृणा, मालिन्य और उदासीनता के बंधनों को तोड़-तोड़कर उसके गले मिलने के लिए तड़प उठा।

नये स्थान की नयी चिंताओं ने बहुत जल्द मुझे अपनी ओर आकर्षित कर

लिया। पिछले दिनों की याद एक हसरत बनकर रह गई। न किसी का कोई ख़त आया न मैंने कोई ख़त लिखा। शायद दुनिया का यही दस्तूर है। वर्षा के बाद वर्षा की हरियाली कितने दिनों रहती है। संयोग से मुझे इंग्लैंड में विद्याभ्यास करने का अवसर मिल गया। वहाँ तीन साल लग गये। वहाँ से लौटा तो एक कॉलेज का प्रिंसिपल बना दिया गया। यह सिद्धि मेरे लिए बिल्कुल आशातीत थी। मेरी भावना स्वप्न में भी इतनी दूर न उड़ी थी, किंतु पद-लिप्सा अब किसी और भी ऊँची डाली पर आश्रय लेना चाहती थी। शिक्षा मंत्री से रब्त-जब्त पैदा किया। मंत्री महोदय मुझ पर कृपा रखते थे, मगर वास्तव में शिक्षा के मौलिक सिद्धांतों का उन्हें ज्ञान न था। मुझे पाकर उन्होंने सारा भार मेरे ऊपर डाल दिया। घोड़े पर सवार वह थे, लगाम मेरे हाथ में थी। फल यह हुआ कि उनके राजनीतिक विपक्षियों से मेरा विरोध हो गया। मुझ पर जा-बेज़ा आक्रमण होने लगे। सिद्धांत रूप से मैं अनिवार्य शिक्षा का विरोधी हूँ। मेरा विचार है कि हर-एक मनुष्य को उन विषयों में ज़्यादा स्वाधीनता होनी चाहिए, जिनका उससे निज का सम्बन्ध है। मेरा विचार है कि यूरोप में अनिवार्य शिक्षा की ज़रूरत है, भारत में नहीं। भौतिकता, पश्चिमी सभ्यता का मूल तत्त्व है। वहाँ किसी काम की प्रेरणा, आर्थिक लाभ के आधार पर होती है। ज़िंदगी की ज़रूरतें ज़्यादा हैं, इसलिए जीवन-संग्राम भी अधिक भीषण है। माता-पिता भोग के दास होकर बच्चों को जल्द-से-जल्द कुछ कमाने पर मजबूर करते हैं। इसकी जगह कि वह मद का त्याग करके एक शिलिंग रोज़ की बचत कर लें, वे अपने कमसिन बच्चे को एक शिलिंग मज़दूरी करने के लिए दबाएँगे। भारतीय जीवन में सात्त्विक सरलता है। हम उस वक़्त तक अपने बच्चों से मज़दूरी नहीं कराते, जब तक कि परिस्थिति हमें विवश न कर दे।

दरिद्र-से-दरिद्र हिन्दुस्तानी मज़दूर भी शिक्षा के उपकारों का कायल है। उसके मन में यह अभिलाषा होती है कि मेरा बच्चा चार अक्षर पढ़ जाये। इसलिए नहीं कि उसे कोई अधिकार मिलेगा, बल्कि केवल इसलिए कि विद्या मानवी शील का एक श्रृंगार है। अगर यह जानकर भी वह अपने बच्चे को मदरसे नहीं भेजता, तो समझ लेना चाहिए कि वह मज़बूर है। ऐसी दशा में उस पर कानून का प्रहार करना मेरी दृष्टि में न्यायसंगत नहीं है। इसके सिवाय मेरे विचार में अभी हमारे देश में योग्य शिक्षकों का अभाव है। अर्द्ध-शिक्षित और अल्प वेतन पानेवाले अध्यापकों से आप यह आशा नहीं रख सकते कि वह कोई ऊँचा आदर्श अपने सामने रख सकें। अधिक-से-अधिक इतना ही होगा कि चार-पाँच वर्ष में बालक को अक्षर-ज्ञान हो जायेगा। मैं इसे पर्वत खोदकर चुहिया निकालने के तुल्य समझता हूँ। वयस प्राप्त हो जाने पर यह मसला एक महीने में आसानी से तय किया जा सकता है। मैं अनुभव से कह सकता हूँ कि युवावस्था में हम जितना ज्ञान एक महीने में प्राप्त कर सकते हैं, उतना बाल्यावस्था में तीन साल में भी नहीं कर सकते, फिर खामखवाह बच्चों को मदरसे में क़ैद करने से क्या लाभ? मदरसे के बाहर रहकर उसे स्वच्छ वायु तो मिलती, प्राकृतिक अनुभव तो होते। पाठशाला में बंद करके तो आप उसके मानसिक और शारीरिक, दोनों विधानों की जड़ काट देते हैं, इसलिए जब प्रान्तीय व्यवस्थापक सभा में अनिवार्य शिक्षा का प्रस्ताव पेश हुआ, तो मेरी प्रेरणा से मिनिस्टर साहब ने उसका विरोध किया। नतीज़ा यह हुआ कि प्रस्ताव अस्वीकृत हो गया। फिर क्या था? मिनिस्टर साहब की और मेरी दह ले-दे शुरू हुई कि कुछ न पूछिए। व्यक्तिगत आक्षेप किये जाने लगे। मैं ग़रीब की बीवी था, मुझे ही सबकी भाभी बनना पड़ा। मुझे देशद्रोही, उन्नति का शत्रु

और नौकरशाही का गुलाम कहा गया। मेरे कॉलेज में ज़रा-सी भी कोई बात होती, तो कौंसिल में मुझ पर वर्षा होने लगती। मैंने एक चपरासी को पृथक् किया, सारी कौंसिल पंजे झाड़कर मेरे पीछे पड़ गई। आख़िर मिनिस्टर को मजबूर होकर उस चपरासी को बहाल करना पड़ा। यह अपमान मेरे लिए असह्य था। शायद कोई भी इसे सहन न कर सकता। मिनिस्टर साहब से मुझे शिकायत नहीं। वह मजबूर थे। हाँ, इस वातावरण में काम करना मेरे लिए दुस्साध्य हो गया। मुझे अपने कॉलेज के आंतरिक संगठन का भी अधिकार नहीं। अमुक क्यों नहीं परीक्षा में भेजा गया, अमुक के बदले अमुक को क्यों नहीं छात्रवृत्ति दी गयी, अमुक अध्यापक को अमुक कक्षा क्यों नहीं दी जाती, इस तरह के सारहीन आक्षेपों ने मेरी नाक में दम कर दिया था। इस नयी चोट ने कमर तोड़ दी। मैंने इस्तीफ़ा दे दिया।

मुझे मिनिस्टर साहब से इतनी आशा अवश्य थी कि वह कम-से-कम इस विषय में न्याय-परायणता से काम लेंगे. मगर उन्होंने न्याय की जगह नीति को मान्य समझा, और मुझे कई साल की भक्ति का यह फल मिला कि मैं पदच्युत कर दिया गया। संसार का ऐसा कटु अनुभव मुझे अब तक न हुआ था। ग्रह भी कुछ बुरे आ गये थे, उन्हीं दिनों पत्नी का देहांत हो गया। अंतिम दर्शन भी न कर सका। संध्या-समय नदी-तट पर सैर करने गया था। वह कुछ अस्वस्थ थीं। लौटा, तो उनकी लाश मिली। कदाचित् हृदय की गति बंद हो गई थी। इस आघात ने कमर तोड़ दी। माता के प्रसाद और आशीर्वाद से बड़े-बड़े महान् पुरुष कृतार्थ हो गये हैं। मैं जो कुछ हुआ, पत्नी के प्रसाद और आशीर्वाद से हुआ। वह मेरे भाग्य की विधात्री थीं। कितना अलौकिक त्याग था, कितना बड़ा धैर्य। उनके माधुर्य में तीक्ष्णता का नाम भी न था। मुझे याद नहीं आता कि मैंने कभी उनकी भृकुटि संकुचित देखी हो। निराश होना तो जानती ही न थीं। मैं कई बार सख़्त बीमार पड़ा हूँ। वैद्य भी निराश हो गये, पर वह अपने धैर्य और शांति से अणुमात्र भी विचलित नहीं हुईं। उन्हें विश्वास था कि मैं अपने पति के जीवनकाल में मरूँगी और वही हुआ भी। मैं जीवन में अब तक उन्हीं के सहारे खड़ा था! जब वह अवलम्ब ही न रहा, तो जीवन कहाँ रहता, खाने और सोने का नाम जीवन नहीं है। जीवन नाम है, सदैव आगे बढ़ते रहने की लगन का। वह लगन ग़ायब हो गई। मैं संसार से विरक्त हो गया और एकांतवास में जीवन के दिन व्यतीत करने का निश्चय करके एक छोटे-से गाँव में जा बसा। चारों तरफ़ ऊँचे-ऊँचे टीले थे, एक ओर गंगा बहती थी। मैंने नदी के किनारे एक छोटा-सा घर बना लिया और उसी में रहने लगा।

3

मगर काम करना तो मानवी स्वभाव है। बेकारी में जीवन कैसे कटता? मैंने एक छोटी-सी पाठशाला खोल ली, एक वृक्ष की छाँह में गाँव के लड़कों को जमाकर कुछ पढ़ाया करता था। उसकी यहाँ इतनी ख्याति हुई कि आसपास के गाँव के छात्र भी आने लगे।

एक दिन मैं अपनी कक्षा को पढ़ा रहा था कि पाठशाला के पास एक मोटर आकर रुकी और उसमें से उस ज़िले के डिप्टी कमिश्नर उतर पड़े। मैं उस समय केवल एक कुर्ता और धोती पहने हुए था। इस वेश में एक हाकिम से मिलते हुए

शर्म आ रही थी। डिप्टी कमिश्नर मेरे समीप आए, तो मैंने झेंपते हुए हाथ बढ़ाया, मगर वह मेरे हाथ मिलाने के बदले मेरे पैरों की ओर झुके और उनपर सिर रख दिया। मैं कुछ ऐसा सिटपिटा गया कि मेरे मुँह से एक शब्द भी न निकला। मैं अंग्रज़ी अच्छी तरह लिखता हूँ, दर्शनशास्त्र का भी आचार्य हूँ, व्याख्या भी अच्छे दे लेता हूँ। मगर इन गुणों में एक भी श्रद्धा के योग्य नहीं। श्रद्धा तो ज्ञानियों और साधुओं ही के अधिकार की वस्तु है। अगर मैं ब्राह्मण होता, तो एक बात थी। हालाँकि एक सिविलियन का किसी ब्राह्मण के पैरों पर सिर रखना अचिंतनीय है।

मैं अभी इसी विस्मय में पड़ा हुआ था कि डिप्टी कमिश्नर ने सिर उठाया और मेरी तरफ़ देखकर कहा—आपने मुझे शायद पहचाना नहीं?

इतना सुनते ही मेरे स्मृति-नेत्र खुल गये, बोला—आपका नाम सूर्यप्रकाश तो नहीं है?

'जी हाँ, मैं आपका वही अभागा शिष्य हूँ।'

'बारह-तेरह वर्ष हो गये।'

सूर्यप्रकाश ने मुस्कुराकर कहा—अध्यापक लड़कों को भूल जाते हैं, पर लड़के उन्हें हमेशा याद रखते हैं।

मैंने उसी विनोद के भाव से कहा—तुम जैसे लड़कों को भूलना असम्भव है।

सूर्यप्रकाश ने विनीत स्वर में कहा—उन्हीं अपराधों को क्षमा कराने के लिए सेवा में आया हूँ। मैं सदैव आपकी ख़बर लेता रहता था। जब आप इंग्लैंड गये, तो मैंने आपके लिए बधाई का पत्र लिखा, पर उसे भेज न सका। जब आप प्रिंसिपल हुए, मैं इंग्लैंड जाने को तैयार था। वहाँ मैं पत्रिकाओं में आपके लेख पढ़ता रहता था। जब लौटा, तो मालूम हुआ कि आपने इस्तीफ़ा दे दिया और कहीं देहात में चले गये हैं। इस ज़िले में आए हुए मुझे एक वर्ष से अधिक हुआ, पर इसका ज़रा भी अनुमान न था कि आप यहाँ एकांत-सेवन कर रहे हैं। इस उजाड़ गाँव में आपका जी कैसे लगता है? इतनी ही अवस्था में आपने वानप्रस्थ ले लिया।

मैं नहीं कह सकता कि सूर्यप्रकाश की उन्नति देखकर मुझे कितना आश्चर्यमय आनंद हुआ। अगर वह मेरा पुत्र होता, तो भी इससे अधिक आनंद न होता। मैं उसे अपने झोपड़े में ले आया और अपनी राम कहानी कह सुनायी।

सूर्यप्रकाश ने कहा—तो यह कहिए कि आप अपने ही एक भाई के विश्वासघात के शिकार हुए। मेरा अनुभव तो अभी बहुत कम है, मगर इतने ही दिनों में मुझे मालूम हो गया है कि हम लोग अभी अपनी ज़िम्मेदारियों को पूरा करना नहीं जानते। मिनिस्टर साहब से भेंट हुई, तो पूछूँगा कि यही आपका धर्म था?

मैंने जवाब दिया—भाई, उनका दोष नहीं। सम्भव है, इस दशा में मैं भी वही करता, जो उन्होंने किया। मुझे अपनी स्वार्थलिप्सा की सजा मिल गई, और उसके लिए मैं उनका ऋणी हूँ। बनावट नहीं, सत्य कहता हूँ कि यहाँ मुझे जो शांति है, वह और कहीं न थी। इस एकांत जीवन में मुझे जीवन के तत्त्वों का ज्ञान हुआ, जो सम्पत्ति और अधिकार की दौड़ में किसी तरह सम्भव न था। इतिहास और भूगोल के पोथे चाटकर और यूरोप के विद्यालयों की शरण जाकर मैं अपनी ममता को न मिटा सका, बल्कि यह रोग दिन-दिन और भी असाध्य होता जाता था। आप सीढ़ियों पर पाँव रखे बग़ैर छत की ऊँचाई तक नहीं पहुँच सकते। सम्पत्ति की अट्टालिका तक पहुँचने में दूसरों की ज़िंदगी ही जीने का काम देती है। आप उन्हें कुचलकर ही लक्ष्य तक पहुँच सकते हैं। वहाँ सौजन्य और सहानुभूति का स्थान ही नहीं। मुझे ऐसा मालूम होता है कि उस वक़्त मैं हिंस्र जंतुओं से घिरा

हुआ था और मेरी सारी शक्तियाँ अपनी आत्म-रक्षा में ही लगी रहती थीं। यहाँ अपने चारों ओर संतोष और सरलता देखता हूँ। मेरे पास जो लोग आते हैं, कोई स्वार्थ लेकर नहीं आते और न मेरी सेवाओं में प्रशंसा या गौरव की लालसा है।

यह कहकर मैंने सूर्यप्रकाश के चेहरे की ओर गौर से देखा। कपट मुस्कान की जगह ग्लानि का रंग था। शायद यह दिखाने आया था कि आप जिसकी तरफ़ से इतने निराश हो गये थे, वह अब इस पद को सुशोभित कर रहा है। वह मुझसे अपने सदुद्योग का बखान कराना चाहता था। मुझे अब अपनी भूल मालूम हुई। एक सम्पन्न आदमी के सामने समृद्धि की निंदा उचित नहीं। मैंने तुरंत बात पलटकर कहा—मगर तुम अपना हाल तो कहो। तुम्हारी यह कायापलट कैसे हुई? तुम्हारी शरारतों को याद करता हूँ, तो अब भी रोएँ खड़े हो जाते हैं। किसी देवता के वरदान के सिवा और तो कहीं यह विभूति न प्राप्त हो सकती थी।

सूर्यप्रकाश ने मुस्कुराकर कहा—आपका आशीर्वाद था।

मेरे आग्रह करने पर सूर्यप्रकाश ने अपना वृत्तांत सुनाना शुरू किया—

'आपके चले आने के कई दिन बाद मेरा ममेरा भाई स्कूल में दाखिल हुआ। उसकी उम्र आठ-नौ साल से ज़्यादा न थी। प्रिंसिपल साहब उसे होस्टल में न लेते थे और न मामा साहब उसके ठहरने का प्रबंध कर सकते थे। उन्हें इस संकट में देखकर मैंने प्रिंसिपल साहब से कहा—उसे मेरे कमरे में ठहरा दीजिए। प्रिंसिपल साहब ने इसे नियम-विरुद्ध बतलाया। इस पर मैंने बिगड़कर उसी दिन होस्टल छोड़ दिया, और एक किराए का मकान लेकर मोहन के साथ रहने लगा। उसकी माँ कई साल पहले ही मर चुकी थी। इतना दुबला-पतला, कमज़ोर और ग़रीब लड़का था कि पहले दिन से मुझे उस पर दया आने लगी। कभी उसके सिर में दर्द होता, कभी ज्वर हो जाता। आए दिन कोई न कोई बीमारी खड़ी रहती थी। इधर साँझ हुई और उसे झपकियाँ आने लगीं। बड़ी मुश्क़िल से भोजन करने उठता। दिन चढ़े तक सोया करता और जब तक मैं गोद में उठाकर बिठा न देता, उठने का नाम न लेता। रात को बहुधा चौंककर मेरी चारपाई पर आ जाता और मेरे गले से लिपटकर सोता। मुझे उस पर कभी क्रोध न आता। कह नहीं सकता, क्यों मुझे उससे प्रेम हो गया था। मैं जहाँ पहले नौ बजे सोकर उठता था, अब तड़के उठ बैठता और उसके लिए दूध गर्म करता। फिर उसे उठाकर हाथ-मुँह धुलाता और नाश्ता कराता। उसके स्वास्थ्य के विचार से नित्य वायु-सेवन को ले जाता। मैं जो कभी किताब लेकर न बैठता था, उसे घंटों पढ़ाया करता। मुझे अपने दायित्व का इतना ज्ञान कैसे हो गया, इसका मुझे आश्चर्य है। उसे कोई शिकायत हो जाती, तो मेरे प्राण नसों में समा जाते। डॉक्टर के पास दौड़ता, दवाएँ लाता और मोहन की ख़ुशामद करके दवा पिलाता। सदैव यह चिंता लगी रहती थी, कि कोई बात उसकी इच्छा के विरुद्ध न हो जाये। इस बेचारे का यहाँ मेरे सिवा दूसरा कौन है। मेरे चंचल मित्रों में से कोई उसे चिढ़ाता या छेड़ता, तो मेरी त्यौरियाँ बदल जाती थीं! कई लड़के तो मुझे बूढ़ी दाई कहकर चिढ़ाते थे, पर मैं हँसकर टाल देता था। मैं उसके सामने एक अनुचित शब्द भी मुँह से न निकालता। यह शंका होती थी कि कहीं मेरी देखा-देखी यह भी न ख़राब हो जाये। मैं उसके सामने इस तरह रहना चाहता था, कि वह मुझे अपना आदर्श समझे और इसके लिए यह मानी हुई बात थी कि मैं अपना चरित्र सुधारूँ। वह मेरा नौ बजे सोकर उठना, बारह बजे तक मटरगश्ती करना, नयी-नयी शरारतों के मनसूबे बाँधना और अध्यापकों से आँख बचाकर स्कूल से उड़ जाना, सब आप-ही-आप जाता रहा।

स्वास्थ्य और चरित्र-पालन के सिद्धांतों का मैं शत्रु था, पर अब मुझसे बढ़कर उन नियमों का रक्षक दूसरा न था। ईश्वर का उपहास किया करता था, मगर अब पक्का आस्तिक हो गया था। वह बड़े सरल भाव से पूछता, परमात्मा सब जगह रहते हैं, मेरे पास भी रहते होंगे। इस प्रश्न का मज़ाक उड़ाना मेरे लिए असम्भव था। मैं कहता–हाँ, परमात्मा तुम्हारे, हमारे सबके पास रहते हैं और हमारी रक्षा करते हैं। यह आश्वासन पाकर उसका चेहरा आनंद से खिल उठता था, कदाचित् वह परमात्मा की सत्ता का अनुभव करने लगता था। साल ही भर में मोहन कुछ-से-कुछ हो गया। मामा साहब दोबारा आए, तो उसे देखकर चकित हो गये। आँखों में आँसू भरकर बोले–बेटा! तुमने इसको जिला लिया, नहीं तो मैं निराश हो चुका था। इसका पुनीत फल तुम्हें ईश्वर देंगे। इसकी माँ स्वर्ग में बैठी हुई तुम्हें आशीर्वाद दे रही है।'

सूर्यप्रकाश की आँखें उस वक़्त भी सजल हो गई थीं।

मैंने पूछा–मोहन भी तुम्हें बहुत प्यार करता होगा?

सूर्यप्रकाश के सजल नेत्रों में हसरत से भरा हुआ आनंद चमक उठा, बोला–वह मुझे एक मिनट के लिए भी नहीं छोड़ता था। मेरे साथ बैठता, मेरे साथ खाता, मेरे साथ सोता। मैं ही उसका सब कुछ था। आह! वह संसार में नहीं है। मगर मेरे लिए वह अब भी उसी तरह जीता-जागता है। मैं जो कुछ हूँ, उसी का बनाया हुआ हूँ। अगर वह दैवी विधान की भाँति मेरा पथ-प्रदर्शक न बन जाता, तो शायद आज मैं किसी जेल में पड़ा होता। एक दिन मैंने कह दिया था–अगर तुम रोज़ नहा न लिया करोगे, तो मैं तुमसे न बोलूँगा। नहाने से वह न-जाने क्यों जी चुराता था। मेरी इस धमकी का फल यह हुआ कि वह नित्य प्रातःकाल नहाने लगा। कितनी ही सर्दी क्यों न हो, कितनी ही ठंडी हवा चले, लेकिन वह स्नान अवश्य करता था। देखता रहता था मैं किस बात में ख़ुश होता हूँ। एक दिन मैं कई मित्रों के साथ थिएटर देखने चला गया, ताक़ीद कर गया था कि तुम खाना खाकर सो रहना। तीन बजे रात को लौटा, तो देखा कि वह बैठा हुआ है। मैंने पूछा–तुम सोए नहीं? बोला–नींद नहीं आई। उस दिन से मैंने थिएटर जाने का नाम न लिया। बच्चों में प्यार की जो एक भूख होती है–दूध, मिठाई और खिलौने से भी ज़्यादा मादक–जो माँ की गोद के सामने संसार की निधि की भी परवाह नहीं करते, मोहन की वह भूख कभी संतुष्ट न होती थी। पहाड़ों से टकरानेवाली सारस की आवाज़ की तरह यह सदैव उसकी नसों में गूँजा करती थी, जैसे भूमि पर फैली हुई लता कोई सहारा पाते ही उससे चिपट जाती है, वही हाल मोहन का था। वह मुझसे ऐसा चिपट गया था कि पृथक् किया जाता, तो उसकी कोमल बेलि के टुकड़े-टुकड़े हो जाते। वह मेरे साथ तीन साल रहा और तब मेरे जीवन में प्रकाश की एक रेखा डालकर अंधकार में विलीन हो गया। उस जीर्ण काया में कैसे-कैसे अरमान भरे हुए थे। कदाचित् ईश्वर ने मेरे जीवन में एक अवलम्ब की सृष्टि करने के लिए उसे भेजा था। उद्देश्य पूरा हो गया, तो वह क्यों रहता?

4

गर्मियों की तातील थी। दो तातीलों में मोहन मेरे ही साथ रहा था। मामाजी के आग्रह करने पर भी घर न गया। अबकी कॉलेज के छात्रों ने काश्मीर यात्रा करने

का निश्चय किया और मुझे उसका अध्यक्ष बनाया। काश्मीर-यात्रा की अभिलाषा मुझे चिरकाल से थी। इस अवसर को गनीमत समझा। मोहन को मामाजी के पास भेजकर मैं काश्मीर चला गया। दो महीने बाद लौटा तो मालूम हुआ, मोहन बीमार है। काश्मीर में मुझे बार-बार मोहन की याद आती थी और जी चाहता था, लौट जाऊँ। मुझे उस पर इतना प्रेम है, इसका अन्दाज़ मुझे काश्मीर में जाकर हुआ, लेकिन मित्रों ने पीछा न छोड़ा। उसकी बीमारी की ख़बर पाते ही मैं अधीर हो उठा और दूसरे ही दिन उसके पास जा पहुँचा। मुझे देखते ही उसके पीले और सूखे हुए चेहरे पर आनंद की स्फूर्ति झलक पड़ी। मैं दौड़कर उसके गले से लिपट गया। उसकी आँखों में वह दूर-दृष्टि और चेहरे पर वह अलौकिक आभा थी, जो मँडराती हुई मृत्यु की सूचना देती है। मैंने आवेश से काँपते हुए स्वर में पूछा—यह तुम्हारी क्या दशा है मोहन? दो ही महीने में यह नौबत पहुँच गई? मोहन ने सरल मुस्कान के साथ कहा—आप काश्मीर की सैर करने गये थे, मैं आकाश की सैर करने जा रहा हूँ।

'मगर यह दुःख-कहानी कहकर मैं रोना और रुलाना नहीं चाहता। मेरे चले जाने के बाद मोहन इतने परिश्रम से पढ़ने लगा, मानो तपस्या कर रहा हो। उसे यह धुन सवार हो गई थी कि सालभर की पढ़ाई दो महीने में समाप्त कर ले और स्कूल खुलने के बाद मुझसे इस श्रम का प्रशंसारूपी उपहार प्राप्त करे। मैं किस तरह उसकी पीठ ठोकूँगा, शाबाशी दूँगा, अपने मित्रों से बखान करूँगा, इन भावनाओं ने अपने सारे बालोचित उत्साह और तल्लीनता के साथ उसे वशीभूत कर लिया। मामाजी को दफ़्तर के कामों में इतना अवकाश कहाँ कि उसके मनोरंजन का ध्यान रखें। शायद उसे प्रतिदिन कुछ-न-कुछ पढ़ते देखकर भला क्या कहते! फल यह हुआ कि मोहन को हलका-हलका ज्वर आने लगा, किन्तु उस दशा में भी उसने पढ़ना न छोड़ा। कुछ और व्यतिक्रम भी हुए। ज्वर का प्रकोप और भी बढ़ा, पर उस दशा में भी ज्वर कुछ हलका हो जाता तो किताबें देखने लगता था। उसके प्राण मुझमें ही बने रहते थे। ज्वर की दशा में भी नौकरों से पूछता—भैया का पत्र आया? वह कब आएँगे? इसके सिवा और कोई दूसरी अभिलाषा न थी। अगर मुझे मालूम होता कि मेरी काश्मीर-यात्रा इतनी मँहगी पड़ेगी, तो उधर जाने का नाम भी न लेता। उसे बचाने के लिए मुझसे जो कुछ हो सकता था, वह मैंने सब किया, किन्तु बुखार टाइफॉयड था, उसकी जान लेकर ही उतरा। उसके जीवन के स्वप्न मेरे लिए किसी ऋषि के आशीर्वाद बनकर मुझे प्रोत्साहित करने लगे और यह उसी का शुभ फल है कि आज आप मुझे इस दशा में देख रहे हैं। मोहन की बाल अभिलाषाओं को प्रत्यक्ष रूप में लाकर मुझे यह संतोष होता है कि शायद उसकी पवित्र आत्मा मुझे देखकर प्रसन्न होती हो। यही प्रेरणा थी कि जिसने कठिन-से-कठिन परीक्षाओं में भी मेरा बेड़ा पार लगाया, नहीं तो मैं आज भी वही मंदबुद्धि सूर्यप्रकाश हूँ, जिसकी सूरत से आप चिढ़ते थे।'

उसी दिन से मैं कई बार सूर्यप्रकाश से मिल चुका। वह जब इस तरफ़ आ जाता है, तो बिना मुझसे मिले नहीं जाता है। मोहन को अब भी वह अपना इष्टदेव समझता है। मानव-प्रकृति का यह एक ऐसा रहस्य है, जिसे मैं आज तक नहीं समझ सका।

❑❑❑

सद्गति

दुक्खी चमार द्वार पर झाड़ू लगा रहा था और उसकी पत्नी झुरिया घर को गोबर से लीप रही थी। दोनों अपने-अपने काम से फुर्सत पा चुके, तो चमारिन ने कहा—तो जाके पंडित बाबा से कह आओ न? ऐसा न हो, कहीं चले जाएँ।

दुक्खी—हाँ जाता हूँ, लेकिन यह तो सोच, बैठेंगे किस चीज़ पर?

झुरिया—कहीं से खटिया न मिल जाएगी? ठकुराने से माँग लाना।

दुक्खी—तू तो कभी-कभी ऐसी बात कह देती है कि देह जल जाती है। ठकुरानेवाले मुझे खटिया देंगे! आग तक तो घर से निकलती नहीं, खटिया देंगे! कैथाने में जाकर एक लोटा पानी माँगूँ तो न मिले। भला, खटिया कौन देगा! हमारे उपले, सेंठे, भूसा, लकड़ी थोड़े ही हैं कि जो चाहें उठा ले जाएँ। ला, अपनी खटोली धोकर रख दें। गरमी के दिन तो हैं। उनके आते-आते सूख जाएगी।

झुरिया—वह हमारी खटोली पर बैठेंगे नहीं। देखते नहीं, कितने नेम-धरम से रहते हैं।

दुक्खी ने ज़रा चिंतित होकर कहा—हाँ, यह बात तो है। महुए के पत्ते तोड़कर एक पत्तल बना लूँ तो ठीक हो जाए। पत्तल में बड़े-बड़े आदमी खाते हैं वह पवित्तर है। ला तो डंडा, पत्ते तोड़ लूँ।

झुरिया—पत्तल मैं बना लूँगी। तुम जाओ, लेकिन हाँ, उन्हें सीधा भी तो देना होगा। अपनी थाली में रख दूँ।

दुक्खी—कहीं ऐसा ग़ज़ब न करना, नहीं तो सीधा भी जाए और थाली भी फूटे। बाबा थाली उठाकर पटक देंगे। उनको जल्दी किरोध चढ़ जाता है। किरोध में पंडिताइन तक को छोड़ते नहीं, लड़के को ऐसा पीटा कि आज तक टूटा हाथ लिये फिरता है। पत्तल में सीधा भी देना, हाँ। मुदा तू छूना मत। झरी गोंड़ की लड़की को लेकर साह की दूकान से सब चीज़ें ले आना। सीधा भरपूर हो। सेर भर आटा, आधा सेर चावल, पाव भर दाल, आध पाव घी, नोन, हल्दी और पत्तल में एक किनारे चार आने पैसे रख देना। गोंड़ की लड़की न मिले, तो भुर्जिन के हाथ-पैर जोड़कर ले जाना। तू कुछ मत छूना, नहीं ग़ज़ब हो जाएगा।

इन बातों की ताक़ीद करके दुक्खी ने लकड़ी उठायी और घास का एक बड़ा-सा गट्ठा लेकर पंडितजी से अर्ज करने चला। खाली हाथ बाबाजी की सेवा में कैसे जाता? नज़राने के लिए उसके पास घास के सिवाय और क्या था? उसे खाली हाथ देखकर तो बाबा दूर ही से दुतकारते।

2

पंडित घासीराम ईश्वर के परम भक्त थे। नींद खुलते ही ईशोपासन में लग जाते। मुँह-हाथ धोते आठ बजते, तब असली पूजा शुरू होती, जिसका पहला भाग भंग की तैयारी था। उसके बाद आध घंटे तक चंदन रगड़ते, फिर आइने के सामने

तिनके से माथे पर तिलक लगाते। चंदन की दो रेखाओं के बीच में लाल रोरी की बिंदी होती थी। फिर छाती पर, बाँहों पर चंदन की गोल-गोल मुद्रिकाएँ बनाते। फिर ठाकुरजी की मूर्ति निकालकर उसे नहलाते, चंदन लगाते, फूल चढ़ाते, आरती करते, घंटी बजाते। दस बजते-बजते वह पूजन से उठते और भंग छानकर बाहर आते। तब तक दो-चार जजमान द्वार पर आ जाते। ईशोपासन का तत्काल फल मिल जाता। यही उनकी खेती है।

आज वह पूजनगृह से निकले तो देखा, दुक्खी चमार घास का एक गट्ठा लिये बैठा है। दुक्खी उन्हें देखते ही उठ खड़ा हुआ और उन्हें साष्टांग दंडवत् करके हाथ बाँधकर खड़ा हुआ। वह तेजस्वी मूर्ति देखकर उसका हृदय श्रद्धा से परिपूर्ण हो गया। कितनी दिव्य मूर्ति थी! छोटा-सा गोल-मटोल आदमी, चिकना सिर, फूले गाल, ब्रह्मतेज से प्रदीप्त आँखें। रोरी और चंदन देवताओं की प्रतिभा प्रदान कर रही थीं। दुक्खी को देखकर श्रीमुख से बोले—आज कैसे चला रे दुखिया?

दुक्खी ने सिर झुकाकर कहा—बिटिया की सगाई कर रहा हूँ महाराज! कुछ साइत-सगुन विचारना है। कब मर्ज़ी होगी?

घासी—आज मुझे छुट्टी नहीं। हाँ, साँझ तक आ जाऊँगा।

दुक्खी—नहीं महाराज, जल्दी मर्ज़ी हो जाये। सब सामान ठीक कर आया हूँ। यह घास कहाँ रख दूँ?

घासी—इसे गाय के सामने डाल दे और ज़रा झाड़ू लेकर द्वार तो साफ कर दे। यह बैठक भी कई दिन से लीपी नहीं गई। उसे भी गोबर से लीप दे। तब तक मैं भोजन कर लूँ। फिर ज़रा आराम करके चलूँगा। हाँ, यह लकड़ी भी चीर देना। खलिहान में चार खाँची भूसा पड़ा है। उसे भी उठा लाना और भुसौल में रख देना।

दुक्खी फौरन हुक्म की तामील करने लगा। द्वार पर झाड़ू लगायी, बैठक को गोबर से लीपा। तब तक बारह बज गये। पंडितजी भोजन करने चले गये। दुक्खी ने सुबह से कुछ नहीं खाया था। उसे भी ज़ोर की भूख लगी, पर वहाँ खाने को क्या धरा था। घर यहाँ से मील भर था। वहाँ खाने चले जाए तो पंडितजी बिगड़ जाएँ। बेचारे ने भूख दबायी और लकड़ी फाड़ने लगा। लकड़ी की मोटी-सी गाँठ थी, जिस पर पहले कितने ही भक्तों ने अपना ज़ोर आजमा लिया था। वह उसी दम-खम के साथ लोहे-से-लोहा लेने के लिए तैयार थी। दुक्खी घास छीलकर बाजार ले जाता था। लकड़ी चीरने का उसे अभ्यास न था। घास उसके खुरपे के सामने सिर झुका देती थी। यहाँ कस-कसकर कुल्हाड़ी का भरपूर हाथ लगाता, पर उस गाँठ पर निशान तक न पड़ता था। कुल्हाड़ी उलट जाती। पसीने में तर था, हाँफता था, थककर बैठ जाता। फिर उठता था, हाथ उठाए न उठते थे, पाँव काँप रहे थे, कमर सीधी न होती थी, फिर भी अपना काम किए जाता था। अगर एक चिलम तम्बाकू पीने को मिल जाती, तो शायद कुछ ताकत आती। उसने सोचा, यहाँ चिलम और तम्बाकू कहाँ मिलेगी? ब्राह्मनों का पूरा है। ब्राह्मन लोग हम नीच जातों की तरह तमाखू थोड़े ही पीते हैं। शायद उसे याद आया कि गाँव में एक गोंड़ भी रहता है। उसके यहाँ ज़रूर चिलम-तमाखू होगी! तुरंत उसके घर दौड़ा। ख़ैर मेहनत सुफल हुई। उसने तमाखू भी दी और चिलम दी, पर आग वहाँ न थी। दुक्खी ने कहा—आग की चिंता न करो भाई। मैं जाता हूँ, पंडितजी के घर से माँग लूँगा। वहाँ तो अभी रसोई बन रही थी।

यह कहता हुआ वह दोनों चीज़ें लेकर चला आया और पंडितजी के घर में बरौठे के द्वार पर खड़ा होकर बोला—मालिक, रचिक आग मिल जाये, तो चिलम पी लें।

पंडितजी भोजन कर रहे थे। पंडिताइन ने पूछा—यह कौन आदमी आग माँग रहा है?

पंडित—अरे, वही ससुरा दुखिया चमार है। कहा है, थोड़ी-सी लकड़ी चीर दे। आग तो है। दे दो।

पंडिताइन ने भवें चढ़ाकर कहा—तुम्हें तो जैसे पोथी-पत्रों के फेर में धरम-करम किसी बात की सुधि ही नहीं रही। चमार हो, धोबी हो, पासी हो, मुँह उठाए घर में चला आए। हिंदू का घर न हुआ, कोई सराय हुई। कह दो दाढ़ीज़ार से चला जाए, नहीं तो इसी लुआठी से मुँह झुलस दूँगी। आग माँगने चले हैं!

पंडितजी ने उन्हें समझाकर कहा—भीतर आ गया, तो क्या हुआ। तुम्हारी कोई चीज़ तो नहीं छुई। धरती पवित्र है। ज़रा-सी आग दे क्यों नहीं देती, काम तो हमारा ही कर रहा है। कोई लोनिया यही लकड़ी फाड़ता, तो कम-से-कम चार आने लेता।

पंडिताइन ने गरजकर कहा—वह घर में आया क्यों?

पंडित ने हारकर कहा—ससुरे का अभाग था और क्या!

पंडिताइन—अच्छा, इस बखत तो आग दिये देती हूँ, लेकिन फिर जो इस तरह कोई घर में आएगा, तो उसका मुँह ही जला दूँगी।

दुक्खी के कानों में इन बातों की भनक पड़ रही थी। पछता रहा था, नाहक आया। सच तो कहती हैं। पंडित के घर में चमार कैसे चला आए? बड़े पवित्तर होते हैं यह लोग, तभी तो संसार पूछता है, तभी तो इतना मान है। भर-चमार थोड़े ही हैं। इसी गाँव में बूढ़ा हो गया, मगर मुझे इतनी अकल भी न आयी।

इसलिए जब पंडिताइन आग लेकर निकलीं, तो वह मानो स्वर्ग का वरदान पा गया। दोनों हाथ जोड़कर ज़मीन पर माथा टेकता हुआ बोला—पड़ाइन, माता मुझसे बड़ी भूल हुई कि घर में चला आया। चमार की अकल ही तो ठहरी! इतने मूरख न होते, तो लात क्यों खाते?

पंडिताइन चिमटे से पकड़कर आग लायी थीं। पाँच हाथ की दूरी से घूँघट की आड़ से दुक्खी की तरफ़ आग फेंकी। आग की बड़ी-सी चिनगारी दुक्खी के सिर पर पड़ गई। जल्दी से पीछे हटकर सिर को झोटे देने लगा हैं। उसके मन ने कहा—यह एक पवित्तर ब्राह्मन के घर को अपवित्र करने का फल है। भगवान ने कितनी जल्दी फल दे दिया। इसी से तो संसार पंडितों से डरता है। और सबके रुपये मारे जाते हैं, ब्राह्मन के रुपये भला कोई मार तो ले। घर भर का सत्यानाश हो जाए, पाँव गल-गलकर गिरने लगें।

बाहर आकर उसने चिलम पी और फिर कुल्हाड़ी लेकर जुट गया। खटखट की आवाज़ें आने लगीं।

उस पर आग पड़ गई, तो पंडिताइन को उस पर कुछ दया आ गई। पंडितजी भोजन करके उठे, तो बोलीं—इस चमरवा को भी कुछ खाने को दे दो, बेचारा कब से काम कर रहा है। भूखा होगा।

पंडितजी ने इस प्रस्ताव को व्यावहारिक क्षेत्र से समझकर पूछा—रोटियाँ हैं?

पंडिताइन—दो-चार बच जाएँगी।

पंडित—दो-चार रोटियों में क्या होगा? चमार है, कम-से-कम सेर भर चढ़ा जाएगा।

पंडिताइन कानों पर हाथ रखकर बोलीं—अरे, बाप रे! सेर भर! तो फिर रहने दो।

पंडितजी ने अब शेर बनकर कहा—कुछ भूसी-चोकर हो, तो आटे में मिला कर दो दो लिट्ट ठोंक दो। साले का पेट भर जाएगा। पतली रोटियों से इन नीचों का पेट नहीं भरता। इन्हें तो जुवार का लिट्ट चाहिए।

पंडिताइन ने कहा—अब जाने भी दो, धूप में कौन मरे।

3

दुक्खी ने चिलम पीकर फिर कुल्हाड़ी सँभाली। दम लेने से ज़रा हाथों में ताकत आ गई थी। कोई आध घंटे तक फिर कुल्हाड़ी चलाता रहा। फिर बेदम होकर वहीं सिर पकड़कर बैठ गया।

इतने में गोंड़ आ गया। बोला—क्यों जान देते हो बूढ़े दादा, तुम्हारे फाड़े यह गाँठ न फटेगी। नाहक हलकान होते हो।

दुक्खी ने माथे का पसीना पोंछकर कहा—अभी गाड़ी भर भूसा ढोना है भाई।

गोंड़—कुछ खाने को मिला कि काम ही कराना जानते हैं। जाके माँगते क्यों नहीं?

दुक्खी—कैसी बात करते हो चिखुरी, बाह्मन की रोटी हमको पचेगी।

गोंड़—पचने को पच जाएगी, पहले मिले तो। मूँछों पर ताव देकर भोजन किया और आराम से सोए, तुम्हें लकड़ी फाड़ने का हुकम लगा दिया। ज़मींदार भी कुछ खाने को देता है। हाकिम भी बेगार लेता है, तो थोड़ी-बहुत मजूरी दे देता है। यह उनसे भी बढ़ गये। उस पर धर्मात्मा बनते हैं!

दुक्खी—धीरे-धीरे बोलो भाई, कहीं सुन लें, तो आफ़त आ जाए।

यह कहकर दुक्खी फिर सँभल पड़ा और कुल्हाड़ी की चोट मारने लगा। चिखुरी को उस पर दया आयी। आकर कुल्हाड़ी उसके हाथ से छीन ली और कोई आध घंटे खूब कस-कसकर कुल्हाड़ी चलायी, पर गाँठ में एक दरार भी न पड़ी। तब उसने कुल्हाड़ी फेंक दी और यह कहकर चला गया—तुम्हारे फाड़े यह न फटेगी, जान भले निकल जाए।

दुक्खी सोचने लगा, बाबा ने यह गाँठ कहाँ रख छोड़ी थी कि फाड़े नहीं फटती। कहीं दरार तो पड़ती नहीं। मैं कब तक इसे चीरता रहूँगा? अभी घर पर सौ काम पड़े हैं। कार-परोजन का घर है, एक-न-एक चीज़ घटी ही रहती है, पर इन्हें इसकी क्या चिंता? चलूँ, जब तक भूसा ही उठा लाऊँ। कह दूँगा, बाबा! आज तो लकड़ी नहीं फटी, कल आकर फाड़ दूँगा।

उसने झौवा उठाया और भूसा ढोने लगा। खलिहान यहाँ से दो फरलांग से कम न था। अगर झौवा खूब भर-भरकर लाता तो काम जल्द खत्म हो जाता, लेकिन फिर झौवे को उठाता कौन? अकेला भरा हुआ झौवा उससे न उठ सकता था। इसलिए थोड़ा-थोड़ा लाता था। चार बजे भूसा कहीं खत्म हुआ। पंडितजी की नींद भी खुली। मुँह-हाथ धोया, पान खाया और बाहर निकले। देखा, तो दुक्खी झौवे पर सिर रखे सो रहा है। ज़ोर से बोले—अरे, दुखिया, तू सो रहा है? लकड़ी

तो अभी ज्यों-का-त्यों पड़ी हुई है। इतनी देर तू करता क्या रहा? मुट्ठी भर भूसा ढोने में संझा कर दी। उस पर सो रहा है! उठा, ले कुल्हाड़ी और लकड़ी फाड़ डाल। तुझसे ज़रा-सी लकड़ी नहीं फटती! फिर साइत भी वैसी निकलेगी, मुझे दोष मत देना। इसी से कहा है कि नीच के घर में खाने को हुआ और उसकी आँख बदली।

दुक्खी ने फिर कुल्हाड़ी उठायी। जो बातें पहले से सोच रखी थीं, वह सब भूल गईं। पेट-पीठ में धँसा जाता था, आज सवेरे जलपान तक न किया था। अवकाश ही न मिला। उठना भी पहाड़ मालूम होता था। जी डूबा जाता था, पर दिल को समझाकर उठा। पंडित हैं, कहीं साइत ठीक न विचारें तो फिर सत्यानाश ही हो जाए। जभी तो संसार में इतना मान है। साइत ही का तो सब खेल है। जिसे चाहें बिगाड़ दें। पंडितजी गाँठ के पास आकर खड़े हो गये और बढ़ावा देने लगे—हाँ, मार कसके, और मार—कसके मार—अबे ज़ोर से मार—तेरे हाथ में तो जैसे दम ही नहीं है—लगा कसके, खड़ा सोचने क्या लगता है—हाँ—बस, फटा ही चाहती है! दे उसी दरार में।

दुक्खी अपने होश में न था। न-जाने कौन-सी गुप्त शक्ति उसके हाथों को चला रही थी। वह थकन, भूख, कमज़ोरी सब मानो भाग गई। उसे अपने बाहुबल पर स्वयं आश्चर्य हो रहा था। एक-एक चोट वज्र की तरह पड़ती थी। आध घंटे तक वह इसी तरह उन्माद की दशा में हाथ चलाता रहा, यहाँ तक कि लकड़ी बीच से फट गई—और दुक्खी के हाथ से कुल्हाड़ी छूटकर गिर पड़ी। इसके साथ वह भी चक्कर खाकर गिर पड़ा। भूखा, प्यासा, थका हुआ शरीर जवाब दे गया।

पंडितजी ने पुकारा—उठके दो-चार हाथ और लगा दे। पतली-पतली चैलियाँ हो जाएँ।

दुक्खी न उठा। उन्होंने भी अब उसे दिक करना उचित न समझा। पंडितजी ने भीतर जाकर बूटी छानी, शौच गये, स्नान किया और पंडिताई बाना पहनकर बाहर निकले। दुक्खी अभी तक वहीं पड़ा हुआ था। ज़ोर से पुकारा—अरे, क्या पड़े ही रहोगे दुक्खी? चलो तुम्हारे ही घर चल रहा हूँ। सब सामान ठीक-ठीक है न?

दुक्खी फिर न उठा।

अब पंडितजी को कुछ शंका हुई। पास जाकर देखा, तो दुक्खी अकड़ा पड़ा हुआ था। बदहवास होकर भागे और पंडिताइन से बोले—दुखिया तो जैसे मर गया।

पंडिताइन हकबकाकर बोलीं—वह तो अभी लकड़ी चीर रहा था न?

पंड़ित—हाँ, लकड़ी चीरते-चीरते मर गया। अब क्या होगा?

पंडिताइन ने शांत होकर कहा—होगा क्या, चमरौने में कहला भेजो, मुर्दा उठा ले जाएँ।

एक क्षण में गाँव भर में ख़बर हो गई। पूरे में ब्राह्मनों की ही बस्ती थी। केवल एक घर गोंड़ का था। लोगों ने उधर का रास्ता छोड़ दिया। कुएँ का रास्ता उधर ही से था, पानी कैसे भरा जाए। चमार की लाश के पास से लेकर पानी भरने कौन जाए। एक बुढ़िया ने पंडितजी से कहा—अब मुर्दा फेंकवाते क्यों नहीं? कोई गाँव में पानी पीएगा या नहीं?

इधर गोंड़ ने चमरौने में जाकर सबसे कह दिया—ख़बरदार, मुर्दा उठाने मत जाना। अभी पुलिस की तहक़ीक़ात होगी। दिल्लगी है कि एक ग़रीब की जान ले ली। पंडित होंगे तो अपने घर के होंगे। लाश उठाओगे तो तुम भी पकड़े जाओगे।

इसके बाद ही पंडितजी पहुँचे, पर चमरौने का कोई आदमी लाश उठा लाने को तैयार न हुआ। हाँ, दुक्खी की स्त्री और कन्या, दोनों हाय-हाय करती वहाँ

चलीं और पंडितजी के द्वार पर आकर सिर पीट-पीटकर रोने लगीं। उसके साथ दस-पाँच और चमारिनें थीं। कोई रोती थी, कोई समझाती थी, पर चमार एक भी न था। पंडितजी ने चमारों को बहुत धमकाया, समझाया, मिन्नत की, पर चमारों के दिल पर पुलिस का रोब छाया हुआ था, एक भी न मिनका। आख़िर निराश होकर लौट आए।

4

आधी रात तक रोना-पीटना जारी रहा। देवताओं का सोना मुश्क़िल हो गया, पर लाश उठाने कोई चमार न आया, और ब्राह्मन चमार की लाश कैसे उठाते! भला, ऐसा किसी शास्त्र-पुराण में लिखा है? कहीं कोई दिखा दे।

पंडिताइन ने झुँझलाकर कहा—इन डाइनों ने तो खोपड़ी चाट डाली। सभों का गला भी नहीं थकता।

पंडित ने कहा—रोने दो चुड़ैलों को, कब तक रोएँगी? जीता था तो कोई बात न पूछता था। मर गया, तो कोलाहल मचाने के लिए सब-की-सब आ पहुँचीं।

पंडिताइन—चमार का रोना मनहूस है।

पंडित—हाँ, बहुत मनहूस।

पंडिताइन—अभी से दुर्गन्ध उठने लगी।

पंडित—चमार था ससुरा कि नहीं। साध-असाध किसी का विचार है इन सबों को?

पंडिताइन—इन सबों को घिन भी नहीं लगती।

पंडित—भ्रष्ट हैं सब।

रात तो किसी तरह कटी, मगर सबेरे भी कोई चमार न आया। चमारिनें भी रो-पीटकर चली गईं। दुर्गन्ध कुछ-कुछ फैलने लगी।

पंडितजी ने एक रस्सी निकाली। उसका फन्दा बनाकर मुर्दे के पैर में डाला, और फन्दे को खींचकर कस दिया। अभी कुछ-कुछ धुँधलका था। पंडितजी ने रस्सी पकड़कर लाश को घसीटना शुरू किया और गाँव के बाहर घसीट ले गये। वहाँ से आकर तुरंत स्नान किया, दुर्गापाठ पढ़ा और घर में गंगाजल छिड़का।

उधर दुक्खी की लाश को खेत में गीदड़ और गिद्ध, कुत्ते और कौए नोच रहे थे। यही जीवन-पर्यन्त की भक्ति, सेवा और निष्ठा का पुरस्कार था।

❑❑❑

तगादा

सेठ चेतराम ने स्नान किया, शिवजी को जल चढ़ाया, दो दाने मिर्च चबाए, दो लोटे पानी पिया और सोटा लेकर तगादे पर चले।

सेठजी की उम्र कोई पचास की थी। सिर के बाल झड़ गये थे और खोपड़ी ऐसी साफ-सुथरी निकल आयी थी, जैसे ऊसर खेत। आपकी आँखें थीं तो छोटी, लेकिन बिलकुल गोल। चेहरे के नीचे पेट था और पेट के नीचे टाँगें, मानो किसी पीपे में दो मेखें गाड़ दी गई हो। लेकिन यह खाली पीपा न था। इसमें सजीवता और कर्मशीलता कूट-कूटकर भरी हुई थी। किसी बाक़ीदार आसामी के सामने इस पीपे का उछलना-कूदना और पैंतरे बदलना देखकर किसी नट का चिगिया भी लज्जित हो जाता। कैसे आँखें लाल-पीली करते, कैसे गरजते कि दर्शकों की भीड़ लग जाती। उन्हें कंजूस तो नहीं कहा जा सकता, क्योंकि जब वह दूकान पर होते, तो हरेक भिखमंगे के सामने एक कौड़ी फेंक देते। हाँ, उस समय उनके माथे पर कुछ ऐसा बल पड़ जाता, आँखें कुछ ऐसी प्रचंड हो जातीं, नाक कुछ ऐसी सिकुड़ जाती कि भिखारी फिर उनकी दूकान पर न आता। लहने का बाप तगादा है, इसी सिद्धान्त के वह अनन्य भक्त थे। जलपान करने के बाद संध्या तक वह बराबर तगादा करते रहते थे। इसमें एक तो घर का भोजन बचता था, दूसरे आसामियों के माथे दूध, पूरी, मिठाई आदि पदार्थ खाने को मिल जाते थे। एक वक़्त का भोजन बच जाना कोई साधारण बात नहीं है! एक भोजन का एक आना भी रख लें, तो केवल इसी मद में उन्होंने अपने तीस वर्षों के महाजनी जीवन में कोई आठ सौ रुपये बचा लिए थे। फिर लौटते समय दूसरी बेला के लिए भी दूध, दही, तेल, तरकारी, उपले-ईंधन मिल जाते थे। बहुधा संध्या का भोजन भी न करना पड़ता था। इसलिए तगादे से न चूकते थे। आसमान फटा पड़ता हो, आग बरस रही हो, आँधी आती हो, पर सेठजी प्रकृति के अटल नियम की भाँति तगादे पर ज़रूर निकल जाते।

सेठानी ने पूछा–भोजन?

सेठजी ने गरज़कर कहा–नहीं।

'साँझ का?'

'आने पर देखी जाएगी।'

2

सेठजी के एक किसान पर पाँच रुपये आते थे। छः महीने से दुष्ट ने सूद ब्याज कुछ न दिया था, और न कभी सौगात ही लेकर हाज़िर हुआ था। उसका घर तीन कोस से कम न था, इसीलिए सेठजी टालते आते थे। आज उन्होंने उसी गाँव चलने का निश्चय किया। आज बिना उस दुष्ट से रुपये लिये न मानूँगा, चाहे कितना ही रोए-घिघियाए, मगर इतनी लम्बी यात्रा पैदल करना निंदास्पद था। लोग कहेंगे, नाम बड़े और दर्शन थोड़े। कहलाने को सेठ, चलते हैं पैदल। इसलिए मंथर गति

से इधर-उधर ताकते, राहगीरों से बातें करते चले जाते थे कि लोग समझें, वायु-सेवन करने जा रहे हैं।

सहसा एक ख़ाली इक्का उसी तरफ़ जाता हुआ मिल गया। इक्केवान ने पूछा–कहाँ लाला, कहाँ जाना है!

सेठजी ने कहा–जाना तो कहीं नहीं है, दो पग तो और है, लेकिन लाओ बैठ जाएँ!

इक्केवाले ने चुभती हुई आँखों से सेठजी को देखा। सेठजी ने भी अपनी गोल आँखों से उसे घूरा। दोनों समझ गये, आज लोहे के चने चबाने पड़ेंगे।

इक्का चला। सेठजी ने पहला वार किया–कहाँ घर है मियाँ साहब?

'घर कहाँ है हुज़ूर, जहाँ पड़ा रहूँ, वहीं पर घर है। जब घर था तब था। अब तो बेघर, बेदर हूँ, और सबसे बड़ी बात यह है कि बेघर हूँ, तक़दीर ने भी पर काट लिए। लँडूरा बनाकर छोड़ दिया। मेरे दादा नवाबी में चकलेदार थे, हजूर सात ज़िले के मालिक, जिसे चाहें, तोप-दम कर दें, फाँसी पर लटका दें। सूरज निकलने के पहले लाखों की थैलियाँ नज़र चढ़ जाती थीं हुज़ूर। नवाब साहब भाई की तरह मानते थे। एक दिन वह थे, एक दिन यह है कि हम आप लोगों की गुलामी कर रहे हैं। दिनों का फेर है।'

सेठजी को हाथ मिलाते ही मालूम हो गया, पक्का फ़िकैत है, अखाड़ेबाज़, इससे पेश आना मुश्क़िल है, पर अब तो कुश्ती बद गई थी, अखाड़े में उतर पड़े थे। बोले–तो यह कहो कि बादशाही घराने के हो? यह सूरत ही गवाही दे रही है। दिनों का फेर है भाई, सब दिन बराबर नहीं जाते। हमारे यहाँ लक्ष्मी को चंचला कहते हैं, बराबर चलती रहती है, आज मेरे घर, कल तुम्हारे घर। तुम्हारे दादा ने रुपये ख़ूब छोड़े होंगे?

इक्केवाला–अरे सेठ, उस दौलत का कोई हिसाब था! न जाने कितने तैख़ाने भरे हुए थे। बोरे में तो सोने-चाँदी के डले रखे हुए थे। जवाहरात टोकरियों में भरे पड़े थे। एक-एक पत्थर पचास लाख़ का। चमक-दमक ऐसी थी कि चिराग़ मात। मगर तक़दीर भी तो कोई चीज़ है। इधर दादा का चालीसवाँ हुआ, उधर नवाबी बुर्द हुई। सारा खज़ाना लुट गया। छकड़ों पर लाद-लादकर लोग जवाहरात ले गये। फ़िर भी घर में इतना बच रहा था कि अब्बाजान ने ज़िन्दगी भर ऐश किया–ऐसा ऐश किया कि क्या कोई भकुवा करेगा। सोलह कहारों के सुख-पाल पर निकलते थे। आगे-पीछे चौबदार दौड़ते रहते थे। फ़िर भी मेरे गुज़र भर को उन्होंने बहुत छोड़ा। अगर हिसाब-किताब से रहता तो आज भला आदमी होता, लेकिन रईस का बेटा रईस ही तो होगा। एक बोतल चढ़ाकर बिस्तर से उठता था। रात-भर मुज़रे होते रहते थे। क्या जानता था एक दिन यह ठोकरें खानी पड़ेंगी।

सेठ–अल्ला मियाँ का सुकुर करो भाई कि ईमानदारी से अपने बाल-बच्चे की परवरिश तो करते हो, नहीं तो हमारे-तुम्हारे कितने ही भाई रात-दिन कुकर्म करते रहते हैं, फ़िर भी दाने-दाने को मोहताज़ रहते हैं। ईमान की सलामती चाहिए। नहीं, दिन तो सभी के कट जाते हैं, दूध-रोटी खाकर कटे तो क्या, सूखे चने चबाकर कटे तो क्या। बड़ी बात तो ईमान है। मुझे तो तुम्हारी सूरत देखते ही मालूम हो गया था कि नीयत से साफ़-सच्चे आदमी हो। बेईमानों की तो सूरत ही से फटकार बरसती है।

इक्केवाला–सेठजी, आपने ठीक कहा कि ईमान सलामत रहे, तो सब कुछ है। आप लोगों से चार पैसे मिल जाते हैं, वहीं बाल-बच्चों को खिला-पिलाकर पड़ा

रहता हूँ। हुजूर, और इक्केवालों को देखिए, तो कोई किसी मर्ज़ में मुब्तिला है, कोई किसी मर्ज़ में। मैंने तोबा बोला! ऐसा काम ही क्यों करें, कि मुसीबत में फँसें। बड़ा कुनबा है। हुजूर, माँ हैं, बच्चे हैं, कई बेवाएँ हैं, और कमाई यही इक्का है। फिर भी अल्लाह मियाँ किसी तरह निबाहे जाते हैं।

सेठ—वह बड़ा कारसाज है खाँ साहब, तुम्हारी कमाई में हमेशा बरक़त होगी।

इक्केवाला—आप लोगों की मेहरबानी चाहिए।

सेठ—भगवान् की मेहरबानी चाहिए। तुमसे खूब भेंट हो गई, मैं इक्केवालों से बहुत घबराता हूँ, लेकिन अब मालूम हुआ, अच्छे-बुरे सभी जगह होते हैं। तुम्हारे जैसा सच्चा, दीनदार आदमी मैंने नहीं देखा। कैसी तो साफ़ तबियत पायी है तुमने कि वाह!

सेठजी की ये लच्छेदार बातें सुनकर इक्केवाला समझ गया कि यह महाशय पल्ले सिरे के बैठकबाज़ हैं। यह सिर्फ़ मेरी तारीफ़ करके मुझे चकमा दिया चाहते हैं। अब और किसी पहलू से अपना मतलब निकालना चाहिए। इनकी दया से तो कुछ ले मरना मुश्क़िल है, शायद इनसे भय से कुछ ले मरूँ। बोला—मगर लाला, यह न समझिए कि मैं जितना सीधा और नेक नज़र आता हूँ, उतना सीधा और नेक हूँ भी। नेकों के साथ नेक हूँ, लेकिन बुरों के साथ पक्का बदमाश हूँ। यों कहिए, आपकी जूतियाँ सीधी कर दूँ, लेकिन किराये के मामले में मैं किसी के साथ रियायत नहीं करता। रियायत करूँ, तो खाऊँ क्या?

सेठजी ने समझा था, इक्केवाले को हत्थे पर चढ़ा लिया। अब यात्रा निर्विघ्न और निःशुल्क समाप्त हो जाएगी, लेकिन यह अलाप सुना, तो कान खड़े हुए। बोले—भाई, रुपये-पैसे के मामले में मैं भी किसी से रियायत नहीं करता, लेकिन कभी-कभी जब यार-दोस्तों का मामला आ पड़ता है, तो झख मारकर दबना ही पड़ता है। तुम्हें भी कभी-कभी बल खाना ही पड़ता होगा। दोस्तों से बेमुरौवती तो नहीं की जाती।

इक्केवाले ने रूखेपन से कहा—मैं किसी के साथ मुरौवत नहीं करता। मुरौवत का सबक तो उस्ताद ने पढ़ाया ही नहीं। एक ही चंडूल हूँ। मजाल क्या कि कोई एक पैसा दबा ले। घरवाली तक को तो मैं एक पैसा देता नहीं, दूसरों की बात ही क्या है। और इक्केवाले अपने महाजन की ख़ुशामद करते हैं। उसके दरवाज़े पर खड़े रहते हैं। यहाँ महाजनों को भी धता बताता हूँ। सब मेरे नाम को रोते हैं। रुपये लिए और साफ डकार गया। देखें, अब कैसे वसूल करते हो बच्चा, नालिश करो, घर में क्या धरा है, जो ले लोगे।

सेठजी को मानो जूड़ी चढ़ आई। समझ गये, यह शैतान बिना पैसा लिए न मानेगा। जानते कि यह विपत्ति गले पड़ेगी, तो भूलकर भी इक्के पर पाँव न रखते। इतनी दूर पैदल चलने में कौन पैर टूट जाते थे। अगर इस तरह रोज़ पैसे देने पड़े, तो फिर लेन-देन कर चुका।

सेठजी भक्त जीव थे। शिवजी को जल चढ़ाने में, जब से होश सँभाला एक नागा भी न किया। क्या भक्तवत्सल शंकर भगवान् इस अवसर पर मेरी सहायता न करेंगे? इष्टदेव का सुमिरन करके बोले—खाँ साहब, और किसी से चाहे न दबो, पर पुलिस से तो दबना ही पड़ता होगा। वह तो किसी के सगे नहीं होते।

इक्केवाले ने कहकहा मारा—कभी नहीं, उससे उलटे और कुछ-न-कुछ वसूल करता हूँ। जहाँ कोई शिकार मिला, झट सस्ते भाड़े बैठाता हूँ और थाने पर पहुँचा देता हूँ। किराया भी मिल जाता है और इनाम भी। क्या मज़ाल कि कोई बोल

सके। लइसन नहीं लिया, आज तक लइसन! मज़े में सदर में इक्का दौड़ाता फिरता हूँ। कोई साला चूँ नहीं कर सकता। मेले-ठेलों में अपनी खूब बन आती है। अच्छे-अच्छे माल चुनकर कोतवाली पहुँचाता हूँ। वहाँ कौन किसी की दाल गलती है। जिसे चाहें रोक लें, एक दिन, दो दिन, तीन दिन। बीस बहाने हैं। कह दिया, शक था कि यह औरत को भगाए लिए जाता था, या औरत को कह दिया कि अपनी ससुराल से रूठकर भागी जाती थी। फिर कौन बोल सकता है? साहब भी छोड़ना चाहें, तो नहीं छोड़ सकते। मुझे सीधा न समझिएगा। एक ही हरामी हूँ। सवारियों से पहले किराया तय नहीं करता, ठिकाने पहुँचकर एक के दो लेता हूँ। ज़रा भी चीं-चपड़ किया, तो आस्तीन चढ़ा पैंतरे बदलकर खड़ा हो जाता हूँ। फिर कौन है, जो सामने ठहर सके।

सेठजी को रोमांच हो आया। हाथ में एक सोंटा तो था, पर उसका व्यवहार करने की शक्ति का उसमें अभाव था। आज बुरे फँसे, न जाने किस मनहूस का मुँह देखकर घर से चले थे। कहीं यह दुष्ट उलझ पड़े, तो दस-पाँच दिन हल्दी-सोंठ पीना पड़े। अब से भी कुशल है, यहाँ उतर जाऊँ, जो बच जाए, वही सही। भीगी बिल्ली बनकर बोले—अच्छा, अब रोक लो ख़ाँ साहब, मेरा गाँव आ गया, बोलो, तुम्हें क्या दे दूँ?

इक्केवाले ने घोड़े को एक चाबुक और लगाया और निर्दयता से बोला—

मजूरी सोच लो भाई। तुमको न बैठाया होता, तो तीन सवारियाँ बैठा लेता। तीनों चार-चार आने देते, तो बारह आने हो जाते। तुम आठ ही आने दे दो।

सेठजी की बधिया बैठ गई। इतनी बड़ी रकम उन्होंने उम्र भर इस मद में नहीं खर्च की थी। इतनी-सी दूर के लिए इतना किराया, वह किसी तरह न दे सकते थे। मनुष्य के जीवन में एक ऐसा अवसर भी आता है, जब परिणाम की उसे चिंता नहीं रहती। सेठजी के जीवन में ऐसा ही अवसर था। अगर आने-दो आने की बात होती, ख़ून के घूँट पीकर दे देते, लेकिन आठ आने के लिए, कि जिसका द्विगुण एक कलदार होता है, अगर तू-तू मैं-मैं ही नहीं, हाथापाई की भी नौबत आए, तो वह करने को तैयार थे। यह निश्चय करके वह दृढ़ता के साथ बैठ रहे।

सहसा सड़क के किनारे एक झोपड़ा नज़र आया। इक्का रुक गया, सेठजी उतर पड़े और कमर से एक दुअन्नी निकालकर इक्केवान की ओर बढ़ायी।

इक्केवान ने सेठजी के तेवर देखे, तो समझ गया, ताव बिगड़ गया। चाशनी कड़ी होकर कठोर हो गई। अब वह दाँतों से लड़ेगी। ऐसे चुबलाकर ही मिठास का आनंद लिया जा सकता है। नम्रता से बोला—मेरी ओर से इसकी रेबड़ियाँ लेकर बाल-बच्चों को खिला दीजिएगा। अल्लाह आपको सलामत रखे।

सेठजी ने एक आना और निकाला और बोला—बस, अब ज़बान न हिलाना एक कौड़ी भी अधिक न दूँगा।

इक्केवाला—नहीं मालिक, आप ही ऐसा कहेंगे, तो हम ग़रीबों के बाल-बच्चे कहाँ से पलेंगे? हम लोग भी आदमी पहचानते हैं हुजूर।

इतने में झोपड़ी में से एक स्त्री गुलाबी साड़ी पहने, पान चबाती हुई निकल आई और बोली—आज बड़ी देर लगाई। (एकाएक सेठजी को देखकर) अच्छा, आज लालाजी तुम्हारे इक्के पर थे। फिर आज तुम्हारा मिज़ाज़ काहे को मिलेगा? एक चेहरेशाही तो मिली ही होगी। इधर बढ़ा दो सीधे से।

यह कहकर वह सेठजी के समीप आकर बोली—आराम से चरपैया पर बैठो लाला। बड़े भाग थे कि आज आपके सबेरे दर्शन हुए।

उसके वस्त्र मंद-मंद महक रहे थे। सेठजी का दिमाग़ ताजा हो गया। उसकी ओर कनखियों से देखा। औरत चंचल, बाँकी-कटीली, तेज़-तर्रार थी। सेठानीजी की मूर्ति आँखों के सामने आ गई—भद्दी, थल-थल, पिल-पिल, पैरों में बेवाय फटी हुई, कपड़ों से दुर्गन्ध उठती हुई। सेठजी नाममात्र को भी रसिक न थे, पर इस समय आँखों से हार गये। आँखों को उधर से हटाने की चेष्टा करके चारपाई पर बैठ गये। अभी कोस भर की मंज़िल बाक़ी है, इसका ख़याल ही न रहा।

स्त्री एक छोटी-सी पंखिया उठा लाई और सेठजी को झलने लगी। हाथ की प्रत्येक गति के साथ सुगंध का एक झोंका आकर सेठजी को उन्मत्त करने लगा।

सेठजी ने जीवन में ऐसा उल्लास कभी अनुभव न किया था। उन्हें प्रायः सभी घृणा की दृष्टि से देखते थे। चोला मस्त हो गया। उसके हाथ से पंखिया छीन लेनी चाही।

'तुम्हें कष्ट हो रहा है, लाओ मैं झल लूँ।'

'यह कैसी बात है लालाजी। आप हमारे दरवाज़े पर आए हैं। क्या इतनी खातिर भी न करने दीजिएगा? और हम किस लायक हैं? इधर कहीं दूर जाना है? अब तो बहुत देर हो गई। कहाँ जाइएगा?'

सेठजी ने पापी आँखों को फेरकर और पापी मन को दबाकर कहा—यहाँ से थोड़ी दूर एक गाँव है, वहीं जाना है। साँझ को इधर ही से लौटूँगा।

सुन्दरी ने प्रसन्न होकर कहा—तो फिर आज यहीं रहिएगा। साँझ को फिर कहाँ जाइएगा! एक दिन घर के बाहर की हवा भी खाइए। फिर न-जाने कब मुलाक़ात होगी।

इक्केवाले ने आकर सेठजी के कान में कहा—पैसे निकालिए तो दाने-चारे का इन्तज़ाम करूँ?

सेठजी ने चुपके से अठन्नी निकालकर दे दी।

इक्केवाले ने फिर पूछा—आपके लिए कुछ मिठाई लेता आऊँ? यहाँ आपके लायक मिठाई क्या मिलेगी, हाँ मुँह मीठा हो जाएगा।

सेठजी बोले—मेरे लिए कोई ज़रूरत नहीं, हाँ, बच्चों के लिए यह चार आने की मिठाई लिवाते आना।

चवन्नी निकालकर सेठजी ने उसके सामने ऐसे गर्व से फेंकी, मानो इसकी उनके सामने कोई हक़ीक़त नहीं है। सुन्दरी के मुँह का भाव तो देखना चाहते थे, पर डरते थे कि कहीं वह यह न समझे, लाला चवन्नी क्या दे रहे हैं, मानों किसी को मोल ले रहे हैं।

इक्केवाला चवन्नी उठाकर जा रहा था कि सुन्दरी ने कहा—सेठजी की चवन्नी लौटा दो। लपककर उठा ली। शर्म नहीं आती। यह मुझसे रुपया ले लो। आठ आने की ताज़ी मिठाई बनवाकर लाओ।

उसने रुपया निकालकर फेंका। सेठजी मारे लाज के गड़ गये। एक इक्केवान की भठियारिन, जिसकी टके की भी औकात नहीं, इतनी ख़ातिरदारी करे कि उनके लिए पूरा रुपया निकालकर दे दे, यह भला कैसे सह सकते थे? बोले—नहीं-नहीं, यह नहीं हो सकता। तुम अपना रुपया रख लो (रसिक आँखों को तृप्त करके) मैं रुपया दिए देता हूँ। यह लो, आठ आने की ले लेना।

इक्केवान तो उधर मिठाई और दाना-चारे की फ़िक्र में चला, इधर सुन्दरी ने सेठ से कहा—यह तो अभी देर में आएगा लाला, तब तक पान तो खाओ।

सेठजी ने इधर-उधर ताककर कहा—यहाँ तो कोई तम्बोली नहीं है।

सुन्दरी उनकी ओर कटाक्षपूर्ण नेत्रों से देखकर बोली—क्या मेरे लगाए पान तम्बोली के पानों से भी ख़राब होंगे?

सेठजी ने लज्जित होकर कहा, नहीं-नहीं, यह बात नहीं। तुम मुसलमान हो न?

सुन्दरी ने विनोदमय आग्रह से कहा—ख़ुदा की कसम, इसी बात पर मैं तुम्हें पान खिलाकर छोड़ूँगी!

यह कहकर उसने पानदान से एक बीड़ा निकाला और सेठजी की तरफ़ चली। सेठजी ने एक मिनट तक तो, हाँ! हाँ! किया, फिर दोनों हाथ बढ़ाकर उसे हटाने की चेष्टा की, फिर ज़ोर से दोनों ओंठ बन्द कर लिये, पर जब सुन्दरी किसी तरह न मानी, तो सेठजी अपना धर्म लेकर बेतहाशा भागे। सोंटा वहीं चारपाई पर रह गया। बीस कदम पर जाकर आह रुक गये और हाँफकर बोले—देखो, इस तरह किसी का धर्म नहीं लिया जाता। हम लोग तुम्हारा छुआ पानी भी पी लें, तो धर्म भ्रष्ट हो जाए।

सुन्दरी ने फिर दौड़ाया। सेठजी फिर भागे। इधर पचास वर्ष से उन्हें इस तरह भागने का अवसर न पड़ा था। धोती खिसककर गिरने लगी, मगर इतना अवकाश न था कि धोती बाँध लें। बेचारे धर्म को कंधे पर रखे दौड़े चले जाते थे। न मालूम कब कमर से रुपयों का बटुआ खिसक पड़ा। जब एक पचास कदम पर फिर रुके और धोती ऊपर उठायी, तो बटुआ नदारद। पीछे फिरकर देखा। सुन्दरी हाथ में बटुआ लिये, उन्हें दिखा रही थी और इशारे से बुला रही थी। मगर सेठजी को धर्म रुपये से कहीं प्यारा था। दो-चार कदम चले, फिर रुक गये।

एकाएक धर्म-बुद्धि ने डाँट बतायी। थोड़े रुपये के लिए धर्म छोड़ देते हो। रुपये बहुत मिलेंगे। धर्म कहाँ मिलेगा?

यह सोचते हुए वह अपनी राह चले, जैसे कोई कुत्ता झगड़ालू कुत्तों के बीच से आहत, दुम दबाए भागा जाता हो और बार-बार पीछे फिरकर देख लेता हो कि कहीं वे दुष्ट आ तो नहीं रहे हैं।

❑❑❑

दो कब्रें

अब न वह यौवन है, न वह नशा है, न वह उन्माद। वह महफ़िल उठ गई, वह दीपक बुझ गया, जिससे महफ़िल की रौनक थी। वह प्रेममूर्ति कब्र की गोद में सो रही है। हाँ, उसके प्रेम की छाप अब भी हृदय पर है और उसकी अमर स्मृति आँखों के सामने। वारांगनाओं में ऐसी वफ़ा, ऐसा प्रेम, ऐसा व्रत दुर्लभ है और रईसों में ऐसा विवाह, ऐसा समर्पण, ऐसी भक्ति और भी दुर्लभ। कुँवर रनवीरसिंह रोज़ बिला नागा संध्या समय जुहरा की कब्र के दर्शन करने जाते थे, उसे फूलों से सजाते, आँसुओं से सींचते। पन्द्रह साल गुज़र गये, एक दिन भी नागा नहीं हुआ। प्रेम की उपासना ही उनके जीवन का उद्देश्य था, उस प्रेम की, जिसमें उन्होंने जो कुछ देखा, वही पाया और जो कुछ अनुभव किया, उसी की याद अब भी उन्हें मस्त कर देती है। इस उपासना में सुलोचना भी उसके साथ होती, जो जुहरा का प्रसाद और कुँवर साहब की सारी अभिलाषाओं की केन्द्र थी।

कुँवर साहब ने दो शादियाँ की थीं, पर दोनों स्त्रियों में से एक भी सन्तान का मुँह न देख सकी। कुँवर साहब ने फिर विवाह न किया। एक दिन एक महफिल में उन्हें जुहरा के दर्शन हुए। उस निराश पति और अतृप्त युवती में ऐसा मेल हुआ, मानो चिरकाल से बिछुड़े हुए दो साथी फिर मिल गये हों। जीवन का वसंत-विकास संगीत और सौरभ से भरा हुआ आया, मगर अफसोस! पाँच वर्षों के अल्पकाल में उसका भी अंत हो गया। वह मधुर स्वप्न निराशा से भरी हुई जागृत में लीन हो गया। वह सेवा और व्रत की देवी तीन साल की सुलोचना को उनकी गोद में सौंपकर सदा के लिए सिधार गई।

कुँवर साहब ने इस प्रेमादेश का इतने अनुराग से पालन किया कि देखनेवालों को आश्चर्य होता था। कितने ही तो उन्हें पागल समझते थे। सुलोचना ही की नींद सोते, उसी की नींद जागते, खुद पढ़ाते, उसके साथ सैर करते—इतनी एकाग्रता के साथ, जैसे कोई विधवा अपने अनाथ बच्चे को पाले।

जबसे वह यूनिवर्सिटी में दाखिल हुई, उसे खुद मोटर में पहुँचा आते और शाम को खुद जाकर ले आते। वह उसके माथे पर से कलंक धो डालना चाहते थे, जो मानो विधाता ने क्रूर हाथों से लगा दिया था। धन तो उसे न धो सका, शायद विद्या धो डाले।

2

एक दिन शाम को कुँवर साहब जुहरा के मज़ार को फूलों से सजा रहे थे और सुलोचना कुछ दूर पर खड़ी अपने कुत्ते को गेंद खेला रही थी कि सहसा उसने अपने कॉलेज के प्रोफ़ेसर डॉक्टर रामेन्द्र को आते देखा। सकुचाकर मुँह फेर लिया, मानो उन्हें देखा ही नहीं। शंका हुई, कहीं रामेन्द्र इस मज़ार के विषय में कुछ पूछ न बैठें।

यूनिवर्सिटी में दाखिल हुए उसे एक साल हुआ इस एक साल में उसने प्रणय के विविध रूपों को देख लिया था। कहीं क्रीड़ा थी, कहीं विनोद था, कहीं कुत्सा थी, कहीं लालसा थी, कहीं उच्छृङ्खलता थी, किंतु कहीं वह सहृदयता न थी जो प्रेम का मूल है। केवल रामेन्द्र ही एक ऐसे सज्जन थे, जिन्हें अपनी ओर ताकते देखकर उसके हृदय में सनसनी होने लगी थी, पर उनकी आँखों में कितनी विवशता, कितनी पराजय, कितनी वेदना छिपी होती थी।

रामेन्द्र ने कुँवर साहब की ओर देखकर कहा–तुम्हारे बाबा इस कब्र पर क्या कर रहे हैं?

सुलोचना का चेहरा कानों तक लाल हो गया। बोली–यह इनकी पुरानी आदत है।

रामेन्द्र–किसी महात्मा की समाधि है?

सुलोचना ने इस सवाल को उड़ा देना चाहा। रामेन्द्र यह तो जानते थे कि सुलोचना कुँवर साहब की दासता औरत की लड़की है, पर उन्हें यह न मालूम था कि यह उसी की क़ब्र है और कुँवर साहब अतीत प्रेम के इतने उपासक हैं। मगर यह प्रश्न उन्होंने बहुत धीमे स्वर में न किया था। कुँवर साहब जूते पहन रहे थे। यह प्रश्न उनके कानों में पड़ गया। जल्दी से जूता पहन लिया और समीप जाकर बोले–संसार की आँखों में तो वह महात्मा न थी, पर मेरी आँखों में थी, और है। यह मेरे प्रेम की समाधि है।

सुलोचना की इच्छा होती थी, यहाँ से भाग जाऊँ, लेकिन कुँवर साहब को जुहरा के यशोगान में आत्मिक आनंद मिलता था। रामेन्द्र का विस्मय देखकर बोले, इसमें वह देवी सो रही है, जिसने मेरे जीवन को स्वर्ग बना दिया था। यह सुलोचना उसी का प्रसाद है।

रामेन्द्र ने क़ब्र की तरफ़ देखकर आश्चर्य से कहा–अच्छा!

कुँवर साहब ने मन में उस प्रेम का आनंद उठाते हुए कहा–वह जीवन ही और था, प्रोफ़ेसर साहब! ऐसी तपस्या मैंने और कहीं नहीं देखी। आपको फ़ुरसत हो, तो मेरे साथ चलिए। आपको उन यौवन-स्मृतियों . . .

सुलोचना बोल उठी–वह सुनने की चीज़ नहीं हैं, दादा!

कुँवर–मैं रामेन्द्र बाबू को ग़ैर नहीं समझता।

रामेन्द्र को प्रेम का अलौकिक रूप मनोविज्ञान का एक रत्न-सा मालूम हुआ। वह कुँवर साहब के साथ ही उनके घर आए और कई घंटे तक उन हसरत में डूबी हुई प्रेम-स्मृतियों को सुनते रहे।

जो वरदान माँगने के लिए उन्हें साल भर से साहस न होता था, दुविधा में पड़कर रह जाते थे, वह आज उन्होंने माँग लिया।

3

लेकिन विवाह के बाद रामेन्द्र को नया अनुभव हुआ। महिलाओं का आना-जाना प्रायः बंद हो गया। इसके साथ ही मर्द दोस्तों की आमद-रफ़्त बढ़ गई। दिन भर उनका ताँता लगा रहता था। सुलोचना उनके आदर-सत्कार में लगी रहती। पहले एक-दो महीने तक तो रामेन्द्र ने इधर ध्यान नहीं दिया, लेकिन जब कई महीने गुज़र गये और स्त्रियों ने बहिष्कार का त्याग न किया, तो उन्होंने एक दिन सुलोचना से कहा–यह लोग आजकल अकेले ही आते हैं!

सुलोचना ने धीरे से कहा—हाँ, देखती तो हूँ।

रामेन्द्र—इनकी औरतें तो तुमसे परहेज नहीं करतीं?

सुलोचना—शायद करती हों।

रामेन्द्र—मगर ये लोग विचारों के बड़े स्वाधीन हैं। इनकी औरतें भी शिक्षित हैं, फिर क्या बात है?

सुलोचना ने दबी ज़बान से कहा—मेरी समझ में कुछ नहीं आता।

रामेन्द्र ने कुछ देर असमंजस में पड़कर कहा—हम लोग किसी दूसरी जगह चले जाएँ तो क्या हर्ज? वहाँ तो कोई हमें न जानता होगा।

सुलोचना ने अबकी तीव्र स्वर में कहा—दूसरी जगह क्यों जाएँ? हमने किसी का कुछ बिगाड़ा नहीं है, किसी से कुछ माँगते नहीं। जिसे आना हो, आए, न आना हो, न आए। मुँह क्यों छिपाएँ?

धीरे-धीरे रामेन्द्र पर और रहस्य खुलने लगा, जो महिलाओं के व्यवहार से कहीं अधिक घृणास्पद और अपमानजनक था। रामेन्द्र को अब मालूम होने लगा कि ये महाशय जो आते हैं और घंटों बैठे सामाजिक और राजनीतिक प्रश्नों पर बहसें किया करते हैं। वास्तव में विचार विनिमय के लिए नहीं, बल्कि रूप की उपासना के लिए आते हैं। उनकी आँखें सुलोचना को खोजती रहती हैं। उनके कान उसी की बातों की ओर लगे रहते हैं। उसकी रूप-माधुरी का आनंद उठाना ही उनका अभीष्ट है। यहाँ उन्हें वह संकोच नहीं होता, जो किसी भले आदमी की बहू-बेटी की ओर आँखें नहीं उठने देता। शायद वे सोचते हैं, यहाँ उन्हें कोई रोक-टोक नहीं है।

कभी-कभी जब रामेन्द्र की अनुपस्थिति में कोई महाशय आ जाते, तो कुत्सित संकेतों से, अपनी रहस्यपूर्ण बातों से, अपनी लम्बी साँसों से उसे दिखाना चाहते थे कि हम भी तुम्हारी कृपा के भिखारी हैं, अगर रामेन्द्र का तुम पर सोलहों आना अधिकार है, तो थोड़ी-सी दक्षिणा के अधिकारी हम भी हैं। सुलोचना उस वक़्त ज़हर का घूँट पीकर रह जाती।

अब तक रामेन्द्र और सुलोचना दोनों क्लब जाया करते थे। वहाँ उदार सज्जनों का अच्छा जमघट रहता था। जब तक रामेन्द्र को किसी की ओर से संदेह न था, वह उसे आग्रह करके अपने साथ ले जाते थे। सुलोचना के पहुँचते ही वहाँ एक स्फूर्ति-सी उत्पन्न हो जाती थी। जिस मेज़ पर सुलोचना बैठती, उसे लोग घेर लेते थे। कभी-कभी सुलोचना गाती भी थी। उस वक़्त सब-के-सब उन्मत्त हो जाते।

क्लब में महिलाओं की संख्या अधिक न थी। मुश्क़िल से पाँच छः लेडियाँ आती थीं, मगर वे भी सुलोचना से दूर-दूर रहती थीं, बल्कि अपनी भाव-भंगियों और कटाक्षों से वे उसे जता देना चाहती थीं कि तुम पुरुषों का दिल ख़ुश करो, हम कुल-बधुओं के पास नहीं आ सकतीं।

लेकिन जब रामेन्द्र पर इस कटु सत्य का प्रकाश हुआ, तो उन्होंने क्लब जाना छोड़ दिया, मित्रों के यहाँ आना-जाना कम कर दिया, और अपने यहाँ आनेवालों की भी उपेक्षा करने लगे। वे चाहते थे कि मेरे एकांतवास में कोई विघ्न न डाले। आख़िर उन्होंने बाहर आना-जाना छोड़ दिया। अपने चारों ओर छलकपट का जाल-सा बिछा हुआ मालूम होता था। किसी पर विश्वास न कर सकते थे, किसी से सद्व्यवहार की आशा नहीं। सोचते, ऐसे धूर्त, कपटी, दोस्ती की आड़ में गला काटनेवाले आदमियों से मिले ही क्यों?

वे स्वभाव से मिलनसार आदमी थे। पक्के यारबाश। यह एकांतवास जहाँ न कोई सैर थी, न विनोद, न कोई चहल-पहल, उनके लिए कठिन कारावास से कम न था। यद्यपि कर्म और वचन से सुलोचना की दिलजोई करते रहते थे, लेकिन सुलोचना की सूक्ष्म और सशंक आँखों से अब यह बात छिपी न थी कि यह अवस्था इनके लिए दिन-दिन असह्य होती जाती थी। वह दिल में सोचती, इनकी यह दशा मेरे ही कारण तो है, मैं ही तो इनके जीवन की काँटा हो गई!

एक दिन उसने रामेन्द्र से कहा—आजकल क्लब क्यों नहीं चलते? कई सप्ताह हुए, घर से निकले तक नहीं?

रामेन्द्र ने बेदिली से कहा—मेरा जी कहीं जाने को नहीं चाहता। अपना घर सबसे अच्छा है।

सुलोचना—जी ऊबता ही होगा। मेरे कारण यह तपस्या क्यों करते हो? मैं तो न जाऊँगी। उन स्त्रियों से मुझे घृणा होती है। उनमें एक भी ऐसी नहीं, जिसके दामन पर काले दाग़ नहीं, लेकिन सब सीता बनी फिरती हैं। मुझे तो उनकी सूरत से चिढ़ हो गई है, मगर तुम क्यों नहीं जाते? कुछ दिल ही बहल जाएगा।

रामेन्द्र—दिल नहीं, पत्थर बहलेगा। जब अंदर आग लगी हुई हो, तो बाहर शांति कहाँ?

सुलोचना चौंक पड़ी। आज पहली बार उसने रामेन्द्र के मुँह से ऐसी बात सुनी। वह अपने ही को बहिष्कृत समझती थी। अपना अनादर जो कुछ था, उसका था। रामेन्द्र के लिए तो अब भी सब दरवाज़े खुले हुए थे। वह जहाँ चाहे जा सकते हैं, जिनमें चाहें मिल सकते हैं, उनके लिए कौन-सी रुकावट है। लेकिन नहीं, अगर उन्होंने किसी कुलीन स्त्री से विवाह किया होता, तो उनकी यह दशा क्यों होती? प्रतिष्ठित घरानों की औरतें आतीं, आपस में मैत्री बढ़ती, जीवन सुख से कटता, रेशम-में-रेशम का पैबन्द लग जाता। अब तो उसमें टाट का पैबंद लग गया। मैंने आकर सारे तालाब को गंदा कर दिया। उसके मुख पर उदासी छा गई।

रामेन्द्र को भी तुरंत मालूम हो गया कि उनकी ज़बान से एक ऐसी बात निकल गई, जिसके दो अर्थ हो सकते हैं। उन्होंने फौरन बात बनायी—क्या तुम समझती हो कि हम और तुम अलग-अलग हैं? हमारा और तुम्हारा जीवन एक है। जहाँ तुम्हारा आदर नहीं, वहाँ मैं कैसे जा सकता हूँ? फिर मुझे भी समाज के इन रँगे सियारों से घृणा हो रही है। मैं इन सबों के कच्चे चिट्ठे जानता हूँ। पद या उपाधि या धन से किसी की आत्मा शुद्ध नहीं हो जाती। जो ये लोग करते हैं, वह अगर कोई नीचे दरजे का आदमी करता, उसे कहीं मुँह दिखाने की हिम्मत न होती, मगर यह लोग अपनी सारी बुराइयाँ उदारतावाद के पर्दे में छिपाते हैं। इन लोगों से दूर रहना ही अच्छा।

सुलोचना का चित शांत हो गया।

4

दूसरे साल सुलोचना की गोद में एक चाँद-सी बालिका का उदय हुआ। उसका नाम रखा गया शोभा। कुँवर साहब का स्वास्थ्य इन दिनों कुछ अच्छा न था। मंसूरी गये हुए थे। यह ख़बर पाते ही रामेन्द्र को तार दिया कि जच्चा और बच्चा को लेकर यहाँ आ जाओ।

लेकिन रामेन्द्र इस अवसर पर न जाना चाहते थे। अपने मित्रों की सज्जनता और उदारता की अन्तिम परीक्षा लेने का इससे अच्छा और कौन-सा अवसर हो सकता था। सलाह हुई, एक शानदार दावत दी जाए। प्रोग्राम में संगीत भी शामिल था, कई अच्छे-अच्छे गवैए बुलाए गये, अंग्रज़ी, हिन्दुस्तानी, मुसलमानी, सभी प्रकार के भोजनों का प्रबंध किया गया।

कुँवर साहब गिरते-पड़ते मंसूरी से आए। उसी दिन दावत थी। नियत समय पर निमंत्रित लोग एक-एक करके आने लगे। कुँवर साहब स्वयं उनका स्वागत कर रहे थे। खाँ साहब आए, मिर्ज़ा साहब आए, मीर साहब आए मगर पंडितजी और बाबूजी, और लाला साहब और चौधरी साहब कक्कड़, मेहरा और चोपड़ा, कौल और हुक्कू, श्रीवास्तव और खरे, किसी का पता न था।

यही सब लोग होटलों में सब-कुछ खाते थे, अण्डे और शराब उड़ाते थे–इस विषय में किसी तरह का विवेक या विचार न करते थे। फिर आज क्यों तशरीफ़ नहीं लाये? इसलिए नहीं कि छूत-छात का विचार था, बल्कि इसलिए कि वह अपनी उपस्थिति को इस विवाह के समर्थन की सनद समझते थे और वह सनद देने की उनकी इच्छा न थी।

दस बजे रात तक कुँवर साहब फाटक पर खड़े रहे। जब उस वक़्त तक कोई न आया, तो कुँवर साहब ने आकर रामेन्द्र से कहा–अब लोगों का इंतज़ार फ़ज़ूल है। मुसलमानों को खिला दो और बाक़ी सामान ग़रीबों को दिला दो।

रामेन्द्र एक कुर्सी पर हतबुद्धि-से बैठे हुए थे। कुंठित स्वर से बोले–जी हाँ, यही तो मैं सोच रहा हूँ।

कुँवर–मैंने तो पहले ही समझ लिया था। हमारी तौहीन नहीं हुई। खुद उन लोगों की कलई खुल गई।

रामेन्द्र–ख़ैर, परीक्षा तो हो गई। कहिए तो अभी जाकर एक-एक की ख़बर लूँ।

कुँवर साहब ने विस्मित होकर कहा–क्या उनके घर जाकर?

रामेन्द्र–जी हाँ। पूछूँ, कि आप लोग जो समाज-सुधार का राग अलापते फिरते हैं, वह किस बल पर?

कुँवर–व्यर्थ है। जाकर आराम से लेटो। नेक और बद की सबसे बड़ी पहचान अपना दिल है। अगर हमारा दिल गवाही दे कि यह काम बुरा नहीं, तो फिर सारी दुनियाँ मुँह फेर ले, हमें किसी की परवाह न करनी चाहिए।

रामेन्द्र–लेकिन मैं इन लोगों को यों न छोड़ूँगा–एक-एक की बखिया उधेड़कर रख न दूँ, तो नाम नहीं।

यह कहकर उन्होंने पत्तल और कसोरे उठवा-उठवाकर कंगालों को देना शुरू किया।

5

रामेन्द्र सैर करके लौटे ही थे कि वेश्याओं का एक दल सुलोचना को बधाई देने के लिए आ पहुँचा! जुहरा की एक सगी भतीजी थी, गुलनार। सुलोचना के यहाँ पहले बराबर आती-जाती थी। इधर दो साल से न आयी थी। यह उसी का बधावा था। दरवाज़े पर अच्छी खासी भीड़ हो गई थी। रामेन्द्र ने यह शोरगुल सुना। गुलनार ने आगे बढ़कर उन्हें सलाम किया और बोली–बाबूजी, बेटी मुबारक। बधावा लायी हूँ।

रामेन्द्र पर मानो लकवा-सा गिर गया। सिर झुक गया और चेहरे पर कालिमा-सी पुत गई। न मुँह से बोले, न किसी को बैठने का इशारा किया, न वहाँ से हिले। बस, मूर्तिवत् खड़े रह गये। एक बाज़ारी औरत से नाता पैदा करने का ख़याल इतना लज्जास्पद था, इतना जघन्य कि उसके सामने सज्जनता भी मौन रह गई। इतना शिष्टाचार भी न कर सके कि सबों को कमरे में जाकर बिठा तो देते। आज पहली ही बार उन्हें अपने अधःपतन का अनुभव हुआ। मित्रों की कुटिलता और महिलाओं की उपेक्षा को वह उनका अन्याय समझते थे, अपना अपमान नहीं, लेकिन यह बधावा उनकी अबाध्य उदारता के लिए भी भारी था।

सुलोचना का जिस वातावरण में पालन-पोषण हुआ, वह एक प्रतिष्ठित हिन्दू कुल का वातावरण था। यह सच है कि अब भी सुलोचना नित्य जुहरा के मज़ार की परिक्रमा करने जाती थी, मगर जुहरा अब एक पवित्र स्मृति थी, दुनिया की मलिनताओं और कलुषताओं से रहित। गुलनार से नातेदारी और परस्पर का विवाह दूसरी बात थी। जो लोग तस्वीरों के सामने सिर झुकाते हैं, उन पर फूल चढ़ाते हैं, वे भी मूर्ति-पूजा की निंदा करते हैं। एक स्पष्ट है, दूसरा सांकेतिक। एक प्रत्यक्ष है, दूसरा आँखों से छिपा हुआ।

सुलोचना अपने कमरे में चिक की आड़ में खड़ी रामेन्द्र का असमंजस और क्षोभ देख रही थी। जिस समाज को उसने अपना उपास्य बनाना चाहा था, जिसके द्वार पर सिजदे करते उसे बरसों हो गये थे, उसकी तरफ़ से निराश होकर, उसका हृदय इस समय उससे विद्रोह करने पर तुला हुआ था। उसके जी में आता था, गुलनार को बुलाकर गले लगा लूँ। जो लोग मेरी बात भी नहीं पूछते, उनकी ख़ुशामद क्यों करूँ? यह बेचारियाँ इतनी दूर से आयी हैं, मुझे अपना ही समझकर तो। उनके दिल में प्रेम तो है, यह मेरे दुःख-सुख में शरीक़ होने को तैयार तो हैं।

आख़िर रामेन्द्र ने सिर उठाया और शुष्क मुस्कान के साथ गुलनार से बोले—आइए, आप लोग अंदर चले आइए। यह कहकर वह आगे-आगे रास्ता दिखाते हुए दीवानख़ाने की ओर चले कि सहसा महरी निकली और गुलनार के हाथ में एक पुर्ज़ा देकर चली गयी। गुलनार ने वह पुर्ज़ा लेकर देखा और उसे रामेन्द्र के हाथ में देकर वहीं खड़ी हो गई। रामेन्द्र ने पुर्ज़ा देखा, लिखा था—बहन गुलनार, तुम यहाँ नाहक आयीं। हम लोग यों ही बदनाम हो रहे हैं। अब और बदनाम मत करो, बधावा वापस ले जाओ। कभी मिलने को जी चाहे, तो रात को आना और अकेली। मेरा जी तुम्हारे गले लिपटकर रोने के लिए तड़प रहा है, मगर मज़बूर हूँ।

रामेन्द्र ने पुर्ज़ा फाड़कर फेंक दिया और उद्दंड होकर बोले—इन्हें लिखने दो। मैं किसी से नहीं डरता। अन्दर आओ।

गुलनार ने एकदम पीछे फिरकर कहा—नहीं, बाबूजी, अब हमें आज्ञा दीजिए।

रामेन्द्र—एक मिनट तो बैठो!

ग़ुलनार—जी नहीं। एक सेकंड भी नहीं।

6

गुलनार के चले जाने के बाद रामेन्द्र अपने कमरे में जा बैठे। जैसी पराजय उन्हें आज हुई, वैसी पहले कभी नहीं हुई। वह आत्माभिमान, वह सच्चा क्रोध, जो अन्याय

के ज्ञान से पैदा होता है, लुप्त हो गया था। उसकी जगह लज्जा थी और ग्लानि। इसे बधावे की क्यों सूझ गई। यों तो कभी आती-जाती न थी, आज न जाने कहाँ से फट पड़ी। कुँवर साहब होंगे इतने उदार। उन्होंने जुहरा के नातेदारों से भाई-चारे का निबाह किया होगा, मैं इतना उदार नहीं हूँ। कहीं सुलोचना छिपकर इसके पास आती-जाती नहीं। लिखा भी तो है कि मिलने को जी चाहे, तो रात को आना और अकेली—क्यों न हों, ख़ून तो वही है। मनोवृत्ति वही, विचार वही, आदर्श वही। माना, कुँवर साहब के घर में पालन-पोषण हुआ मगर रक्त का प्रभाव इतनी जल्दी नहीं मिट सकता। अच्छा, दोनों बहिनें मिलती होंगी, तो उनमें क्या बातें होती होंगी? इतिहास या नीति की चर्चा तो हो नहीं सकती। वही निर्लज्जता की बातें होती होंगी। गुलनार अपना वृत्तांत कहती होगी, उस बाज़ार के ख़रीदारों और दूकानदारों के गुण-दोष पर बहस होती होगी। यह हो ही नहीं सकता कि गुलनार इसके पास आते ही अपने को भूल जाए और कोई भद्दी, अनर्गल और कलुषित बात न करे। एक क्षण में उनके विचारों ने पलटा खाया, मगर आदमी बिना किसी से मिले-जुले रह भी तो नहीं सकता। यह भी तो एक तरह की भूख है। भूख में अगर शुद्ध भोजन न मिले तो आदमी जूठा खाने से भी परहेज नहीं करता। अगर इन लोगों ने सुलोचना को अपनाया होता, उसका यों बहिष्कार न करते, तो उसे क्यों ऐसे प्राणियों से मिलने की इच्छा होती? उसका कोई दोष नहीं, यह सारा दोष परिस्थितियों का है, जो हमारे अतीत की याद दिलाती रहती हैं।

रामेन्द्र इन्हीं विचारों में पड़े हुए थे कि कुँवर साहब आ पहुँचे और कटु स्वर में बोले—मैंने सुना गुलनार अभी बधावा लाई थी, तुमने उसे लौटा दिया।

रामेन्द्र का विरोध सजी हो उठा। बोले—मैंने तो नहीं लौटाया, सुलोचना ने लौटाया। पर मेरे ख़याल में अच्छा किया।

कुँवर—तो यह कहो तुम्हारे इशारा था। तुमने इन पतितों को अपनी ओर खींचने का कितना अच्छा अवसर हाथ से खो दिया है! सुलोचना को देखकर जो कुछ असर पड़ा, वह तुमने मिटा दिया। बहुत संभव था कि एक प्रतिष्ठित आदमी से नाता रखने का अभिमान उसके जीवन में एक नये युग का अ.रम्भ करता, मगर तुमने इन बातों पर जरा भी ध्यान न दिया।

रामेन्द्र ने कोई जवाब न दिया। कुँवर साहब जरा उत्तेजित होकर बोले—आप लोग यह क्यों भूल जाते हैं कि हरेक बुराई मजबूरी से होती है। चोर इसलिए चोरी नहीं करता कि चोरी में उसे विशेष आनन्द आता है; बल्कि केवल इसलिए कि ज़रूरत उसे मज़बूर कर देती है। हाँ, वह ज़रूरत वास्तविक है या काल्पनिक इसमें मतभेद हो सकता है। स्त्री के मैके जाते समय कोई गहना बनवाना एक आदमी के लिए ज़रूरी हो सकता है। दूसरे के लिए बिल्कुल ग़ैर ज़रूरी। क्षुधा से व्यथिक होकर एक आदमी अपना ईमान खो सकता है, दूसरा मर जायगा पर किसी के सामने हाथ न फैलायेगा, पर प्रकृति का यह नियम आप जैसे विद्वानों को न भूलना चाहिए कि जीवन-लालस प्राणीमात्र में व्यापक है। ज़िंदा रहने के लिए आदमी सब कुछ कर सकता है। ज़िंदा रहना जितना ही कठिन होगा, बुराइयाँ भी उसी मात्रा में बढ़ेंगी, जितना ही आसान होगा उतनी ही बुराइयाँ कम होंगी। हमारा यह पहला सिद्धांत न होना चाहिए कि जिंदा रहना हरेक के लिए सुलभ हो। रामेन्द्र बाबू, आपने इस वक़्त इन लोगों के साथ वही व्यवहार किया जो दूसरे आपके साथ कर रहे हैं और जिससे आप बहुत दुःखी हैं।

रामेन्द्र ने इस लम्बे व्याख्यान को इस तरह सुना, जैसे कोई पागल बक रहा हो। इस तरह की दलीलों को वह ख़ुद कितनी ही बार समर्थन कर चुके थे; पर दलीलों से व्यथित अंग की पीड़ा नहीं शांत होती। पतित स्त्रियों का नातेदार की हैसियत से द्वार पर आना इतना अपमानजनक था कि रामेन्द्र किसी दलील से पराभूत होकर उसे भूल न सकते थे। बोले—मैं ऐसे प्राणियों से कोई संबंध नहीं रखता। यह विष अपने घर में नहीं फैलाना चाहता।

सहसा सुलोचना भी कमरे में आ गई। प्रसवकाल का असर अभी बाक़ी था; पर उत्तेजना ने चेहरे को आरक्त कर रखा था। रामेन्द्र सुलोचना को देखकर तेज़ हो गये। वह उसे जता देना चाहते थे कि इस विषय में मैं एक रेख तक जा सकता हूँ, उसके आगे किसी तरह नहीं जा सकता। बोले—मैं यह कभी पसंद न करूँगा कि कोई बाज़ारी औरत किसी भेष में मेरे घर आये। रात को अकेले या सूरत बदलकर आने से इस बुराई का असर नहीं मिट सकता। मैं समाज के दंड से नहीं डरता, इस नैतिक विष से डरता हूँ।

सुलोचना अपने विचार में मर्यादा-रक्षा के लिए काफ़ी आत्मसमर्पण कर चुकी थी। उसकी आत्मा ने अभी तक क्षमा न किया था। तीव्र स्वर में बोली—क्या तुम चाहते हो कि मैं इस क़ैद में अकेले जान दे दूँ? कोई तो हो, जिससे आदमी हँसे, बोले।

रामेन्द्र ने गर्म होकर कहा—हँसने-बोलने का इतना शौक़ था, तो मेरे साथ विवाह न करना चाहिए था। विवाह का बंधन बड़ी हद तक त्याग का बंधन है। जब तक संसार में इस विधान का राज्य है, और स्त्री, कुल-मर्यादा की रक्षक समझी जाती है, उस वक़्त तक कोई मर्द यह स्वीकार न करेगा कि उसकी पत्नी बुरे आचरण के प्राणियों से किसी प्रकार का संसर्ग रखे।

कुँवर साहब समझ गये कि वाद-विवाद से रामेन्द्र और भी जिद पकड़ लेंगे और मुख्य विषय लुप्त हो जाएगा, इसलिए नम्र स्वर में बोले—लेकिन बेटा, यह क्यों ख़याल करते हो कि ऊँचे दरजे की पढ़ी-लिखी स्त्री दूसरों के प्रभाव में आ जाएगी, अपना प्रभाव न डालेगी?

रामेन्द्र—इस विषय में शिक्षा पर मेरा विश्वास नहीं। शिक्षा ऐसी कितनी बातों को मानती है, जो रीति-नीति और परम्परा की दृष्टि में त्याज्य हैं? अगर पाँव फिसल जाए, तो हम उसे काटकर फेंक नहीं देते, पर मैं इस (**Analogy**) के सामने सिर झुकाने को तैयार नहीं हूँ। मैं स्पष्ट कह देना चाहता हूँ कि मेरे साथ रहकर पुराने सम्बन्धों का त्याग करना पड़ेगा। इतना ही नहीं, मन को ऐसा बना लेना पड़ेगा कि ऐसे लोगों से उसे ख़ुद घृणा हो। हमें इस तरह अपना संस्कार करना पड़ेगा कि समाज अपने अन्याय पर लज्जित हो, न कि हमारे आचरण ऐसे भ्रष्ट हो जाएँ कि दूसरों की निग़ाह में यह तिरस्कार औचित्य का स्थान पा जाए।

सुलोचना ने उद्धत होकर कहा—स्त्री इसके लिए मजबूर नहीं है कि वह आपकी आँखों से देखे और आपके कानों से सुने। उसे यह निश्चय करने का अधिकार है कि कौन-सी चीज़ उसके हित की है, कौन-सी नहीं।

कुँबर साहब भयभीत होकर बोले—सिल्ली, तुम भूली जाती हो कि बातचीत में हमेशा मुलायम शब्दों का व्यवहार करना चाहिए। हम झगड़ा नहीं कर रहे हैं, केवल एक प्रश्न पर अपने-अपने विचार प्रकट कर रहे हैं।

सुलोचना ने निर्भीकता से कहा—जी नहीं, मेरे लिए बेड़ियाँ तैयार की जा रही हैं। मैं इन बेड़ियों को नहीं पहन सकती। मैं अपनी आत्मा को उतना ही स्वाधीन समझती हूँ, जितना कोई मर्द समझता है।

रामेन्द्र ने अपनी कठोरता पर कुछ लज्जित होकर कहा–मैंने तुम्हारी आत्मा की स्वाधीनता को छीनने की कभी इच्छा नहीं की और न मैं इतना विचारहीन हूँ। शायद तुम भी इसका समर्थन करोगी, लेकिन क्या तुम्हें विपरीत मार्ग पर चलते देखूँ, तो मैं समझा नहीं सकता?

सुलोचना–उसी तरह, जैसे मैं तुम्हें समझा सकती हूँ। तुम मुझे मज़बूर नहीं कर सकते।

रामेन्द्र–मैं इसे नहीं मान सकता।

सुलोचना–अगर मैं अपने किसी नातेदार से मिलने जाऊँ, तो आपकी इज़्ज़त में बट्टा लगता है। क्या इसी तरह आप यह स्वीकार करेंगे कि आपका व्यभिचारियों से मिलना-जुलना मेरी इज़्ज़त में दाग़ लगाता है?

रामेन्द्र–हाँ, मैं मानता हूँ।

सुलोचना–आपका कोई व्यभिचारी भाई आ जाए, तो आप उसे दरवाज़े से भगा देंगे?

रामेन्द्र–तुम मुझे इसके लिए मज़बूर नहीं कर सकतीं।

सुलोचना–और आप मुझे मज़बूर कर सकते हैं?

'बेशक।'

'क्यों?'

'इसलिए कि मैं पुरुष हूँ, इस छोटे-से परिवार का मुख्य अंग हूँ। इसलिए कि तुम्हारे ही कारण मुझे...' रामेन्द्र कहते-कहते रुक गये, पर सुलोचना उनके मुँह से निकलने वाले शब्दों को ताड़ गई। उसका चेहरा तमतमा उठा, मानो छाती में बरछी-सी लग गई। मन में ऐसा उद्वेग उठा कि इसी क्षण यह घर छोड़कर, सारी दुनिया से नाता तोड़कर चली जाऊँ और फिर इन्हें कभी मुँह न दिखाऊँ। अगर इसी का नाम विवाह है कि किसी की मर्ज़ी की गुलाम होकर रहूँ, अपमान सहन करूँ, तो ऐसे विवाह को दूर ही से सलाम है।

वह तैश में आकर कमरे से निकलना चाहती थी कि कुँवर साहब ने लपक कर उसे पकड़ लिया और बोले–क्या करती हो बेटी, घर में जाओ, क्यों रोती हो? अभी तो मैं जीता हूँ, तुम्हें क्या ग़म है! रामेन्द्र बाबू ने कोई ऐसी बात नहीं कही और न कहना चाहते थे। फिर आपस की बातों का क्या बुरा मानना! किसी अवसर पर तुम भी जो जी में आए, कह लेना।

यों समझाते हुए कुँवर साहब उसे अंदर ले गये। वास्तव में सुलोचना कभी गुलनार से मिलने की इच्छुक न थी। वह उससे स्वयं भागती थी। एक क्षणिक आवेश में उसने गुलनार को वह पुर्ज़ा लिख दिया था। मन में स्वयं समझती थी, इन लोगों से मेल-जोल रखना मुनासिब नहीं, लेकिन रामेन्द्र ने यह विरोध किया, यही उसके लिए असह्य था। यह मुझे मना क्यों करें? क्या इतना भी नहीं समझती? क्या इन्हें मेरी ओर से इतनी शंका है! इसीलिए तो, कि मैं कुलीन नहीं हूँ! मैं अभी-अभी गुलनार से मिलने जाऊँगी, जिद्दन जाऊँगी, देखूँ मेरा क्या करते हैं।

लाड़-प्यार में पली हुई सुलोचना को कभी किसी ने तीखी आँखों से न देखा था। कुँवर साहब उसकी मर्ज़ी के गुलाम थे। रामेन्द्र भी इतने दिनों उसका मुँह जोहते रहे। अब अकस्मात् यह तिरस्कार और फटकार पाकर उसकी स्वेच्छा प्रेम और आत्मीयता के सारे नातों को पैरों-से कुचल डालने के लिए विकल हो उठी। वह सब कुछ सह लेगी, पर यह धौंस, यह अन्याय, यह अपमान उससे न सहा जाएगा।

उसने खिड़की से सिर निकालकर कोचवान को पुकारा और बोली—गाड़ी लाओ, मुझे चौक जाना है, अभी लाओ।

कुँवर साहब ने चुमकारकर कहा—बेटी सिल्लो, क्या कर रही हो। मेरे ऊपर दया करो। इस वक़्त कहीं मत जाओ, नहीं हमेशा के लिए पछताना पड़ेगा। रामेन्द्र बाबू भी बड़े गुस्सेवर आदमी हैं। फिर तुमसे बड़े हैं, ज़्यादा विचारवान हैं, उन्हीं का कहना मान जाओ। मैं तुमसे सच कहता हूँ, तुम्हारी माँ जब थीं, तो कई बार ऐसी नौबत आयी कि मैंने उनसे कहा, घर से निकल जाओ। पर उस प्रेम की देवी ने कभी ड्योढ़ी के बाहर पाँव नहीं निकाला। इस वक़्त धैर्य से काम लो। मुझे विश्वास है, ज़रा देर में रामेन्द्र बाबू ख़ुद लज्जित होकर तुम्हारे पास अपना अपराध क्षमा कराने आएँगे।

सहसा रामेन्द्र ने आकर पूछा—गाड़ी क्यों मँगवायी? कहाँ जा रही हो?

रामेन्द्र का चेहरा इतना क्रोधोन्मत्त हो रहा था कि सुलोचना सहम उठी। दोनों आँखों से ज्वाला-सी निकल रही थी। नथने फड़क रहे थे। पिंडलियाँ काँप रही थीं। यह कहने की हिम्मत न पड़ी कि गुलनार के घर जाती हूँ। गुलनार का नाम सुनते ही शायद यह मेरी गर्दन पर सवार हो जाएँगे—इस भय से वह काँप उठी। आत्म-रक्षा का भाव प्रबल हो गया। बोली—ज़रा अम्माँ के मज़ार तक जाऊँगी।

रामेन्द्र ने डाँटकर कहा—कोई जरूरत नहीं वहाँ जाने की।

सुलोचना ने कातर स्वर में कहा—क्यों, अम्माँ के मज़ार तक जाने की भी रोक है?

रामेन्द्र ने उसी ध्वनि में कहा—हाँ।

सुलोचना—तो फिर अपना घर सँभालो, मैं जाती हूँ।

रामेन्द्र—जाओ, तुम्हारे लिए क्या, यह न सही, दूसरा घर सही!

अभी तक तस्मा बाक़ी था, वह कट गया। यों शायद सुलोचना वहाँ से कुँवर साहब के बँगले पर जाती, दो-चार दिन रूठी रहती, फिर रामेन्द्र उसे मना लाते और मामला तय हो जाता, लेकिन इस चोट ने समझौते और संधि की जड़ काट दी। सुलोचना दरवाज़े तक पहुँची थी, वहीं चित्र-लिखित-सी खड़ी रह गई। मानो किसी ऋषि के शाप ने उसके प्राण खींच लिये हों। वही बैठ गई। न कुछ बोल सकी, न कुछ सोच सकी। जिसके सिर पर बिजली गिर पड़ी हो, वह क्या सोचे, क्या रोए, क्या बोले? रामेन्द्र के यह शब्द बिजली से कहीं अधिक घातक थे।

सुलोचना कब तक वहाँ बैठी रही, उसे कुछ ख़बर न थी। जब उसे कुछ होश आया, तो घर में सन्नाटा छाया हुआ था। घड़ी की तरफ़ आँख उठी, एक बज रहा था। सामने आरामकुर्सी पर कुँवर साहब नवजात शिशु को गोद में लिये सो गये थे। सुलोचना ने उठकर बरामदे में झाँका, रामेन्द्र अपने पलँग पर लेटे हुए थे। उसके जी में आया, इसी वक़्त इन्हीं के सामने जाकर कलेजे में छुरी मार ले और इन्हीं के सामने तड़प-तड़पकर मर जाऊँ। वह घातक शब्द याद आ गये। इनके मुँह से ऐसे शब्द निकले क्योंकर! इतने चतुर, इतने उदार और इतने विचारशील होकर भी वह जबान पर ऐसे शब्द क्योंकर ला सके?

उसका सारा सतीत्व, भारतीय आदर्शों की गोद में पली हुई भूमि पर आहत पड़ी हुई, अपनी दीनता पर रो रहा था। वह सोच रही थी, अगर मेरे नाम पर यह दाग़ न होता, मैं भी कुलीन होती, तो क्या यह शब्द इनके मुँह से निकल सकते थे? लेकिन मैं बदनाम हूँ, दलित हूँ, त्याज्य हूँ, मुझे सब कुछ कहा जा

सकता है। उफ, इतना कठोर हृदय! क्या वह किसी दशा में रामेन्द्र पर इतना कठोर प्रहार कर सकती थी?

बरामदे में बिजली की रोशनी थी। रामेन्द्र के मुख पर क्षोभ या ग्लानि का नाम भी न था। क्रोध की कठोरता अब तक उनके मुख को विकृत किए हुए थी। शायद इन आँखों में आँसू देखकर अब भी सुलोचना के आहत हृदय को तसक़ीन होती, लेकिन वहाँ तो अभी तक तलवार खिंची हुई थी। उसकी आँखों में सारा संसार सूना हो गया।

सुलोचना फिर अपने कमरे में आयी। कुँवर साहब की आँखें अब भी बन्द थीं। इन चन्द घंटों ही में उनका तेजस्वी मुख कांतिहीन हो गया था। गालों पर आँसुओं की रेखाएँ सूख गई थीं। सुलोचना ने उनके पैरों के पास बैठ सच्ची भक्ति के आँसू बहाए। हाय! मुझ अभागिनी के लिए इन्होंने कौन-कौन से कष्ट नहीं झेले, कौन-कौन-से अपमान नहीं सहे, अपना सारा जीवन ही मुझ पर अर्पण कर दिया और उसका हृदय-विदारक अंत।

सुलोचना ने फिर बच्ची को देखा, मगर उसका गुलाब का-सा विकसित मुख देखकर भी उसके हृदय में ममता की तरंग न उठी। उसने उसकी तरफ़ से मुँह फेर लिया। यही उस अपमान की मूर्तिमान वेदना है, जो इतने दिनों मुझे भोगनी पड़ी। मैं इसके लिए क्यों प्राण संकट में डालूँ? अगर उसके निर्दयी पिता को उसका प्रेम है, तो उसको पाले। और एक दिन वह भी इसी तरह रोए, जिस तरह आज मेरे पिता को रोना पड़ रहा है। ईश्वर अबकी अगर जन्म देना, तो किसी भले आदमी के घर जन्म देना...

× × ×

जहाँ जुहरा का मज़ार था, उसी के बगल में एक दूसरा मज़ार बना हुआ है। जुहरा के मज़ार पर घास जम आई है, जगह-जगह से चूना गिर गया है, लेकिन दूसरा मज़ार साफ़-सुथरा और सजा हुआ है। उसके चारों तरफ़ गमले रखे हुए हैं और मज़ार तक जाने के लिए गुलाब के बेलों की रविशें बनी हुई हैं।

शाम हो गई है। सूर्य की क्षीण, उदास, पीली किरणें मानो उस मज़ार पर आँसू बहा रही हैं। एक आदमी एक तीन-चार साल की बालिका को गोद में लिये हुए आया और उस मज़ार को रूमाल से साफ़ करने लगा। रबिशों में जो पत्तियाँ पड़ी थीं, उन्हें चुनकर साफ कीं और मज़ार पर सुगंध छिड़कने लगा। बालिका दौड़-दौड़कर तितलियों को पकड़ने लगी।

यह सुलोचना का मज़ार है। उसकी आख़िरी नसीहत थी, कि मेरी लाश जलाई न जाए, मेरी माँ की बगल में मुझे सुला दिया जाए। कुँवर साहब तो सुलोचना के बाद छः महीने से ज़्यादा न चल सके। हाँ, रामेन्द्र अपने अन्याय का पश्चात्ताप कर रहे हैं।

शोभा अब तीन साल की हो गई है और उसे विश्वास है कि एक दिन उसकी माँ इसी मज़ार से निकलेगी।

❑❑❑

ढपोरसंख

मुरादाबाद में मेरे एक पुराने मित्र हैं, जिन्हें दिल में तो मैं एक रत्न समझता हूँ, पर पुकारता हूँ ढपोरसंख कहकर और वह बुरा भी नहीं मानते। ईश्वर ने उन्हें जितना हृदय दिया है, उसकी आधी बुद्धि दी होती, तो आज वह कुछ और होते! उन्हें हमेशा तंगहस्त ही देखा! मगर किसी के सामने कभी हाथ फैलाते नहीं देखा। हम और वह बहुत दिनों तक साथ पढ़े हैं, ख़ासी बेतकल्लुफ़ी है; पर यह जानते हुए भी कि मेरे लिए सौ-पचास रुपये से उनकी मदद करना कोई बड़ी बात नहीं और मैं बड़ी ख़ुशी से करूँगा, कभी मुझसे एक पाई के रवादार न हुए; अगर हौले से बच्चों को दो-चार रुपये दे देता हूँ, तो विदा होते समय उसकी दुगुनी रकम के मुरादाबादी बरतन लादने पड़ते हैं। इसलिए मैने यह नियम बना लिया है कि जब उनके पास जाता हूँ, तो एक-दो दिन में जितनी बड़ी-से-बड़ी चपत दे सकता हूँ, देता हूँ। मौसम में जो महँगी-से-महँगी चीज़ होती है, वही खाता हूँ। और माँग-माँगकर खाता हूँ; मगर दिल के ऐसे बेहया हैं, कि अगर एक बार भी उधर से निकल जाऊँ और उनसे न मिलूँ, तो बुरी तरह डाँट बताते हैं। इधर दो-तीन साल से मुलाक़ात न हुई थी! जी देखने को चाहता था। मई में नैनीताल जाते हुए उनसे मिलने के लिए उतर पड़ा। छोटा-सा घर है, छोटा-सा परिवार, छोटा-सा डील। द्वार पर आवाज़ दी—ढपोरसंख । तुरन्त बाहर निकल आये और गले से लिपट गए। ताँगे पर से मेरे ट्रंक को उतारकर कंधे पर रखा, बिस्तर बगल में दबाया और घर में दाखिल हो गए। कहता हूँ, बिस्तर मुझे दे दो; मगर कौन सुनता है। भीतर कदम रखा तो देवीजी के दर्शन हुए। छोटे बच्चे ने आकर प्रणाम किया। बस, यही परिवार है।

कमरे में गया तो देखा, ख़तों का एक दफ़्तर फैला हुआ है। ख़तों को सुरक्षित रखने की तो इनकी आदत नहीं। इतने ख़त किसके हैं? कुतूहल से पूछा, यह क्या कूड़ा फैला रखा है जी, समेटो ।

देवीजी मुस्कुराकर बोलीं—कूड़ा न कहिए, एक-एक पत्र साहित्य का रत्न है। आप तो इधर आये नहीं। इनके एक नए मित्र पैदा हो गए हैं। यह उन्हीं के कर-कमलों के प्रसाद हैं ।

ढपोरसंख ने अपनी नन्हीं-नन्हीं आँखें सिकोड़कर कहा—तुम उसके नाम से क्यों इतना जलती हो, मेरी समझ में नहीं आता। अगर तुम्हारे दो-चार सौ रुपये उस पर आते हैं, तो उनका देनदार मैं हूँ। वह भी अभी जीता-जागता है। किसी को बेईमान क्यों समझती हो? यह क्यों नहीं समझती कि उसे अभी सुविधा नहीं है। और फिर दो-चार सौ रुपये एक मित्र के हाथों डूब ही जाएँ, तो क्यों रोओ। माना हम ग़रीब हैं, दो-चार सौ रुपये हमारे लिए दो-चार लाख से कम नहीं; लेकिन खाया तो एक मित्र ने!

देवीजी जितनी रूपवती थीं, उनती ही ज़बान की तेज़ थीं। बोलीं—अगर ऐसों ही का नाम मित्र है, तो मैं नहीं समझती, शत्रु किसे कहते हैं।

ढपोरसंख ने मेरी तरफ़ देखकर, मानों मुझसे हामी भराने के लिए कहा– औरतों का हृदय बहुत की संकीर्ण होता है।

देवीजी नारी-जाति पर यह आक्षेप कैसे सह सकती थीं, आँखें तरेरकर बोलीं– यह क्यों नहीं कहते, कि उल्लू बनाकर ले गया, ऊपर से हेकड़ी जताते हो! दाल गिर जाने पर तुम्हें भी सूखा अच्छा लगे, तो कोई आश्चर्य नहीं। मैं जानती हूँ, रुपया हाथ का मैल है। यह भी समझती हूँ कि जिसके भाग्य का जितना होता है, उतना वह खाता है; मगर यह मैं कभी न मानूँगी कि वह सज्जन था, आदर्शवादी था और यह था, वह था। साफ़-साफ़ क्यों नहीं कहते, लम्पट था, दगाबाज़ था! बस, मेरा तुमसे कोई झगड़ा नहीं।

ढपोरसंख ने गर्म होकर कहा–मैं यह नहीं मान सकता ।

देवीजी भी गर्म होकर बोलीं– तुम्हें मानना पड़ेगा। महाशयजी आ गए हैं। मैं इन्हें पंच बदती हूँ। अगर यह कह देगें कि सज्जनता का पुतला था, आदर्शवादी था, वीरात्मा था, तो मैं मान लूँगी और फिर उनका नाम न लूँगी और यदि इनका फैसला मेरे अनुकूल हुआ, तो लाला, तुम्हें इनको अपना बहनोई कहना पड़ेगा।

मैंने पूछा–मेरी समझ में कुछ नहीं आ रहा है, आप किसका ज़िक्र कर रही हैं? वह कौन था ?

देवीजी ने आँखें नचाकर कहा–इन्हीं से पूछो, कौन था ! इनका बहनोई था ।

ढपोरसंख ने झेंपकर कहा–अजी, एक साहित्य-सेवी था–करुणाकर जोशी। बेचारा विपत्ति का मारा यहाँ आ पड़ा था। उस वक़्त तो यह भी भैया-भैया करती थीं, हलवा बना-बनाकर खिलाती थीं, उसकी विपत्ति-कथा सुनकर टेसवे बहाती थीं, और आज वह दग़ाबाज़ है, लम्पट है, लबार है।

देवीजी ने कहा–वह तुम्हारी खातिर थी । मैं समझती थी, लेख लिखते हो, व्याख्यान देते हो, साहित्य के मर्मज्ञ बनते हो, कुछ तो आदमी पहचानते होगे; पर अब मालूम हो गया कि कलम घिसना और बात है, मनुष्य की नाड़ी पहचानना और बात ।

मै इस जोशी का वृतांत सुनने के लिए उत्सुक हो उठा। ढपोरसंख तो अपना पचड़ा सुनाने को तैयार थे; मगर देवीजी ने कहा–खाने-पीने से निवृत्त होकर पंचायत बैठे। मैंने भी इसे स्वीकार कर लिया।

देवीजी घर में जाती हुई बोलीं–तुम्हें कसम है, जो अभी जोशी के बारे में एक शब्द भी इनसे कहो। मैं भोजन बनाकर जब तक खिला न लूँ, तब तक दोनों आदमियों पर दफा 144 है।

ढपोरसंख ने आँखें मारकर कहा–तुम्हारा नमक खाकर यह तुम्हारी तरफ़दारी करेंगे ही !

बारे देवीजी के कानों में यह जुमला न पड़ा । धीमे स्वर में कहा भी गया था, नहीं तो देवीजी ने कुछ-न-कुछ जवाब ज़रूर दिया होता । देवीजी चूल्हा जला चुकीं और ढपोरसंख उनकी ओर से निश्चिंत हो गए; तो मुझसे बोले–जब तक वह रसोई में हैं, मैं संक्षेप में तुम्हें वह वृत्तांत सुना दूँ?

मैंने धर्म की आड़ लेकर कहा–नहीं भाई, मैं पंच बन गया हूँ, और इस विषय में कुछ न सूनूँगा। उन्हें आ जाने दो ।

'मुझे भय है कि तुम उन्हीं का-सा फैसला कर दोगे और फिर वह मेरा घर में रहना अपाढ़ कर देंगी।'

मैंने ढाढ़स दिया—यह आप कैसे कह सकते हैं, मैं क्या फैसला करूँगा?

'मैं तुम्हें जानता जो हूँ। तुम्हारी अदालत में औरत के सामने मर्द कभी जीत ही नहीं सकता ।'

'तो क्या चाहते हो, तुम्हारी डिग्री कर दूँ?'

'क्या दोस्ती का इतना हक भी नहीं अदा कर सकते?'

'अच्छा लो, तुम्हारी जीत होगी, चाहे गालियाँ ही क्यों न मिलें ।'

खाते-पीते दोपहर हो गयी। रात का जागा था। सोने की इच्छा हो रही थी; पर देवीजी कब माननेवाली थीं। भोजन करके आ पहुँचीं। ढपोरसंख ने पत्रों का पुलिंदा समेटा और वृत्तांत सुनाने लगे ।

देवीजी ने सावधान किया—एक शब्द भी झूठ बोले, तो जुर्माना होगा।

ढपोरसंख ने गम्भीर होकर कहा—झूठ वह बोलता है जिसका पक्ष निर्बल होता है। मुझे तो अपनी विजय का विश्वास है।

इसके बाद कथा शुरू हो गई—

दो साल से ज़्यादा हुए, एक दिन मेरे पास एक पत्र आया, जिसमें साहित्य-सेवा के नाते एक ड्रामे की भूमिका लिखने की प्रेरणा की गई थी। यह करुणाकर का पत्र था । इस साहित्यिक रीति से मेरा उनसे प्रथम परिचय हुआ। साहित्यकारों की इस ज़माने में जो दुर्दशा है, उसका अनुभव कर चुका हूँ, और करता रहता हूँ, और यदि भूमिका तक बात रहे, तो उनकी सेवा करने में पसोपेश नहीं होता। मैंने तुरंत ज़वाब दिया, आप ड्रामा भेज दीजिए। एक सप्ताह में ड्रामा आ गया; पर अब पत्र में भूमिका लिखने ही की नहीं, कोई प्रकाशक ठीक कर देने की भी प्रार्थना की गई थी। मैं प्रकाशकों के झंझट में नहीं पड़ता। दो-एक बार पड़कर कई मित्रों को जानी दुश्मन बना चुका हूँ। मैंने ड्रामे को पढ़ा, उस पर भूमिका लिखी और हस्तलिपि लौटा दी। ड्रामा मुझे सुन्दर मालूम हुआ, इसलिए भूमिका भी प्रशंसात्मक थी। कितनी ही पुस्तकों की भूमिका लिख चुका हूँ। कोई नई बात न थी; पर अबकी भूमिका लिखकर पिंड न छूटा । एक सप्ताह के बाद लेख आया कि इसे अपनी पत्रिका में प्रकाशित कर दीजिए। (ढपोरसंख एक पत्रिका के सम्पादक हैं।) इसे गुण कहिए या दोष, मुझे दूसरों पर विश्वास बहुत जल्द आ जाता है। और जब किसी लेखक का मुआमला हो, तो मेरी विश्वास-क्रिया और भी तीव्र हो जाती है। मैं अपने एक मित्र को जानता हूँ, जो साहित्यकारों के साए से भागते रहते हैं और खुद निपुण लेखक हैं। बड़े ही सज्जन है, बड़े ही ज़िंदादिल। अपनी शादी करके लौटने पर जब-जब रास्ते में मुझसे भेंट हुई, कहा—आपकी मिठाई रखी हुई है, भेजवा दूँगा; पर मिठाई आज तक न आयी, हालाँकि अब ईश्वर की दया से विवाह-तरु में फल भी लग आए; लेकिन ख़ैर, मैं साहित्य-सेवियों से इतना चौकन्ना नहीं रहता। इन पत्रों में इतनी विनय, इतना आग्रह, इतनी भक्ति होती थी, कि मुझे जोशी से बिना साक्षात्कार के ही स्नेह हो गया । मालूम हुआ, एक बड़े बाप का बेटा है, घर से इसलिए निर्वासित है कि उसके चाचा दहेज की लम्बी रकम लेकर उसका विवाह करना चाहते थे; यह उसे मंजूर न हुआ। इस पर चाचा ने घर से निकाल दिया। बाप के पास गया। बाप आदर्श भ्रातृ-भक्त था। उसने चाचा के फैसले की अपील न सुनी। ऐसी दशा में सिद्धांत का मारा युवक सिवाय घर से बाहर निकल भागने के और क्या करता? यों वन-वन में पत्ते तोड़ता, द्वार-द्वार ठोकर खाता, वह ग्वालियर आ गया था। उस पर मंदाग्नि का रोगी, जीर्ण-ज्वर से ग्रस्त। आप ही बतलाइए; ऐसे आदमी से क्यों आपकी

सहानुभूति न होती? फिर जब एक आदमी आपको 'प्रिय भाई साहब' लिखता है, अपने मनोरहस्य आपके सामने खोलकर रखता है; विपत्ति में भी धैर्य और पुरुषार्थ को हाथ से नहीं छोड़ता, कड़े-से-कड़ा परिश्रम करने को तैयार है, तो यदि आपमें सौजन्य का अणुमात्र भी है, तो आप उसकी मदद करेंगे।

अच्छा, अब फिर ड्रामे की तरफ़ आइए। कई दिनों बाद जोशी का पत्र प्रयाग से आया। वह वहाँ की एक मासिक-पत्रिका के सम्पादकीय विभाग में नौकर हो गया था । यह पत्र पाकर मुझे कितना संतोष और आनंद हुआ, कह नहीं सकता। कितना उद्यमशील आदमी है! उसके प्रति मेरा स्नेह और भी प्रगाढ़ हो गया। पत्रिका का स्वामी सम्पादक सख़्ती से पेश आता था, ज़रा-सी देर हो जाने पर दिन भर की मज़दूरी काट लेता था, बात-बात पर घुड़कियाँ जमाता था; पर यह सत्याग्रही वीर सब कुछ सहकर भी अपने काम में लगा रहता था। अपना भविष्य बनाने का ऐसा अवसर पाकर वह उसे कैसे छोड़ देता? यह सारी बातें स्नेह और विश्वास को बढ़ानेवाली थीं। एक आदमी को कठिनाइयों का सामना करते देखकर किसे उससे प्रेम न होगा, विश्वास न होगा, गर्व न होगा।

प्रयाग में वह ज़्यादा न ठहर सका। उसने मुझे लिखा, मैं सब कुछ झेलने को तैयार हूँ, भूखों मरने को तैयार हूँ; पर आत्मसम्मान में दाग़ नहीं लगा सकता, कुवचन नहीं सह सकता।

ऐसा चरित्र यदि आप पर प्रभाव न डाल सके, तो मैं कहूँगा, आप चालाक चाहे जितने हों पर हृदय-शून्य हैं।

एक सप्ताह के बाद प्रयाग से फिर पत्र आया—यह व्यवहार मेरे लिए असह्य हो गया। आज मैंने इस्तीफ़ा दे दिया। यह न समझिए कि मैंने हलके दिल से लगी-लगाई रोज़ी छोड़ दी। मैंने वह सब किया, जो मुझे करना चाहिए था। यहाँ तक कि कुछ-कुछ वह भी किया, जो मुझे न करना चाहिए था; पर आत्मसम्मान का ख़ून नहीं कर सकता। अगर यह कर सकता, तो मुझे घर छोड़कर निकलने की क्या आवश्यकता थी? मैंने बम्बई जाकर अपनी किस्मत आज़माने का निश्चय किया है। मेरा दृढ़ संकल्प है कि अपने घरवालों के सामने हाथ न फैलाऊँगा, उनसे दया की भिक्षा न माँगूँगा । मुझे कुली गिरी करनी मंजूर है, टोकरी ढोना मंजूर है; पर अपनी आत्मा को कलंकित नहीं कर सकता।

मेरी श्रद्धा और बढ़ गई। यह व्यक्ति अब मेरे लिए केवल ड्रामा का चरित्र न था, जिसके सुख से सुखी और दुःख से दुःखी होने पर भी हम दर्शक ही रहते हैं। वह अब मेरे इतने निकट पहुँच गया था कि उस पर आघात होते देखकर मैं उसकी रक्षा करने को तैयार था, डूबते देखकर पानी में कूदने से भी न हिचकता।

मैं बड़ी उत्कंठा से उसके बम्बई से आनेवाले पत्र का इंतज़ार करने लगा। छठवें दिन पत्र आया। वह बम्बई में काम खोज रहा था; लिखा था—घबराने की कोई बात नहीं है, मैं सब कुछ झेलने को तैयार हूँ। फिर दो-दो चार-चार दिन के अंतर से कई पत्र आये। वह वीरों की भाँति कठिनाइयों के सामने कमर कसे खड़ा था, हालाँकि तीन दिन से उसे भोजन न मिला था ।

ओह ! कितना ऊँचा आदर्श है! कितना उज्ज्वल चरित्र! मैं समझता हूँ, मैंने उस समय बड़ी कृपणता की। मेरी आत्मा ने मुझे धिक्कारा—यह बेचारा इतने कष्ट उठा रहा है, और तुम बैठे देख रहे हो। क्यों उसके पास कुछ रुपये नहीं भेजते? मैंने आत्मा के कहने पर अमल न किया; पर अपनी बेदर्दी पर खिन्न अवश्य था ।

जब कई दिन की बेचैनी भरे हुए इंतज़ार के बाद यह समाचार आया कि वह एक साप्ताहिक पत्र के सम्पादकीय विभाग में जगह पा गया है, तो मैंने आराम की साँस ली और ईश्वर को सच्चे दिल से धन्यवाद दिया।

साप्ताहिक में जोशी के लेख थे। उसने मुझसे भी लेख माँगे; पर मुझे अवकाश न था। क्षमा माँगी, हालाँकि इस अवसर पर उसको प्रोत्साहन न देने पर मुझे बड़ा खेद होता था।

लेकिन शायद बाधाएँ हाथ धोकर उसके पीछे पड़ी थीं। पत्र के ग्राहक कम थे। चंदे और डोनेशन से काम चलता था। रुपये हाथ आ जाते तो कर्मचारियों को थोड़ा-थोड़ा मिल जाता। नहीं आसरा लगाए काम करते रहते। इस दशा में ग़रीब ने तीन महीने काटे होंगे। आशा थी, तीन महीने का हिसाब होगा, तो अच्छी रकम हाथ लगेगी; मगर यहाँ सूखा ज़वाब मिला। स्वामी ने टाट उलट दिया। पत्र बंद हो गया और कर्मचारियों को अपना मुँह लिये विदा होना पड़ा। स्वामी की सज्जनता में संदेह नहीं; लेकिन रुपये कहाँ से लाता! सज्जनता के नाते लोग आधे वेतन पर काम कर सकते थे, लेकिन पेट बाँधकर काम करना कब मुमकिन था? और फिर बम्बई का ख़र्च! बेचारे जोशी को फिर ठोकरें खानी पड़ीं। मैंने ख़त पढ़ा, तो बहुत दुःख हुआ। ईश्वर ने मुझे इस योग्य न बनाया, नहीं बेचारा क्यों पेट के लिए यों मारा-मारा फिरता!

बारे, अबकी बहुत हैरान न होना पड़ा। किसी मिल में गाँठों पर नम्बर लिखने का काम मिल गया। एक रुपया रोज़ मजूरी थी। बम्बई में एक रुपया इधर के चार आने के बराबर समझो- कैसे उसका काम चलता था, ईश्वर ही जाने।

कई दिन के बाद एक लम्बा पत्र आया। एक जर्मन एजेंसी उसे रखने पर तैयार थी; अगर वह तुरंत सौ रुपये की जमानत दे सके। एजेंसी यहाँ की फौज़ों में जूते, सिगार, साबुन आदि सप्लाई करने का काम करती थी। अगर यह जगह मिल जाती तो उसके दिन आराम से कटने लगते। लिखा था, अब ज़िंदगी से तंग आ गया हूँ। हिम्मत ने जवाब दे दिया! आत्महत्या करने के सिवाय और कोई उपाय नहीं सूझता। केवल माताजी की चिंता है। रो-रोकर प्राण दे देंगी। पिताजी के साथ उन्हें शारीरिक सुखों की कमी नहीं; पर मेरे लिए उनकी आत्मा तड़पती रहती है। मेरी यही अभिलाषा है कि कहीं बैठने का ठिकाना मिल जाता, तो एक बार उन्हें अपने साथ रखकर उनकी जितनी सेवा हो सकती, करता। इसके सिवा मुझे कोई इच्छा नहीं है; लेकिन ज़मानत कहाँ से लाऊँ? बस, कल का दिन और है। परसों कोई दूसरा उम्मीदवार ज़मानत देकर यह जगह ले लेगा और मैं ताकता रह जाऊँगा। ऐजेण्ट मुझे रखना चाहता है; लेकिन अपने कार्यालय के नियमों को क्या करे।

इस पत्र ने मेरी कृपण प्रकृति को भी वशीभूत कर लिया। इच्छा हो जाने पर कोई-न-कोई राह निकल आती है। मैंने रुपये भेजने का निश्चय कर लिया। अगर इतनी मदद से एक युवक का जीवन सुधर रहा हो, तो कौन ऐसा है, जो मुँह छिपा ले! इससे बड़ा रुपयों का और क्या सदुपयोग हो सकता है? हिन्दी में कलम घिसनेवालों के पास इतनी बड़ी रकम ज़रा मुश्क़िल ही से निकलती है पर संयोग से उस वक़्त मेरे कोष में रुपये मौजूद थे। मैं इसके लिए अपनी कृपणता का ऋणी हूँ। देवीजी से सलाह की। वह बड़ी ख़ुशी से राज़ी हो गईं, हालाँकि अब सारा-दोष मेरे ही सिर मढ़ा जाता हूँ। कल रुपयों का पहुँचाना आवश्यक था नहीं तो अवसर हाथ से निकल जायेगा। मनीआर्डर तीन दिन में पहुँचेगा। तुरंत तार

घर गया और तार से रुपये भेज दिये। जिसने बरसों की कतर-ब्योंत के बाद इतने रुपये जोड़े हों और जिसे भविष्य भी अभावमय ही दीखता हो, वही उस आनंद का अनुभव कर सकता है, जो इस समय मुझे हुआ। सेठ अमीरचंद को दस लाख का दान करके भी इतना आनंद न हुआ होगा। दिया तो मैंने ऋण समझकर ही, पर वह दोस्ती का ऋण था! जिसका अदा होना स्वप्न का यथार्थ होना है।

उस पत्र को मैं कभी न भूलूँगा, जो धन्यवाद के रूप में चौथे दिन मुझे मिला। कैसे सच्चे उद्गार थे! एक-एक शब्द अनुग्रह में डूबा हुआ। मैं उसे साहित्य की एक चीज़ समझता हूँ।

देवीजी ने चुटकी ली—सौ रुपये में उससे बहुत अच्छा पत्र मिल सकता है।

ढपोरसंख ने कुछ ज़वाब न दिया। कथा कहने में तन्मय थे।

बम्बई में वह किसी प्रसिद्ध स्थान पर ठहरा था। केवल नाम और पोस्टबॉक्स लिखने ही से उसे पत्र मिल जाता था। वहाँ से कई पत्र आये। वह प्रसन्न था ।

देवीजी फिर बोलीं—प्रसन्न क्यों न होता, कम्पे में एक चिड़िया जो फँस गई थी।

ढपोरसंख ने चिढ़कर कहा—या तो मुझे कहने दो, या तुम कहो। बीच में मत बोलो ।

बम्बई से कई दिन के बाद एक पत्र आया कि एजेंसी ने उसके व्यवहार से प्रसन्न होकर उसे काशी में नियुक्त कर दिया है और वह काशी आ रहा है! उसे वेतन के उपरान्त भत्ता भी मिलेगा। काशी में उसके एक मौसा थे, जो वहाँ के प्रसिद्ध डॉक्टर थे; पर वह उनके घर न उतरकर अलग ठहरा। इससे उसके आत्मसम्मान का पता चलता है; मगर एक महीने में काशी से उसका जी भर गया। शिकायत से भरे पत्र आने लगे—सुबह से शाम तक फौज़ी आदमियों की खुशामद करनी पड़ती है, सुबह का गया-गया दस बजे रात को घर आता हूँ, उस वक़्त अकेला अँधेरा घर देखकर चित्त दुःख से भर जाता है, किससे बोलूँ, किससे हँसूँ? बाज़ार की पूरियाँ खाते-खाते तंग आ गया हूँ। मैंने समझा था, अब कुछ दिन चैन से कटेंगे, लेकिन मालूम होता है, अभी किस्मत में ठोकरें खाना लिखा है। मैं इस तरह जीवित नहीं रह सकता। रात-रात भर पड़ा रोता रहता हूँ ··· आदि। मुझे इन पत्रों में वह अपने आदर्श से गिरता हुआ मालूम हुआ। मैंने उसे समझाया, लगी रोजी न छोड़ो, काम किए जाओ। ज़वाब आया, मुझसे अब यहाँ नहीं रहा जाता! फौज़ियों का व्यवहार असह्य है। फिर मैनेजर साहब मुझे रंगून भेज रहे हैं और रंगून जाकर मैं बच नहीं सकता। मैं कोई साहित्यिक काम करना चाहता हूँ। कुछ दिन आपकी सेवा में रहना चाहता हूँ।

मैं इस पत्र का ज़वाब देने जा ही रहा था कि फिर पत्र आया—मैं कल देहरादून एक्सप्रेस से आ रहा हूँ। दूसरे दिन वह आ पहुँचा। दुबला-सा आदमी, साँवला रंग, लम्बा मुँह, बड़ी-बड़ी आँखें, अंगरेज़ी वेश, साथ में कई चमड़े के ट्रंक, एक सूटकेस, एक होल्डाल। मैं तो उसका ठाट देखकर दंग रह गया।

देवीजी ने टिप्पणी की—फिर भी तो न चेते।

मैंने समझा था, गाढ़े का कुरता, चप्पल, ज़्यादा-से-ज़्यादा फाउंटेनपेन वाला आदमी होगा; मगर यह महाशय तो पूरे साहब बहादुर निकले। मुझे इस छोटे से घर में उसे ठहराते हुए संकोच हुआ।

देवीजी से बिना बोले न रहा गया—आते ही श्री चरणों पर सिर तो रख दिया, अब और क्या चाहते थे!

ढपोरसंख अबकी मुस्कुराए—देखो श्यामा, बीच-बीच में टोको मत। अदालत की प्रतिष्ठा यह कहती है कि अभी चुपचाप सुनती जाओ। जब तुम्हारी बारी आये, तो जो चाहे कहना।

फिर सिलसिला शुरू हुआ—था तो दुबला-पतला; मगर बड़ा फुर्तीला, बातचीत में बड़ा चतुर, एक जुमला अंगरेज़ी बोलता, एक जुमला हिन्दी, और हिन्दी-अंगरेज़ी खिचड़ी, जैसे आप-जैसे सभ्य लोग बोलते हैं। बातचीत शुरू हुई—आपके दर्शनों की बड़ी इच्छा थी। मैंने जैसा अनुमान किया था, वैसा ही आपको देखा। बस, अब मालूम हो रहा है, कि मैं भी आदमी हूँ। इतने दिनों तक क़ैदी था।

मैंने कहा—तो क्या इस्तीफ़ा दे दिया?

'नहीं, अभी तो छुट्टी लेकर आया हूँ। अभी इस महीने का वेतन भी नहीं मिला। मैंने लिख दिया है, यहाँ के पते से भेज दें। नौकरी तो अच्छी है, मगर काम बहुत करना पड़ता है और मुझे कुछ लिखने का अवसर नहीं मिलता।'

ख़ैर, रात को तो मैंने इसी कमरे में उसे सुलाया। दूसरे दिन यहाँ के एक होटल में प्रबन्ध कर दिया। होटलवाले पेशगी रुपये लेते हैं। जोशी के पास रुपये न थे। मुझे तीस रुपये देने पड़े। मैंने समझा, इसका वेतन तो आता ही होगा, ले लूँगा।

यहाँ मेरे एक माथुर मित्र हैं। उनसे भी मैंने जोशी का ज़िक्र किया था। उसके आने की ख़बरें पाते ही होटल दौड़े। दोनों में दोस्ती हो गई। जोशी दो-तीन बार दिन में, एक बार रात को ज़रूर आता और खूब बातें करता। देवीजी उसको हाथों पर लिये रहतीं। कभी उसके लिए पकौड़ियाँ बन रही हैं, कभी हलवा। हरफ़नमौला था। गाने में कुशल, हारमोनियम में निपुण, इंद्रजाल के करतब दिखलाने में कुशल। सालन अच्छा पकाता था, देवी जी को गाना सीखने का शौक़ पैदा हो गया था। उसे म्यूज़िक मास्टर बना लिया।

देवीजी लाल मुँह करके बोलीं—तो क्या मुफ़्त में हलवा, पकौड़ियाँ और पान बना-बनाकर खिलाती थी?

एक महीना गुज़र गया; पर जोशी का वेतन न आया। मैंने पूछा भी नहीं। सोचा, अपने दिल में समझेगा, अपने होटलवाले रुपयों का तकाजा कर रहे हैं। माथुर के घर भी उसने आना-जाना शुरू कर दिया। दोनों साथ घूमने जाते; साथ रहते। जोशी जब आता, माथुर का बखान करता, माथुर जब आते, जोशी की तारीफ़ करते। जोशी के पास अपने अनुभवों का विशेष भंडार था। वह फौज़ में रह चुका था। जब उसकी मंगेतर का विवाह दूसरे आदमी से हो गया, तो शोक में उसने फौज़ी नौकरी छोड़ दी थी। सामाजिक जीवन की न जाने कितनी ही घटनाएँ उसे याद थीं। और जब अपने माँ-बाप और चाचा-चाची का ज़िक्र करने लगता, उसकी आँखों में आँसू भर आते। देवीजी भी उस समय साथ रोतीं।

देवीजी तिरछी आँखों से देखकर रह गईं। बात सच्ची थी।

एक दिन मुझसे अपने ड्रामे की बड़ी तारीफ़ की। वह ड्रामा कलकत्ते में खेला गया था और मदन कम्पनी के मैनेजर ने उसे बधाइयाँ दी थीं। ड्रामे के दो-चार टुकड़े जो उसके पास पड़े थे, मुझे सुनाए। मुझे ड्रामा बहुत पसंद आया। उसने काशी के एक प्रकाशक के हाथ ड्रामा बेच दिया था और कुल पचीस रुपये पर। मैंने कहा, उसे वापस मँगा लो। रुपये मैं दे दूँगा। ऐसी सुन्दर रचना किसी अच्छे प्रकाशक को देंगे, या किसी थिएटर कम्पनी से खेलवाएँगे। तीन-चार दिन के बाद मालूम हुआ कि प्रकाशक अब पचास रुपये लेकर लौटाएगा। कहता है, मैं इसका

कुछ अंश छपा चुका हूँ। मैंने कहा, मँगा लो, पचास रुपये ही सही। ड्रामा वी० पी० से वापस आया। मैंने पचास रुपये दे दिए।

महीना खतम हो रहा था। होटलवाले दूसरा महीना शुरू होते ही रुपये पेशगी माँगेंगे। मैं इसी चिन्ता में था कि जोशी ने आकर कहा–मैं अब माथुर के साथ रहूँगा। बेचारा ग़रीब आदमी है। अगर मैं तीस रुपये भी दे दूँगा, तो उसका काम चल जाएगा। मैं बहुत खुश हुआ। दूसरे दिन माथुर के घर डट गया।

अब आता, तो माथुर के घर का कोई-न-कोई रहस्य लेकर आता। यह तो मैं जानता था कि माथुर की आर्थिक दशा अच्छी नहीं है। बेचारा रेलवे के दफ़्तर में नौकर था। वह नौकरी भी छूट गई थी; मगर यह न मालूम था कि उसके यहाँ फाँके हो रहे हैं। कभी मालिक-मकान आकर गालियाँ सुना जाता है, कभी दूधवाला, कभी बनिया, कभी कपड़ेवाला। बेचारा उनसे मुँह छिपाता फिरता है। जोशी आँखों में आँसू भर-भरकर उसके संकटों की करुण कहानी कहता और रोता। मैं जानता था, मैं ही एक आफ़त का मारा हूँ। माथुर की दशा देखकर मुझे अपनी विपत्ति भूल गई। मुझे अपनी ही चिन्ता है, कोई दूसरी फ़िक्र नहीं। जिसके द्वार पर जा पड़ूँ, दो रोटियाँ मिल जाएँगी; मगर माथुर के पीछे तो पूरा खटला है। माँ, दो विधवा बहनें, एक भांजी, दो भाजे, एक छोटा भाई। इतने बड़े परिवार के लिए पचास रुपये तो केवल रोटी-दाल के लिए चाहिए। माथुर सच्चा वीर है, देवता है, जो इतने बड़े परिवार का पालन कर रहा है! वह अब अपने लिए नहीं, माथुर के लिए दुःखी था।

देवीजी ने टीका की–जभी माथुर की भांनजी पर डोरे डाल रहा था, दुःख का भार कैसे न हलका करता?

ढपोरसंख ने बिगड़कर कहा–अच्छा तो अब तुम्हीं कहो।

मैंने समझाया–तुम तो यार, ज़रा-ज़रा सी बात पर तिनक उठते हो? क्या तुम समझते हो, यह फुलझड़ियाँ मुझे न्याय-पथ से विचलित कर देंगी।

फिर कहानी शुरू हुई–एक दिन आकर बोला–आज मैंने माथुर के उद्धार का उपाय सोच निकाला। मेरे एक माथुर मित्र बैरिस्टर हैं। उनसे जग्गो (माथुर की भांजी) के विवाह के विषय में पत्र-व्यवहार कर रहा हूँ। उसकी एक विधवा बहन को दोनों बच्चों के साथ ससुराल भेज दूँगा। दूसरी विधवा बहन अपने देवर के पास जाने पर राज़ी है। बस, तीन-चार आदमी रह जाएँगे। कुछ मैं दूँगा, कुछ माथुर पैदा करेगा, गुज़र हो जाएगा, मगर आज उसके घर का दो महीनों का किराया लेकर ही हटूँगा। आपके पास तीस रुपये हों, तो दे दीजिए। माथुर के छोटे भाई का वेतन कल-परसों तक मिल जाएगा, रुपये मिल जाएँगे। एक मित्र संकट में पड़ा हुआ है। दूसरा मित्र उसकी सिफ़ारिश कर रहा है। मुझे इनकार करने का साहस न हुआ। देवीजी ने उस वक़्त नाक-भौं ज़रूर सिकोड़ा था; पर मैंने न माना। रुपये दे दिए।

देवीजी ने डंक मारा–यह क्यों नहीं कहते कि वह रुपये मेरी बहन ने बरतन खरीदकर भेजने के लिए भेजे थे।

ढपोरसंख ने गुस्सा पीकर कहा–ख़ैर, यही सही। मैंने रुपये दे दिए। मगर मुझे यह उलझन होने लगी कि इस तरह तो मेरा कचूमर ही निकल जाएगा। माथुर पर एक-न-एक संकट रोज़ ही सवार रहेगा। मैं कहाँ तक उन्हे उबारूँगा? जोशी भी जान खा रहा था कि कहीं कोई जगह दिला दीजिए। संयोग से उन्हीं दिनों मेरे आगरे के एक मित्र आ निकले। कॉउन्सिल में मेम्बर थे। अब जेल में हैं!

गाने-बजाने का शौक़ है, दो-एक ड्रामे भी लिख चुके हैं, अच्छे-अच्छे रईसों से परिचय है। ख़ुद भी बड़े रसिक हैं। अबकी वह आये, तो मैंने जोशी का उनसे ज़िक्र किया। उसका ड्रामा भी सुनाया। बोले—तो उसे मेरे साथ कर दीजिए। अपना प्राईवेट सेक्रेटरी बना लूँगा। मेरे घर में रहे, मेरे साथ घर के आदमी की तरह रहे। जेब ख़र्च के लिए मुझसे तीस रुपये महीना लेता जाए। मेरे साथ ड्रामे लिखे! मैं फूला न समाया। जोशी से कहा। जोशी भी तैयार हो गया; लेकिन जाने के पहले उसे कुछ रुपयों की ज़रूरत हुई! एक भले आदमी के साथ फटे हालों तो जाते नहीं बनता और न यही उचित था कि पहले ही दिन से रुपये का तकाज़ा होने लगे। बहुत काट-छाँट करने पर भी चालीस रुपये का ख़र्च निकल आया। जूते टूट गये थे, धोतियाँ फट गई थीं। और भी कई ख़र्च थे, जो इस वक़्त याद नहीं आते। मेरे पास रुपये न थे। श्यामा से माँगने का हौसला न हुआ।

देवीजी बोलीं—मेरे पास तो कारूँ का खजाना रखा था न! कई हज़ार महीने लाते हो, सौ-दो सौ रुपये बचत में आ ही जाते होंगे।

ढपोरसंख इस व्यंग्य पर ध्यान न देकर अपनी कथा कहते रहे—रुपये पाकर जोशी ने ठाठ बनाया और कॉउन्सिलर साहब के साथ चला। मैं स्टेशन तक पहुँचाने गया। माथुर भी था। लौटा, तो मेरे दिल पर से एक बोझ उतर गया था।

माथुर ने कहा—मुहब्बती आदमी है।

मैंने समर्थन किया—मुझे तो भाई-सा मालूम होता है।

'मुझे तो अब घर अच्छा न लगेगा। घर के सब आदमी रोते रहे। मालूम ही न होता था कि कोई ग़ैर आदमी है। अम्माँ से लड़के की तरह बातें करता था। बहनों से भाई की तरह।'

'बदनसीब आदमी है। नहीं, जिसका बाप दो हज़ार रुपये माहवारी कमाता हो, वह यों मारा-मारा फिरे!'

'दार्जिलिंग में इनके बाप की दो कोठियाँ हैं!

'आई० एम० एस० हैं!

'जोशी मुझे भी वहीं ले जाना चाहता है। साल-दो साल में तो वहाँ जाएगा ही। कहता है, तुम्हें मोटर की एजेंसी खुलवा दूँगा।'

इस तरह ख़याली पुलाव पकाते हुए हम लोग घर आये।

मैं दिल में खुश था कि चलो अच्छा हुआ, जोशी के लिए अच्छा सिलसिला निकल आया। मुझे यह आशा भी बँध चली कि अबकी उसे वेतन मिलेगा, तो मेरे रुपये देगा। चार-पाँच महीने में चुकता कर देगा। हिसाब लगाकर देखा, तो अच्छी-ख़ासी रकम हो गई थी। मैंने दिल में समझा, यह भी अच्छा ही हुआ। यों ज़मा करता, तो कभी न जमा होते। इस बहाने से किसी तरह जमा तो हो गए। मैंने सोचा कि अपने मित्र से जोशी के वेतन के रुपये पेशगी क्यों न ले लूँ, कह दूँ, उसके वेतन से महीने-महीने काटते रहिएगा।

लेकिन अभी मुश्क़िल से एक सप्ताह हुआ होगा कि एक दिन देखता हूँ तो जोशी और माथुर, दोनों चले आ रहे हैं। मुझे भय हुआ, कहीं जोशीजी फिर तो नहीं छोड़ आये; लेकिन शंका को दबाता हुआ बोला--कहो भई, कब आये? मजे में तो हो?

जोशी ने बैठकर एक सिगार जलाते हुए क़हा—बहुत अच्छी तरह हूँ। मेरे बाबू साहब बड़े ही सज्जन आदमी हैं। मेरे लिए अलग एक कमरा ख़ाली करा दिया है। साथ ही खिलाते हैं। बिल्कुल भाई की तरह रखते हैं। आज-कल किसी काम

से दिल्ली गये हैं। मैंने सोचा, यहाँ पड़े-पड़े क्या करूँ, तब तक आप ही लोगों से मिलता आऊँ। चलते वक़्त बाबू साहब ने मुझसे कहा था, मुरादाबाद से थोड़े बरतन लेते आना, मगर शायद उन्हें रुपये देने की याद नही रही। मैंने उस वक़्त माँगना भी उचित न समझा। आप एक पचास रुपये दे दीजिएगा। मैं परसों तक जाऊँगा और वहाँ से जाते ही भिजवा दूँगा। आप तो जानते हैं, रुपये के मुआमले में वे कितने खरे हैं।

मैंने ज़रा रुखाई के साथ कहा—रुपये तो इस वक़्त मेरे पास नहीं हैं।

देवीजी ने टिप्पणी की—क्यों झूठ बोलते हो? तुमने रुखाई से कहा था कि रुपये नहीं हैं?

ढपोरसंख ने पूछा—और क्या चिकनाई के साथ कहा था?

देवीजी—तो फिर काग़ज़ के रुपये क्यों दे दिए थे? बड़ी रुखाई करने वाले!

ढपोरसंख ने कहा—अच्छा साहब, मैंने हँसकर रुपये दे दिये। बस, अब ख़ुशी हुई! तो भई, मुझे बुरा तो लगा; लेकिन अपने सज्जन मित्र का वास्ता था। मेरे ऊपर बेचारे बड़ी कृपा रखते हैं। मेरे पास पत्रिका का काग़ज़ ख़रीदने के लिए पचास रुपये रखे हुए थे। वह मैंने जोशी को दे दिए।

शाम को माथुर ने आकर कहा—जोशी तो चले गये। कहते थे बाबू साहब का तार आ गया है। बड़ा उदार आदमी है। मालूम ही नहीं होता, कोई बाहरी आदमी है। स्वभाव भी बालकों का-सा है। भानजी की शादी तय करने को कहते थे। लेन-देन का तो कोई ज़िक्र है ही नहीं; पर कुछ नज़र तो देना ही पड़ेगा। बैरिस्टर साहब, जिनसे विवाह हो रहा है, दिल्ली के रहनेवाले हैं। उनके पास जाकर नज़र देनी होगी। जोशीजी चले जाएँगे। आज मैंने रुपये भी दे दिए। चलिए, एक बड़ी चिंता सिर से टली।

मैंने पूछा—रुपये तो तुम्हारे पास न होंगे?

माथुर ने कहा—रुपये कहाँ थे साहब! एक महाजन से स्टाम्प लिखकर लिये, दो रुपये सैकड़े सूद पर।

देवीजी ने क्रोध भरे स्वर में कहा—मैं तो उस दुष्ट को पा जाऊँ तो मुँह नोच लूँ। पिशाच ने इस ग़रीब को भी न छोड़ा।

ढपोरसंख बोला—यह क्रोध तो आपको अब आ रहा है न। तब तो आप भी समझती थीं कि जोशी दया और धर्म का पुतला है।

देवीजी ने विरोध किया—मैंने उसे पुतला-पुतली कभी नहीं समझा। हाँ तुम्हारी तारीफ़ों के भुलावे में पड़ जाती थी।

ढपोरसंख—तो साहब, इस तरह कोई दो महीने गुजरे, इस बीच में भी जोशी दो-तीन बार आया; मगर मुझसे कुछ माँगा नहीं। हाँ, अपने बाबू साहब के संबंध में तरह-तरह की बातें कीं, जिनसे मुझे दो-चार गल्प लिखने की सामग्री मिल गई।

मई का महीना था। एक दिन प्रातः जोशी आ पहुँचे। मैंने पूछा, तो मालूम हुआ, उनके बाबू साहब नैनीताल चले गए। इन्हें भी लिये जाते थे; पर इन्होंने हम लोगों के साथ यहाँ रहना अच्छा समझा और चले आए।

देवीजी ने फुलझड़ी छोड़ी—कितना त्यागी था बेचारा। नैनीताल की बहार छोड़कर यहाँ गर्मी में प्राण देने चला आया।

ढपोरसंखजी ने इसकी ओर कुछ ध्यान न देकर कहा—मैंने पूछा, कोई नई बात तो नहीं हुई वहाँ?

जोशी ने हँसकर कहा—मेरे भाग्य में तो नई-नई विपत्तियाँ लिखी हैं। उनसे कैसे जान बच सकती है? अबकी भी एक नई विपत्ति सिर पर पड़ी। यह कहिए आपका आशीर्वाद था, जान बच गई, नहीं तो अब तक जमुनाजी में बहा चला जाता होता। एक दिन जमुना किनारे सैर करने चला गया। वहाँ तैराकी का मैच था। बहुत-से आदमी तमाशा देखने आए हुए थे। मैं भी एक जगह खड़ा होकर देखने लगा। मुझसे थोड़ी दूर पर एक और महाशय एक युवती के साथ खड़े थे। मैंने बातचीत की, तो मालूम हुआ, मेरी ही बिरादरी के हैं। यह भी मालूम हुआ, मेरे पिता और चाचा, दोनों ही से उनका परिचय है। मुझसे स्नेह की बातें करने लगे—तुम्हें इस तरह ठोकरें खाते तो बहुत दिन हो गए; क्यों नहीं चले जाते अपने माँ-बाप के पास? माना कि उनका लोभ-व्यवहार तुम्हें पसंद नहीं; लेकिन माता-पिता का पुत्र पर कुछ-न-कुछ अधिकार ही होता है।

माताजी को कितना दुःख हो रहा होगा।

सहसा एक युवक किसी तरफ़ से आ निकला और वृद्ध महाशय तथा युवती को देखकर बोला—आपको शर्म नहीं आती कि आप अपनी युवती कन्या को इस तरह मेले में लिये खड़े हैं।

वृद्ध महाशय का मुँह ज़रा-सा निकल आया और युवती तुरंत घूँघट निकालकर पीछे हट गई। मालूम हुआ कि उसका विवाह इसी युवक से ठहरा हुआ है। वृद्ध उदार सामाजिक विचारों के आदमी थे। परदे के कायल न थे। युवक, वयस में युवक होकर भी खूसट विचारों का आदमी था, परदे का कट्टर पक्षपाती। वृद्ध थोड़ी देर तक तो अपराधी-भाव से बातें करते रहे; पर युवक प्रतिक्षण गर्म होता जाता था। आख़िर बूढ़े बाबा भी तेज़ हुए।

युवक ने आँखें निकालकर कहा—मैं ऐसी निर्लज्ञा से विवाह करना अपने लिए अपमान की बात समझता हूँ।

वृद्ध ने क्रोध के आवेश में काँपते हुए स्वर में कहा—और मैं तुम-जैसे लम्पट से अपनी कन्या का विवाह करना लज्ञा की बात समझता हूँ।

युवक ने क्रोध के आवेश में वृद्ध का हाथ पकड़कर धक्का दिया। बातों से न जीतकर अब वह हाथों से काम लेना चाहता था। वृद्ध धक्का खाकर गिर पड़े। मैंने लपककर उन्हें उठाया और युवक को डाँटा।

वह वृद्ध को छोड़कर मुझसे लिपट गया। मैं कोई कुश्तीबाज तो हूँ नहीं। वह लड़ना जानता था। मुझे उसने बात-की-बात में गिरा दिया और मेरा गला दबाने लगा। कुछ आदमी ज़मा हो गए थे। जब तक कुश्ती होती रही, लोग कुश्ती का आनंद उठाते रहे; लेकिन जब देखा, मुआमला संगीन हुआ चाहता है, तो तुरंत बीच-बचाव करा दिया। युवक बूढ़े बाबा से जाते-जाते कह गया—तुम अपनी लड़की को बाज़ार में घुमाना चाहते हो, तो अच्छी तरह घुमाओ, मुझे अब उससे विवाह नहीं करना है।

वृद्ध चुपचाप खड़े थे और युवती रो रही थी। भाई साहब, तब मुझसे न रहा गया। मैंने कहा—महाशय आप मेरे पिता के तुल्य हैं और मुझे जानते हैं। यदि आप मुझे इस योग्य समझें, तो मैं इन देवीजी को अपनी हृदयेश्वरी बनाकर अपने को धन्य समझूँगा। मैं जिस दशा में हूँ, आप देख रहे हैं। सम्भव है, मेरा जीवन इसी तरह कट जाए, लेकिन श्रद्धा और प्रेम यदि जीवन को सुखी बना सकता है, तो मुझे विश्वास है कि देवी के प्रति मुझमें इन भावों की कमी न रहेगी। बूढ़े बाबा ने गद्‌गद होकर मुझे कंठ से लगा लिया। उसी क्षण अपने घर ले गए, भोजन

कराया और विवाह का सगुन कर दिया। मैं एक बार युवती से मिलकर उसकी सम्मति भी लेना चाहता था। बूढ़े बाबा ने मुझे इसकी सहर्ष अनुमति दे दी। युवती से मिलकर मुझे ज्ञात हुआ कि वह रमणियों में रत्न है। मैं उसकी बुद्धिमत्ता को देखकर चकित हो गया। मैंने अपने मन में जिस सुन्दरी की कल्पना की थी, वह हू-ब-हू मिलती है। मुझे उतनी ही देर में विश्वास हो गया कि मेरा जीवन उसके साथ सुखी होगा। मुझे अब आशीर्वाद दीजिए। युवती आपकी पत्रिका बराबर पढ़ती है और आपसे उसे बड़ी श्रद्धा है। जून में विवाह होना निश्चय हुआ है। मैंने स्पष्ट कह दिया—मैं जेवर-कपड़े नाममात्र को लाऊँगा, न कोई धूमधाम ही करूँगा। वृद्ध ने कहा—मैं तो स्वयं यही कहनेवाला था। मैं कोई तैयारी नहीं चाहता, न धूमधाम की मुझे इच्छा है। जब मैंने आपका नाम लिया, कि वह मेरे बड़ें भाई के तुल्य हैं तो वह बहुत प्रसन्न हुए। आपके लेखों को वह बड़े आदर से देखते हैं।

मैंने कुछ खिन्न होकर कहा—यह तो सब-कुछ है; लेकिन इस समय तुम्हें विवाह करने की सामर्थ्य भी नहीं है। और कुछ न हो, तो पचास रुपये की बँधी हुई आमदनी तो होनी ही चाहिए।

जोशी ने कहा—भाई साहब, मेरा उद्धार विवाह ही से होगा। मेरे घर से निकलने का कारण भी विवाह ही था और घर वापस जाने का कारण भी विवाह ही होगा। जिस समय प्रमिला हाथ बाँधे हुए जाकर पिताजी के चरणों पर गिर पड़ेगी, उनका पाषाण-हृदय भी पिघल जाएगा। समझेंगे, विवाह तो हो ही चुका, अब वधू पर क्यों जुल्म किया जाए। जब उसे आश्रय मिल जाएगा, तो वह मुझे झख मारकर बुलाएँगे। मैं इसी जिद्द पर घर से निकला था कि अपना विवाह अपनी इच्छानुसार, बिना कुछ लिये-दिये करूँगा और वह मेरी प्रतिज्ञा पूरी हुई जा रही है। प्रमिला इतनी चतुर है कि वह मेरे घरवालों को चुटकियों में मना लेगी। मैंने तख़मीना लगा लिया है। कुल तीन सौ रुपये ख़र्च होंगे और यही तीन-चार सौ रुपये मुझे ससुराल में मिलेंगे। मैंने सोचा है, प्रमिला को पहले यहीं लाऊँगा। यहीं से वह मेरे घर पत्र लिखेगी और आप देखिएगा, तीसरे ही दिन चाचा साहब गहनों की पिटारी लिये आ पहुँचेंगे। विवाह हो जाने पर वह कुछ नहीं कर सकते। इसलिए मैंने विवाह की ख़बर किसी को नहीं दी।

मैंने कहा—लेकिन मेरे पास तो अभी कुछ नहीं है भाई। मैं तीन सौ रुपये कहाँ से लाऊँगा।

जोशी ने कहा—तीन सौ रुपये नकद थोड़े ही लगेंगे। कोई सौ रुपये के कपड़े लगेंगे। सौ रुपये की दो-एक सुहाग की चीज़ें बनवा लूँगा और सौ रुपये राह-ख़र्च समझ लीजिए। उनका मकान काशीपुर में है। वहीं से विवाह करेंगे। यह बंगाली सुनार जो सामने है, आपके कहने से एक सप्ताह के वादे पर जो-जो चीज़ें माँगूँगा, दे देगा। बजाज भी आपके कहने से दे देगा। नकद मुझे कुल सौ रुपये की ज़रूरत पड़ेगी और ज्यों ही उधर से लौटा, त्यों ही दे दूँगा। बारात में आप और माथुर के सिवा कोई तीसरा आदमी न होगा। आपको मैं कष्ट नहीं देना चाहता; लेकिन जिस तरह अब तक आपने मुझे भाई समझकर सहायता दी है, उसी तरह एक बार और दीजिए। मुझे विश्वास था कि आप इस शुभ कार्य में आपत्ति न करेंगे। इसलिए मैंने वचन दे दिया। अब तो आपको यह डोंगी पार लगानी ही पड़ेगी।

देवीजी बोलीं—मैं कहती थी, उसे एक पैसा मत दो, कह दो, हम तुम्हारी शादी-विवाह के झंझट में नहीं पड़ते।

ढपारेसंख ने कहा—हाँ, तुमने अबकी बार ज़रूर समझाया; लेकिन मैं क्या

करता? शादी का मुआमला, उस पर उसने मुझे भी घसीट लिया था, अपनी इज्ज़त का कुछ ख़याल तो करना ही पड़ता है।

देवीजी ने मेरा लिहाज़ किया और चुप हो गईं।

अब मैं उस वृत्तांत को न बढ़ाऊँगा। साराशं यह है कि जोशी ने ढपोरसंख के मत्थे सौ रुपये के कपड़े और सौ रुपये से कुछ ऊपर के गहनों को मढ़ दिया। खुद ब्याह में शरीक़ हुए। ब्याह में ख़ासी धूमधाम रही। कन्या के पिता ने मेहमानों का आदर-सत्कार खूब किया। उन्हें जल्दी थी, इसलिए वह खुद तो दूसरे ही दिन चले आये, पर माथुर जोशी के साथ विवाह के अंत तक रहा। ढपोरसंख को आशा थी कि जोशी ससुराल से रुपया पाते ही माथुर के हाथों भेज देगा, या खुद लेता आयेगा, मगर माथुर भी दूसरे दिन आ गए ख़ाली हाथ और यह ख़बर लाये कि जोशी को ससुराल में कुछ भी हाथ नहीं लगा। माथुर से उन्हें अब मालूम हुआ कि लड़की से जमुना-तट पर मिलने की बात सर्वथा निर्मूल थी। इस लड़की से जोशी बहुत दिनों से पत्र-व्यवहार कर रहा था! फिर तो ढपोरसंख के कान खड़े हो गए। माथुर से पूछा–अच्छा! यह बिल्कुल कल्पना थी उसकी?

माथुर–जी हाँ।

ढपोर०–अच्छा तो तुम्हारी भानजी के विवाह का क्या हुआ ?

माथुर–अभी तो कुछ नहीं हुआ।

ढपोर०–मगर जोशी ने कई महीने तक तुम्हारी सहायता तो खूब की।

माथुर–मेरी सहायता वह क्या करता ? हाँ, दोनों जून भोजन भले कर लेता था।

ढपोर०–तुम्हारे नाम पर उसने मुझसे जो रुपये लिये थे, वे तो तुम्हें दिये होंगे ?

माथुर–क्या मेरे नाम पर भी कुछ रुपये लिये थे।

ढपोर०–हाँ भाई, तुम्हारे घर का किराया देने के लिए तो ले गया था।

माथुर–सरासर बेईमानी। मुझे उसने एक पैसा भी नहीं दिया, उलटे और एक महाजन से मेरे नाम पर सौ रुपयों का स्टाम्प लिखकर रुपये लिये। में क्या जानता था कि धोखा दे रहा है।

संयोग से उसी वक़्त आगरे से वह सज्जन आ गए, जिनके पास जोशी कुछ दिनों रहा था। उन्होंने माथुर को देखकर पूछा–अच्छा! आप अभी ज़िंदा हैं। जोशी ने तो कहा था, माथुर मर गया है।

माथुर ने हँसकर कहा–मेरे तो सिर में दर्द भी नहीं हुआ ?

ढपोरसंख ने पूछा–अच्छा, आपके मुरादाबादी बरतन तो पहुँच गये ? आगरा-निवासी मित्र ने कौतूहल से पूछा–कैसे मुरादाबादी बरतन ?

'वही जो आपने जोशी की मारफ़त मँगवाए थे?'

'मैंने कोई चीज़ उसकी मारफ़त नहीं मँगवायी। मुझे ज़रूरत होती तो आपको सीधा न लिखता !'

माथुर ने हँसकर कहा–तो यह रुपये भी उसने हज़म कर लिए।

आगरा-निवासी मित्र बोला–मुझसे भी तुम्हारी मृत्यु के बहाने सौ रुपये लाया था। वह तो एक ही जालिया निकला। उफ़! कितना बड़ा चकमा दिया है उसने। जिंदगी में यह पहला मौक़ा है कि मैं यों बेवकूफ बना। बच्चा को पा जाऊँ; तो तीन साल को भिजवाऊँ। कहाँ है आजकल ?

माथुर ने कहा–अभी तो ससुराल में है।

ढपोरसंख का वृत्तांत समाप्त हो गया। जोशी ने उन्हीं को नहीं, माथुर जैसे ग़रीब और आगरा-निवासी सज्नन-जैसे घाघ को भी उलटे छुरे से मूड़ा और अगर भंडा न फूट गया होता, तो अभी न जाने कितने दिनों तक मूड़ता। उसकी इन मौलिक चालों पर मैं भी मुग्ध हो गया। बेशक! अपने फ़न का उस्ताद है, छटा हुआ गुर्गा।

देवीजी बोली—सुन ली आपने सारी कथा?

'अच्छा, तो अब आपका क्या फैसला है ? (पति की ओर इशारा करके)' इन्होंने घोंघापन किया या नहीं ? जिस आदमी को एक-एक पैसे के लिए दूसरों का मुँह ताकना पड़े, वह घर के पाँच-छः सौ रुपये इस तरह उड़ा दे, इसे आप उसकी सज्ननता कहेंगे या बेवकूफ़ी? अगर इन्होंने यह समझकर रुपये दिये होते कि पानी में फेंक रहा हूँ, तो मुझे कोई आपत्ति न थी, मगर यह बराबर इस धोखे में रहे और मुझे भी उसी धोखे में डालते रहे कि वह घर का मालदार है और मेरे सब रुपये ही न लौटा देगा, बल्कि और भी कितने सलूक करेगा। जिसका बाप दो हज़ार रुपये महीना पाता हो, जिसके चाचा की आमदनी एक हज़ार मासिक हो और एक लाख की जायदाद घर में हो, वह और कुछ नहीं तो यूरोप की सैर तो एक बार करा ही सकता था। मैं अगर कभी मना भी करती, तो आप बिगड़ जाते थे और उदारता का उपदेश देने लगते थे। यह मैं स्वीकार करती हूँ कि शुरू में मैं धोखे में आ गई थी, मगर पीछे से मुझे उस पर संदेह होने लगा था। और विवाह के समय तो मैंने ज़ोर देकर कह दिया था कि अब एक पाई भी न दूँगी। पूछिए, झूठ कहती हूँ या सच ? फिर अगर मुझे धोखा हुआ, तो मैं घर में रहनेवाली स्त्री हूँ। मेरा धोखे में आ जाना क्षम्य है, मगर यह जो लेखक और विचारक और उपदेशक बनते हैं, यह क्यों धोखे में आये और जब मैं इन्हें समझाती थी, तो यह क्यों अपने को बुद्धिमत्ता का अवतार समझकर मेरी बातों की उपेक्षा करते थे ? देखिए, रू-रिआयत न कीजिएगा; नहीं मैं बुरी तरह ख़बर लूँगी। मैं निष्पक्ष न्याय चाहती हूँ।'

ढपोरसंख ने दर्दनाक आँखों से मेरी तरफ़ देखा, जो मानो मान-भिक्षा माँग रही थीं। उसी के साथ देवीजी का आग्रह, आदेश और गर्व से भरी आँखे ताक रही थीं। एक को अपनी हार का विश्वास था; दूसरी को अपनी जीत का। एक रिआयत चाहती थी, दूसरा सच्चा न्याय।

मैंने कृत्रिम गम्भीरता से अपना निर्णय सुनाया—मेरे मित्र ने कुछ भावुकता से अवश्य काम लिया है; पर उनकी सज्जनता निर्विवाद है।

ढपोरसंख उछल पड़े और मेरे गले लिपट गए। देवीजी ने सगर्व नेत्रों से देखकर कहा—यह तो मैं जानती ही थी, चोर-चोर मौसेरे भाई होंगे। तुम दोनों एक ही थैली के चट्टे-बट्टे हो। अब तक रुपये में एक पाई मर्दों का विश्वास था। आज तुमने वह भी उठा दिया। आज निश्चय हुआ कि पुरुष छली, कपटी, विश्वासघाती और स्वार्थी होते हैं। मैं इस निर्णय को नहीं मानती। मुफ़्त में ईमान बिगाड़ना इसी को कहते हैं। भला मेरा पक्ष लेते, तो अच्छा-भोजन मिलता; उनका पक्ष लेकर आपको सड़े सिगरेटों के सिवा और क्या हाथ लगेगा। ख़ैर, हाँड़ी तो गयी, कुत्ते की जात तो पहचानी गई।

उस दिन से दो-तीन बार देवीजी से भेंट हो चुकी है, और वही फटकार सुननी पड़ी है। वह न क्षमा चाहती हैं, न क्षमा कर सकती हैं।

❑❑❑

डिमांस्ट्रेशन

महाशय गुरुप्रसादजी रसिक जीव हैं, गाने-बजाने का शौक़ है, खाने-खिलाने का शौक़ है और सैर-तमाशे का शौक़ है, पर उसी मात्रा में द्रव्योपार्जन का शौक़ नहीं है। यों वह किसी के मोहताज़ नहीं हैं, भले आदमियों की तरह हैं और हैं भी भले आदमी; मगर किसी काम में चिमट नहीं सकते। गुड़ होकर भी उनमें लस नहीं है। वह कोई ऐसा काम उठाना चाहते हैं, जिसमें चटपट कारूँ का खजाना मिल जाये और हमेशा के लिए बेफ़िक्र हो जाएँ। बैंक से छमाही सूद चला आए, खाएँ और मजे से पड़े रहें। किसी ने सलाह दी, नाटक-कम्पनी खोलो। उनके दिल में भी बात जम गई। मित्रों को लिखा–ड्रामेटिक कम्पनी खोलने जा रहा हूँ, आप लोग ड्रामे लिखना शुरू कीजिए। कम्पनी का प्रास्पेक्टस बना, कई महीने उसकी खूब चर्चा रही, कई बड़े-बड़े आदमियों ने हिस्से खरीदने के वादे किए। लेकिन न हिस्से बिके, न कम्पनी खड़ी हुई। हाँ, इसी धुन में गुरुप्रसादजी ने एक नाटक की रचना कर डाली। और यह फ़िक्र हुई कि इसे किसी कम्पनी को दिया जाए। लेकिन यह तो मालूम ही था, कम्पनीवाले एक ही घाघ होते हैं। फिर हरेक कम्पनी में उसका एक नाटककार भी होता है। वह कब चाहेगा कि उसकी कम्पनी में किसी बाहरी आदमी का प्रवेश हो। वह इस रचना में तरह-तरह के ऐब निकालेगा और कम्पनी के मालिक को भड़का देगा। इसलिए प्रबंध किया गया कि मालिक पर नाटक का कुछ ऐसा प्रभाव ज़मा दिया जाए कि नाटककार महोदय की कुछ दाल न गल सके। पाँच सज्जनों की एक कमेटी बनाई गई, उसमें सारा प्रोग्राम विस्तार के साथ तय किया गया और दूसरे दिन पाँचों सज्जन गुरुप्रसादजी के साथ नाटक दिखाने चले! ताँगे आ गए। हारमोनियम, तबला आदि सब उस पर रख दिये गाऐ, क्योंकि नाटक का डिमांस्ट्रेशन (Demonstration) करना निश्चित हुआ था।

सहसा विनोदबिहारी ने कहा–यार, ताँगे पर जाने में तो कुछ बदरोबी होगी। मालिक सोचेगा, यह महाशय यों ही हैं। इस समय दस-पाँच रुपये का मुँह न देखना चाहिए। मैं तो अंगरेजों की विज्ञापनबाज़ी का कायल हूँ कि रुपये में पंद्रह आने उसमें लगाकर शेष एक आने में रोज़गार करते हैं! कहीं से दो मोटरें मँगानी चाहिए।

रसिकलाल बोले–लेकिन किराए की मोटरों से यह बात न पैदा होगी, जो आप चाहते है। किसी रईस से दो मोटरें माँगनी चाहिए, मारिस हो या नए चाल की आस्टिन।

बात सच्ची थी। भेख से भीख मिलती है। विचार होने लगा कि किस रईस से याचना की जाए। अजी, वह महा खूसट है। सवेरे उसका नाम ले लो तो दिन भर पानी न मिले। अच्छा, सेठजी के पास चलें तो कैसा? मुँह धो रखिए, उसकी मोटरें अफ़सरों के लिए रिज़र्व हैं, अपने लड़के तक को कभी बैठने नहीं देता, आपको दिये देता है! तो फिर कपूर साहब के पास चलें। अभी उन्होंने नई मोटर ली है। अजी, उसका नाम न लो। कोई-न-कोई बहाना करेगा : ड्राईवर नहीं है, मरम्मत में है।

गुरुप्रसाद ने अधीर होकर कहा—तुम लोगों ने व्यर्थ का बखेड़ा कर दिया। ताँगों पर चलने में क्या हरज़ था?

विनोदबिहारी ने कहा—आप तो घास खा गए हैं। नाटक लिख लेना दूसरी बात है और मुआमले को पटाना दूसरी बात है। रुपये पृष्ठ सुना देगा, अपना-सा मुँह लेकर रह जाओगे।

अमरनाथ ने कहा—मैं तो समझता हूँ, मोटर के लिए किसी राजा-रईस की खुशामद करना बेकार है। तारीफ़ तो तब है कि पाँव-पाँव चलें और वहाँ ऐसा रंग जमाएँ कि मोटर से भी ज़्यादा शान रहे।

बिनोदबिहारी उछल पड़े। सब लोग पाँव-पाँव चले। वहाँ पहुँचकर किस तरह बातें शुरू होंगी, किस तरह तारीफ़ों के पुल बाँधे जाएँगे, किस तरह ड्रामेटिस्ट साहब को खुश किया जाएगा, इस पर बहस होती जाती थी।

ये लोग कम्पनी के कैम्प में दो बजे पहुँचे। वहाँ मालिक साहब, उनके ऐक्टर, नाटककार सब पहले ही से उनका इन्तज़ार कर रहे थे। पान, इलायची, सिगरेट मँगा लिये गऐ थे।

ऊपर जाते ही रसिकलाल ने मालिक से कहा—क्षमा कीजिएगा, हमें आने में देर हुई। हम मोटर से नहीं, पाँव-पाँव आये हैं। आज यही सलाह हुई कि प्रकृति की छटा का आनंद उठाते चलें। गुरुप्रसादजी तो प्रकृति के उपासक हैं। इनका बस होता तो आज चिमटा लिये या तो कहीं भीख माँगते, या किसी पहाड़ी गाँव में वटवृक्ष के नीचे बैठे पक्षियों का चहकना सुनते होते।

अमर ने और रंग जमाया—पूरे सतजुगी आदमी हैं। नौकर-चाकर तो मोटरों पर सवार होते हैं और आप गली-गली मारे-मारे फिरते हैं। जब और रईस मीठी नींद में मज़े लेते होते हैं, आप नदी के किनारे उषा का श्रृंगार देखते हैं।

मस्तराम ने फरमाया—कवि होना, मानो दीन-दुनिया से मुक्त हो जाना है।

गुलाब ने ही यूरोप के बड़े-बड़े कवियों को आसमान पर पहुँचा दिया है। यूरोप में होते तो आज इनके द्वार पर हाथी झूमता होता। एक दिन बालक को रोते देखकर आप रोने लगे। पूछता हूँ, भई, क्यों रोते हो, तो और रोते हैं। मुँह से आवाज़ नहीं निकलती। बड़ी मुश्क़िल से आवाज़ निकली।

विनोद—ज़नाब! कवि का हृदय कोमल भावों का स्रोत है, मधुर संगीत का भंडार है, अनंत का आईना है।

रसिक—क्या बात कही है आपने, अनंत का आईना है! वाह! कवि की सोहबत में आप भी कुछ कवि हुए जा रहे हैं।

गुरुप्रसाद ने नम्रता से कहा—मैं कवि नहीं हूँ और न मुझे कवि होने का दावा है। आप लोग मुझे ज़बरदस्ती कवि बनाए देते हैं। कवि स्रष्ठा की वह अद्‌भुत रचना है, जो पंचभूतों की जगह नौ रसों से बनती है।

मस्तराम—आपका यही एक वाक्य है, जिस पर सैकड़ों कविताएँ न्यौछावर हैं। सुनी आपने रसिकलालजी, कवि की महिमा। याद कर लीजिए, रट डालिए।

रसिकलाल—कहाँ तक याद करें, भैया, यह तो सूक्तियों में बातें करते हैं और नम्रता का यह हाल है कि अपने को कुछ समझते ही नहीं। महानता का यही लक्षण है। जिसने अपने को कुछ समझा, वह गया। (कम्पनी के स्वामी से) आप तो अब खुद ही सुनेंगे, ड्रामे में अपना हृदय निकालकर रख दिया। कवियों में जो एक प्रकार का अल्हड़पन होता है, उसकी आप में कहीं गंध भी नहीं। इस ड्रामे की सामग्री जमा करने के लिए आपने कुछ नहीं तो एक हज़ार बड़े-बड़े पौधों

का अध्ययन किया होगा। वाज़िअली शाह को स्वार्थी इतिहास-लेखकों ने कितना कलंकित किया है, आप लोग जानते ही हैं। उस लेख-राशि को छाँटकर उसमें से सत्य के तत्त्व खोज निकालना आप ही का काम था!

विनोद—इसी लिए हम और आप दोनों कलकत्ते गये और वहाँ से कोई छः महीने मटियाबुर्ज़ की खाक छानते रहे। वाजिलदअली शाह की हस्तलिखित एक पुस्तक की तलाश की। उसमें उन्होंने खुद अपनी जीवन-चर्या लिखी है। एक बुढ़िया की पूजा की गई, तब जाके छः महीने में किताब मिली।

अमरनाथ—पुस्तक नहीं, रत्न है!

मस्तराम—उस वक़्त तो उसकी दशा कोयले की थी, गुरुप्रसादजी ने उस पर मोहर लगाकर अशर्फी बना दिया। ड्रामा ऐसा चाहिए कि जो सुने, दिल हाथों से थाम ले। एक-एक वाक्य दिल में चुभ जाए।

अमरनाथ—संसार-साहित्य के सभी नाटकों को आपने चाट डाला और नाट्य-रचना पर सैकड़ों किताबें पढ़ डालीं।

विनोद—जभी तो चीज़ भी लासानी हुई है।

अमरनाथ—लाहौर ड्रोमेटिक क्लब का मालिक हफ्ते भर यहाँ पड़ा रहा, पैरों पड़ा कि मुझे यह नाटक दे दीजिए; लेकिन आपने न दिया। जब ऐक्टर ही अच्छे नहीं, तो उससे अपना ड्रामा खेलवाना उसकी मिट्टी ख़राब करना था। इस कम्पनी के ऐक्टर माशाअल्लाह अपना ज़वाब नहीं रखते और इसके नाटककार की सारे ज़माने में धूम है। आप लोगों के हाथों में पड़कर यह ड्रामा धूम मचा देगा।

विनोद—एक तो लेखक साहब खुद शैतान से ज़्यादा मशहूर हैं, उस पर यहाँ के ऐक्टर का नाट्य-कौशल! शहर लुट जाएगा।

मस्तराम—रोज़ ही तो किसी-न-किसी कम्पनी का आदमी सिर पर सवार रहता है; मगर बाबू साहब किसी से सीधे मुँह बात नहीं करते।

विनोद—बस एक यह कम्पनी है, जिसके तमाशों के लिए दिल बेकरार रहता है, नहीं तो और जितने ड्रामे खेले जाते हैं, दो कौड़ी के। मैंने तमाशा देखना ही छोड़ दिया।

गुरुप्रसाद—नाटक लिखना-खेलना बच्चों का खेल नहीं है, ख़ूने जिगर पीना पड़ता है। मेरे ख़याल में एक नाटक लिखने के लिए पाँच साल का समय भी काफ़ी नहीं, बल्कि अच्छा ड्रामा ज़िंदगी में एक ही लिखा जा सकता है। यों कलम घिसना दूसरी बात है। बड़े-बड़े धुरंधर आलोचकों का यही निर्णय है कि आदमी ज़िंदगी में एक ही नाटक लिख सकता है। रूस, फ्रांस,जर्मनी सभी देशों के ड्रामे पढ़े; पर कोई-न-कोई दोष सभी में मौजूद। किसी में भाव है तो भाषा नहीं, भाषा है तो भाव नहीं। हास्य है तो गाना नहीं, गाना है तो हास्य नहीं। लेकिन जब तक भाव भाषा, हास्य और गाना यह चारों अंग न पूरे हों, उसे ड्रामा कहना ही न चाहिए। मैं तो बहुत ही तुच्छ आदमी हूँ, कुछ आप लोगों की सोहबत में शुदबुद आ गया। मेरी रचना की हस्ती ही क्या! लेकिन ईश्वर ने चाहा, तो ऐसे दोष आपको न मिलेंगे।

विनोद—जब आप उस विषय के मर्मज्ञ हैं, तो दोष रह ही कैसे सकते हैं!

रसिकलाल—दस साल तक तो आपने केवल संगीत-कला का अभ्यास किया है। घर के हजारों रुपये उस्तादों की भेंट कर दिये, फिर भी दोष रह जाय, तो दुर्भाग्य है।

रिहर्सल

रिहर्सल शुरू और वाह! वाह हाय! हाय! का तार बँधा । कोरस सुनते ही ऐक्टर और प्रोप्राइटर और नाटककार सभी मानो जाग पड़े। भूमिका ने उन्हें विशेष प्रभावित न किया था, पर असली चीज़ सामने आते ही आँखें खुलीं! समाँ बँध गया। पहला सीन आया। आँखों के आगे वाजिदअली शाह के दरबार की तस्वीर खिंच गई। दरबारियों की हाज़िरजवाबी और फड़कते हुए लतीफे! वाह! वाह! क्या कहना है! क्या वाक्य-रचना थी, क्या शब्द योजना थी, रसों का कितना सुरुचि से भरा हुआ समावेश था ! तीसरा दृश्य हास्यमय था। हँसत-हँसते लोगों की पसलियाँ दुखने लगीं; स्थूलकाय की संयत अविचलता भी आन से डिग गई। चौथा सीन करुणाजनक था। हास्य के बाद करुणा, आँधी के बाद आनेवाली शांति थी।

विनोद आँखों पर हाथ रखे सिर झुकाए, जैसे रो रहे थे। मस्तराम बार-बार ठंडी आहें खींच रहे थे और अमरनाथ बार-बार सिसकियाँ भर रहे थे। इस तरह सीन-पर-सीन और अंक-पर-अंक समाप्त होते गए, यहाँ तक कि जब रिहर्सल समाप्त हुआ, दीपक जल चुके थे।

सेठजी अब तक सोंठ बने हुए बैठे थे। ड्रामा समाप्त हो गया, पर उनके मुखारबिंद पर उनके मनोविचार का लेशमात्र भी आभास न था। जड़भरत की तरह बैठे हुए थे, न मुस्कुराहट थी, न कुतूहल, न हर्ष, न कुछ। विनोद-बिहारी ने मुआमले की बात पूछी–तो इस ड्रामा के बारे श्रीमान् की क्या राय है?

सेठजी ने उसी विरक्त भाव से उत्तर दिया–मैं इसके विषय में कल निवेदन करूँगा। कल यहीं भोजन भी कीजिएगा। आप लोगों के लायक भोजन तो क्या होगा, उसे केवल विदुर का साग समझकर स्वीकार कीजिएगा।

पंच पांडव बाहर निकले, तो मारे ख़ुशी के सबकी बाँछें खिली जाती थीं।

विनोद–पाँच हज़ार की थैली है। नाक-नाक बद सकता हूँ।

अमरनाथ–पाँच हज़ार है कि दस, यह तो नहीं कह सकता, पर रंग खूब जम गया।

रसिक–मेरा अनुमान तो चार हज़ार का है।

मस्तराम–और मेरा विश्वास है कि दस हज़ार से कम वह कहेगा ही नहीं। मैं तो सेठ के चेहरे की तरफ़ ध्यान से देख रहा था। आज ही कह देता पर डरता था, कहीं ये लोग अस्वीकार न कर दें। उसके होंठों पर तो हँसी न थी, पर मगन हो रहा था।

गुरुप्रसाद–मैंने पढ़ा भी तो जी तोड़कर।

विनोद–ऐसा जान पड़ता था, तुम्हारी वाणी पर सरस्वती बैठ गई हैं। सभी की आँखें खुल गईं।

रसिक–मुझे उसकी चुप्पी से ज़रा संदेह होता है।

अमर–आपके संदेह का क्या कहना! आपको ईश्वर पर भी संदेह है।

मस्तराम–ड्रामेटिस्ट भी बहुत खुश हो रहा था। दस-बारह हज़ार का वारा-न्यारा है। भाई, आज इस ख़ुशी में एक दावत होनी चाहिए।

गुरुप्रसाद–अरे, तो कुछ बोहनी-बट्टा तो हो जाए।

मस्तराम–जी नहीं, तब तो जलसा होगा। आज दावत होगी।

विनोद–भाग्य के बली हो तुम गुरुप्रसाद।

रसिक–मेरी राय है, ज़रा उस ड्रामेटिस्ट को गाँठ लिया जाए। उसका मौन मुझे भयभीत कर रहा है।

मस्तराम–आप तो वाही हुए हैं। वह नाक रगड़कर रह जाए तब भी यह सौदा होकर रहेगा। सेठजी अब बचकर निकल नहीं सकते।

विनोद–हम लोगों की भूमिका भी तो ज़ोरदार थी।

अमर–उसी ने तो रंग ज़मा दिया। अब कोई छोटी रकम कहने का उसे साहस न होगा।

अभिनय

रात को गुरुप्रसाद के घर मित्रों की दावत हुई। दूसरे दिन कोई छः बजे पाँचों आदमी सेठजी के पास जा पहुँचे। संध्या का समय हवाखोरी का है। आज मोटर पर न आने के लिए बना-बनाया बहाना था। सेठजी आज बेहद ख़ुश नज़र आते थे। कल की वह मुहर्रमी सूरत अंतर्धान हो गई थी। बात-बात पर चहकते थे, हँसते थे, जैसे लखनऊ का कोई रईस हो। दावत का सामान तैयार था। मेज़ों पर भोजन चुना जाने लगा। अंगूर, संतरे, केले, सूखे मेवे, कई किस्म की मिठाइयाँ, कई तरह के मुरब्बे, शराब आदि सजा दिये गए और यारों ने ख़ूब मज़े से दावत खायी।

सेठजी मेहमाननवाजी के पुतले बने हुए हरेक मेहमान के पास आ-आकर पूछते–कुछ और मँगवाऊँ? कुछ तो और लीजिए। आप लोगों के लायक भोजन यहाँ कहाँ बन सकता है।

भोजन के उपरांत लोग बैठे, तो मुआमले की बातचीत होने लगी। गुरुप्रसाद का हृदय आशा और भय से काँपने लगा।

सेठजी–हजूर ने बहुत ही सुन्दर नाटक लिखा है। क्या बात है!

ड्रामेटिस्ट–यहाँ जनता अच्छे ड्रामों की क़द्र नहीं करती, नहीं तो यह ड्रामा लाज़वाब होता।

सेठजी–जनता क़द्र नहीं करती, न करे, हमें जनता की बिल्कुल परवाह नहीं है, रत्ती बराबर परवाह नहीं है। मैं इसकी तैयारी में 10 हज़ार केवल बाबू साहब की खातिर से ख़र्च कर दूँगा। आपने इतनी मेहनत से एक चीज़ लिखी है, तो मैं उसका प्रचार भी उतने ही हौसले से करूँगा। हमारे साहित्य के लिए क्या यह कुछ कम सौभाग्य की बात है कि आप जैसे महान् पुरुष इस क्षेत्र में आ गए। वह कीर्ति हुज़ूर को अमर बना देगी।

ड्रामेटिस्ट–मैंने ऐसा ड्रामा आज तक नहीं देखाः लिखता मैं भी हूँ, और लोग भी लिखते हैं। लेकिन आपकी उड़ान को कोई क्या पहुँचेगा! कहीं-कहीं तो आपने शेक्सपियर को भी मात कर दिया है।

सेठजी–यों ज़नाब, जो चीज़ दिल की उमंग से लिखी जाती है, वह ऐसी ही अद्धितीय होती है। शेक्सपियर ने जो कुछ लिखा, रुपये के लोभ से लिखा। हमारे दूसरे नाटककार भी धन ही के लिए लिखते हैं। उनमें वह बात कहाँ पैदा हो सकती है? गोसाईंजी की रामायण क्यों अमर है? इसी लिए कि वह भक्ति और प्रेम से प्ररित होकर लिखी गई है। सादी की गुलिस्ताँ और बोस्ता, होमर

की रचनाएँ, इसीलिए स्थायी हैं, कि उन कवियों ने दिल की उमंग से लिखा। जो उमंग से लिखता है, वह एक-एक शब्द, एक-एक वाक्य, एक-एक उक्ति पर महीनों ख़र्च कर देता है। धनेच्छु को तो एक काम जल्दी से समाप्त करके दूसरा काम शुरू करने की फ़िक्र होती है।

ड्रामेटिस्ट—आप बिलकुल सत्य कह रहे हैं। हमारे साहित्य की अवनति केवल इसलिए हो रही है कि हम सब धन के लिए या नाम के लिए लिखते हैं।

सेठजी—सोचिए, आपने दस साल केवल संगीतालय में ख़र्च कर दिए। लाखों रुपये कलावंतों और गायकों को दे डाले होंगे। कहाँ-कहाँ से और कितनें परिश्रम और खोज से इस नाटक की सामग्री एकत्र की। न जाने कितने राजों-महाराजों को सुनाया। इस परिश्रम और लगन का पुरस्कार कौन दे सकता है?

ड्रामेटिस्ट—मुमकिन ही नहीं। ऐसी रचनाओं के पुरस्कार की कल्पना करना उनका अनादर करना है। इनका पुरस्कार यदि कुछ है तो वह अपनी आत्मा का संतोष है, वह संतोष आपके एक-एक शब्द से प्रकट होता है।

सेठजी—आपने बिल्कुल सत्य कहा कि ऐसी रचनाओं का पुरस्कार अपनी आत्मा का संतोष है। यश तो बहुधा ऐसी रचनाओं को मिल जाता है, जो साहित्य का कलंक हैं। आपसे ड्रामा ले लीजिए और आज ही पार्ट तक़सीम कर दीजिए। तीन महीने के अंदर इसे खेल डालना होगा।

मेज़ पर ड्रामे की हस्तलिपि पड़ी हुई थी। ड्रामेटिस्ट ने उसे उठा लिया। गुरुप्रसाद ने दीन नेत्रों से विनोद की ओर देखा। विनोद ने अमर की ओर, अमर ने रसिक की ओर, पर शब्द किसी के मुँह से न निकला। सेठजी ने मानो सभी के मुँह सी दिये हों। ड्रामेटिस्ट साहब किताब लेकर चल दिये।

सेठजी ने मुस्कुराकर कहा—हुज़ूर को थोड़ी सी तकलीफ़ और करनी होगी। ड्रामा का रिहर्सल शुरू हो जाएगा, तो आपको थोड़े दिनों कम्पनी के साथ रहने का कष्ट उठाना पड़ेगा। हमारे ऐक्टर अधिकांश गुज़राती हैं। वह हिंदी भाषा के शब्दों का शुद्ध उच्चारण नहीं कर सकते। कहीं-कहीं शब्दों पर अनावश्यक ज़ोर देते हैं। आपकी निग़रानी से यह सारी बुराईयाँ दूर हो जाएँगी। ऐक्टरों ने यदि पार्ट अच्छा न किया, तो आपके सारे परिश्रम पर पानी पड़ जाएगा। यह कहते हुए उसने लड़के को आवाज़ दी—बॉय! आप लोगों के लिए सिगार लाओ! सिगार आ गया। सेठजी उठ खड़े हुए। यह मित्र-मंडली के लिए विदाई की सूचना थी। पाँचों सज्जन भी उठे। सेठजी आगे-आगे द्वार तक आये। फिर सबसे हाथ मिलाते हुए कहा—आज इस ग़रीब कम्पनी का तमाशा देख लीजिए। फिर यह संयोग न जाने कब प्राप्त हो।

गुरुप्रसाद ने मानो किसी क़ब्र के नीचे से कहा—हो सका तो आ जाऊँगा।

सड़क पर आकर चारों मित्र खड़े होकर एक-दूसरे का मुँह ताकने लगे। अब पाँचों ही ज़ोर से कहकहा मारकर हँस पड़े।

विनोद ने कहा—यह हम सबका गुरुघंटाल निकला।

अमर—साफ़ आँखों में धूल झोंक दी।

रसिक—मैं उसकी चुप्पी देखकर पहले ही से डर रहा था कि यह कोई पल्ले सिरे का घाघ है।

मस्तराम—मान गया इसकी खोपड़ी को। यह चपत उम्र भर न भूलेगी।

गुरुप्रसाद इस आलोचना में शरीक़ न हुए। वह इस तरह सिर झुकाए चले जा रहे थे, मानो अभी तक वह स्थिति को समझ ही न पाए हों।

□□□

दारोग़ाजी

कल शाम को एक ज़रूरत से ताँगे पर बैठा हुआ जा रहा था कि रास्ते में एक और महाशय ताँगे पर आ बैठे। ताँगेवाला उन्हें बैठाना तो न चाहता था पर इनकार भी न कर सकता था। पुलिस के आदमी से झगड़ा कौन मोल ले? यह साहब किसी थाने के दारोग़ा थे। एक मुकद्दमे की पैरवी करने सदर आये थे। मेरी आदत है कि पुलिसवालों से कम बोलता हूँ। सच पूछिए,तो मुझे उनकी सूरत से नफ़रत है। उनके हाथों प्रजा को कितने कष्ट उठाने पड़ते हैं, इसका अनुभव इस जीवन में कई बार कर चुका हूँ। मैं ज़रा एक तरफ़ खिसक गया और मुँह फेरकर दूसरी ओर देखने लगा कि दारोग़ाजी बोले—ज़नाब, यह आम शिकायत है कि पुलिसवाले बहुत रिश्वत लेते हैं, लेकिन यह कोई नहीं देखता कि पुलिसवाले को रिश्वत लेने के लिए कितना मजबूर किया जाता है। अगर पुलिसवाले रिश्वत लेना बन्द कर दें, तो मैं हलफ़ से कहता हूँ, ये जो बड़े-बड़े ऊँची पगड़ियोंवाले रईस नज़र आते हैं, सब के-सब जेलखाने के अन्दर बैठे दिखाई दें। अगर हर एक मामले का चालान करने लगें, तो दुनिया पुलिसवालों को और भी बदनाम करे। आपको यक़ीन न आयेगा ज़नाब, रुपये की थैलियाँ गले लगाई जाती हैं। हम हज़ार इनकार करें, पर चारों तरफ़ से ऐसे दबाव पड़ते हैं कि लाचार होकर लेना ही पड़ता है।

मैंने उपहास के भाव में कहा—जो काम रुपये लेकर किया जाता है, वही काम बिन रुपये लिये भी तो किया जा सकता है।

दारोग़ाजी हँसकर बोले—वह तो गुनाह बेलज़्ज़त होगा, बंदापरवर। पुलिस का आदमी इतना कट्टर देवता नहीं होता, और मेरा ख़याल है कि शायद कोई इनसान भी बेलौस नहीं हो सकता। और सीगों के लोगों को भी देखता हूँ, मुझे तो कोई भी देवता न मिला ...

मैं अभी इसका कुछ ज़वाब दे ही रहा था कि एक मियाँ साहब लम्बी अचकन पहने, तुर्क़ी टोपी लगाए, ताँगे के सामने से निकले। दारोग़ाजी ने उन्हें देखते ही झुककर सलाम किया और शायद मिज़ाज़ शरीफ पूछना चाहते थे कि उस भले आदमी ने सलाम का ज़वाब गालियों से देना शुरू किया। ताँगा कई कदम आगे निकल आया, तो वह एक पत्थर लेकर ताँगे के पीछे दौड़ा। ताँगेवाले ने घोड़े को तेज़ किया। उस भलेमानुस ने भी कदम तेज़ किए और पत्थर फेंका। मेरा सिर बाल-बाल बच गया। उसने दूसरा पत्थर उठाया, वह हमारे सामने आकर गिरा। तीसरा पत्थर इतने ज़ोर से आया कि दारोग़ाजी के घुटने में बड़ी चोट आयी; पर इतनी देर में ताँगा इतनी दूर निकल आया था कि हम अब पत्थरों की मार से दूर हो गए थे। हाँ गालियों की मार अभी तक जारी थी। जब तक वह आदमी आँखों से ओझल न हो गया, हम उसे एक हाथ में पत्थर उठाए; गालियाँ बकते हुए देखते रहे।

जब ज़रा चित्त शांत हुआ, मैने दारोग़ाजी से पूछा—यह कौन आदमी है, साहब? कोई पागल तो नहीं है?

दारोग़ाजी ने घुटने को सहलाते हुए कहा—पागल नहीं है साहब, मेरा पुराना

दुश्मन है। मैंने समझा था, जालिम पिछली बातें भूल गया, वरना मुझे क्या पड़ी थी कि सलाम करने जाता।

मैंने पूछा—आपने इसे किसी मुकद्दमे में सजा दिलाई होगी?

'बड़ी लम्बी दास्तान है ज़नाब! बस, इतना ही समझ लीजिए कि इसका बस चले, तो मुझे ज़िंदा ही निगल जाए।'

'आप तो शौक़ की आग को और भड़का रहे हैं। अब तो वह दास्तान सुने बग़ैर तस्क़ीन न होगी।'

दारोग़ाजी ने पहलू बदलकर कहा—अच्छी बात है, सुनिए। कई साल हुए, मैं सदर में ही तैनात था। बेफ़िक्री के दिन थे, ताज़ा ख़ून, एक माशूक़ से आँख लड़ गई। आमद-रफ़्त शुरू हुई। अब भी जब उस हसीना की याद आती है, तो आँखों से आँसू निकल आते हैं। बाज़ारू औरतों में इतनी हया, इतनी वफ़ा, इतनी मुहब्बत मैंने नहीं देखी। दो साल उसके साथ इतने लुत्फ़ से गुज़रे कि आज भी उसकी याद करके रोता हूँ। मगर किस्से को बढ़ाऊंगा नहीं, वरना अधूरा ही रह जाएगा। मुख़्तसर यह कि दो साल के बाद मेरे तबादले का हुक्म आ गया। उस वक़्त दिल को जितना सदमा पहुँचा, उसका ज़िक्र करने के लिए दफ़्तर चाहिए। बस यही जी चाहता था कि इस्तीफ़ा दे दूँ। उसी हसीना ने यह ख़बर सुनी, तो उसकी जान-सी निकल गई। सफ़र की तैयारी के लिए मुझे तीन दिन मिले थे। ये तीन दिन हमने मनसूबे बाँधने में काटे। उस वक़्त मुझे अनुभव हुआ कि औरतों को अक्ल से खाली समझने में हमने कितनी बड़ी ग़लती की है। मेरे मनसूबे शेख़चिल्ली के-से होते थे! कलकत्ते भाग चलें, वहाँ कोई दूकान खोल दें, या इसी तरह कोई दूसरी तज़वीज़ करता। लेकिन वह यही ज़वाब देती कि अभी वहाँ जाकर अपना काम करो। जब मकान का बंदोबस्त हो जाए तो मुझे बुला लेना। मैं दौड़ी चली आऊँगी।

आख़िर जुदाई की घड़ी आयी। मुझे मालूम होता था कि अब जान न बचेगी। गाड़ी का वक़्त निकला जाता था, और मैं उसके पास से उठने का नाम न लेता था। मगर मैं फिर किस्से को तूल देने लगा। खुलासा यह कि मैं उसे दो-तीन दिन में बुलाने का वादा करके रुख़सत हुआ। पर अफ़सोस! वे दो-तीन-दिन कभी न आये। पहले दस-पाँच दिन तो अफसरों से मिलने और इलाके की देखभाल में गुज़रे। इसके बाद घर से खत आ गया कि तुम्हारी शादी तय हो गई, रुख़सत लेकर चले आओ। शादी की ख़ुशी में उस वफ़ा की देवी की मुझे फ़िक्र न रही। शादी करके महीने भर बाद लौटा तो बीवी साथ थी। रही-सही याद भी जाती हरी। उसने एक महीने के बाद एक खत भेजा, पर मैंने उसका ज़वाब न दिया। डरता रहता था कि कहीं एक दिन वह आकर सिर पर सवार न हो जाए; फिर बीवी को मुँह दिखाने लायक भी न रह जाऊँ।

साल भर के बाद मुझे एक काम से सदर आना पड़ा। उस वक़्त मुझे उस औरत की याद आयी। सोचा, ज़रा चलकर देखना चाहिए, किस हालत में है। फ़ौरन अपने खत न भेजने और इतने दिनों तक न आने का ज़वाब सोच लिया और उसके द्वार पर जा पहुँचा। दरवाज़ा साफ़-सुथरा था, मकान की हालत भी पहले से अच्छी थी। दिल को ख़ुशी हुई कि इसकी हालत उतनी खराब नहीं है, जितनी मैंने समझी थी। और क्यों खराब होने लगी? मुझ-जैसे दुनिया में क्या और आदमी ही नहीं हैं!

मैंने दरवाज़ा खटखटाया। अन्दर से वह बंद था। आवाज़ आयी–कौन है?

मैंने कहा–वाह! इतनी जल्दी भूल गई। मैं हूँ, बशीर ...

कोई ज़वाब न मिला। आवाज़ उसी की थी, इसमें शक़ नहीं, फिर दरवाज़ा क्यों नहीं खोलती? ज़रूर मुझसे नाराज़ है? मैंने फिर किवाड़ खटखटाए और लगा अपनी मुसीबतों का किस्सा सुनाने। कोई पंद्रह मिनट के बाद दरवाज़ा खुला। हसीना ने मुझे इशारे से अंदर बुलाया और चट किवाड़ बंद कर लिए। मैंने कहा–मैं तुमसे मुआफ़ी माँगने आया हूँ। यहाँ से जाकर मैं बड़ी मुश्क़िल में फँस गया। इलाका इतना खराब है कि दम मारने को मुहलत नहीं मिलती।

हसीना ने मेरी तरफ़ न देखकर ज़मीन की तरफ़ ताकते हुए कहा–मुआफ़ी किस बात की? तुमसे मेरा निक़ाह तो हुआ न था। दिल कहीं और लग गया, तो मेरी याद क्यों आती? मुझे तुमसे कोई शिकायत नहीं। जैसा और लोग करते हैं, वैसा ही तुमने किया। यही क्या कम है कि इतने दिनों के बाद इधर आ तो गए। रहे तो ख़ैरियत से?

'किसी तरह ज़िंदा हूँ।'

'शायद जुदाई में घुलते-घुलते यह तोंद निकल आई है। खुदा झूठ न बुलवाए, तब से दूने हो गए।'

मैंने झेंपते हुए कहा–यह सारा बलगम का फ़िसाद है। भला, मोटा मैं क्या होता। उधर का पानी निहायत बलगमी है। तुमने तो मेरी याद ही भुला दी।

उसने अबकी मेरी ओर तेज़ निग़ाहों से देखा और बोली–खत का ज़वाब तक न दिया, उलटे मुझी को इलज़ाम देते हो। मैं तुम्हें शुरू से बेवफ़ा समझती थी, और तुम वैसे ही निकले। बीवी लाये और मुझे खत तक न लिखा।

मैंने ताज़्जुब से पूछा–तुम्हें कैसे मालूम हुआ कि मेरी शादी हो गई?

उसने रूखाई से कहा–यह पूछकर क्या करोगे? झूठ तो नहीं कहती? बेवफ़ा बहुत देखे; लेकिन तुम सबसे बढ़कर निकले। तुम्हारी आवाज़ सुनकर जी में तो आया दुतकार दूँ; लेकिन यह सोचकर दरवाज़ा खोल दिया कि अपने दरवाज़े पर किसी को क्या ज़लील करूँ।

मैंने कोट उतारकर खूंटी पर लटका दिया, जूते भी उतार डाले और चारपाई पर लेटकर बोला–लैली, देखो, इतनी बेरहमी से न पेश आओ। मैं तो अपनी ख़ताओं को खुद तस्लीम करता हूँ और इसी लिए अब तुमसे मुआफ़ी माँगने आया हूँ। ज़रा अपने नाज़ुक हाथों से एक पान तो खिला दो। सच कहना, तुम्हें मेरी याद काहे को आती होगी। कोई और यार मिल गया होगा।

लैली पानदान खोलकर पान बनाने लगी कि एकाएक किसी ने किवाड़ खटखटाए। मैंने घबराकर पूछा–यह कौन शैतान आ पहुँचा?

हसीना ने होठों पर उँगली रखते हुए कहा–यह मेरे शौहर हैं तुम्हारी तरफ़ से जब निराश हो गई, तो मैंने इनके साथ निकाह कर लिया।

मैंने त्योरियाँ चढ़ाकर कहा–तो तुमने मुझसे पहले ही क्यों न बता दिया, मैं उलटे पाँव लौट जाता, यह नौबत क्यों आती। न-जाने कब की यह कसर निकाली!

'मुझे क्या मालूम कि यह इतने जल्द आ पहुँचेंगे। रोज़ तो पहर रात गये आते थे। फिर तुम इतनी दूर से आये थे, तुम्हारी कुछ खातिर भी तो करनी थी'।

'यह अच्छी खातिर की। बताओ, अब मैं जाऊँ कहाँ?'

'मेरी समझ में खुद कुछ नहीं आ रहा है। या अल्ला! किस अज़ाब में फँसी।

इतने में उन साहब ने फिर दरवाज़ा खटखटाया। ऐसा मालूम होता था कि किवाड़ तोड़ डालेगा। हसीना के चेहरे पर एक रंग आता था, एक रंग जाता था। बेचारी खड़ी काँप रही थी। बस, ज़बान से यही निकलता था—या अल्लाह, रहम कर!

बाहर से आवाज़ आयी—अरे! तुम क्या सरेशाम से सो गईं? अभी तो आठ भी नहीं बजे। कहीं साँप तो नहीं सूँघ गया। अल्लाह जानता है, अब और देर की तो किवाड़ चिरवा डालूँगा।

मैंने गिड़गिड़ाकर कहा—खुदा के लिए मेरे छिपने की कोई जगह बताओ। पिछवाड़े कोई दरवाज़ा नहीं है?

'ना?'

'संडास तो है?'

'सबसे पहले वह वहीं जाएँगे ।'

'अच्छा, वह सामने कोठरी कैसी है?'

'हाँ, है तो, लेकिन कहीं खोलकर देखा तो?'

'क्या बहुत डबल आदमी है?'

'तुम-जैसे दो को बगल दबा ले।'

'तो खोल दो कोठरी। वह ज्यों ही अन्दर आएगा, मैं दरवाज़ा खोलकर निकल भागूँगा।'

हसीना ने कोठरी खोल दी। मैं अन्दर जा घुसा। दरवाज़ा फिर बन्द हो गया।

मुझे कोठरी में बन्द करके हसीना ने जाकर सदर दरवाज़ा खोला और बोली—क्यों किवाड़ तोड़े डालते हो? आ तो रही हूँ।

मैंने कोठरी के किवाड़ों के दराज़ों से देखा। आदमी क्या, पूरा देव था। अन्दर आते ही बोला—तुम सरेशाम से सो गई थीं।

'हाँ, ज़रा आँख लग गई थी।'

'मुझे तो ऐसा मालूम हो रहा था, तुम किसी से बातें कर रही हो!'

'वहम की दवा तो लुकमान के पास भी नहीं !'

'मैंने साफ़ सुना। कोई-न-कोई था ज़रूर। तुमने उसे कहीं छिपा रखा है।

'इन्हीं बातों पर तुमसे मेरा जी जलता है। सारा घर तो पड़ा है, देख क्यों नहीं लेते।'

'देखूँगा तो मैं ज़रूर ही, लेकिन तुमसे सीधे-सीधे पूछता हूँ, बतला दो, कौन था?'

हसीना ने कुंजियों का गुच्छा फेंकते हुए कहा—अगर कोई था तो घर ही में न होगा। लो, सब जगह देख आओ। सुई तो है नहीं कि मैंने कहीं छिपा दी हो।

वह शैतान इन चकमों में न आया। शायद पहले भी ऐसा ही चरका खा चुका था। कुंजियों का गुच्छा उठाकर सबसे पहले मेरी कोठरी के द्वार पर आया और उसके ताले को खोलने की कोशिश करने लगा। गुच्छे में उस ताले की कुंजी न थी। बोला—इस कोठरी की कुंजी कहाँ है?

हसीना ने बनावटी ताज्जुब से कहा—अरे, तो क्या उसमें कोई छिपा बैठा है? वह तो लकड़ियों से भरी पड़ी है।

'तुम कुंजी दे दो न।'

'तुम भी कभी-कभी पागलों के-से काम करने लगते हो। अँधेरे में कोई साँप-बिच्छू निकल आये तो? न भैया, में उसकी कुंजी न दूँगी।'

'बला से साँप निकल आएगा। अच्छा ही हो, निकल आये। इस बेहयाई की ज़िंदगी से तो मौत ही अच्छी।'

हसीना ने इधर-उधर तलाश करके कहा—न जाने, उसकी कुंजी कहाँ रख दी। ख़याल नहीं आता।

'इस कोठरी में तो मैंने कभी ताला नहीं देखा।'

'मैं तो रोज़ लगाती हूँ। शाम कभी लगाना भूल गई हूँ, तो नहीं कह सकती।'

'तो तुम कुंजी न दोगी?'

'कहती तो हूँ, इस वक़्त तो नहीं मिल रही है।'

'कहे देता हूँ; कच्चा ही खा जाऊँगा।'

अब तक तो मैं किसी तरह ज़ब्त किए खड़ा रहा। बार-बार अपने ऊपर गुस्सा आ रहा था कि यहाँ क्यों आया। न जाने, यह शैतान कैसे पेश आए। कहीं तैश में आकर मार ही न डाले। मेरे हाथों में तो कोई छुरी भी नहीं। या खुदा अब तू ही मालिक है। दम रोके हुए खड़ा था कि एक पल का भी मौक़ा मिले तो निकल भागूँ; लेकिन जब उस मरदूद ने किवाड़ों को ज़ोर से धमधमाना शुरू किया, तब तो रूह ही फ़ना हो गई। इधर-उधर निग़ाह डाली कि किसी कोने में छिपने की जगह है या नहीं। किवाड़ की दराज़ों से कुछ रोशनी आ रही थी। ऊपर जो निग़ाह उठाई, तो एक मचान-सा दिखाई दिया। डूबते को तिनके का सहारा मिल गया। उचककर चाहता था कि ऊपर चढ़ जाऊँ कि मचान पर एक आदमी को बैठे देखकर उस हालत में भी मेरे मुँह से चीख निकल गई। हज़रत अचकन पहने, घड़ी लगाए, एक खूबसूरत साफ़ा बाँधे, उकड़ू बैठे हुए थे। अब मुझे मालूम हुआ कि मेरे लिए दरवाज़ा खोलने में हसीना ने क्यों इतनी देर की थी। अभी इनको देख ही रहा था कि दरवाज़े पर मूसल की चोटें पड़ने लगीं। मामूली किवाड़ तो थे ही, तीन-चार चोटों में दोनों किवाड़ नीचे आ रहे, और वह मरदूद लालटेन लिये कमरे में घुसा। उस वक़्त मेरी क्या हालत थी, इसका अन्दाज़ आप खुद कर सकते हैं। उसने मुझे देखते ही लालटेन रख दी और मेरी गर्दन पकड़कर बोला—अच्छा, आप यहाँ तशरीफ़ रखते हैं। आइए आपकी कुछ खातिर करूँ। ऐसे मेहमान रोज़ कहाँ मिलते हैं?

यह कहते हुए उसने मेरा एक हाथ पकड़कर इतने ज़ोर से बाहर की तरफ़ धकेला कि मैं आँगन में औंधा जा गिरा। उस शैतान की आँखों से अंगारे निकल रहे थे। मालूम होता था, उसके होंठ मेरा ख़ून चूसने के लिए बढ़े चले आ रहे हैं। मैं अभी ज़मीन से उठने भी न पाया था कि वह कसाई एक बडा सा तेज़ छूरा लिये मेरी गर्दन पर आ पहुँचा। मगर ज़नाब, हूँ पुलिस का आदमी। उस वक़्त मुझे एक चाल सूझ गई। उसने मेरी जान बचा ली, वरना आज आपके साथ ताँगे पर न बैठा होता। मैंने हाथ जोड़कर कहा—हुज़ूर, मैं बिलकुल बेकसूर हूँ। मैं तो मीर साहब के साथ आया था।

उसने गरज़कर पूछा—कौन मीर साहब?

मैंने जी कड़ा करके कहा—वह जो मचान पर बैठे हुए हैं। मैं तो हुज़ूर का गुलाम ठहरा, जहाँ हुक्म पाऊँगा, आपके साथ जाऊँगा। मेरी इसमें क्या ख़ता है?

'अच्छा, तो कोई मीर साहब भी मचान पर तशरीफ़ रखते हैं?'

उसने मेरा हाथ पकड़ लिया और कोठरी में जाकर मचान पर देखा। वह हज़रत सिमटे-सिमटाए, भीगी बिल्ली बने बैठे थे। चेहरा ऐसा पीला पड़ गया था, गोया बदन में जान ही नहीं।

'तू कौन है।'

'जी, मैं—मेरा मकान, यह आदमी झूठा है, यह मेरा नौकर नहीं है।'

'तू यहाँ क्या करने आया था?'

'मुझे यही बदमाश (मेरी तरफ़ देखकर) धोखा देकर लाया था।'

'यह क्यों नहीं कहता कि मज़े उड़ाने आया था। दूसरों पर इल्ज़ाम रखकर अपनी जान बचाना चाहता है, सुअर? ले, तू भी क्या समझेगा कि किसके पाले पड़ा था।'

यह कहकर उसने उसी तेज़ छुरे से उन साहब की नाक काट ली। मैं मौक़ा पाकर बेतहाशा भागा लेकिन हाय-हाय की आवाज़ मेरे कानों में आ रही थी। इसके बाद उन दोनों में कैसी छनी, हसीना के सिर पर क्या आफ़त आयी, इसकी मुझे कुछ ख़बर नहीं। मैं तब से बीसों बार सदर आ चुका हूँ; पर उधर भूलकर भी नहीं गया। यह पत्थर फेंकनेवाले हज़रत वही हैं, जिनकी नाक कटी थी। आज न जाने कहाँ से दिखाई पड़ गए और मेरी शामत आयी कि उन्हें सलाम कर बैठा। आपने उनकी नाक की तरफ़ शायद ख़याल नहीं किया।

मुझे अब ख़याल आया कि उस आदमी की नाक कुछ चिपटी थी। बोला—हाँ, नाक कुछ चपटी तो थी। मगर आपने उस ग़रीब को बुरा चरका दिया।

'और करता ही क्या?'

'आप दोनों मिलकर उस आदमी को क्या न दबा लेते?'

'दबा लेते, मगर चोर का दिल आधा होता है। उस वक़्त अपनी-अपनी पड़ी थी कि मुक़ाबला करने की सूझती। कहीं उस रमझल्ले में धर लिया जाता, तो आबरू अलग जाती और नौकरी से अलग हाथ धोता। मगर अब इस आदमी से होशियार रहना पड़ेगा।'

इतने में चौक आ गया, और हम दोनों ने अपनी-अपनी राह ली।

❑❑❑

अभिलाषा

कल पड़ोस में बड़ी हलचल मची। एक पानवाला अपनी स्त्री को मार रहा था। वह बेचारी बैठी रो रही थी, पर उस निर्दयी को उस पर लेश-मात्र भी दया न आती थी। आखिर स्त्री को भी क्रोध आ गया। उसने खड़े होकर कहा—बस, अब मारोगे तो ठीक न होगा। आज से मेरा तुझसे कोई सम्बंध नहीं। मैं भीख मागूँगी, पर तेरे घर न आऊँगी। यह कहकर उसने अपनी एक पुरानी साड़ी उठाई और घर से निकल पड़ी। पुरुष काठ के उल्लू की तरह खड़ा देखता रहा। स्त्री कुछ दूर चलकर फिर लौटी और दूकान की सन्दूकची खोलकर कुछ पैसे निकाले। शायद अभी तक उसे कुछ ममता थी; पर उस निर्दयी ने तुरंत उसका हाथ पकड़कर पैसे छीन लिये। हाय री हृदयहीनता! अबला स्त्री के प्रति पुरुष का यह अत्याचार! एक दिन इसी स्त्री पर उसने प्राण दिये होंगे। उसका मुँह जोहता रहा होगा, पर आज इतना निष्ठुर हो गया है, मानो कभी की जान-पहचान ही नहीं। स्त्री ने पैसे रख दिए, और बिना कुछ कहे-सुने चली गई; कौन जाने कहाँ? मैं अपने कमरे की खिड़की से घंटों देखती रही कि शायद वह फिर लौटे या शायद पानवाला ही उसे मनाने जाए, पर दो में से एक बात भी न हुई। आज मुझे स्त्री की सच्ची दशा का पहली बार ज्ञान हुआ। यह दूकान दोनों की थी। पुरुष तो मटरगश्ती किया करता था, स्त्री रात-दिन बैठी सती होती थी। दस-ग्यारह बजे रात तक मैं उसे दूकान पर बैठे देखती थी। प्रातः काल नींद खुलती, तब भी उसे बैठे पाती। नोच-खसोट, काट-कपट, जितना पुरुष करता था, उससे कुछ अधिक ही स्त्री करती थी। पर पुरुष सब-कुछ है, स्त्री कुछ नहीं। पुरुष जब चाहे उसे निकाल बाहर कर सकता है।

इस समस्या पर मेरा चित्त इतना अशांत हो गया कि नींद आँखों से भाग गई। बारह बज गए और मैं बैठी रही। आकाश पर निर्मल चाँदनी छिटकी हुई थी। निशानाथ अपने रत्न-जटित सिंहासन पर गर्व से फूले बैठे थे। बादल के छोटे-छोटे टुकड़े धीरे-धीरे चंद्रमा के समीप आते थे और फिर विकृत हो जाते थे, मानो श्वेतवसना सुंदरियाँ उसके हाथों दलित और अपमानित होकर रुदन करती हुई चली जा रही हों। इस कल्पना ने मुझे इतना विकल किया कि मैंने खिड़की बंद कर दी और पलंग पर आ बैठी। मेरे प्रियतम निद्रा में मग्न थे। उनका तेज़मय मुखमंडल इस समय मुझे कुछ चंद्रमा से ही मिलता-जुलता मालूम हुआ। वही सहास छवि थी, जिससे मेरे नेत्र तृप्त हो जाते थे। वही विशाल वक्ष था, जिस पर सिर रखकर मैं अपने अन्तस्तल में एक कोमल मधुर कम्पन का अनुभव करती थी। वही सुदृढ़ बाँहें थी, जो मेरे गले पड़ जाती थीं, तो हृदय में आनंद की हिलोरें-सी उठने लगती थीं। पर आज कितने दिन हुए, मैंने उस मुख पर हँसी की उज्ज्वल रेखा नहीं देखी; न देखने को चित्त व्याकुल ही हुआ। कितने दिन हुए, मैंने उस वक्ष पर सिर नहीं रखा और न वह बाँहें गले में पड़ीं। क्यों? क्या मैं कुछ और हो गई, या पतिदेव ही कुछ और हो गए।

अभी कुछ बहुत दिन भी तो नहीं बीते, कुल पाँच साल हुए हैं—कुल पाँच

साल, जब पतिदेव ने विकसित नेत्रों और लालायित अधरों से मेरा स्वागत किया था। मैं लज्जा से गर्दन झुकाए हुए थी। हृदय में कितनी प्रबल उत्कंठा हो रही थी कि उनकी मुख-छवि देख लूँ; पर लज्जावश सिर न उठा सकती। आखिर एक बार मैंने हिम्मत करके आँखें उठाईं और यद्यपि दृष्टि आधे रास्ते से ही लौट आयी, तो भी उस अर्द्धदर्शन से मुझे जो आनंद मिला, क्या उसे कभी भूल सकती हूँ? वह चित्र अब भी मेरे हृदय-पटल पर खिंचा हुआ है! जब कभी उसका स्मरण आ जाता है, हृदय पुलकित हो उठता है। उस सानंद-स्मृति में अब भी वही गुदगुदी, वही सनसनी है। लेकिन अब रात-दिन उस छवि के दर्शन करती हूँ। उषाकाल, प्रातःकाल, मध्याह्नकाल, सन्ध्याकाल, निशाकाल—आठों पहर उसको देखती हूँ; पर हृदय में गुदगदी नहीं होती। वह मेरे सामने खड़े मुझसे बातें किया करते हैं; मैं क्रोशिए की ओर देखती रहती हूँ। जब वह घर से निकलते थे, तो द्वार पर आकर खड़ी हो जाती थी। और जब वह पीछे फिरकर मुस्कुरा देते थे, तो मानो मुझे स्वर्ग का राज्य मिल जाता था। मैं तीसरे पहर कोठे पर चढ़ जाती थी, और उनके आने की बाट जोहने लगती थी। उनको दूर से आते देखकर मैं उन्मत्त-सी होकर नीचे आती और द्वार पर जाकर उनका अभिवादन करती। पर अब मुझे यह भी नहीं मालूम होता कि वह कब जाते और कब आते हैं। जब बाहर का द्वार बंद हो जाता है, तो समझ जाती हूँ कि वह चले गए; जब द्वार खुलने की आवाज़ आती है, तो समझ जाती हूँ कि आ गए।

तब वह घर में बहुत न आते थे, जब उनकी आवाज़ कानों में आ जाती, तो मेरी देह में बिजली-सी दौड़ जाती थी। उनकी छोटी-छोटी बातों, छोटे-छोटे कामों को भी मैं अनुरक्त, मुग्ध नेत्रों से देखा करती थी। वह जब छोटे लाला को गोद में उठाकर प्यार करते थे, जब टामी का सिर थपथपाकर उसे लिटा देते थे, जब बूढ़ी भक्तिन को चिढ़ाकर बाहर भाग जाते थे, जब बालटियों में पानी भर-भरकर पौधों को सींचते थे, तब ये आँखें उसी ओर लगी रहती थीं। पर अब वह सारे दिन घर में रहते हैं, मेरे सामने हँसते हैं, बोलते हैं, मुझे ख़बर भी नहीं होती। न-जाने क्यों?

तब किसी दिन उन्होंने फूलों का एक गुलदस्ता मेरे हाथ में रख दिया था और मुस्कुराए थे। वह प्रणय का उपहार पाकर मैं फूली न समाई थी। केवल थोड़े से फूल और पत्तियाँ थीं; पर उन्हें देखने से मेरी आँखें किसी भाँति तृप्त ही न होती थीं। कुछ देर हाथ में लिये रही, फिर अपनी मेज़ पर फूलदान में रख दिया। कोई काम करती होती, तो बार-बार आकर उस गुलदस्ते को देख जाती। कितनी बार उसे आँखों से लगाया, कितनी बार उसे चूमा! कोई एक लाख रुपये भी देता, तो उसे न देती। उसकी एक-एक पंखड़ी मेरे लिए एक-एक रत्न थी। जब वह मुरझा गया, तो मैंने उसे उठाकर अपने बक्स में रख दिया था। तब से उन्होंने मुझे हज़ारों चीज़ें उपहार में दी हैं—एक-से-एक रत्न-जटित आभूषण हैं, एक-से-एक बहुमूलय वस्त्र हैं और गुलदस्ते तो प्रायः नित्य ही लाते हैं; लेकिन इन चीज़ों को पाकर वह उल्लास नहीं होता। मैं उन चीज़ों को पहनकर आईने में अपना रूप देखती हूँ और गर्व से फूल उठती हूँ। अपनी हमजोलियों को दिखाकर अपना गौरव और उनकी ईर्ष्या बढ़ाती हूँ। बस!

अभी थोड़े ही दिन हुए हैं, उन्होंने मुझे यह चंद्रहार दिया है। जो इसे देखता है, मोहित हो जाता है। मैं भी उसकी बनावट और सजावट पर मुग्ध हूँ। मैंने अपना

संदूक खोला और उस गुलदस्ते को निकाल लायी। आह! उसे हाथ में लेते ही मेरी एक-एक नस में बिजली दौड़ गई। हृदय के सारे तार कम्पित हो गए। वह सूखी पंखड़ियाँ, जो अब पीले रंग की हो गई थीं, बोलती हुई मालूम होती थीं, उनके सूखे, मुरझाए हुए मुखों से अस्फुटित कम्पित, अनुराग में डूबे शब्द सायँ-सायँ करके निकलते हुए जान पड़ते थे; किंतु वह रत्नजटित, काँति से दमकता हुआ हार—स्वर्ण पत्थरों का एक समूह था, जिसमें प्राण न थे, संज्ञा न थी, मर्म न था। मैंने फिर गुलदस्ते को चूमा, कंठ से लगाया, आर्द्र नेत्रों से सींचा और फिर संदूक में रख आयी। आभूषणों से भरा हुआ संदूक उस एक स्मृति-चिह्न के सामने तुच्छ था। यह क्या रहस्य था?

फिर मुझे उनके एक पुराने पत्र की याद आ गई। उन्होंने कॉलेज से मेरे पास भेजा था। उसे पढ़कर मेरे हृदय में जो आनंद हुआ था, जो तूफ़ान उठा था; आँखों से जो नदी बही थी, क्या उसे कभी भूल सकती हूँ! उस पत्र को मैंने अपनी सोहाग की पिटारी में रख दिया था। इस समय उस पत्र को पढ़ने की प्रबल इच्छा हुई। मैंने पिटारी से वह पत्र निकाला। उसे स्पर्श करते ही मेरे हाथ काँपने लगे, हृदय में धड़कन होने लगी। मैं कितनी देर उसे हाथ में लिये खड़ी रही, कह नहीं सकती। मुझे ऐसा मालूम हुआ कि मैं फिर वही हो गई हूँ, जो पत्र पाते समय थी। उस पत्र में क्या प्रेम के कवित्वमय उद्‌गार थे? क्या प्रेम की साहित्यिक विवेचना थी? क्या वियोग-व्यथा का करुण क्रन्दन था? उसमें तो प्रेम का एक शब्द भी न था। लिखा था—'कामिनी तुमने आठ दिन से कोई पत्र नहीं लिखा। क्यों नहीं लिखा? अगर तुम मुझे पत्र न लिखोगी, तो मैं होली की छुट्टियों में घर न आऊँगा, इतना समझ लो। आखिर तुम सारे दिन क्या किया करती हो? मेरे उपन्यासों की आलमारी खोल ली है क्या? आपने मेरी आलमारी क्यों खोली? समझती होगी, मैं पत्र न लिखूँगी, तो बच्चा खूब रोएँगे और हैरान होंगे। यहाँ इसकी परवाह नहीं। नौ बजे रात को सोता हूँ, तो आठ बजे उठता हूँ। कोई चिन्ता है, तो यही कि फेल न हो जाऊँ। अगर फेल हुआ, तो तुम जानोगी।

कितना सरल, भोले-भाले हृदय से निकला हुआ, निष्कपट, मानपूर्ण आग्रह और आतंक से भरा हुआ पत्र था, मानो उसका सारा उत्तरदायित्व मेरे ही ऊपर था। ऐसी धमकी क्या अब भी वह मुझे दे सकते हैं? कभी नहीं। ऐसी धमकी वही दे सकता है, जो न मिल सकने की व्यथा को जानता हो, उसका अनुभव करता हो। पतिदेव अब जानते हैं, इस धमकी का मुझ पर कोई असर न होगा, मैं हँसूँगी और आराम से सोऊँगी; क्योंकि मैं जानती हूँ, वह अवश्य आएँगे और उनके लिए ठिकाना ही कहाँ है। जा ही कहाँ सकते हैं? तब से उन्होंने मेरे पास कितने पत्र लिखे हैं। दो दिन को भी बाहर जाते हैं, तो ज़रूर एक पत्र भेजते हैं, और जब दस-पाँच दिन को जाते हैं, नित्यप्रति एक पत्र आता है। पत्रों में प्रेम के चुने हुए शब्द, चुने हुए वाक्य, चुने हुए सम्बोधन भरे होते हैं। मैं उन्हें पढ़ती हूँ और ठण्डी साँस लेकर रख देती हूँ। हाय! वह हृदय कहाँ गया? प्रेम के इन निर्जीव, भावशून्य, कृत्रिम शब्दों में वह अभिन्नता कहाँ है, वह रस कहाँ है, वह उन्माद कहाँ है, वह क्रोध कहाँ है? वह झुँझलाहट कहाँ है। उनमें मेरा मन कोई वस्तु खोजता है—कोई अज्ञात, अव्यक्त, अलक्षित वस्तु—पर वह नहीं मिलती। उनमें सुगंध भरी होती है, पत्रों के काग़ज़ आर्ट-पेपर को मात करते हैं; पर उनका यह सारा बनाव-सँवार किसी गतयौवना नायिका के बनाव-सिंगार के सदृश ही लगता है। कभी-कभी तो मैं पत्रों को खोलती भी नहीं। मैं जानती हूँ, उसमें क्या लिखा होगा।

उन्हीं दिनों की बात है, मैंने तीज का व्रत किया था। मैंने देवी के सम्मुख सिर झुकाकर वंदना की थी–'देवी, मैं तुमसे केवल एक वरदान माँगती हूँ। हम दोनों प्राणी में कभी विच्छेद न हो, और मुझे कोई अभिलाषा नहीं, मैं संसार की और कोई वस्तु नहीं चाहती।' तब से चार साल हो गए हैं, और हममें एक दिन के लिए भी विच्छेद नहीं हुआ। मैंने तो केवल एक वरदान माँगा था। देवी ने वरदानों का भण्डार ही मुझे सौंप दिया। पर आज मुझे देवी के दर्शन हों, तो मैं उनसे कहूँ; तुम अपने सारे वरदान ले लो; मैं इनमें से एक भी नहीं चाहती। मैं फिर वही दिन देखना चाहती हूँ, जब हृदय में प्रेम की अभिलाषा थी। तुमने सब-कुछ देकर मुझे उस अतुल सुख से वंचित कर दिया, जो अभिलाषा में था। मैं अब की देवी से वह दिन दिखाने की प्रार्थना करूँ, जब मैं किसी निर्जन जलतट और सघन वन में अपने प्रियतम को ढूँढ़ती फिरूँ। नदी की लहरों से कहूँ, मेरे प्रियतम को तुमने देखा है? वृक्षों से पूछूँ, मेरे प्रियतम कहाँ गये? क्या वह सुख मुझे कभी प्राप्त न होगा? उसी समय मन्द, शीतल पवन चलने लगा। मैं खिड़की के बाहर सिर निकाले खड़ी थी। पवन के झोंके से मेरे केश की लटें बिखरने लगीं। मुझे ऐसा आभास हुआ, मानो मेरे प्रियतम वायु के इन उच्छ्वासों में हैं। फिर मैंने आकाश की ओर देखा। चाँद की किरणें चाँदी के जगमगाते तारों की भाँति आँखों से आँख-मिचौनी-सी खेल रही थीं। आँखें बन्द करते समय सामने आ जातीं, पर आँखें खोलते ही अदृश्य हो जाती थीं। मुझे उस समय ऐसा आभास हुआ कि मेरे प्रियतम उन्हीं जगमगाते तारों पर बैठे आकाश से उतर रहे हैं। उसी समय किसी ने गाया–

अनोखे-से नेही के त्याग,
निराले पीड़ा के संसार!
कहाँ होते हो अंतर्धान,
लुटा करके सोने-सा प्यार!

'लुटा करके सोने-सा प्यार', यह पद मेरे मर्मस्थल को तीर की भाँति छेदता हुआ चला गया। मेरे रोएँ खड़े हो गए। आँखों से आँसुओं की झड़ी लग गई। ऐसा मालूम हुआ, जैसे कोई प्रियतम को मेरे हृदय से निकाले लिये जाता है। मैं ज़ोर से चिल्ला पड़ी। उसी समय पतिदेव की नींद टूट गई। वह मेरे पास आकर बोले–अभी तुम चिल्लाई थीं? अरे, तुम तो रो रही हो? क्या बात है? कोई स्वप्न तो नहीं देखा?

मैंने सिसकते हुए कहा–रोऊँ न, तो क्या हँसूँ?

स्वामी ने मेरा हाथ पकड़कर कहा–क्यों, रोने का कोई कारण है, या यों ही रोना चाहती हो?

'क्या मेरे रोने का कारण तुम नहीं जानते?'

'मैं तुम्हारे दिल की बात कैसे जान सकता हूँ?'

'तुमने जानने की कभी चेष्टा की है?'

'मुझे इसका मान-गुमान भी न था कि तुम्हारे रोने का कोई कारण हो सकता है।'

'तुमने तो बहुत कुछ पढ़ा है, क्या तुम भी ऐसी बात कह सकते हो?'

स्वामी ने विस्मय में पड़कर कहा–तुम तो पहेलियाँ बुझवाती हो?

'क्यों, क्या तुम कभी नहीं रोते?'

'मैं क्यों रोने लगा?'

'तुम्हें अब कोई अभिलाषा नहीं है?'

'मेरी सबसे बड़ी अभिलाषा पूरी हो गई। अब मैं और कुछ नहीं चाहता।

'यह कहते हुए पतिदेव मुस्कुराए और मुझे गले से लिपटा लेने को बढ़े। उनकी यह हृदयहीनता इस समय मुझे बहुत बुरी लगी। मैंने उन्हें हाथों से पीछे हटाकर कहा—मैं इस स्वाँग को प्रेम नहीं समझती। जो कभी रो नहीं सकता,वह प्रेम नहीं कर सकता। रुदन और प्रेम, दोनों एक ही स्रोत से निकलते हैं।

अनोखे-से नेही के त्याग
निराले पीड़ा के संसार।
कहाँ होते हो अंतर्धान,
लुटा करके सोने-सा प्यार!

पतिदेव के मुख की वह मुस्कुराहट लुप्त हो गई। उन्हें एक बार काँपते देखा। ऐसा जान पड़ा, उन्हें रोमांच हो रहा है। सहसा उनका दाहिना हाथ उठकर उनकी छाती तक गया। उन्होंने लम्बी साँस ली और उनकी आँखों से आँसू की बूँदे निकलकर गालों पर आ गईं। तुरन्त मैंने रोते हुए उनकी छाती पर सिर रख दिया और उस परम सुख का अनुभव किया, जिसके लिए कितने दिनों से मेरा हृदय तड़प रहा था। आज फिर मुझे पतिदेव का हृदय धड़कता हुआ सुनाई दिया; आज उनके स्पर्श में फिर स्फूर्ति का ज्ञान हुआ। अभी तक उस पद के शब्द मेरे हृदय में गूँज रहे थे—

कहाँ होते ही अंतर्धान
लुटा करके सोने-सा प्यार ! *

❑❑❑

*महादेवी वर्मा की कविता का एक पद।

खुचड़

बाबू कुंदनलाल कचहरी से लौटे, तो देखा कि उनकी पत्नीजी एक कुँजड़िन से कुछ शाक-भाजी ले रही हैं। कुँजड़िन पालक टके सेर कहती है, वह डेढ़ पैसे दे रही हैं। इस पर कई मिनट तक विवाद होता रहा। आखिर कुँजड़िन डेढ़ पैसे पर राज़ी हो गई। अब तराजू और बाट का प्रश्न छिड़ा। दोनों पल्ले बराबर न थे। एक में पसंगा था। बाट भी पूरे न उतरते थे। पड़ोसियों के घर से सेर आया। साग तुल जाने के बाद अब घाटे का प्रश्न उठा। पत्नीजी और माँगती थीं, कुँजड़िन कहती थी, अब क्या सेर-दो सेर घाटे में ही ले लोगी बहूजी। ख़ैर, आध घंटे में यह सौदा पूरा हुआ, और कुँजड़िन फिर कभी न आने की धमकी देकर विदा हुई। कुंदनलाल खड़े-खड़े यह तमाशा देखते रहे। कुँजड़िन के जाने के बाद पत्नीजी लोटे का पानी लायीं तो आपने कहा—आज तो तुमने ज़रा-सा साग लेने में पूरे आध घंटे लगा दिए। इतनी देर में तो हज़ार-पाँच सौ का सौदा हो जाता। ज़रा-ज़रा से साग के लिए इतनी ठाँय-ठाँय करते तुम्हारा सिर भी नहीं दुखता?

रामेश्वरी ने कुछ लज्जित होकर कहा—पैसे मुफ्त में नहीं आते!

'यह ठीक है; लेकिन समय का भी कुछ मूल्य है। इतनी देर में तुमने बड़ी मुश्क़िल से एक धेले की बचत की। कुँजड़िन ने भी दिल में कहा होगा, कहाँ की गँवारिन है। अब शायद भूलकर भी इधर न आये।'

'तो फिर मुझसे तो यह नहीं हो सकता कि पैसे की जगह धेले का सौदा लेकर बैठ जाऊँ।'

'इतनी देर में तो तुमने कम-से-कम 20 पन्ने पढ़े होते! कल महरी से घंटों सिर मारा। परसों दूधवाले के साथ घंटो शास्त्रार्थ किया। ज़िन्दगी क्या इन्हीं बातों में ख़र्च करने को दी गई है?'

कुंदनलाल प्रायः नित्य ही पत्नी को सदुपदेश देते रहते थे। यह उनका दूसरा विवाह था। रामेश्वरी को आये अभी दो-ही-तीन महीने हुए थे। अब तक तो बड़ी ननदजी ऊपर का काम किया करती थीं। रामेश्वरी की उनसे न पटी। उसको मालूम होता था, यह तो मेरा सर्वस्व ही लुटाए देती हैं। आखिर वह चली गईं। तब से रामेश्वरी ही घर की स्वामिनी है। वह बहुत चाहती है कि पति को प्रसन्न रखे। उनके इशारों पर चलती है; एक बार जो बात सुन लेती है, गाठ बाँध लेती है। पर रोज़ ही तो कोई नई बात हो जाती है, और कुंदनलाल को उसे उपदेश देने का अवसर मिल जाता है।

2

एक दिन बिल्ली दूध पी गई। रामेश्वरी दूध गर्म करके लायी और स्वामी के सिरहाने रखकर पान बना रही थी कि बिल्ली ने दूध पर अपना ईश्वरदत्त अधिकार सिद्ध कर दिया। रामेश्वरी यह अपहरण स्वीकार न कर सकी। रूल लेकर बिल्ली को इतने जोर से मारा कि वह दो-तीन लुढ़कियाँ खा गई।

कुंदनलाल लेटे-लेटे अख़बार पढ़ रहे थे। बोले—और जो मर जाती?

रामेश्वरी ने ढिठाई के साथ कहा—तो मेरा दूध क्यों पी गई?

'उसे मारने से दूध मिल तो नहीं गया?'

'जब कोई नुकसान कर देता है, तो उस पर क्रोध आता ही है।'

'न आना चाहिए। पशु के साथ आदमी भी क्यों पशु हो जाए? आदमी और पशु में इसके सिवा और क्या अंतर है?'

कुंदनलाल कई मिनट तक दया, विवेक और शांति की शिक्षा देते रहे, यहाँ तक कि रामेश्वरी मारे ग्लानि के रो पड़ी।

इसी भाँति एक दिन रामेश्वरी ने एक भिक्षुक को दुतकार दिया, तो बाबू साहब ने फिर उपदेश देना शुरू किया। बोले—तुमसे न उठा जाता हो तो लाओ, मैं दे आऊँ, ग़रीब को यों न दुतकारना चाहिए।

रामेश्वरी ने त्योरियाँ चढ़ाते हुए कहा—दिन-भर तो ताँता लगा रहता है। कोई कहाँ तक दौड़े। सारा देश भिखमंगों से भर गया है शायद।

कुंदनलाल ने उपेक्षा के भाव से मुस्कुराकर कहा—उस देश में तो तुम भी बसती हो!

'इतने भिखमंगे आ कहाँ से जाते हैं? ये सब काम क्यों नही करते'।

'कोई आदमी इतना नीच नहीं होता, जो काम मिलने पर भीख माँगे। हाँ, अपंग हो; तो दूसरी बात है। अपंगों का भीख के सिवा और क्या सहारा हो सकता है।'

'सरकार इनके लिए अनाथालय क्यों नहीं खुलवाती है?'

'जब स्वराज्य हो जाएगा, तब शायद खुल जाएँ; अभी तो कोई आशा नहीं है। मगर स्वराज्य भी धर्म ही से आएगा।'

'लाखों साधु-संयासी, पंडे-पुजारी मुफ्त का माल उड़ाते हैं, क्या इतना धर्म काफ़ी नहीं है? अगर इस धर्म से स्वराज्य मिलता, तो कब का मिल चुका होता।'

'इसी धर्म का प्रसाद है कि हिंदू-जाति अभी तक जीवित है, नहीं कब की रसातल पहुँच चुकी होती। रोम, यूनान, ईरान, सीरिया किसी का अब निशान भी नहीं हैं। यह हिंदू-जाति है, जो अभी तक समय के क्रूर आघातों का सामना करती चली आती है।'

'आप समझते होंगे, हिन्दू-जाति जीवित है। मैं तो उसे उसी दिन से मरा हुआ समझती हूँ; जिस दिन से वह अधीन हो गई। जीवन स्वाधीनता का नाम है, गुलामी तो मौत है।'

कुंदनलाल ने युवती को चकित नेत्रों से देखा, ऐसे विद्रोही विचार उसमें कहाँ से आ गए? देखने में तो वह बिलकुल भोली थी। समझे, कहीं सुन-सुना लिया होगा। कठोर होकर बोले—क्या व्यर्थ का विवाद करती हो। लजाती तो हो नहीं, ऊपर से और बक-बक करती हो।

रामेश्वरी यह फटकार पाकर चुप हो गई। एक क्षण वहाँ खड़ी रही, फिर धीरे-धीरे कमरे से चली गई।

3

एक दिन कुंदनलाल ने कई मित्रों की दावत की। रामेश्वरी सवेरे से रसोई में घुसी, तो शाम तक सिर न उठा सकी। उसे यह बेगार बुरी मालूम हो रही थी। अगर

दोस्तों की दावत करनी थी, तो खाना बनवाने का कोई प्रबंध क्यों नहीं किया! सारा बोझ उसी के सिर क्यों डाल दिया? उससे एक बार पूछ तो लिया होता कि दावत करूँ, या न करूँ। होता तब भी वही, जो अब हो रहा था। वह दावत के प्रस्ताव का बड़ी ख़ुशी से अनुमोदन करती। तब वह समझती, दावत मैं कर रही हूँ। अब वह समझ रही थी मुझसे बेगार ली जा रही है। ख़ैर, भोजन तैयार हुआ, लोगों ने भोजन किया और चले गऐ; मगर मुंशीजी मुँह फुलाए बैठे हुए थे। रामेश्वरी ने कहा—तुम क्यों नहीं खा लेते, या अभी सवेरा है?

बाबू साहब ने आँखें फाड़कर कहा—क्या खा लूँ, यह खाना है या बैलों की सानी!

रामेश्वरी के सिर से पाँव तक आग लग गई! सारा दिन चूल्हे के सामने जली, उसका यह पुरस्कार! बोली—मुझसे जैसा हो सका, बनाया। जो बात अपने बस की नहीं है, उसके लिए क्या करती?

'पूड़ियाँ सब सेवड़ी हैं!'

'होंगी।'

'कचौड़ी में इतना नमक था कि किसी ने छुआ तक नहीं।'

'होगा।'

'हलुआ अच्छी तरह भुना नहीं—कचाइँध आ रही थी।'

'आती होगी।'

'शोरबा इतना पतला था, जैसे चाय।'

'होगा।'

'स्त्री का पहला धर्म यह है कि वह रसोई के काम में चतुर हो।'

फिर उपदेशों का तार बँधा, यहाँ तक कि रामेश्वरी ऊबकर चली गई।

4

पाँच-छः महीने गुज़र गए। एक दिन कुंदनलाल के एक दूर के संबधी उनसे मिलने आये। रामेश्वरी को ज्यों ही उनकी ख़बर मिली, जल-पान के लिए मिठाई भेजी; और महरी से कहला भेजा—आज यहीं भोजन कीजिएगा। वह महाशय फूले न समाए। बोरिया-बँधना लेकर पहुँच गए और डेरा डाल दिया। एक हफ़्ता गुज़र गया, मगर आप टलने का नाम भी नहीं लेते। आव-भगत में कोई कमी होती, तो शायद उन्हें कुछ चिन्ता होती; पर रामेश्वरी उनके सेवा-सत्कार में जी-जान से लगी हुई थी। फिर वह काहे को हटने लगे?

एक दिन कुंदनलाल ने कहा—तुमने यह बुरा रोग पाला।

रामेश्वरी ने चौंककर पूछा—कैसा रोग!

'इन्हें टहला क्यों नहीं देतीं?'

'मेरा क्या बिगाड़ रहे हैं?'

'कम-से-कम एक रुपये की रोज़ चपत दे रहे हैं। और अगर यही खातिरदारी रही, तो शायद जीते-जी टलेंगे भी नहीं।'

'मुझसे तो यह नहीं हो सकता कि कोई दो-चार दिन के लिए आ जाए तो उसके सिर हो जाऊँ। जब तक उनकी इच्छा हो, रहें।'

'ऐसे मुफ्तख़ोरों का सत्कार करना पाप है। अगर तुमने इसे इतना सिर

न चढ़ाया होता, तो अब तक लम्बा हुआ होता। जब दिन में तीन बार भोजन और पचासों बार पान मिलता है, तो उसे कुत्ते ने काटा है, जो अपने घर जाए!'

'रोटी का चोर बनना तो अच्छा नहीं?'

'कुपात्र और सुपात्र का विचार तो कर लेना चाहिए। ऐसे आलसियों को खिलाना-पिलाना वास्तव में उन्हें ज़हर देना है। ज़हर से तो केवल प्राण निकल जाते हैं, यह खातिरदारी तो आत्मा का सर्वनाश कर देती है! अगर यह हज़रत महीने भर भी यहाँ रह गए, तो फिर ज़िन्दगी भर के लिए बेकार हो जाएँगे।'

तर्क का ताँता बँध गया। प्रमाणों की झड़ी लग गई। रामेश्वरी खिसिया कर चली गयी। कुंदनलाल उससे कभी संतुष्ट भी हो सकते हैं, उनके उपदेशों की वर्षा कभी बंद भी हो सकती है, यह प्रश्न उसके मन में बार-बार उठने लगा।

5

एक दिन देहात से भैंस का ताज़ा घी आया। इधर महीनों से बाज़ार का घी खाते-खाते नाक में दम हो रहा था। रामेश्वरी ने उसे खौलाया, उसमें लौंग डाली और कड़ाह से निकालकर एक मटकी में रख दिया। उसकी सोंधी-सोंधी सुगंध से सारा घर महक रहा था। महरी चौका-बरतन करने आयी, तो उसने चाहा कि मटकी चौके से उठाकर छींके या आले पर रख दे। पर संयोग की बात, उसने मटकी उठायी तो वह उसके हाथ से छूटकर गिर पड़ी। सारा घी बह गया। धमाका सुनकर रामेश्वरी दौड़ी, तो महरी रो रही थी, और मटकी चूर-चूर हो गई थी। तड़पकर बोली–मटकी कैसे टूट गई? मैं तेरी तलब से काट लूँगी। राम-राम, सारा घी मिट्टीमें मिला दिया! तेरी आँखें फूट गई थीं क्या या हाथों में दम नहीं था? इतनी दूर से मँगाया, इतनी मेहनत से गर्म किया; मगर एक बूँद भी गले के नीचे न गया। अब खड़ी बिसूर क्या रही है, जा अपना काम कर।

महरी ने आँसू पोंछकर कहा–बहूजी, अब तो चूक हो गई। चाहे तलब काटो, चाहे जान मारो। मैंने तो सोचा, उठाकर आले पर रख दूँ, तो चौका लगाऊँ। क्या जानती थी कि भाग्य में यह लिखा है। न जाने किस अभागे का मुँह देखकर उठी थी।

रामेश्वरी–मैं कुछ नहीं जानती, सब रुपये तेरी तलब से वसूल कर लूँगी। एक रुपया जुर्माना न किया तो कहना।

महरी–मर जाऊँगी सरकार, कहीं एक पैसे का ठिकाना नहीं है।

रामेश्वरी–मर जा या जी जा, मैं कुछ नहीं जानती।

महरी ने एक मिनट तक कुछ सोचा और बोली–अच्छा, काट लीजिएगा सरकार। आपसे सबर नहीं होता, मैं सबर कर लूँगी। यही न होगा, भूखों मर जाऊँगी। जीकर ही कौन-सा सुख भोग रही हूँ कि मरने को डरूँ। समझ लूँगी, एक महीना कोई काम नहीं किया। आदमी से बड़ा-बड़ा नुकसान हो जाता है, यह तो घी ही था।

रामेश्वरी को एक ही क्षण में महरी पर दया आ गई! बोली–तू भूखों मर जाएगी, तो मेरा काम कौन करेगा?

महरी–काम कराना होगा, खिलाइएगा, न काम कराना होगा, भूखों मारिएगा। आज से आकर आप ही के द्वार पर सोया करूँगी।

रामेश्वरी–सच कहती हूँ, आज तूने बड़ा नुकसान कर डाला।

महरी–मैं तो आप ही पछता रही हूँ सरकार।

रामेश्वरी–जा, गोबर से चौका लीप दे, मटकी के टुकड़े दूर फेंक दे और बाज़ार से घी लेती आ।

महरी ने खुश होकर चौका गोबर से लीपा, और मटकी के टुकड़े बटोर रही थी कि कुंदनलाल आ गए–और हाँडी टूटी देखकर बोले–यह हाँडी कैसे टूट गई?

रामेश्वरी ने कहा–महरी उठाकर उस पर रख रही थी, उसके हाथ से छूट पड़ी।

कुंदनलाल ने चिल्लाकर कहा–तो सब घी बह गया!

'और क्या कुछ बच भी रहा!'

'तुमने महरी से कुछ कहा नहीं!'

'क्या कहती! उसने जान-बूझकर तो गिरा नहीं दिया!'

'यह नुकसान कौन उठाएगा?'

'हम उठाएँगे, और कौन उठाएगा। अगर मेरे ही हाथ से छूट पड़ती, तो क्या हाथ काट लेती।'

कुंदनलाल ने ओठ चबाकर कहा–तुम्हारी कोई बात समझ में नहीं आती। जिसने नुकसान किया है, उससे वसूल होना चाहिए। यही ईश्वरीय नियम है। आँख की जगह आँख, प्राण के बदले प्राण–ईसामसीह जैसे दयालु पुरुष का कथन है। अगर दंड का विधान संसार से उठ जाए, तो यहाँ रहे कौन? सारी पृथ्वी रक्त से लाल हो जाए, हत्यारे दिन-दहाड़े लोगों का गला काटने लगें। दंड ही से समाज की मर्यादा कायम है। जिस दिन दंड न रहेगा, संसार न रहेगा। मनु आदि स्मृतिकार बेवकूफ़ नहीं थे कि दंड-न्याय को इतना महत्त्व दे गए। और किसी विचार से नहीं, तो मर्यादा की रक्षा के लिए दंड अवश्य देना चाहिए। ये रुपये महरी को देने पड़ेंगे। उसकी मज़दूरी काटनी पड़ेगी, नहीं, आज तो उसने घी का घड़ा लुढ़का दिया है, कल कोई और नुकसान कर देगी।

रामेश्वरी ने डरते-डरते कहा–मैंने तो क्षमा कर दिया है।

कुंदन लाल ने आँखें निकालकर कहा–लेकिन मैं नहीं क्षमा कर सकता।

महरी द्वार पर खड़ी यह विवाद सुन रही थी। जब उसने देखा कि कुंदनलाल का क्रोध बढ़ता जाता है और मेरे कारण रामेश्वरी को घुड़कियाँ सुननी पड़ रही हैं, तो वह सामने जाकर बोली–बाबूजी, अब तो कसूर हो गया। आप सब रुपये मेरी तलब से काट लीजिए। रुपये नहीं हैं, अभी लाकर आपके हाथ पर रख देती।

रामेश्वरी ने घुड़ककर कहा–जा, भाग यहाँ से, तू क्या करने आयी? बड़ी रुपयेवाली बनी है!

कुंदनलाल ने पत्नी की ओर कठोर नेत्रों से देखकर कहा–तुम क्यों उसकी वकालत कर रही हो? यह मोटी-सी बात है, और इसे एक बच्चा भी समझता है कि जो नुकसान करता है, उसे उसका दण्ड भोगना पड़ता है। मैं क्यों पाँच रुपये का नुकसान उठाऊँ? कोई वजह? क्यों नहीं इसने मटके को सँभालकर पकड़ा, क्यों इतनी जल्दबाज़ी की, क्यों बुलाकर मदद नहीं ली? यह साफ़ इसकी लापरवाही है।

यह कहते हुए कुंदनलाल बाहर चले गए।

रामेश्वरी इस अपमान से आहत हो उठी। डाँटना ही था, तो कमरे में बुलाकर एकांत में डाँटते। महरी के सामने उसे रूई की तरह धुन डाला। उसकी समझ

ही में न आता था, यह किस स्वभाव के आदमी हैं। आज एक बात कहते हैं, कल उसी को काटते हैं, जैसे कोई झक्की आदमी हो। कहाँ तो दया और उदारता के अवतार बनते थे; कहाँ आज पाँच रुपये के लिए प्राण देने लगे। बड़ा मज़ा जा जाय, जो कल महरी बैठ रहे। कभी तो इनके मुख से प्रसन्नता का एक शब्द निकला होता! अब मुझे भी अपना स्वभाव बदलना पड़ेगा। यह सब मेरे सीधे होने का फल है। ज्यों-ज्यों मैं तरह देती हूँ, आप जामे से बाहर होते हैं। इसका इलाज यही है कि एक कहें, तो दो सुनाऊँ। आखिर कब तक और कहाँ तक सहूँ? कोई हद भी है! जब देखो, डाँट रहे हैं। जिसके मिज़ाज़ का कुछ पता ही न हो, उसे कौन खुश रख सकता है? उस दिन ज़रा-सा बिल्ली को मार दिया, तो आप दया का उपदेश करने लगे। आज वह दया कहाँ गई? इनको ठीक करने का उपाय यही है कि समझ लूँ, कोई कुत्ता भौंक रहा है। नहीं, ऐसा क्यों करूँ? अपने मन के कोई काम ही न करूँ, जो यह कहें, वही करू, जौ-भर कम, न जौ भर ज़्यादा। जब इन्हें मेरा कोई काम पसंद ही नहीं आता, मुझे क्या कुत्ते ने काटा है, जो बरबस अपनी टाँग अड़ाऊँ! बस, यही ठीक है।

वह रात भर इसी उधेड़-बुन में पड़ी रही। सवेरे कुंदनलाल नदी-स्नान करने गये! लौटे, तो नौ बज गए थे। घर में जाकर देखा, तो चौका-बरतन न हुआ था। प्राण सूख गए। पूछा—क्या महरी नहीं आयी?

रामे०—नहीं।

कुंदन०—तो फिर?

रामे०—जो आपकी आज्ञा।

कुंदन०—यह तो बडी मुश्क़िल है।

रामे०—हाँ, है तो।

कुंदन०—पड़ोस की महरी को क्यों न बुला लिया?

रामे०—किसके हुक्म से बुलाती? अब हुक्म हुआ है, बुलाए लेती हूँ।

कुंदन०—अब बुलाओगी, तो खाना कब बनेगा? नौ बज गए हैं। इतना तो तुम्हें अपनी अक्ल से काम लेना चाहिए था कि महरी नहीं आयी तो पड़ोसवाली को बुला लें।

रामे०—अगर उस वक़्त सरकार पूछते, क्यों दूसरी महरी बुलाई, तो क्या ज़वाब देती? अपनी अक्ल से काम लेना छोड़ दिया। अब तुम्हारी ही अक्ल से काम लूँगी। मैं यह नहीं चाहती कि कोई मुझे आँखें दिखाए।

कुंदन०—अच्छा, तो इस वक़्त क्या होना है?

रामे०—जो हुजूर का हुक्म हो।

कुंदन०—तुम मुझे बनाती हो?

रामे०—मेरी इतनी मज़ाल कि आपको बनाऊँ! मैं तो हुजूर की लौंडी हूँ। जो कहिए, वह करूँ।

कुंदन०—मैं तो जाता हूँ, तुम्हारा जो जी चाहे करो।

रामे०—जाइए, मेरा जी कुछ न चाहेगा और न कुछ करूँगी।

कुंदन०—आखिर तुम क्या खाओगी?

रामे०—जो आप दे देंगे, वही खा लूँगी।

कुंदन०—लाओ, बाज़ार से पूड़ियाँ ला दूँ।

रामेश्वरी रुपया निकाल लाई। कुंदनलाल पूड़ियाँ लाये। इस वक़्त का काम चला। दफ़्तर गये। लौटे, तो देर हो गई थी। आते-ही-आते पूछा—महरी आयी।

रामे०—नहीं।

कुंदन०—मैंने तो कहा था, पड़ोसवाली को बुला लेना।

रामे०—बुलाया था। वह पाँच रुपये माँगती थी।

कुंदन०—तो एक ही रुपये का तो फ़र्क़ था, क्यों नहीं रख लिया?

रामे०—मुझे यह हुक्म न मिला था। मुझसे ज़वाब-तलब होता कि एक रुपया ज़्यादा क्यों दे दिया, ख़र्च की किफ़ायत पर उपदेश दिया जाने लगता, तो क्या करती?

कुंदन०—तुम बिलकुल मूर्ख हो।

रामे०—बिलकुल।

कुंदन०—तो इस वक़्त भोजन न बनेगा?

रामे०—मजबूरी है।

कुंदनलाल सिर थामकर चारपाई पर बैठ गए। यह तो नई विपत्ति गले पड़ी। पूड़ियाँ उन्हें रुचती न थीं। जी में बहुत झुँझलाए। रामेश्वरी को दो-चार उलटी-सीधी सुनाई; लेकिन उसने मानो सुना ही नहीं। कुछ बस न चला, तो महरी की तलाश में निकले। जिसके यहाँ गये, मालूम हुआ, महरी काम करके चली गई। आख़िर एक कहार मिला। उसे बुला लाए। कहार ने दो आने लिये और बरतन धोकर चलता बना।

रामेश्वरी ने कहा—भोजन क्या बनेगा?

कुंदन०—रोटी-तरकारी बना लो, या इसमें भी कुछ आपत्ति है?

रामे०—तरकारी घर में नहीं है।

कुंदन०—दिन भर बैठी रही, तरकारी भी न लेते बनी? अब इतनी रात तरकारी कहाँ मिलेगी?

रामे०—मुझे तरकारी ले रखने का हुक्म न मिला था। मैं पैसा-धेला ज़्यादा दे देती तो?

कुंदनलाल ने विवशता से दाँत पीसकर कहा—आख़िर तुम क्या चाहती हो?

रामेश्वरी ने शांत भाव से ज़वाब दिया—कुछ नहीं, केवल अपमान नहीं चाहती।

कुंदन०—तुम्हारा अपमान कौन करता है?

रामे०—आप करते हैं।

कुंदन०—तो मैं घर के मामले में कुछ न बोलूँ?

रामे०—आप न बोलेंगे, तो कौन बोलेगा? मैं तो केवल हुक्म की ताबेदार हूँ।

रात रोटी-दाल पर कटी। दोनों आदमी लेटे। रामेश्वरी को तो तुरन्त नींद आ गई। कुंदनलाल बड़ी देर तक करवटें बदलते रहे। अगर रामेश्वरी इस तरह असहयोग करेगी, तो एक दिन भी काम न चलेगा। आज ही बड़ी मुश्क़िल से भोजन मिला। इसकी समझ ही उलटी है। मैं तो समझाता हूँ, यह समझती है, डाँट रहा हूँ। मुझसे बिना बोले रहा भी तो नहीं जाता। लेकिन अगर बोलने का यह नतीज़ा है, तो बोलना फ़िजूल है। नुकसान होगा, बला से। यह तो न होगा कि दफ़्तर से आकर बाज़ार भागूँ। महरी से रुपये वसूल करने की बात इसे बुरी लगी, और थी भी बेज़ा। रुपये तो न मिले, उलटे महरी ने काम छोड़ दिया।

रामेश्वरी को जगाकर बोले—कितना सोती हो तुम?

रामे०—मजूरों को अच्छी नींद आती है।

कुंदन०—चिढ़ाओ मत, महरी से रुपये न वसूल करना।

रामे०—वह तो लिये खड़ी है शायद।

कुंदन०—उसे मालूम हो जाएगा, तो काम करने आएगी।

रामे०—अच्छी बात है, कहला भेजूँगी।

कुंदन०—आज से मैं कान पकड़ता हूँ, तुम्हारे बीच में न बोलूँगा।

रामे०—और जो मैं घर लुटा दूँ, तो?

कुंदन०—लुटा दो, चाहे मिटा दो, मगर रूठो मत। अगर तुम किसी बात में मेरी सलाह पूछोगी, तो दे दूँगा; वरना मुँह न खोलूँगा।

रामे०—मैं अपमान नहीं सह सकती।

कुंदन०—इस भूल को क्षमा करो।

रामे०—सच्चे दिल से कहते हो न?

कुंदन०—सच्चे दिल से!

❑❑❑

आगा-पीछा

रूप और यौवन के चंचल विलास के बाद कोकिला अब उस कलुषित जीवन के चिह्न को आँसुओं से धो रही थी। विगत जीवन की याद आते ही उसका दिल बैचैन हो जाता, और वह विषाद और निराशा से विकल होकर पुकार उठती—हाय, मैंने संसार में जन्म ही क्यों लिया? उसने दान और व्रत से उन कालिमाओं को धोने का प्रयत्न किया और जीवन के बसंत की सारी विभूति इस निष्फल प्रयास में लुटा दी, पर वह जागृति क्या किसी महात्मा का वरदान या किसी अनुष्ठान का फल था? नहीं, यह उस नवजात शिशु के प्रथम दर्शन का प्रसाद था, जिसके जन्म ने आज उसकी पन्द्रह साल से सूनी गोद को प्रदीप्त कर दिया था। शिशु का मुख देखते ही उसके नीले होंठों पर एक क्षीण, करुण, उदास मुस्कुराहट झलक गई—पर केवल एक क्षण के लिए। एक ही क्षण के बाद वह मुस्कुराहट एक लम्बी साँस में विलीन हो गई। उस अशक्त, क्षीण, कोमल रुदन ने कोकिला के जीवन का रुख फेर दिया। वात्सल्य की वह ज्योति उसके लिए जीवन-संदेश और मूक उपदेश थी। कोकिला ने उस नवजात बालिका का नाम रखा—श्रद्धा। उसी के जन्म ने तो उसमें श्रद्धा उत्पन्न की थी। वह श्रद्धा को अपनी लड़की नहीं, किसी देवी का अवतार समझती थी। उसकी सहेलियाँ उसे बधाई देने आतीं, पर कोकिला बालिका को उनकी नज़रों से छिपाती। उसे यह भी मंजूर न था कि उनकी पापमयी दृष्टि भी उस पर पड़े। श्रद्धा ही अब उसकी विभूति, उसकी आत्मा, उसका जीवन-दीपक थी। वह कभी-कभी उसे गोद में लेकर साध से छलकती हुई आँखों से देखती और सोचती, क्या यह पावन ज्योति भी वासना के प्रचण्ड आघातों का शिकार होगी? मेरे प्रयत्न क्या निष्फल हो जाएँगे? ओह! क्या कोई ऐसी औषधि नहीं है, जो जन्म के संस्कारों को मिटा दे? भगवान् से वह सदैव प्रार्थना करती कि मेरी श्रद्धा किसी काँटों में न उलझे। वह वचन और कर्म से, विचार और व्यवहार से उसके सम्मुख नारी-जीवन का ऊँचा आदर्श रखेगी। श्रद्धा इतनी सरल, इतनी प्रगल्भ, इतनी चतुर थी कि कभी-कभी कोकिला वात्सल्य से गद्गद हो उसके तलवों को अपने मस्तक से रगड़ती तथा पश्चात्ताप तथा हर्ष के आँसू बहाती।

2

सोलह वर्ष बीत गए। पहले की भोली-भाली श्रद्धा अब एक सगर्व, शांत, लज्जाशील नवयौवना थी, जिसे देखकर आँखें तृप्त हो जाती थीं। विद्या की उपासिका थी; पर संसार से विमुख। जिनके साथ वह पढ़ती थी, वे उससे बात भी न करना चाहती थीं। मातृ-स्नेह के वायु-मण्डल, सखी-सहेलियों के परित्याग, रात-दिन की घोर पढ़ाई और पुस्तकों के एकांत-वास से अगर श्रद्धा को अहं-भाव हो आया, तो आश्चर्य की कौन-सी बात है? उसे किसी से भी बोलने का अधिकार न था। विद्यालय में भले घर की लड़कियाँ उसके सहवास में अपना अपमान समझती थीं। रास्ते में

लोग उँगली उठाकर कहते—कोकिला रंडी की लड़की है। उसका सिर झुक जाता, कपोल क्षण-भर के लिए लाल होकर दूसरे ही क्षण फिर चूने की तरह सफ़ेद हो जाते।

श्रद्धा को एकांत से प्रेम था। विवाह को ईश्वरीय कोप समझती थी। यदि कोकिला ने कभी उसकी बात चला दी, तो उसके माथे पर बल पड़ जाते, चमकते हुए लाल चेहरे पर कालिमा छा जाती, आँखों से झर-झर आँसू बहने लगते; कोकिला चुप हो जाती। दोनों के जीवन-आदर्शों में विरोध था। कोकिला समाज के देवता की पुजारिन, श्रद्धा को समाज से, ईश्वर से और मनुष्य से घृणा। यदि संसार में उसे कोई वस्तु प्यारी थी, तो वह थीं उसकी पुस्तकें। श्रद्धा उन्हीं विद्वानों के संसर्ग में अपना जीवन व्यतीत करती, जहाँ ऊँच-नीच का भेद नहीं, जाति-पाँति का स्थान नहीं—सबके अधिकार समान है। श्रद्धा की पूर्ण प्रकृति का परिचय महाकवि रहीम के एक दोहे के पद से मिल जाता है—

'प्रेम सहित मरिबों भलो, जो विष देय बुलाय।'

अगर कोई सप्रेम बुलाकर उसे विष दे देता, तो वह नतजानु हो अपने मस्तक से लगा लेती, किन्तु अनादर से दिये हुए अमृत की भी उसकी नज़रों में कोई हक़ीक़त न थी।

एक दिन कोकिला ने आँखों में आँसू भरकर श्रद्धा से कहा—क्यों मुन्नी, बताना, तुझे यह लज्ञा तो लगती ही होगी कि मैं क्यों इसकी बेटी हुई? यदि तू किसी ऊँचे कुल में पैदा हुई होती, तो क्या तब भी तेरे दिल में ऐसे विचार आते? तू मन-ही-मन मुझे ज़रूर कोसती होगी।

श्रद्धा माँ का मुँह देखने लगी। माता से इतनी श्रद्धा कभी उसके दिल में पैदा नहीं हुई थी। काँपते हुए स्वर में बोली—अम्माँजी आप मुझसे ऐसा प्रश्न क्यों करती हैं? क्या मैंने कभी आपका अपमान किया है?

कोकिला ने गद्गद होकर कहा—नहीं बेटी, उस परम दयालु भगवान से यही प्रार्थना है कि तुम्हारी जैसी सुशील लड़की सबको दे। पर कभी-कभी यह विचार आता है कि तू अवश्य ही मेरी बेटी होकर पछताती होगी।

श्रद्धा ने धीरे कंठ से कहा—अम्माँ, आपकी यह भावना निर्मूल है। मैं आपसे सच कहती हूँ, मुझे जितनी श्रद्धा और भक्ति आप के प्रति है, उतनी किसी के प्रति नहीं। आपकी बेटी कहलाना मेरे लिए लज्ञा की बात नहीं, गौरव की बात है। मनुष्य परिस्थितियों का दास होता है। आप जिस वायु-मंडल में पलीं, उसका असर तो पड़ना ही था; किन्तु पाप के दलदल में फँसकर फिर निकल आना अवश्य गौरव की बात है। बहाव की ओर नाव खे ले जाना तो बहुत सरल है, किन्तु जो नाविक बहाव के प्रतिकूल खे ले जाता है, वही सच्चा नाविक है।

कोकिला ने मुस्कुराते हुए पूछा—तो फिर विवाह के नाम से क्यों चिढ़ती है?

श्रद्धा ने आँखें नीची करते उत्तर दिया—बिना विवाह के क्या जीवन व्यतीत नहीं हो सकता? मैं कुमारी ही रहकर जीवन बिताना चाहती हूँ। विद्यालय से निकलकर कॉलेज में प्रवेश करूँगी, और दो-तीन वर्ष बाद हम दोनों स्वतंत्र रूप से रह सकती हैं। डॉक्टर बन सकती हूँ, वकालत कर सकती हूँ; औरतों के लिए अब सब मार्ग खुल गए हैं।

कोकिला ने डरते-डरते पूछा—क्यों, क्या तुम्हारे हृदय में कोई दूसरी इच्छा नहीं होती? किसी से प्रेम करने की अभिलाषा तेरे मन में नहीं पैदा होती?

श्रद्धा ने एक लम्बी साँस लेकर कहा—अम्माँजी! प्रेम-विहीन संसार में कौन है। प्रेम मानव-जीवन का श्रेष्ठ अंग है। यदि ईश्वर की ईश्वरता कहीं देखने में आती है, तो वह केवल प्रेम में। जब कोई ऐसा व्यक्ति मिलेगा, जो मुझे वरने में अपनी मान-हानि न समझेगा, तो मैं तन-मन-धन से उसकी पूजा करूँगी; पर किसके सामने हाथ पसारकर प्रेम की भिक्षा माँगूँ? यदि किसी ने सुधार के क्षणिक आवेश में विवाह कर भी लिया, तो मैं प्रसन्न न हो सकूँगी। इससे तो कहीं अच्छा है कि मैं विवाह का विचार ही छोड़ दूँ।

3

इन्हीं दिनों महिला-मंडल का एक उत्सव हुआ। कॉलेज के रसिक विद्यार्थी काफ़ी संख्या में सम्मिलित हुए। हाल में तिल भर भी जगह खाली न थी। श्रद्धा भी आकर स्त्रियों की सबसे अंत की पंक्ति में खड़ी हो गई। उसे यह सब स्वाँग मालूम होता था। आज प्रथम बार ही वह ऐसी सभा में सम्मिलित हुई थी।

सभा की कार्रवाई शुरू हुई। प्रधान महोदय की वक्तृता के पश्चात् प्रस्ताव पेश होने लगे और उनके समर्थन के लिए वक्तृताएँ होने लगीं; किन्तु महिलाएँ या तो अपनी वक्तृताएँ भूल गईं या उन पर सभा का रोब ऐसा छा गया कि उनकी वक्तृता-शक्ति लोप हो गई। वे कुछ टूटे-फूटे जुमले बोलकर बैठने लगीं। सभा का रंग बिगड़ने लगा। कई लेडियाँ बड़ी शान से प्लेटफार्म पर आयीं; किंतु दो-तीन शब्दों से अधिक न बोल सकीं।

नवयुवकों को मज़ाक उड़ाने का अवसर मिला। कहकहे पड़ने लगे, तालियाँ बजने लगीं। श्रद्धा उनकी यह दुर्जनता देखकर तिलमिला उठी। उसका अंग-प्रत्यंग फड़कने लगा। प्लेटफार्म पर जाकर वह कुछ इस शान से बोली कि सभा पर आतंक छा गया। कोलाहल शांत हो गया। लोग टकटकी बाँधकर उसे देखने लगे। श्रद्धा स्वर्गीय बाला की भाँति धारावाहिक रूप में बोल रही थी। उसके प्रत्येक शब्द से नवीनता, सजीवता, और दृढ़ता प्रतीत होती थी। उसके नवयौवन की सुरभि भी चारों ओर फैलकर सभा-मंडल को अवाक् कर रही थी।

सभा समाप्त हुई। लोग टीका-टिप्पणी करने लगे।

एक ने पूछा—यह स्त्री कौन थी भाई?

दूसरे ने उत्तर दिया—उसी कोकिला रंडी की लड़की।

तीसरे व्यक्ति ने कहा—तभी यह आवाज़ और सफ़ाई है। तभी तो जादू है। जादू है ज़नाब—मुजस्सिम जादू! क्यों न हो, माँ भी तो सितम ढाती थी। जब से उसने अपना पेशा छोड़ा, शहर वे-जान हो गया। अब मालूम होता है कि यह अपनी माँ की जगह लेगी।

इस पर एक खद्दरधारी काला नवयुवक बोला—क्या खूब क़दरदानी फ़रमायी है ज़नाब ने, वाह!

उसी व्यक्ति ने उत्तर दिया—आपको बुरा क्यों लगा? क्या कुछ साँठ-गाँठ तो नहीं है?

काले नवयुवक ने कुछ तेज़ होकर कहा—आपको ऐसी बातें मुँह से निकालते लज्ज़ा भी नहीं आती!

दूसरे व्यक्ति ने कहा—लज्ज़ा की कौन बात है? ज़नाब, वेश्या की लड़की अगर वेश्या हो तो आश्चर्य की क्या बात है?

नवयुवक ने घृणापूर्ण स्वर में कहा—ठीक होगा, आप जैसे बुद्धिमान व्यक्तियों की समझ में! जिस रमणी के मुख से ऐसे विचार निकल सकते हैं, वह देवी है, रूप को बेचनेवाली नहीं।

श्रद्धा उसी समय सभा से जा रही थी। यह अंतिम शब्द उसके कानों में पड़ गए, वह विस्मित और पुलकित होकर वहीं ठिठक गई। काले नवयुवक की ओर कृतज्ञतापूर्ण दृष्टि से निहारा और फिर बड़ी तेज़ी से आगे बढ़ गयी; लेकिन रास्ते भर उसके कानों में उन्हीं शब्दों की प्रतिध्वनि गूँजती रही।

अब तक श्रद्धा की प्रशंसा करनेवाली, उसे उत्साहित करनेवाली केवल उसकी माँ कोकिला थी, और चारों ओर वही उपेक्षा थी, वही तिरस्कार! आज से एक अपरिचित, काले किंतु गोरे हृदयवाले खद्दरधारी नवयुवक व्यक्ति के मुख का चित्र बराबर उसकी आँखों के सामने नाचा करता। मन में प्रश्न उठता—वह कौन है? क्या करता है? क्या फिर कभी उसके दर्शन होंगे?

कॉलेज जाते समय श्रद्धा उस नवयुवक को खोई हुई आँखों से खोजती। घर पर रोज़ चिक की आड़ से, रास्ते के आते-जाते लोगों को देखती; लेकिन वह नवयुवक नज़र न आता।

कुछ दिन बाद महिला-मंडल की दूसरी सभा का विज्ञापन निकला। अभी सभा होने को चार दिन बाक़ी थे। यह चारों दिन श्रद्धा ने अपना भाषण तैयार करने में बिताए। एक-एक शब्द की खोज में घंटों सिर मारती। एक-एक वाक्य को बार-बार पढ़ती। बड़े-बड़े नेताओं की स्पीचें पढ़ती और उसी तरह लिखने की कोशिश करती। जब सारी स्पीच पूरी हो गई, तो श्रद्धा अपने कमरे में जाकर कुर्सियों और मेज़ों को सम्बोधित करके ज़ोर-ज़ोर से पढ़ने लगी। भाषण-कला के सभी लक्षण ज़मा हो गए थे। उपसंहार तो इतना सुन्दर था कि उसे अपने ही मुख से सुनकर वह मुग्ध हो गई। इसमें कितना संगीत था, कितना आकर्षण, कितनी क्रांति!

सभा का दिन आ पहुँचा। श्रद्धा मन-ही-मन भयभीत होती हुई सभा-मंडप में घुसी। हाल भरा हुआ था और पहले दिन से भी अधिक भीड़ थी। श्रद्धा को देखते ही जनता ने तालियाँ पीटकर उसका स्वागत किया। कोलाहल होने लगा और सभी एक स्वर से चिल्ला उठे—आप अपनी वक्तृता शुरू करें।

श्रद्धा ने मंच पर आकर एक उड़ती हुई निग़ाह से जनता की ओर देखा। वह काला नवयुवक जगह न मिलने के कारण अंतिम पंक्ति में खड़ा हुआ था। श्रद्धा के दिल में गुदगुदी-सी होनी लगी। उसने काँपते हुए स्वर में अपनी वक्तृता शुरू की। उसकी नज़रों में सारा हाल पुतलियों से भरा हुआ था; अगर कोई जीवित मनुष्य था, तो वही सबसे पीछे खड़ा काला नवयुवक। उसका मुख उसी की ओर था। वह उसी से अपने भाषण की दाद माँग रही थी। हीरे परखने की आशा जौहरी से ही की जाती है।

आधे घंटे तक श्रद्धा के मुख से फूलों की वर्षा होती रही। लोगों को बहुत कम ऐसी वक्तृता सुनने को मिली।

4

श्रद्धा जब सभा समाप्त होने पर घर चली तो देखा, वही काला नवयुवक उसके पीछे-पीछे तेज़ी से चला आ रहा है। श्रद्धा को यह मालूम था कि लोगों ने उसका

भाषण बहुत पसंद किया है; लेकिन इस नवयुवक की राय सुनने का अवसर उसे नहीं मिला था। उसने अपनी चाल धीमी कर दी। दूसरे ही क्षण वह नवयुवक उसके पास पहुँच गया। दोनों कई कदम चुपचाप चलते रहे।

अंत में नवयुवक ने झिझकते हुए कहा—आज तो आपने कमाल कर दिया।

श्रद्धा ने प्रफुल्लता के स्रोत को दबाते हुए कहा—धन्यवाद! यह आपकी कृपा है।

नवयुवक ने कहा—मैं किस लायक हूँ। मैं ही नहीं, सारी सभा सिर धुन रही थी।

श्रद्धा—क्या आपका शुभ-स्थान यहीं है?

नवयुवक—जी हाँ, यहाँ मैं एम० ए० में पढ़ रहा हूँ। यह ऊँच-नीच का भूत न जाने कब तक हमारे सिर पर सवार रहेगा। अभाग्य से मैं भी उन लोगों में हूँ, जिन्हें संसार नीच समझता है। मैं जाति का चमार हूँ। मेरे पिता स्कूलों के इंसपेक्टर के यहाँ अर्दली थे। उनकी सिफ़ारिश से स्कूल में भरती हो गया। तब से भाग्य से लड़ता-भिड़ता चला आ रहा हूँ। पहले तो स्कूल के मास्टर मुझे छूते ही न थे। वह हालत तो अब नहीं रही। किंतु लड़के अब भी मुझसे खिंचे रहते हैं।

श्रद्धा—मैं तो कुलीनता को जन्म से नहीं, धर्म से मानती हूँ।

नवयुवक—यह तो आपकी वक्तृता ही से सिद्ध हो गया है और इसी से आपसे बातें करने का साहस भी हुआ, नहीं तो कहाँ आप, और कहाँ मैं!

श्रद्धा ने अपनी आँखें नीची करके कहा—शायद आपको मेरा हाल मालूम नहीं।

नवयुवक—बहुत अच्छी तरह मालूम है। यदि आप अपनी माताजी के दर्शन करवा सकें, तो आपका बड़ा आभारी होऊँगा।

'वह आपसे मिलकर बड़ी प्रसन्न होंगी! शुभ-नाम?'

'मुझे भगतराम कहते हैं।'

यह परिचय धीरे-धीरे स्थिर और दृढ़ होता गया, मैत्री प्रगाढ़ होती गई। श्रद्धा की नज़रों में भगतराम एक देवता थे, और भगतराम के समक्ष श्रद्धा मानवी रूप में देवी थी।

5

एक साल बीत गया। भगतराम रोज़ देवी के दर्शनों को जाता। दोनों घंटों बैठे बातें किया करते। श्रद्धा कुछ भाषण करती, तो भगतराम सब काम छोड़कर सुनने जाता। उनके मनसूबे एक थे, जीवन के आदर्श एक, रुचि एक, विचार एक। भगतराम अब प्रेम और उसके रहस्यों की मार्मिक विवेचना करता। उनकी बातों में 'रस' और 'अलंकार' का कभी इतना संयोग न हुआ था। भावों को इंगित करने में उसे कमाल हो गया था। लेकिन ठीक उन अवसरों पर, जब श्रद्धा के हृदय में गुदगुदी होने लगती, उसके कपोल उल्लास से रंज़ित हो जाते, भगतराम विषय पलट देता और जल्दी ही कोई बहाना बनाकर वहाँ से खिसक जाता। उसके चले जाने पर श्रद्धा हसरत के आँसू बहाती और सोचती—क्या इन्हें दिल से मेरा प्रेम नहीं?

एक दिन कोकिला ने भगतराम को एकांत में बुलाकर कहा—बेटा! अब तो मुन्नी से तुम्हारा विवाह हो जाए, तो अच्छा। जीवन का क्या भरोसा? कहीं मर जाऊँ, तो यह साध मन ही में रह जाए।

भगतराम ने सिर हिलाकर कहा—अम्माँ! ज़रा इस परीक्षा में पास हो जाने दो। जीविका का प्रश्न हल हो जाने के बाद ही विवाह शोभा देता है।

'यह सब तुम्हारा ही तो है। क्या मैं साथ बाँध ले जाऊँगी ?

'यह आपकी कृपा है, अम्माँजी; पर इतना निर्लज्ज न बनाइए। मैं तो आपका हो चुका, अब तो आप दुतकारें भी तो इस द्वार से नहीं टल सकता'। मुझ जैसा भाग्यवान संसार में और कौन है! लेकिन देवी के मंदिर में जाने से पहले कुछ पान-फूल तो पास होना ही चाहिए।'

साल भर और गुज़र गया। भगतराम ने एम० ए० की उपाधि ली और अपने ही विद्यालय में अर्थशास्त्र का अध्यापक हो गया। उस दिन कोकिला ने खूब दान-पुण्य किया। जब भगतराम ने आकर उसके पैरों पर सिर झुकाया, तो उसने उसे छाती से लगा लिया। उसे विश्वास था कि आज भगतराम विवाह के प्रश्न को ज़रूर छेड़ेगा। श्रद्धा प्रतीक्षा की मूर्ति बनी हुई थी। उसका एक-एक अंग मानो सौ-सौ तार होकर प्रतिध्वनित हो रहा था। दिल पर एक नशा छाया हुआ था, पाँव ज़मीन पर न पड़ते थे। भगतराम को देखते ही माँ से बोली—अम्माँ अब हमको एक हलका-सा मोटर ले दीजिएगा।

कोकिला ने मुस्कुराकर कहा—हलका-सा क्यों! भारी-सा लेना। पहले कोई अच्छा-सा मकान तो ठीक कर लो।

श्रद्धा भगतराम को अपने कमरे में बुला ले गई। दोनों बैठकर नए मकान की सजावट के मनसूबे बाँधने लगे। परदे, फ़र्श, तस्वीरें, सबकी व्यवस्था की गई। श्रद्धा ने कहा—रुपये भी अम्माँजी से ले लेंगे।

भगतराम बोला—उनसे रुपये लेते मुझे शर्म आएगी।

श्रद्धा ने मुस्कुराकर कहा—आखिर मेरे दहेज के रुपये तो देंगी।

दोनों घंटे भर बातें करते रहे। मगर वह मार्मिक शब्द, जिसे सुनने के लिए श्रद्धा का मन आतुर हो रहा था, आज भी भगतराम के मुँख से न निकला और और वह विदा हो गया।

उसके चले जाने पर कोकिला ने डरते-डरते पूछा—आज क्या बात हुई?

श्रद्धा ने उसका आशय समझकर कहा—अगर मैं ऐसी भारी हो रही हूँ, तो कुएँ में क्यों नहीं डाल देतीं!

यह कहते-कहते उसके धैर्य की दीवार टूट गयी। वह आवेश और वह वेदना, जो भीतर-ही-भीतर अब तक टीस रही थी, निकल पड़ी। वह फूट- फूटकर रोने लगी।

कोकिला ने झुंझलाकर कहा—जब कुछ बातचीत ही नहीं करना है, तो रोज़ आते ही क्यों हैं? कोई ऐसा बड़ा घराना भी तो नहीं है, और न ऐसे धन्नासेठ ही हैं।

श्रद्धा ने आँख पोंछकर कहा—अम्माँजी, मेरे सामने उन्हें कुछ न कहिए। उनके दिल में जो कुछ है, वह मैं जानती हूँ। वह मुँह से चाहे कुछ न कहें; मगर दिल से कह चुके हैं और मैं चाहे कानों से कुछ न सुनूँ, पर दिल से सब कुछ सुन चुकी।

कोकिला ने श्रद्धा से कुछ भी न कहा; लेकिन दूसरे दिन भगतराम से बोली–अब किस सोच-विचार में हो, बेटा?

भगतराम ने सिर खुजलाते हुए कहा–अम्माँजी, मैं तो हाज़िर हूँ; लेकिन घरवाले किसी तरह राज़ी नहीं होते। ज़रा फुरसत मिले, तो घर जाकर उन्हें राज़ी कर लूँ। माँ-बाप को नाराज़ करना भी तो अच्छा नहीं।

कोकिला कुछ ज़वाब न दे सकी।

6

भगतराम के माँ-बाप शहर से दूर रहते थे। उनका यही एक लड़का था। उनकी सारी उमंगें उसी के विवाह पर अवलम्बित थीं। उन्होंने कई बार उसकी शादी तय की। पर भगतराम बार-बार यही कहकर निकल जाता कि जब तक नौकर न हो जाऊँगा, विवाह न करूँगा। अब वह नौकर हो गया था, इसलिए दोनों माघ के एक ठंडे प्रातःकाल में लदे-फँदे भगतराम के मकान पर आ पहुँचे। भगतराम ने दौड़कर उनकी पद-धूलि ली और कुशल आदि पूछने के बाद कहा–आप लोगों ने इस जाड़े-पाले में क्यों तकलीफ़ की? मुझे बुला लिया होता।

चौधरी ने अपनी पत्नी की ओर देखकर कहा–सुनती हो बच्चा की अम्माँ! जब बुलाते हैं, तो कहते हैं कि इम्तहान है, यह है, वह है। जब आ गए, तो कहता है, बुलाया क्यों नहीं? तुम्हारा विवाह ठीक हो गया है। अब एक महीने की छुट्टी लेकर हमारे साथ चलना होगा। इसलिए हम दोनों आये हैं।

चौधराइन–हमने कहा कि बिना गये काम नहीं चलेगा। तो आज ही दरखास दे दो। लड़की बड़ी सुन्दर, पढ़ी-लिखी, अच्छे कुल की है।

भगतराम ने लजाते हुए कहा–मेरा विवाह तो यहीं एक जगह लगा हुआ है, अगर आप राज़ी हों तो कर लूँ।

चौधरी–इस शहर में हमारी बिरादरी का कौन है, क्यों बच्चा की अम्माँ?

चौधराइन–यहाँ हमारी बिरादरी का तो कोई नहीं है।

भगतराम–माँ बेटी हैं, घर में रुपया भी है। लड़की ऐसी है कि तुम लोग देखकर खुश हो जाओगे। मुफ़्त में शादी हो जाएगी।

चौधरी–क्या लड़की का बाप मर गया है? उसका क्या नाम था? कहाँ का रहनेवाला है? कुल-मरजाद कैसा है–जब तक सारी बातें मालूम न हो जाएँ, तब तक ब्याह कैसे हो सकता है।–क्यों बच्चा की अम्माँ?

चौधराईन–हाँ, बिना इन बातों का पता लगाए, कैसे हो सकता है।

भगतराम ने कोई ज़वाब नहीं दिया।

चौधरी–यहाँ किस महल्ले में रहती हैं माँ-बेटी? सारा शहर हमारा छाना पड़ा है। हम यहाँ कोई बीस साल रहे होंगे, क्यों बच्चा की अम्माँ?

चौधराईन–बीस साल से ज़्यादा ही रहे हैं।

भगतराम–उनका घर नख़ास पर है।

चौधरी–नख़ास से किस तरफ़?

भगतराम–नख़ास की सामनेवाली गली में पहला मकान उन्हीं का है। सड़क से दिखाई देता है।

चौधरी–पहला मकान तो कोकिला रंडी का है। गुलाबी रंग से पुता है न?

भगतराम ने झेंपते हुए कहा–जी हाँ, वही मकान है!

चौधरी–तो उसमें कोकिला रंडी नहीं रहती क्या?

भगतराम–रहती क्यों नहीं। माँ-बेटी, दोनों ही रहती हैं।

चौधरी–तो क्या कोकिला रंडी की लड़की से ब्याह करना चाहते हो? नाक कटवाने पर लगे हो क्या? बिरादरी में तो कोई पानी पिएगा नहीं !

चौधराइन–लूका लगा दूँगी, मुँह में राँड़ के? रूप-रंग देख के लुभा गए क्या?

भगतराम–मैं तो इसे अपने बड़े भाग्य समझता हूँ कि वह अपनी लड़की की शादी मेरे साथ करने को राजी है। अगर वह आज चाहे, तो किसी बड़े- से-बड़े रईस के घर में शादी कर सकती है।

चौधरी–रईस उससे ब्याह न करेगा–रख लेगा! तुम्हें भगवान समाई दे, तो एक नहीं चार रखो। मरदों के लिए कौन रोक है? लेकिन जो ब्याह के लिए कहो तो ब्याह वही है, जो बिरादरी में हो।

चौधराईन–बहुत पढ़ने से आदमी बौरा जाता है।

चौधरी–हम तो गँवार आदमी हैं; पर समझ में नहीं आता कि तुम्हारी यह नियत कैसे हुई? रंडी की बेटी चाहे इन्नर की परी हो, तो भी रंडी की बेटी है। हम तुम्हारा विवाह वहाँ न होने देंगे। अगर तुमने विवाह किया, तो हम दोनों तुम्हारे ऊपर जान दे देंगे। इतना अच्छी तरह से समझ लेना–क्यों बच्चा की अम्माँ!

चौधराइन–ब्याह कर लेंगे, जैसे हँसी-ठट्ठा है! झाड़ू मारके भगा दूँगी राँड को! अपनी बेटी अपने घर में रखे।

भगतराम–अगर आप लोगों की आज्ञा नहीं हैं, तो मैं विवाह नहीं करूँगा; मगर मैं किसी दूसरी औरत से भी विवाह न करूँगा।

चौधराईन–हाँ, तुम कुवाँरे रहो, यह हमें मंजूर है। पतुरिया के घर में ब्याह न करेंगे।

भगतराम ने अबकी झुँझलाकर कहा–आप उसे बार-बार पतुरिया क्यों कहती हैं? किसी ज़माने में यह उसका पेशा रहा होगा। आज दिन वह जितने आचार-विचार से रहती है, शायद ही कोई और रहती हो। ऐसा पवित्र आचरण तो मैंने देखा ही नहीं।

भगतराम का सारा यत्न विफल हो गया। चौधराइन ने ऐसी जिद्द पकड़ी कि जौ भर भी अपनी जगह से न टली।

रात को जब भगतराम अपने प्रेम-मंदिर में पहुँचा, तो उसका चेहरा उतरा हुआ था। एक-एक अंग से निराशा टपक रही थी। श्रद्धा रास्ता देखती हुई घबरा रही थी कि आज इतनी रात तक आये क्यों नहीं। उन्हें क्या मालूम कि मेरे दिल की क्या हालत हो रही है। यार-दोस्तों से छुट्टी मिलेगी, तो भूलकर इधर भी आ जाएँगे।

कोकिला ने कहा–मैं तो तुझसे कह चुकी कि उनका अब वह मिज़ाज़ नहीं रहा। फिर भी तो तू नहीं मानती। आखिर इस टालमटोल की कोई हद भी है।

श्रद्धा ने दुःखित होकर कहा–अम्माँजी, मैं आपसे हज़ार बार विनय कर चुकी हूँ कि चाहे लौकिक रूप में कुमारी ही क्यों न रहूँ, लेकिन हृदय से उनकी ब्याहता हो चुकी। अगर ऐसा आदमी विश्वास करने के काबिल नहीं है, तो फिर नहीं जानती कि किस पर विश्वास किया जा सकता है।

इसी समय भगतराम निराशा की मूर्ति बने हुए कमरे के भीतर आये। दोनों

स्त्रियों ने उनकी ओर देखा। कोकिला की आँखों में शिकायत थी और श्रद्धा की आँखें कह रही थीं, इतनी निर्दयता।

भगतराम ने धीमे, वेदनापूर्ण स्वर में कहा--आप लोगों को आज बहुत देर तक मेरी राह देखनी पड़ी; लेकिन मैं मजबूर था। घर से अम्माँ और दादा आये हुए हैं, उन्हीं से बातें कर रहा था।

कोकिला बोली--घर पर तो सब कुशल है न?

भगतराम ने सिर झुकाए हुए कहा--जी हाँ, सब कुशल है। मेरे विवाह का मसला पेश था। पुराने ख़याल के आदमी हैं, किसी तरह भी राज़ी नहीं होते।

कोकिला का मुख तमतमा उठा। बोली--हाँ, क्यों राज़ी होंगे? हम लोग उनसे भी नीच हैं न; लेकिन जब तुम उनकी इच्छा के दास थे, तो तुम्हें उनसे पूछकर यहाँ आना-जाना चाहिए था। इस तरह हमारा अपमान करके तुम्हें क्या मिला? यदि मुझे मालूम होता कि तुम अपने माँ-बाप के इतने गुलाम हो, तो यह नौबत ही काहे को आती।

श्रद्धा ने देखा कि भगतराम की आँखों से आँसू गिर रहे हैं।

विनीत भाव से बोली--अम्माँजी, माँ-बाप की मरजी का गुलाम होना कोई पाप नहीं है। अगर मैं आपकी उपेक्षा करूँ, तो क्या आपको दुःख न होगा? यही हाल तो उन लोगों का भी होगा।

श्रद्धा यही कहती हुई अपने कमरे की ओर चली और इशारे से भगतराम को भी बुलाया। कमरे में बैठकर दोनों कई मिनट तक पृथ्वी की ओर ताकते रहे। किसी में भी साहस न था कि उस सन्नाटे को तोड़े।

अंत में भगतराम ने पुरुषोचित वीरता से काम लिया और कहा--श्रद्धा, इस समय मेरे हृदय के भीतर तुमुल युद्ध हो रहा है। मैं शब्दों में अपनी दशा बयान नहीं कर सकता। जी चाहता है कि विष खाकर जान दे दूँ। तुमसे अलग रहकर जीवित नहीं रह सकता, केवल तड़प सकता हूँ। मैंने न-जाने उनकी कितनी खुशामद की, कितना रोया, कितना गिड़गिड़ाया; लेकिन दोनों अपनी बातों पर अड़े रहे। बार-बार यही कहते रहे कि अगर यह ब्याह होगा, तो हम दोनों तुम पर अपनी जान दे देंगे। उन्हें मेरी मौत मंजूर है, लेकिन तुम मेरे हृदय की रानी बनो, यह मंजूर नहीं।

श्रद्धा ने सांत्वना देते हुए कहा--प्यारे, मुझसे उनका घृणा करना उचित है। पढ़े-लिखे आदमियों में ही ऐसे कितने निकलेंगे। इसमें उनका कोई दोष नहीं। मैं सवेरे उनके दर्शन करने जाऊँगी, शायद मुझे देखकर, उनका दिल पिघल जाए। मैं हर तरह से उनकी सेवा करूँगी, उनकी धोतियाँ धोऊँगी, उनके पैर दाबा करूँगी। मैं वह सब करूँगी, जो उनकी मनचाही बहू करती। इसमें लज्जा की कौन-सी बात? उनके तलवे सहलाऊँगी, भजन गाकर सुनाऊँगी--मुझे बहुत से देहाती गीत आते हैं। अम्माँजी के सिर के सफ़ेद बाल चूनूँगी। मैं दया नहीं चाहती, मैं तो प्रेम की चेरी हूँ। तुम्हारे लिए मैं सब कुछ करूँगी--सब कुछ।

भगतराम को ऐसा मालूम हुआ, मानो उसकी आँखों की ज्योति बढ़ गयी है, अथवा शरीर में कोई दूसरी ज्योतिर्मय आत्मा आ गई है। उनके हृदय का सारा अनुराग, सारा विश्वास, सारी भक्ति, आँखों से उमड़कर श्रद्धा के पैरों की ओर जाती हुई मालूम हुई, मानो किसी घर से नन्हे-नन्हें लाल कपोलवाले, रेशमी कपड़ेवाले, घुँघराले बालोंवाले बच्चे हँसते हुए निकलकर खेलने जा रहे हैं?

7

चौधरी और चौधराइन को शहर आये हुए दो सप्ताह बीत गए। वे रोज़ जाने के लिए कमर कसते, लेकिन फिर रह जाते। श्रद्धा उन्हें जाने न देती। सवेरे जब उनकी आँखें खुलतीं, तो श्रद्धा उनके स्नान के लिए पानी तपाती हुई होती; चौधरी को अपना हुक्का भरा हुआ मिलता। वे लोग ज्योंही नहाकर उठते, श्रद्धा उनकी धोती छाँटने लगती। दोनों उसकी सेवा और अविरल परिश्रम देखकर दंग रह जाते। ऐसी सुन्दर, ऐसी मधुरभाषिणी, ऐसी हँसमुख और चतुर रमणी चौधरी ने इंसपेक्टर साहब के घर में भी न देखी थी। चौधरी को वह देवी मालूम होती और चौधराइन को लक्ष्मी! दोनों श्रद्धा की सेवा और अटल-प्रेम पर आश्चर्य करते थे, किन्तु तो भी कलंक और बिरादरी का प्रश्न उनके मुँह पर मुहर लगाए हुए था। पन्द्रहवें दिन जब श्रद्धा दस बजे रात को अपने घर चली गई तो चौधरी ने चौधराइन से कहा—लड़की तो साक्षात् लक्ष्मी है!

चौधराइन—जब मेरी धोती छाँटने लगती है, तो मैं मारे लाज के कट जाती हूँ। हमारी तरह तो इसकी लौंडी होगी।

चौधरी—फिर क्या सलाह देती हो—अपनी बिरादरी में तो ऐसी मधुर लड़की मिलने की नहीं।

चौधराइन—राम का नाम लेकर ब्याह करो। बहुत होगा, रोटी पड़ जाएगी। पाँच बीसी में तो रोटी होती है, कौन छप्पन टके लगते हैं। पहले हमें शंका होती थी कि पतुरिया की लड़की न जाने कैसी हो, कैसी न हो! पर अब सारी शंका मिट गई।

चौधरी—जब बातें करती है, तो मालूम होता है, मुँह से फूल झड़ते हैं।

चौधराइन—मैं तो उसकी माँ को बखानती हूँ, जिसकी कोख में ऐसी लक्ष्मी जनमी।

चौधरी—कल चलो, कोकिला से मिलकर सब ठीक-ठाक कर आवें।

चौधराइन—मुझे तो उसके घर जाते शरम लगती है। वह रानी बनी बैठी होगी, मैं तो उसकी लौंडी मालूम होउँगी।

चौधरी—तो फिर पॉउडर मँगाकर मुँह में पोत लो—गोरी हो जाओगी। इंसपेक्टर साहब की मेम भी तो रोज़ पाउडर लगाती थीं। रंग तो साँवला था पर जब पॉउडर लगा लेती, तो मुँह चमकने लगता था।

चौधराइन—हँसी करोगे तो गाली दूँगी; हाँ ! काली कमली पर कोई रंग चढ़ता है, जो पॉउडर चढ़ जाएगा? तुम तो सचमुच उसके चौकीदार से लगोगे।

चौधरी—तो कल मुँह-अँधेरे चल दें। अगर कहीं श्रद्धा आ गई, तो फिर गला न छोड़ेगी। बच्चा से कह देंगे कि पंडित से सायत-मिती सब ठीक कर लो, फिर हँसकर कहा—उन्हें तो आप ही जल्दी होगी।

चौधराइन भी पुराने दिन याद करके मुस्कुराने लगी।

8

चौधरी और चौधराइन का मत पाकर कोकिला विवाह का आयोजन करने लगी। कपड़े बनवाए जाने लगे। बरतनों की दूकानें छानीं जाने लगीं और गहनों के लिए

सुनार के पास 'ऑर्डर' जाने लगे। लेकिन न मालूम क्यों, भगत के मुख पर प्रसन्नता का चिह्न तक न था। श्रद्धा के यहाँ नित्य की भाँति जाता किन्तु उदास, कुछ भूला हुआ-सा बैठा रहता। घंटों आत्म-विस्मृति की अवस्था में, शून्य-दृष्टि से अथवा पृथ्वी की ओर देखा करता। श्रद्धा उसे अपने कीमती कपड़े और जड़ाऊ गहने दिखलाती। उसके अंग-प्रत्यंग से आशाओं की स्फूर्ति छलकी पड़ती थी। इस नशे में वह भगतराम की आँखों में भरे हुए आसुँओं को न देख पाती थी।

इधर चौधरी भी तैयारियाँ कर रहे थे। बार-बार शहर आते और विवाह के सामान मोल ले जाते। भगतराम के स्वतंत्र विचारवाले मित्र उसके भाग्य पर ईर्ष्या करते थे। अप्सरा-जैसी सुन्दर स्त्री, कारूँ के खजाने-जैसी दौलत, दोनों साथ ही किसे मयस्सर होते हैं? किंतु वह, जो मित्रों की ईर्ष्या, कोकिला की प्रसन्न्ता, श्रद्धा की मनोकामना और चौधरी और चौधराइन के आनन्द का कारण था, छिप-छिपाकर रोता था, अपने जीवन से दुःखी था। चिराग़-तले अँधेरा छाया हुआ था। इस छिपे तूफ़ान की किसी को भी ख़बर न थी, जो उसके हृदय में हाहाकार मचा रहा था।

ज्यों-ज्यों विवाह का दिन समीप आता था, भगतराम की बनावटी उमंग भी ठंडी पड़ती जाती थी। जब चार दिन रह गए तो उसे हलका-सा ज्वर आ गया। वह श्रद्धा के घर भी न जा सका। चौधरी और चौधराइन तथा अन्य बिरादरी के लोग भी आ पहुँचे थे, किन्तु सब-के-सब विवाह की धुन में इतने मस्त थे कि किसी का भी ध्यान उसकी ओर न गया।

दूसरे दिन भी वह घर से न निकल सका। श्रद्धा ने समझा कि विवाह की रीतियों से छुट्टी न मिली होगी। तीसरे दिन चौधराइन भगतराम को बुलाने गयीं, तो देखा कि वह सहमी हुई विस्फारित आँखों से कमरे के एक कोने की ओर देखता हुआ दोनों हाथ सामने किए पीछे हट रहा है, मानो अपने को किसी के वार से बचा रहा हो। चौधराइन ने घबराकर पूछा—बच्चा, कैसा जी है? पीछे इस तरह क्यों चले जा रहे हो? यहाँ तो कोई नहीं है।

भगतराम के मुख पर पागलों-जैसी अचेतना थी। आँखों में भय छाया हुआ था। भीत स्वर में बोला—नहीं अम्माँजी, देखो वह श्रद्धा चली आ रही है! देखो, उसके दोनों हाथों में दो काली नागिनें हैं। वह मुझे उन नागिनों से डसवाना चाहती है। अरे अम्माँ! देखो, वह नज़दीक आ गई। श्रद्धा! श्रद्धा! तुम मेरी जान की क्यों बैरिन हो गई हो? क्या मेरे असीम प्रेम का यही परिणाम है? मैं तो तुम्हारे चरणों पर बलि होने के लिए सदैव तत्पर था। इस जीवन का मूल्य ही क्या है! तुम इन नागिनों को दूर फेंक दो। मैं यहीं तुम्हारे चरणों पर लेटकर यह जान तुम पर न्योछावर कर दूँगा।—हें, हें, तुम न मानोगी?

यह कहकर वह चित्त गिर पड़ा। चौधराइन ने लपककर चौधरी को बुलाया। दोनों ने भगतराम को उठाकर चारपाई पर लिटा दिया। चौधरी का ध्यान किसी आसेब की ओर गया। वह तुरन्त ही लौंग और राख लेकर आसेब उतारने का आयोजन करने लगे! स्वयं तंत्र-मंत्र में निपुण थे। भगतराम का सारा शरीर ठंडा था; किन्तु सिर तवे की तरह तप रहा था।

रात को भगतराम कई बार चौंककर उठा। चौधरी ने हर बार मंत्र फूँक कर अपने ख़याल से आसेब को भगाया।

चौधराइन ने कहा—कोई डॉक्टर क्यों नहीं बुलवाते? शायद दवा से कुछ फायदा हो। कल ब्याह और आज यह हाल!

चौधरी ने निःशंक भाव से कहा—डॉक्टर आकर क्या करेगा? वही पीपल वाले बाबा तो हैं। दवा-दारू करना उनसे और रार बढ़ाना है। रात जाने दो। सवेरा होते ही एक बकरा और एक बोतल दारू उनकी भेंट की जाएगी। बस, और कुछ करने की ज़रूरत नहीं। डॉक्टर बीमारी की दवा करता है कि हवा-ब्यार की? बीमारी उन्हें कोई नहीं है, कुल के बाहर ब्याह करने ही से देवता लोग रूठ गये हैं।

सवेरे चौधरी ने एक बकरा मँगवाया। स्त्रियाँ गाती-बजाती हुई देवी के चौतरे की ओर चलीं। जब लौटकर आये, तो देखा कि भगतराम की हालत ख़राब है। उसकी नाड़ी धीरे-धीरे बंद हो रही थी। मुख पर मृत्यु-विभीषिका की छाप थी। उसके दोनों नेत्रों से आँसू बहकर गालों पर ढुलक रहे थे, मानो अपूर्ण इच्छा का अन्तिम संदेश निर्दयी संसार को सुना रहे हों। जीवन का कितना वेदनापूर्ण दृश्य था—आँसू की दो बूँदें!

अब चौधरी घबराए। तुरन्त ही कोकिला को ख़बर दी। एक आदमी डॉक्टर के पास भेजा। डॉक्टर के आने में देर थी—वह भगतराम के मित्रों में से थे, किन्तु कोकिला और श्रद्धा आदमी के साथ आ पहुँचीं। श्रद्धा भगतराम के सामने आकर खड़ी हो गई। उसकी आँखों से आँसू बहने लगे।

थोड़ी देर में भगतराम ने आँखें खोलीं और श्रद्धा की ओर देखकर बोले—तुम आ गईं श्रद्धा, मैं तुम्हारी ही राह देख रहा था। यह अन्तिम प्यार लो। आज ही सब आगा-पीछा का अंत हो जाएगा, जो आज से तीन वर्ष पूर्व आरम्भ हुआ था। इन तीन वर्षों में मुझे जो आत्मिक-यंत्रणा मिली है, हृदय ही जानता है। तुम वफ़ा की देवी हो; लेकिन मुझे रह-रहकर यह भ्रम होता था, क्या तुम ख़ून के असर का नाश कर सकती हो? क्या तुम एक ही बार अपनी परम्परा की रीति छोड़ सकोगी? क्या तुम जन्म के प्राकृतिक नियमों को तोड़ सकोगी? इन भ्रमपूर्ण विचारों के लिए शोक न करना। मैं तुम्हारे योग्य न था। किसी प्रकार भी और कभी भी तुम्हारे-जैसा महान् हृदय न बन सका। हाँ, इस भ्रम के वश में पड़कर संसार से मैं अपनी इच्छाएँ बिना पूर्ण किए ही जा रहा हूँ। तुम्हारे अगाध, निष्कपट, निर्मल प्रेम की स्मृति सदैव ही मेरे साथ रहेगी। किन्तु हाय अफ़सोस ··· कहते-कहते भगतराम की आँखें फिर बंद हो गईं। श्रद्धा के मुख पर गाढ़ी लालिमा दौड़ गयी। उसके आँसू सूख गए। आँखों में आत्म-अभिमान की झलक आ गई। वह क्षण-भर वहाँ खड़ी रही और दूसरे ही क्षण नीचे आकर अपनी गाड़ी में बैठ गई। कोकिला उसके पीछे-पीछे दौड़ी हुई आयी और बोली—बेटी, यह क्रोध करने का अवसर नहीं है। लोग अपने दिल में क्या कहेंगे। उनकी दशा बराबर बिगड़ती ही जाती है। तुम्हारे रहने से बुड्ढों को ढाढ़स बँधा रहेगा।

श्रद्धा ने कुछ उत्तर न दिया। कोचवान से कहा—घर चलो। हारकर कोकिला भी गाड़ी में बैठ गई।

असह्य शीत पड़ रहा था। आकाश में काले बादल छाए हुए थे। शीतल वायु चल रही थी। माघ के अन्तिम दिवस थे। वृक्ष, पेड़-पौधे भी शीत से अकड़े हुए थे। दिन के आठ बज गए थे, अभी तक लोग रजाई के भीतर मुँह लपेटे हुए लेटे थे। लेकिन श्रद्धा का शरीर पसीने से भीगा हुआ था। ऐसा मालूम होता था कि सूर्य की सारी उष्णता उसके शरीर की रगों में घुस गयी है। उसके होंठ सूख गए थे, प्यास से नहीं; आंतरिक धधकती हुई अग्नि की लपटों से। उसका एक-एक अंग उस अग्नि की भीषण आँच से जला जा रहा था। उसके मुख से बार-बार जलती हुई गर्म साँस निकल रही थी, मानो किसी चूल्हे की लपट हो। पहुँचते-

पहुँचते उसका फूल-सा मुख मलिन हो गया, होंठ पीले पड़ गए, जैसे किसी काले नाग ने डस लिया हो। कोकिला बार-बार अश्रुपूर्ण नेत्रों से उसी की ओर ताकती थी; पर क्या कहे और क्या कहकर समझाए।

घर पहुँचकर श्रद्धा अपने ऊपर के कमरे की ओर चली, किन्तु उसमें इतनी शक्ति न थी कि सीढ़ियाँ चढ़ सके। रस्सी को मज़बूती से पकड़ती हुई किसी तरह अपने कमरे में पहुँची। हाय, आधा घंटे पूर्व यहाँ की एक-एक वस्तु पर प्रसन्नता, आह्लाद, आशाओं की छाप लगी हुई थी; पर अब सब-की-सब सिर धुनती हुई मालूम होती थीं। बड़े-बड़े संदूकों में जोड़े सजाए हुए रखे थे, उन्हें देखकर श्रद्धा के हृदय में हूक उठी और वह गिर पड़ी, जैसे बिहार करता हुआ और लाचें भरता हुआ हिरन तीर लग जाने से गिर पड़ता है।

अचानक उसकी दृष्टि उस चित्र पर जा पड़ी, जो आज तीन वर्ष से उसके जीवन का आधार हो रहा था। उस चित्र को उसने कितनी बार चूमा था, कितनी बार गले लगाया था, कितनी बार हृदय से चिपका लिया था। वे सारी बातें एक-एक करके याद आ रही थीं, लेकिन उनके याद करने का भी अधिकार उसे न था।

हृदय के भीतर एक दर्द उठा, जो पहले से कहीं अधिक प्राणांतकारी था—जो पहले से भी अधिक तूफान के समान भयंकर था। हाय! उस मरने वाले के दिल को उसने कितनी यंत्रणा पहुँचायी! भगतराम के अविश्वास का यह ज़वाब, यह प्रत्युत्तर कितना रोमांचकारी और हृदय-विदारक था। हाय! वह कैसे ऐसी निष्ठुर हो गई! उसका प्यारा उसकी नज़रों के सामने दम तोड़ रहा था। उसके लिए—उसकी सांत्वना के लिए एक शब्द भी मुँह से न निकला! यही तो ख़ून का असर है—इसके अतिरिक्त और हो ही क्या सकता था! आज पहली बार श्रद्धा को कोकिला की बेटी हाने का पछतावा हुआ, वह इतनी स्वार्थरत, इतनी हृदयहीन है—आज ही उसे मालूम हुआ। वह त्याग, वह सेवा, वह उच्चादर्श, जिस पर उसे घमंड था, ढहकर, श्रद्धा के सामने गिर पड़ा। वह अपनी ही दृष्टि में अपने को हेय समझने लगी। उस स्वर्गीय प्रेम का ऐसा नैराश्यपूर्ण उत्तर वेश्या की पुत्री के अतिरिक्त और कौन दे सकता है!

श्रद्धा उसी समय कमरे से बाहर निकलकर, वायु-वेग से सीढ़ियाँ उतरती हुई नीचे पहुँची, और भगतराम के मकान की ओर दौड़ी; वह आख़िरी बार उससे गले मिलना चाहती थी। अंतिम बार उसके दर्शन करना चाहती थी। वह अनंत प्रेम के कठिन बन्धनों को निभाएगी, और अंतिम श्वास तक उसी की बनकर रहेगी!

रास्ते में कोई सवारी न मिली। श्रद्धा थकी जा रही थी। सिर से पाँव तक पसीने से नहाई हुई थी! न मालूम कितनी बार वह ठोकर खाकर गिरी और फिर उठकर दौड़ने लगी। उसके घुटनों से रक्त निकल रहा था, साड़ी कई जगह से फट गई थी, मगर उसे उस समय अपने तन-बदन की सुध तक न थी। उसका एक-एक रोयाँ सहस्र कंठ हो-होकर ईश्वर से प्रार्थना कर रहा था कि उस प्रातःकाल के दीपक की लौ थोड़ी देर और बची रहे। उनके मुँह से एक बार 'श्रद्धा' का शब्द सुनने के लिए उसकी अन्तरात्मा कितनी व्याकुल हो रही थी। केवल यही एक शब्द सुनकर फिर उसकी कोई भी इच्छा अपूर्ण न रह जाएगी, उसकी सारी आशाएँ सफल हो जाएँगी, सारी साध पूर्ण हो जाएगी।

श्रद्धा को देखते ही चौधराइन ने दौड़कर उसका हाथ पकड़ लिया और रोती हुई बोली—बेटी, तुम कहाँ चली गई थीं? दो बार तुम्हारा नाम लेकर पुकार चुके हैं।

श्रद्धा को ऐसा मालूम हुआ, मानो उसका कलेजा फटा जा रहा है। उसकी आँखें पथरा गईं। उसे ऐसा मालूम होने लगा कि वह अगाध, अथाह समुद्र की भँवर में पड़ गई है। उसने कमरे में जाते ही भगतराम के ठंड़े पैरों पर सिर रख दिया और उसे आँखों के गरम पानी से धोकर गरम करने का उपाय करने लगी। यही उसकी सारी आशाओं और कुछ अरमानों की समाधि थी।

भगतराम ने आँखें खोलकर कहा–क्या तुम हो श्रद्धा! मैं जानता था कि तुम आओगी, इसीलिए अभी तक प्राण अवशेष थे। ज़रा मेरे हृदय पर अपना सिर रख दो। हाँ; मुझे अब विश्वास हो गया कि तुमने मुझे क्षमा कर दिया। जी डूब रहा है। तुमसे कुछ माँगना चाहता हूँ; पर किस मुँह से माँगूँ! जब जीते जी न माँग सका, तो अब क्या है?

हमारी अंतिम घड़ियाँ किसी अपूर्ण साध को अपने हिय के भीतर छिपाए हुए होती हैं। मृत्यु पहले हमारी सारी ईर्ष्या, सारा भेद-भाव, सारा द्वेष नष्ट करती है। जिनकी सूरत से हमें घृणा होती है, उनसे फिर वही पुराना सौहार्द्र, पुरानी मैत्री करने के लिए, उनको गले लगाने के लिए हम उत्सुक हो जाते हैं। जो कुछ कर सकते थे और न कर सके–उसी की एक साध रह जाती है। भगतराम ने उखड़े हुए विषादपूर्ण स्वर में अपने प्रेम की पुनरावृत्ति श्रद्धा के सामने की। उस स्वर्गीय निधि को पाकर वह प्रसन्न हो सकता था, उसका उपयोग कर सकता था, किंतु हाय, आज वह जा रहा है; अपूर्ण साधों की स्मृति लिए हुए! हाय रे, अभागिन साध !

श्रद्धा भगतराम के वक्षस्थल पर झुकी हुई रो रही थी। भगतराम ने सिर उठाकर उसके मुरझाए हुए, आँसुओं से धोए हुए स्वच्छ कपोलों को चूम लिया। मरती हुई साध की वह अंतिम हँसी थी।

भगतराम ने अवरुद्ध कंठ से कहा–यह हमारा और तुम्हारा विवाह है, श्रद्धा–यह मेरी अंतिम भेंट है।–यह कहते हुए उसकी आँखें हमेशा के लिए बंद हो गईं। साध भी मरकर गिर पड़ी।

श्रद्धा की आँखें रोते-रोते लाल हो रही थीं। उसे ऐसा मालूम हुआ, मानो भगतराम उसके सामने प्रेमालिंगन का संकेत करते हुए मुस्कुरा रहे हैं। वह अपनी दशा, काल, स्थान, सब भूल गई। जख्मी सिपाही अपनी जीत का समाचार पाकर अपना दर्द, अपनी पीड़ा भूल जाता है। क्षण भर के लिए मौत भी हेय हो जाती है। श्रद्धा का भी यही हाल हुआ। वह भी अपना जीवन प्रेम की निठुर वेदी पर उत्सर्ग करने के लिए तैयार हो गई, जिस पर लैला और मजनू, शीरी और फरहाद–एक नहीं, हज़ारों ने अपनी बलि चढ़ा दी।

उसने चुम्बन का उत्तर देते हुए कहा–प्यारे, मैं तुम्हारी हूँ, और सदा तुम्हारी ही रहूँगी।

❑❑❑

प्रेम का उदय

भोंदू पसीने में तर, लकड़ी का एक गट्ठा सिर पर लिये आया और उसे ज़मीन पर पटककर बंटी के सामने खड़ा हो गया, मानो पूछ रहा हो—क्या अभी तेरा मिज़ाज ठीक नहीं हुआ?

संध्या हो गई थी, फिर भी लू चलती थी और आकाश पर गर्द छायी हुई थी। प्रकृति रक्त-शून्य देह की भाँति शिथिल हो रही थी।

भोंदू प्रातःकाल घर से निकला था। दोपहर उसने एक पेड़ की छाँह में काटी थी। समझा था, इस तपस्या से देवीजी का मुँह सीधा हो जाएगा; लेकिन आकर देखा, तो वह अब भी कोप-भवन में थीं।

भोंदू ने बातचीत छेड़ने के इरादे से कहा—लो, एक लोटा पानी दे दे, बड़ी प्यास लगी है। मर गया सारे दिन। बाज़ार में जाऊँगा, तो तीन आने से बेसी न मिलेंगे। दो-चार साँडे मिल जाते, तो मेहनत सुफल हो जाती।

बंटी ने सिरकी के अंदर बैठे-बैठे कहा—धरम भी लूटोगे ओर पैसे भी। मुँह धो रखो।

भोंदू ने भँवें सिकोड़कर कहा—क्या धरम-करम बकती है! धरम-करम करना हँसी-खेल नहीं है। धर्म वह करता है, जिसे भगवान् ने माना हो। हम क्या खाकर धरम करेंगे? भर पेट चबेना तो मिलता नहीं, धरम करेंगे।

बंटी ने अपना वार ओछा पड़ते देखकर चोट-पर-चोट की—संसार में कुछ ऐसे भी महात्मा हैं, जो अपना पेट चाहे न भर सकें, पर पड़ोसियों को नेवता देते फिरते हैं; नहीं तो सारे दिन बन-बन लकड़ी न तोड़ते-फिरते। ऐसे धर्मात्मा लोगों को मेहरिया रखने की क्यों सूझती है, यह मेरी समझ में नहीं आता। धरम की गाड़ी क्या अकेले नहीं खींचते बनती?

भोंदू इस चोट से तिलमिला गया। उसकी जिरहदार नसें तन गईं, माथे पर बल पड़ गये। इस अबला का मुँह वह एक डपट में बंद कर सकता था; पर डाँट-डपट उसने न सीखी थी। जिसके पराक्रम की सारे कंजड़ों में धूम थी, जो अकेला सौ-पचास जवानों का नशा उतार सकता था, वह इस अबला के सामने चूँ तक न कर सका। दबी जबान से बोला—मेहरिया धरम बेचने के लिए नहीं लायी जाती, धमर पालने के लिए लायी जाती है।

यह कंजड़-दम्पति आज तीन दिन से और कई कंजड़-परिवारों के साथ इस बाग में उतरा हुआ था। सारे बाग में सिरकियाँ-ही-सिरकियाँ दिखाई देती थीं। उसी तीन हाथ चौड़ी और चार हाथ लंबी सिरकी के अंदर एक-एक पूरा परिवार जीवन के समस्त व्यापारों के साथ कल्पवास-सा कर रहा था। एक किनारे चक्की थी, एक किनारे रसोई का स्थान, एक किनारे दो-एक अनाज के मटके। द्वार पर एक छोटी-सी खटोली बालकों के लिए पड़ी थी। हरेक परिवार के साथ दो-दो भैंसें या गधे थे। जब डेरा कूच होता था, तो सारी गृहस्थी इन जानवरों पर लाद दी जाती थी। यही इन कंजड़ों का जीवन था। सारी बस्ती एक साथ चलती थी। आपस ही में शादी-ब्याह, लेन-देन, झगड़े-टंटे होते रहते थे। इस दुनिया के बाहरवाला अखिल

संसार उनके लिए केवल शिकार का मैदान था। उनके किसी इलाके में पहुँचते ही वहाँ की पुलिस तुरंत आकर उन्हें अपनी निग़रानी में ले लेती थी। पड़ाव के चारों तरफ़ चौकीदार का पहरा हो जाता था। स्त्री या पुरुष किसी गाँव में जाते तो दो-चार चौकीदार उसके साथ हो लेते थे। रात को भी उनकी हाज़िरी ली जाती थी। फिर भी आस-पास के गाँवों में आतंक छाया हुआ था; क्योंकि कंजड़ लोग बहुधा घरों में घुसकर जो चीज़ चाहते, उठा लेते और उनके हाथ में जाकर कोई चीज़ लौट न सकती थी। रात में ये लोग अकसर चोरी करने निकल जाते थे। चौकीदारों को उनसे मिले रहने में ही अपनी कुशल दीखती थी। कुछ हाथ भी लगता था और जान भी बची रहती थी। सख़्ती करने में प्राणों का भय था, कुछ मिलने का तो ज़िक्र ही क्या, क्योंकि कंजड़ लोग एक सीमा के बाहर किसी का दबाव नहीं मानते थे। बस्ती में अकेला भोंदू अपनी मेहनत की कमाई खाता था; मगर इसलिए नहीं कि वह पुलिस वालों की ख़ुशामद न कर सकता था। उसकी स्वतंत्र आत्मा अपने बाहुबल से प्राप्त किसी वस्तु में हिस्सा देना स्वीकार न करती थी, इसलिए वह यह नौबत आने ही न देता थीं।

बंटी को पति की यह आचार-निष्ठा एक आँख न भाती थी। उसकी और बहनें नई-नई साड़ियाँ और नए-नए आभूषण पहनतीं, तो बंटी उन्हें देख-देखकर पति की अर्कमण्यता पर कुढ़ती थी। इस विषय पर दोनों में कितने ही संग्राम हो चुके थे, लेकिन भोंदू अपना परलोक बिगाड़ने पर राज़ी न होता था। आज भी प्रातःकाल यही समस्या आ खड़ी हुई थी और भोंदू लकड़ी काटने जंगलों में निकल गया था। साँडे मिल जाते तो आँसू पुँछते, पर आज साँड़े भी न मिले।

बंटी ने कहा—जिससे कुछ नहीं हो सकता, वही धरमात्मा बन जाते हैं। राँड अपने माँड़ में ही खुश है।

भोंदू ने कहा—तो मैं निखट्टू हूँ?

बंटी ने इस प्रश्न का सीधा-साधा उत्तर न देकर कहा—मैं क्या जानूँ, तुम क्या हो? मैं तो यही जानती हूँ कि यहाँ धेले-धेले की चीज़ के लिए तरसना पड़ता है। यहीं सबको पहने-ओढ़ते, हँसते-खेलते देखती हूँ। क्या मुझे पहनने-ओढ़ने, हँसने-खेलने की साध नहीं है? तुम्हारे पल्ले पड़कर ज़िंदगानी नष्ट हो गई।

भोंदू ने एक क्षण विचार-मग्न रहकर कहा—जानती है, पकड़ा जाऊँगा तो तीन साल से कम की सज़ा न होगी।

बंटी विचलित न हुई। बोली—जब और लोग नहीं पकड़े जाते, तो तुम्हीं क्यों पकड़े जाओगे?

'और लोग पुलिस को मिला लेते हैं, थानेदार के पाँव सहलाते हैं, चौकीदार की खुशामद करते हैं। तू चाहती है, मैं भी औरों की तरह सबकी चिरौरी करता फिरूँ।'

बंटी ने अपना हठ न छोड़ा—मैं तुम्हारे साथ सती होने नहीं आयी। तुम्हारे छुरी-गँडासे को कोई कहाँ तक डरे? जानवर को भी जब घास-भूसा नहीं मिलता, तो पगहा तुड़ाकर किसी के खेत में पैठ जाता है। मैं तो आदमी हूँ।

भोंदू ने इसका कुछ ज़वाब न दिया। उसकी स्त्री कोई दूसरा घर कर ले, यह कल्पना उसके लिए अपमान से भरी थी। आज बंटी ने पहली बार यह धमकी दी। अब तक भोंदू इस तरफ़ से निश्चिंत था। अब यह नई सम्भावना उसके सम्मुख उपस्थित हुई। उस दुर्दिन को वह अपना काबू चलते, अपने पास न आने देगा।

आज भोंदू की दृष्टि में वह इज़्ज़त नहीं रही, वह भरोसा नहीं रहा। मज़बूत दीवार को टिकौने की ज़रूरत नहीं। जब दीवार हिलने लगती है, तब हमें उसे सँभालने की चिंता होती है। आज भोंदू को अपनी दीवार हिलती हुई मालूम होती थी।

आज तक बंटी अपनी थी। वह जितना अपनी ओर से निश्चिंत था, उतना ही उसकी ओर से था। वह जिस तरह खुद रहता था, उसी तरह उसको भी रखता था। जो खुद खाता था, वही उसको खिलाता था। उसके लिए विशेष फ़िक्र न थी; पर आज उसे मालूम हुआ कि वह अपनी नहीं है, अब उसका विशेष रूप से सत्कार करना होगा, विशेष रूप से दिलजोई करनी होगी।

सूर्यास्त हो रहा था। उसने देखा, उसका गधा चरकर चुपचाप सिर झुकाए चला आ रहा है। भोंदू ने कभी उसके खाने-पीने की चिंता न की, क्योंकि गधा कभी किसी और को अपना स्वामी बनाने की धमकी न दे सकता था। भोंदू ने बाहर आकर आज गधे को पुचकारा, उसकी पीठ सहलायी और तुरंत उसे पानी पिलाने के लिए डोल और रस्सी लेकर चल दिया।

2

इसके दूसरे ही दिन कस्बे में एक धनी ठाकुर के घर चोरी हो गई। उस रात भोंदू अपने डेरे पर न था। बंटी ने चौकीदार से कहा—वह जंगल से नहीं लौटा। प्रातःकाल भोंदू आ पहुँचा। उसकी कमर में रुपयों की एक थैली थी। कुछ सोने के गहने भी थे। बंटी ने तुरंत गहनों को ले जाकर एक वृक्ष की आड़ में गाड़ दिया। रुपयों की क्या पहचान हो सकती थी।

भोंदू ने पूछा—अगर कोई पूछे, इतने सारे रुपये कहाँ मिले, तो क्या कहोगी?

बंटी ने आँखें नचाकर कहा—कह दूँगी, क्या बताऊँ? दुनिया कमाती है, तो किसी को हिसाब देने जाती है? हमीं क्यों अपना हिसाब दें?

भोंदू ने संदिग्ध भाव से गर्दन हिलाकर कहा—यह कहने से गला न छूटेगा, बंटी! तू कह देना, मैं तीन-चार मास से दो-दो-चार रुपये महीना जमा करती आयी हूँ। हमारा ख़र्च ही कौन लम्बा है।

दोनों ने मिल बैठकर बहुत-से ज़वाब सोच निकाले-जड़ी-बूटियाँ बेचते हैं। एक-एक जड़ी के लिए मुट्ठी-मुट्ठी भर रुपये मिल जाते हैं। खस, साँडे, जानवरों की खालें, नख, और चर्बी सभी बेचते हैं।

इस ओर से निश्चिंत होकर दोनों बाज़ार चले। बंटी ने अपने लिए तरह-तरह के कपड़े, चूड़ियाँ, टिकुलियाँ, बुँदें, सेंदुर, पान-तम्बाखू तेल और मिठाई ली। फिर दोनों जने शराब की दूकान गये। खूब शराब पी। फिर दो बोतल शराब रात के लिए लेकर दोनों घूमते-घामते, गाते-बजाते बड़ी रात गए, डेरे पर लौटे। बंटी के पाँव आज ज़मीन पर न पड़ते थे। आते ही बन-ठनकर पड़ोसियों को अपनी छवि दिखाने लगी।

जब वह लौटकर अपने घर आयी और भोजन पकाने लगी, तब पड़ोसियों ने टिप्पणियाँ शुरू कीं—

'कहीं गहरा हाथ मारा है।'

'बड़ा धर्मात्मा बना फिरता था।'

'बगला-भगत है।'

'बंटी तो आज जैसे हवा में उड़ रही है।'

'आज भोंदूआ की कितनी ख़ातिर हो रही है, नहीं तो कभी एक लुटिया पानी देने भी न उठती थी।'

रात को भोंदू को देवी की याद आयी। आज तक कभी उसने देवी की वेदी पर बकरे का बलिदान न किया था। पुलिस को मिलाने में ज़्यादा ख़र्च था। कुछ आत्म-सम्मान भी खोना पड़ता। देवीजी केवल एक बकरे में राज़ी हो जाती हैं। हाँ, उससे एक ग़लती ज़रूर हुई थी। उसकी बिरादरी के और लोग साधारणतया कार्यसिद्धि के पहले ही बलिदान किया करते थे। भोंदू ने यह ख़तरा न लिया। जब तक माल हाथ न आ जाय, उसके भरोसे पर देवी-देवताओं को खिलाना उसकी व्यावसायिक बुद्धि को न जँचा। औरों से अपने कृत्य को गुप्त रखना भी चाहता था, इसलिए किसी को सूचना भी न दी, यहाँ तक कि बंटी से भी न कहा—बंटी तो भोजन बना रही थी, वह बकरे की तलाश में घर से निकल पड़ा।

बंटी ने पूछा—अब भोजन करने के जून कहाँ चले?

'अभी आता हूँ।'

'मत जाओ, मुझे डर लगता है।'

भोंदू स्नेह के नवीन प्रकाश से खिलकर बोला—मुझे देर न लगेगी! तू यह गँड़ासा अपने पास रख ले।

उसने गँड़ासा निकालकर बंटी के पास रख दिया और निकला। बकरे की समस्या बेढब थी। रात को बकरा कहाँ से लाता। इस समस्या को भी उसने एक नए ढंग से हल किया। पास की बस्ती में गड़रिए के पास कई बकरे पले थे। उसने सोचा, वहीं से एक बकरा उठा लाऊँ। देवीजी को अपने बलिदान से मतलब है, या इससे कि बकरा कैसे आया और कहाँ से आया।

मगर बस्ती के समीप पहुँचा था कि पुलिस के चार चौकीदारों ने उसे गिरफ़्तार कर लिया और मुश्के बाँधकर थाने ले चले।

2

बंटी भोजन पकाकर अपना बनाव-सिंगार करने लगी। आज उसे अपना जीवन सफल जान पड़ता था। आनंद से खिली जाती थी। आज जीवन में पहली बार उसके सिर में सुगंधित तेल पड़ा। आईना उसके पास एक पुराना अंधा-सा पड़ा हुआ था। आज वह नया आईना लायी थी। उसके सामने बैठकर उसने अपने केश सँवारे। मुँह पर उबटन मला। साबुन लाना भूल गई थी। साहब लोग साबुन लगाने से ही तो इतने गोरे हो जाते हैं। साबुन होता, तो उसका रंग कुछ तो निखर जाता। कल वह अवश्य साबुन की कई बट्टियाँ लाएगी और रोज़ लगाएगी। केश गूँथकर उसने माथे पर अलसी का लुआब लगाया, जिससे बाल न बिखरने पाएँ। फिर पान लगाए, चूना ज़्यादा हो गया था। गलफड़ों में छाले पड़ गए; लेकिन उसने समझा, शायद पान खाने का यही मज़ा है। आख़िर कड़वी मिर्च भी तो लोग मज़े से खाते हैं! गुलाबी साड़ी पहन और फूलों का गजरा गले में डालकर उसने आईने में अपनी सूरत देखी, तो उसके आबनूसी रंग पर लाली दौड़ गई। आप-ही-आप लज्जा से उसकी आँखें झुक गईं। दरिद्रता की आग से नारीत्व भी भस्म हो जाता

है, नारीत्व की लज्जा का क्या ज़िक्र। मैले-कुचैले कपड़े पहनकर लजाना ऐसा ही है, जैसे कोई चबैने में सुगंध लगाकर खाए।

इस तरह सजकर बंटी भोंदू की राह देखने लगी। जब अब भी वह न आया; तो उसका जी झुँझलाने लगा। रोज़ तो साँझ ही द्वार पर पड़ रहते थे, आज न जाने कहाँ जाकर बैठ रहे। शिकारी अपनी बंदूक़ भर लेने के बाद इसके सिवा और क्या चाहता है कि शिकार सामने आये। बंटी के सूखे हृदय में आज पानी पड़ते ही उसका नारीत्व अंकुरित हो गया। झुँझलाहट के साथ चिंता भी होने लगी। उसने बाहर निकलकर कई बार पुकारा। उसके कंठस्वर में इतना अनुराग कभी न था। उसे कई बार भान हुआ कि भोंदू आ रहा है, वह हर बार सिरकी के अंदर दौड़ आती और आईने में सूरत देखती की कुछ बिगड़ न गया हो। ऐसी धड़कन, ऐसी उलझन उसकी अनुभूति से बाहर थी।

बंटी सारी रात भोंदू के इंतजार में उद्विग्न रही। ज्यों-ज्यों रात बीतती थी, उसकी शंका तीव्र होती जाती थी। आज ही उसके वास्तविक जीवन का आरम्भ हुआ था और आज ही यह हाल!

प्रातःकाल वह उठी, तो अभी कुछ अँधेरा ही थी। इस रतजगे से उसका चित्त खिन्न और सारी देह अलसायी हुई थी। रह-रहकर भीतर से एक लहर-सी उठती थी, आँखें भर-भर आती थीं।

सहसा किसी ने कहा—अरे बंटी, भोंदू रात पकड़ा गया।

4

बंटी थाने पहुँची तो पसीने में तर थी और दम फूल रहा था। उसे भोंदू पर दया न थी, क्रोध आ रहा था। सारा ज़माना यही काम करता है और चैन की बंसी बजाता है। इन्होंने कहते-कहते हाथ भी लगाया, तो चूक गए। नहीं सहूर था, तो साफ़ कह देते, मुझसे यह काम न होगा। मैं यह थोड़े ही कहती थी कि आग में फाँद पड़ो।

उसे देखते ही थानेदार ने धौंस जमायी—यही तो है भोंदूआ की औरत, इसे भी पकड़ लो।

बंटी ने हेकड़ी जतायी—हाँ-हाँ पकड़ लो। यहाँ किसी से नहीं डरते।

जब कोई काम ही नहीं करते, तो डरें क्यों?

अफसर और मातहत सभी की अनुरक्त आँखें बंटी की ओर उठने लगीं। भोंदू की तरफ़ से लोगों के दिल कुछ नर्म हो गए। उसे धूप से छाँह में बैठा दिया गया। उसके दोनों हाथ पीछे बँधे हुए थे और धूल-धूसरित काली देह पर भी जूतों और कोड़ों की रक्तमय मार साफ़ नज़र आ रही थी। उसने एक बार बंटी की ओर देखा, मानो कह रहा था—कहीं इन लोगों के धोखे में मत आ जाना।

थानेदार ने डाँट बतायी—ज़रा इसकी दीदा-दिलेरी देखो, जैसे देवी ही तो है; मगर इस फेरे में मत रहना। यहाँ तुम लोगों की नस-नस पहचानता हूँ। इतने कोड़े लगाऊँगा कि चमड़ी उड़ जाएगी; नहीं तो सीधे से कबूल दो। सारा माल लौटा दो। इसी में ख़ैरियत है।

भोंदू ने बैठे-बैठे कहा—क्या कबूल दें। जो देश को लूटते हैं, उनसे तो कोई नहीं बोलता। जो बेचारे अपनी गाढ़ी कमाई की रोटी खाते हैं, उनका गला काटने

को पुलिस भी तैयार रहती है। हमारे पास किसी की नज़र-भेंट देने के लिए पैसे नहीं हैं।

थानेदार ने कठोर स्वर से कहा—हाँ-हाँ, जो कुछ कोर-कसर रह गई हो, वह पूरी कर दे। किरकिरी न होने पाए। मगर इन बैठक-बाज़ियों से बच नहीं सकते। अगर एकबाल न किया, तो तीन साल को जाओगे। मेरा क्या बिगड़ता है? अरे छोटेसिंह, ज़रा लाल मिर्च की धूनी तो दो इसे। कोठरी बन्द करके पसेरी भर मिरचें सुलगा दो। अभी माल बरामद हुआ जाता है।

भोंदू ने ढिठाई से कहा—दारोग़ाजी, बोटी-बोटी काट डालो; लेकिन कुछ हाथ न लगेगा। तुमने मुझे रात भर पिटवाया है, मेरी एक-एक हड्डी चूर-चूर हो गई है। कोई दूसरा होता तो अब तक सिधार गया होता। क्या तुम समझते हो; आदमी को रुपये पैसे जान से भी प्यारे होते हैं? जान ही के लिए तो आदमी सब तरह के कुकरम करता है। धूनी लगाकर भी देख लो।

दारोग़ाजी को अब विश्वास आया कि इस फौलाद को झुकाना मुश्क़िल है। भोंदू की मुखाकृति से शहीदों का-सा आत्म-समर्पण झलक रहा था। यद्यपि उनके हुक्म की तामील होने लगी, दो कान्स्टेबलों ने भोंदू को एक कोठरी में बन्द कर दिया, दो आदमी मिर्चें लाने दौड़े, लेकिन दारोग़ा की युद्धनीति बदल गई थी। बंटी का हृदय क्षोभ से फटा जाता था। वह जानती थी, चोरी करके एकबाल कर लेना कंजड़ जाति की नीति में महान् लज्जा की बात है; लेकिन क्या यह सचमुच मिर्च की धूनी सुलगा देंगे? इतना कठोर है इनका हृदय? सालन बघारने में कभी मिर्च जल जाती है, तो छींकों और खाँसियों के मारे दम निकलने लगता है। जब नाक के पास धूनी सुलगाई जएगी, तब तो प्राण ही निकल जाएँगे। उसने जान पर खेलकर कहा—दारोग़ाजी, तुम समझते होगे कि इन ग़रीबों की पीठ पर कोई नहीं है; लेकिन मैं कहे देती हूँ, हाकिम से रत्ती-रत्ती हाल कह दूँगी। भला चाहते हो तो उसे छोड़ दो, नहीं तो इसका फल बुरा होगा।

थानेदान ने मुस्कुराकर कहा—तुझे क्या, वह मर जाएगा, किसी और के नीचे बैठ जाना। जो कुछ ज़मा-जथा लाया होगा, वह तो तेरे ही हाथ में होगा। क्यों नहीं एकबाल करके उसे छुड़ा लेती? मैं वादा करता हूँ, मुकद्दमा न चलाऊँगा। सब माल लौटा दे। तूने ही उसे मंत्र दिया होगा। गुलाबी साड़ी और पान और खुशबूदार-तेल के लिए तू ही ललच रही होगी। उसकी इतनी साँसत हो रही है और तू खड़ी देख रही है।

शायद बंटी की अंतरात्मा को यह विश्वास न था कि ये लोग इतने अमानुषीय अत्याचार कर सकते हैं; लेकिन जब सचमुच धूनी सुलगा दी गई, मिर्च की तीखी जहरीली झार फैली और भोंदू के खाँसने की आवाज़ें कानों में आयीं, तो उसकी आत्मा कातर हो उठी। उसका वह दुस्साहस झूठे रंग की भाँति उड़ गया। उसने दारोग़ाजी के पाँव पकड़ लिए और दीन भाव से बोली—मालिक, मुझ पर दया करो। मैं सब-कुछ दे दूँगी।

5

भोंदू ने सशंक होकर पूछा—धूनी क्यों हटाते हो?

एक चौकीदार ने कहा—तेरी औरत ने एकबाल कर लिया।

भोंदू की नाक, आँख, मुँह से पानी ज़ारी था। सिर चक्कर खा रहा था। गले की आवाज़ बन्द-सी हो गई थी; पर वह वाक्य सुनते ही वह सचेत हो गया। उसकी दोनों मुट्ठियाँ बँध गईं। बोला–क्या कहा?

'कहा क्या, चोरी खुल गई। दारोग़ाजी माल बरामद करने गए हुए हैं। पहले ही एकबाल कर लिया होता, तो क्यों इतनी साँसत होती।'

भोंदू ने गरजकर कहा–वह झूठ बोलती है।

'वहाँ माल बरामद हो गया, तुम अपनी ही गा रहे हो।'

परम्परा की मर्यादा अपने हाथों से भंग होने की लज्जा से भोंदू का मस्तक झुक गया। इस घोर अपमान के बाद अब उसे अपना जीवन दया और घृणा और तिरस्कार इन सभी दशाओं से निषिद्ध जान पड़ता था। वह अपने समाज में पतित हो गया था।

सहसा बंटी आकर खड़ी हो गई और कुछ कहना चाहती थी कि भोंदू की रौद्र मुद्रा देखकर उसकी जबान बंद हो गई। उसे देखते ही भोंदू की आहत मर्यादा किसी आहत सर्प की भाँति तड़प उठी। उसने बंटी को अंगारों से तपती हुई लाल आँखों से देखा। उन आँखों में हिंसा की आग जल रही थी। बंटी सिर से पाँव तक काँप उठी। वह उलटे पाँव वहाँ से भागी। किसी देवता के अग्निबाण के समान वे दो अँगारे-सी आँखें उसके हृदय में चुभने लगीं।

थाने से निकलकर बंटी ने सोचा, अब कहाँ जाऊँ? भोंदू उसके साथ होता तो वह पड़ोसियों के तिरस्कार को सह लेती। इस दशा में उसके लिए अपने घर जाना असम्भव था। वे दोनों अंगारे-सी आँखें उसके हृदय में चुभी जाती थीं; लेकिन कल की सौभाग्य-विभूतियों का मोह उसे डेरे की ओर खींचने लगा। शराब की बोतल अब भी भरी पड़ी थी। फुलौड़ियाँ छीकें पर हाँडी में धरी थीं। वह तीव्र लालसा, जो मृत्यु को सम्मुख देखकर भी संसार के भोग्य पदार्थों की ओर उनको चलायमान कर देती है, उसे खींचकर डेरे की ओर ले चली।

दोपहर हो गया था। वह पड़ाव पर पहुँची, तो सन्नाटा छाया हुआ था। अभी कुछ देर पहले जो स्थान जीवन-क्रीड़ा क्षेत्र बना हुआ था, बिल्कुल निर्जन हो गया था। बिरादरीवालों के तिरस्कार का यह सबसे भंयकर रूप था। सभी ने उसे त्याज्य समझ लिया। केवल उसकी सिरकी उस निर्जनता में रोती हुई थी। बंटी ने उसके अंदर पाँव रखे, तो उसके मन की कुछ वही दशा हुई, जो अकेला घर देखकर किसी चोर की होती है। कौन-कौन-सी चीज़ समेटे, उस कुटी में उसने रो-रोकर पाँच वर्ष काटे थे; पर आज उसे उससे यही ममता हो रही थी, जो किसी माता को अपने दुर्गुणी पुत्र को देखकर होती है, जो बरसों के बाद परदेश से लौटा हो। वहाँ से कुछ चीज़ें इधर की उधर हो गई थीं। उसने तुरंत उन्हें सँभालकर रखा। फुलौड़ियों की हाँडी छींके पर कुछ ठंडी हो गई थी। शायद उस पर बिल्ली झपटी थी। उसने जल्दी से हाँडी उतारकर देखी। फुलौड़िया अछूती थां। पानी पर जो गीला कपड़ा लपेटा था, वह सूख गया था। उसने तुरंत कपड़ा तर कर दिया।

किसी के पाँव की आहट पाकर उसका कलेजा धक् से हो गया। भोंदू आ रहा है। उसकी वह दोनों अंगारे-सी आँखें! उसके रोएँ खड़े हो गए। भोंदू के क्रोध का उसको दो-एक बार अनुभव हो चुका था; लेकिन उसने दिल को मज़बूत किया। क्यों मारेगा? कुछ कहेगा, कुछ पूछेगा, कुछ सवाल-जवाब करेगा कि यों ही गँडासा चला देगा? उसने उसके साथ कोई बुराई नहीं की। आफ़त से उसकी जान बचाई। मरजाद जान से प्यारी नहीं होती। भोंदू को होगी, उसे नहीं है। क्या इतनी-सी बात के लिए वह उसकी जान ले लेगा?

उसने सिरकी के द्वार से झाँका। भोंदू न था, केवल उसका गधा चला आ रहा था।

बंटी आज उस अभागे-से गधे को देखकर ऐसी प्रसन्न हुई, मानो अपना भाई नैहर से बतासों की पोटली लिये थका-माँदा चला आता हो। उसने जाकर उसकी गर्दन सहलायी और उसके थूथन को अपने मुँह से लगा लिया। वह उसे फूटी आँखों ने भाता था; पर आज उससे उसे कितनी आत्मीयता हो गई थी। वह दोनों अंगारे-सी आँखें उसे घूर रही थीं। वह सिहर उठी।

उसने फिर सोचा–क्या किसी तरह न छोड़ेगा? वह रोती हुई उसके पैरों पर गिर पड़ेगी। क्या तब भी न छोड़ेगा? इन आँखों की वह कितनी सराहना किया करता था। उनमें आँसू बहते देखकर भी उसे दया न आएगी।

बंटी ने चुक्कड़ में शराब उँडेलकर पी ली ओर छींके से फुलौड़ियाँ उतार कर खायीं। जब उसे मरना ही है, तो साध क्यों रह जाए? वह दोनों अंगारे-सी आँखें उसके सामने चमक रही थीं। उसने दूसरा चुक्कड़ भरा और पी गई। जहरीला ठर्रा, जिसे दोपहर की गर्मी ने और भी घातक बना दिया, देखते-देखते उसके मस्तिष्क को खौलाने लगा। बोतल आधी हो गयी थी।

उसने सोचा–भोंदू कहेगा, तूने इतनी दारू क्यों पी, तो वह क्या कहेगी? कह देगी–हाँ पी; इसी के लिए तो यह सब-कुछ हुआ। वह एक बूँद भी न छोड़ेगी। जो होना हो, हो। भोंदू उसे मार नहीं सकता। इतना निर्दयी नहीं है, इतना कायर नहीं है। उसने फिर चुक्कड़ भरा और पी गई। पाँच वर्ष के वैवाहिक जीवन की अतीत स्मृतियाँ उसकी आँखों के सामने खिंच गईं। सैंकड़ों ही बार दोनों में गृह-युद्ध हुए थे। आज बंटी को हर बार अपनी ही ज्यादती मालूम हो रही थी। बेचारा जो कुछ भी कमाता है उसी के हाथ पर रख देता है। अपने लिए कभी एक पैसे की तम्बाकू भी लेता है तो पैसा उसी से माँगता है। भोर से साँझ तक वन-वन फिरा ही तो करता है। जो काम उससे नहीं होता, वह कैसे करे?

यकायक एक कांस्टेबल ने आकर कहा–अरी बंटी कहाँ है? चल देख, भोंदुआ का हाल-बेहाल हो रहा है। अभी तक तो चुपचाप बैठा था। फिर न जाने क्या जी में आया कि एक पत्थर पर अपना सिर पटक दिया। ख़ून बह रहा है। हम लोग दौड़कर पकड़ न लेते, तो जान ही दे दी थी।

6

एक महीना बीत गया था। संध्या का समय था। काली-काली घटाएँ छायीं और मूसलाधार वर्षा हो रही थी! भोंदू की सिरकी अब भी उस निर्जन स्थान पर खड़ी थी। भोंदू खटोली पर पड़ा हुआ था। उसका चेहरा पीला पड़ गया था और देह जैसे सूख गई थी। वह सशंक आँखों से वर्षा की ओर देखता है, चाहता है उठकर बाहर देखूँ; पर उठा नहीं जाता।

बंटी सिर पर घास का एक बोझ लिये पानी में लथ-पथ आती दिखाई दी। वही गुलाबी साड़ी है, पर तार-तार किन्तु उसका चेहरा प्रसन्न है। विषाद और ग्लानि के बदले आँखों से अनुराग टपक रहा है। गति में वह चपलता, अंगों में वह सजीवता है, जो चित्त की शाँति का चिह्न हैं। भोंदू ने एक क्षीण स्वर में कहा–तू इतना भीग रही है, कहीं बीमार पड़ गई, तो कोई एक घूँट पानी देनेवाला भी न रहेगा। मैं

कहता हूँ, तू क्यों इतना मरती है। दो गट्ठे तो बेच चुकी थी। तीसरा गट्ठा लाने का काम क्या था? यह हाँड़ी में क्या लायी है?

बंटी ने हाँड़ी को छिपाते हुए कहा—कुछ तो नहीं है, कैसी हाँडी?

भोंदू ज़ोर लगाकर खटोली से उठा, अंचल के नीचे छिपी हुई हाँड़ी खोल दी और उसके भीतर नज़र डालकर बोला—अभी लाओ, नहीं तो मैं हाँड़ी फोड़ दूँगा।

बंटी ने धोती से पानी निचोड़ते हुए कहा—ज़रा आईने में सूरत देखो। घी-दूध कुछ न मिलेगा, तो कैसे उठोगे?—कि सदा खाट सेने का ही विचार है।

भोंदू ने खटोली पर लेटते हुए कहा—अपने लिए तो एक साड़ी नहीं लायी, कितना कह के हार गया। मेरे लिए घी और दूध सब चाहिए! मैं घी न खाऊँगा।

बंटी ने मुस्कुराकर कहा, इसीलिए तो घी खिलाती हूँ कि तुम जल्दी से काम-धंधा करने लगो और मेरे लिए साड़ी लाओ।

भोंदू ने मुस्कुराकर कहा—तो आज जाकर कहीं सेंध मारूँ?

बंटी ने उसके गाल पर एक ठोकर देकर कहा—पहले मेरा गला काट देना, तब जाना।

❑❑❑

सती

मुलिया को देखते हुए उसका पति कल्लू कुछ भी नहीं है। फिर क्या कारण है कि मुलिया संतुष्ट और प्रसन्न है, और कल्लू चिंतित और संशकित।

मुलिया को कौड़ी मिली है, उसे दूसरा कौन पूछेगा? कल्लू को रत्न मिला है, उसके सैकड़ों ग्राहक हो सकते हैं! खासकर उसे अपने चचेरे भाई राजा से बहुत खटका रहता है। राजा रूपवान है, रसिक है, बातचीत में कुशल है, स्त्रियों को रिझाना जानता है। इससे कल्लू मुलिया को बाहर नहीं निकलने देता। उस पर किसी की निगाह भी पड़ जाये, उसे यह असह्य है। वह अब रात-दिन मेहनत करता है, जिससे मुलिया को किसी बात का कष्ट न हो। उसे न जाने किस पूर्व जन्म के संस्कार से ऐसी स्त्री मिल गई है। उस पर प्राणों को न्योछावर कर देना चाहता है। मुलिया का कभी सिर भी दुखता है तो उसकी जान निकल जाती है। मुलिया का भी यह हाल है कि जब तक वह घर नहीं आता, मछली की भाँति तड़पती रहती है। गाँव में कितने ही युवक हैं, जो मुलिया से छेड़छाड़ करते रहते हैं; पर उस युवती की दृष्टि में कुरूप कलुआ संसार भर के आदमियों से अच्छा है।

एक दिन राजा ने कहा—भाभी, भैया तुम्हारे जोग न थे।

मुलिया बोली—भाग में तो वह लिखे थे; तुम कैसे मिलते?

राजा ने मन में समझा, बस अब मार लिया है। बोला—विधि ने यही तो भूल की।

मुलिया मुस्कुराकर बोली—अपनी भूल तो वही सुधारेगा।

राजा निहाल हो गया।

2

तीज के दिन कल्लू मुलिया के लिए लट्ठे की साड़ी लाया। चाहता तो था कोई अच्छी साड़ी ले, पर रुपये न थे और बजाज ने उधार न माना।

राजा भी उसी दिन अपने भाग्य की परीक्षा करना चाहता था। एक सुन्दर चुँदरी लाकर मुलिया को भेंट की।

मुलिया ने कहा—मेरे लिए साड़ी आ गई है।

राजा बोला—मैंने देखी है। तभी मैं इसे लाया! तुम्हारे लायक नहीं है। भैया को किफ़ायत भी सूझती है, तो ऐसी बातों में।

मुलिया कटाक्ष करके बोली—तुम समझा क्यों नहीं देते?

राजा पर एक कुल्हड़ का नशा चढ़ गया। बोला—बूढ़ा तोता कहीं पढ़ता है?

मुलिया—मुझे तो लट्ठे की साड़ी पसंद है।

राजा—ज़रा यह चुँदरी पहनकर देखो, कैसी खिलती है।

मुलिया—जो लट्ठा पहनाकर खुश होता है, वह चुँदरी पहन लेने से खुश न होगा। उसे चुँदरी पसंद होती, तो वह चुँदरी लाता।

राजा—उन्हें दिखाने का काम नहीं है।

मुलिया विस्मय से बोली—मैं क्या उनसे बिना पूछे ले लूँगी?

राजा—इसमें पूछने की कौन-सी बात है! जब वह काम पर चला जाये, पहन लेना। मैं भी देख लूँगा।

मुलिया ठट्ठा मारकर हँसती हुई बोली—यह न होगा, देवरजी। कहीं देख लें तो मेरी सामत ही आ जाय। इसे तुम लिये जाओ।

राजा ने आग्रह करके कहा—इसे न लोगी भाभी, तो मैं ज़हर खा के सो रहूँगा।

मुलिया ने साड़ी उठाकर आले पर रख दी और बोली—अच्छा लो, अब तो खुश हुए।

राजा ने उँगली पकड़ी—अभी तो भैया नहीं हैं, ज़रा पहन लो।

मुलिया ने अंदर जाकर चुँदरी पहन ली और फूल की तरह महकती-दमकती बाहर आयी।

राजा ने पहुँचा पकड़ने को हाथ फैलाया। बोला—ऐसा जी चाहता है कि तुम्हें लेकर भाग जाऊँ।

मुलिया उसी विनोद-भाव से बोली—जानते हो, तुम्हारे भैया का क्या हाल होगा?

यह कहते हुए उसने किवाड़ बन्द कर लिया। राजा को ऐसा मालूम हुआ कि थाली परोसकर सामने से उठा ली गई।

3

मुलिया का मन बार-बार करता था कि चुँदरी कल्लू को दिखा दे पर नतीज़ा सोचकर रह जाती थी। उसने चुँदरी रख क्यों ली? उसे अपने ऊपर क्रोध आ रहा था; लेकिन राजा को कितना दुःख होता। क्या हुआ उसकी चुँदरी छन भर पहज लेने से, उसका मन तो रह गया।

लेकिन उसके प्रशांत मानस-सागर में यह एक कीट आकर उसे मथ रहा था। उसने क्यों चुँदरी रख ली? क्या वह कल्लू के साथ विश्वासघात नहीं है? उसका चित्त उस विचार से विकल हो गया। उसने मन को समझाया, विश्वासघात क्यों हुआ? इसमें विश्वासघात की क्या बात है? कौन वह राजा से कुछ बोली? ज़रा-सा हँस देने से अगर किसी का दिल खुश हो जाता है, तो इसमें क्या बुराई है!

कल्लू ने पूछा—आज रज्जू क्या करने आया था।

मूलिया की देह थर-थर काँपने लगी। बहाना कर गई—तमाखू माँगने आये थे।

कल्लू ने भवें सिकोड़कर कहा—उसे अंदर मत आने दिया करो। अच्छा आदमी नहीं है।

मुलिया—मैंने कह दिया, तमाखू नहीं है, तो चले गए।

कल्लू ने अबकी तेजस्विता के साथ कहा—क्यों झूठ बोलती है? वह तमाखू माँगने नहीं आया था।

मुलिया—तो और यहाँ क्या करने आते?

कल्लू–चाहे जिस काम से आया हो, तमाखू माँगने नहीं आया। वह जानता था, मेरे घर तमाखू नहीं है। मैं तमाखू के लिए उसके घर गया था।

मुलिया की देह में काटो तो लहू नहीं। चेहरे का रंग उड़ गया।

सिर झुकाकर बोली–मैं किसी के मन का हाल क्या जानूँ?

आज तीज का रतजगा था। मुलिया पूजा का सामान कर रही थी; पर इस तरह जैसे मन में ज़रा भी उत्साह, ज़रा भी श्रद्धा नहीं है।

उसे मालूम हो रहा है, उसके मुख में कालिमा पुत गई है और अब वह कल्लू की आँखों से गिर गई है। उसे अपना जीवन निराधार-सा जान पड़ता था।

सोचने लगी–भगवान ने मुझे यह रूप क्यों दिया! यह रूप न होता तो राजा क्यों मेरे पीछे पड़ता और क्यों आज मेरी यह गत होती? मैं काली- कुरूप रहकर इससे कहीं सुखी रहती। तब तो मन इतना चंचल न होता। जिन्हें रूप की कमाई खानी हो, वह रूप पर फूले, यहाँ तो इसने मटियामेट कर दिया।

न-जाने कब उसे झपकी आ गई, तो देखती है, कल्लू मर गया है और राजा घर में घुसकर उसे पकड़ना चाहता है। उसी दम एक वृद्धा स्त्री न-जाने किधर से आकर उसे अपनी गोद में ले लेती है और कहती है–तूने कल्लू को क्यों मार डाला? मुलिया रोकर कहती है–माता, मैंने उन्हें नहीं मारा। वृद्धा कहती है–हाँ, तूने छुरी-कटार से नहीं मारा, उस दिन तेरा तप छीन हो गया और इसी से वह मर गया।

मुलिया ने चौकन्नी हो आँखें खोली थी। सामने आँगन में कल्लू सोया हुआ था। वह दौड़ी हुई उसके पास गयी और उसकी छाती पर सिर रखकर फूट-फूटकर रोने लगी।

कल्लू ने घबराकर पूछा–कौन है मुलिया? क्यों रोती है? क्या डर लग रहा है? मैं तो जाग ही रहा हूँ।

मुलिया ने सिसकते हुए कहा–मुझसे आज एक अपराध हुआ है। उसे क्षमा कर दो।

कल्लू उठ बैठा–क्या बात है! कहो तो, रोती क्यों हो?

मुलिया–राजा तमाखू माँगने नहीं आया था। मैंने तुमसे झूठ कहा था।

कल्लू हँसकर बोला–वह तो पहले ही समझ गया था।

मुलिया–वह मेरे लिए एक चुँदरी लाया था।

'तुमने लौटा दी।'

मुलिया काँपती हुई बोली–मैंने ले ली। कहते थे, मैं ज़हर-माहुर खा लूँगा।

कल्लू निर्जीव की भाँति खाट पर गिर पड़ा और बोला–तो रूप मेरे बस का नहीं है। दैव ने कुरूप बना दिया, तो सुन्दर कैसे बन जाऊँ?

कल्लू ने अगर मुलिया को खौलते हुए तेल में डाल दिया होता, तो भी उसे इतनी पीड़ा न होती।

4

कल्लू उस दिन से कुछ खोया-खोया-सा रहने लगा। जीवन में न वह उत्साह रहा, न वह आनन्द। हँसना-बोलना भूल-सा गया। मुलिया ने उसके साथ जितना विश्वासघात किया था, उससे कहीं ज़्यादा उसने समझ लिया। और यह भ्रम उसके

हृदय में केकड़े के समान चिमट गया। वह घर अब उसके लिए केवल लेटने-बैठने का स्थान था और मुलिया केवल भोजन बना देनेवाली मशीन। आनंद के लिए वह कभी-कभी ताड़ीखाने चला जाता था या चरस के दम लगाता।

मुलिया उसकी दशा देख-देख अंदर ही कुढ़ती थी। वह उस बात को उसके दिल से निकाल देना चाहती थी, इसलिए उसकी सेवा और मन लगाकर करती। उसे प्रसन्न करने के लिए बार-बार प्रयत्न करती; पर वह जितना ही उसको खींचने की चेष्टा करती थी, उतना ही यह उससे विचलता था, जैसे कोई कटिये में फँसी हुई मछली हो। कुशल यह था कि राजा जिस अंग्रेज़ के यहाँ ख़ानसामा था, उसका तबादला हो गया और राजा उसके साथ चला गया था, नहीं तो दोनों भाइयों में से किसी-न-किसी का ज़रूर ख़ून हो जाता। इस तरह साल-भर बीत गया।

एक दिन कल्लू रात को घर लौटा तो उसे ज्वर था। दूसरे दिन उसकी देह में दाने निकल आये। मुलिया ने समझा, माता है। मान-मनौती करने लगी; मगर चार-पाँच दिन में ही दाने बढ़कर आवले पड़ गए और मालूम हुआ कि यह माता नहीं हैं, उपदंश है। कल्लू के कलुषित भोग-विलास का यह फल था।

रोग इतनी भयंकरता से बढ़ने लगा कि आबालों में मवाद पड़ गया और उनमें से ऐसी दुर्गंध उड़ने लगी कि पास बैठते नाक फटती थी। देहात में जिस प्रकार का उपचार हो सकता था, वह मुलिया करती थी; पर कोई लाभ न होता था और कल्लू की दशा दिन-दिन बिगड़ती जाती थी। उपचार की कसर वह अबला अपनी स्नेहमयी सेवा से पूरी करती थी। उस पर गृहस्थी चलाने के लिए अब मेहनत-मज़दूरी भी करनी पड़ती थी। कल्लू तो अपने किए का फल भोग रहा था। मुलिया अपने कर्तव्य का पालन करने में मरी जा रही थी। अगर कुछ संतोष था तो यह कि कल्लू का भ्रम उसकी इस तपस्या से भंग होता जाता था। उसे अब विश्वास होने लगा था कि मुलिया अब भी उसी की है। वह अगर किसी तरह अच्छा हो जाता तो फिर उसे दिल में छिपाकर रखता और उसकी पूजा करता।

प्रातःकाल था। मुलिया ने कल्लू का हाथ-मुँह धुलाकर दवा पिलायी और खड़ी पंखा झुला रही थी कि कल्लू ने आँसू-भरी आँखों से देखकर कहा—मुलिया, मैंने उस जन्म में कोई भारी तप किया था कि तू मुझे मिल गई। तेरी जगह अगर मुझे दुनिया का राज मिले, तो भी मैं न लूँ।

मुलिया ने दोनों हाथों से उसका मुँह बंद कर दिया और बोली—इस तरह की बातें करोगे, तो मैं रोने लगूँगी। मेरे धन्य भाग कि तुम-जैसा स्वामी मिला।

यह कहते हुए उसने दोनों हाथ पति के गले में डाल दिये और लिपट गई। फिर बोली—भगवान् ने मुझे मेरे पापों का दंड दिया है।

कल्लू ने उत्सुकता से पूछा—सच कह दो मूला, राजा और तुममें क्या मामला था।

मुलिया ने विस्मित होकर कहा—मेरे और उसके बीच कोई मामला हुआ हो, तो भगवान मेरी दुर्गति करें। उसने मुझे चुँदरी दी थी। वह मैंने ले ली थी। फिर मैंने उसे आग में जला दिया। तब से मैं उससे नहीं बोली।

कल्लू ने ठंडी साँस खींचकर कहा—मैंने कुछ और ही समझ रखा था। न जाने मेरी मति कहाँ हर गई थी। तुम्हें पाप लगाकर मैं पाप में फँस गया और उसका फल भोग रहा हूँ।

उसने रो-रोकर अपने दुष्कृत्यों का परदा खोलना शुरू किया और मुलिया आँख की लड़ियाँ बहाकार सुनने लगी। अगर पति की चिंता न होती, तो उसने विष खा लिया होता।

5

कई महीने के बाद राजा छुट्टी लेकर घर आया और कल्लू की घातक बीमारी का हाल सुना, तो दिल में खुश हुआ; तीमारदारी के बहाने से कल्लू के घर आने-जाने लगा। कल्लू उसे देखकर मुँह फेर लेता। लेकिन वह दिन में दो-चार बार पहुँच ही जाता।

एक दिन मुलिया खाना पका रही थी कि राजा ने रसोई के द्वार पर आकर कहा—भाभी, क्या अब भी मुझ पर दया न करोगी? कितनी बेरहम हो तुम! कै दिन से तुम्हें खोज रहा हूँ, पर तुम मुझसे भागती फिरती हो। भैया अब अच्छे न होंगे। इन्हें गर्मी हो गई है। इनके साथ क्यों अपनी ज़िदगी ख़राब कर रही हो? तुम्हारी फूल-सी देह सूख गई है। मेरे साथ चलो, कुछ ज़िदगी की बहार उड़ाएँ। यह जवानी बहुत दिन न रहेगी। यह देखो, तुम्हारे लिए एक करनफूल लाया हूँ, ज़रा पहनकर मुझे दिखा दो।

उसने करनफूल मुलिया की ओर बढ़ा दिया। मुलिया ने उसकी ओर देखा भी नहीं। चूल्हे की ओर ताकती हुई बोली--लाला, तुम्हारे पैरों पड़ती हूँ, मुझे मत छेड़ो। यह सारी विपत्ति तुम्हारी लायी हुई है। तुम्हीं मेरे शत्रु हो। फिर भी तुम्हें लाज नहीं आती। कहते हो, भैया अब किस काम के हैं। मुझे तो अब वह पहले से कहीं ज़्यादा अच्छे लगते हैं। जब मैं न होती, तो वह दूसरी सगाई कर लाते, अपने हाथों ठोक खाते। आज मैं ही उनका आधार हूँ। वह मेरे सहारे जीते हैं। अगर मैं इस संकट में उनके साथ दगा करूँ तो मुझसे बढ़कर अधम कौन होगा? जब मैं जानती हूँ कि इस संकट का कारण भी मैं ही हूँ।

राजा ने हँसकर कहा—यह तो वही हुआ, जैसे किसी की दाल गिर गई तो उसने कहा, मुझे तो सूखी ही अच्छी लगती है।

मुलिया ने सिर उठाकर उसकी ओर सजोत नेत्रों से ताकते हुए कहा— तुम उनके पैरों की धूल के बराबर नहीं हो लाला, क्या कहते हो तुम! उजले कपड़े और चिकने मुखड़े से कोई आदमी सुन्दर नहीं होता। मेरी आँखों में तो उनके बराबर कोई दिखाई नहीं देता।

कल्लू ने पुकारा—मूला, थोड़ा पानी दे ।

मुलिया पानी लेकर दौड़ी। चलते-चलते करनफूल को ऐसा ठुकराया कि आँगन में जा गिरा। राजा ने जल्दी से करनफूल उठा लिया और क्रोध से भरा हुआ चल दिया।

6

रोग दिन-पर-दिन बढ़ता गया। ठिकाने से दवा-दारू होती, तो शायद अच्छा हो जाता, मगर अकेली मुलिया क्या-क्या करती? दरिद्रता में बीमारी कोढ़ का खाज़ है।

आख़िर एक दिन परवाना आ पहुँचा। मुलिया घर का काम-धंधा करके आयी, तो देखा कल्लू की साँस चल रही है। घबराकर बोली—कैसा जी है तुम्हारा?

कल्लू ने सजल और दीनता-भरी आँखों से देखा और हाथ जोड़कर सिर नीचा कर लिया। यही अंतिम बिदाई थी।

मुलिया उसके सीने पर सिर रखकर रोने लगी और उन्माद की दशा में

उसके आहत हृदय से रक्त की बूँदों के समान शब्द निकलने लगे–तुमसे इतना भी न देखा गया, भगवन्! उस पर न्यायी और दयालु कहलाते हो! इसीलिए तुमने जन्म दिया? यही खेल खेलने के लिए! हाय नाथ! तुम तो इतने निष्ठुर न थे! मुझे अकेली छोड़कर चले जा रहे हो! हाय! अब कौन मूला कहकर पुकारेगा! अब किसके लिए कुएँ से पानी खींचूँगी! किसे बैठकर खिलाऊँगी, पंखा डुलाऊँगी! सब सुख हर लिया, तो मुझे भी क्यों नहीं उठा लेते!

सारा गाँव ज़मा हो गया। सभी समझा रहे थे, मुलिया को धैर्य न होता था। यह सब मेरे कारण हुआ, यह बात उसे नहीं भूलती। हाय! उसे भगवान ने सामर्थ्य दिया होता, तो आज उसका सिरताज यों उठ जाता?

शव की दाह-क्रिया की तैयारियाँ होने लगीं।

7

कल्लू को मरे छः महीने हो गए। मुलिया अपना कमाती है, खाती है और अपने घर में पड़ी रहती है। दिन भर काम-धंधे से छुट्टी नहीं मिलती। हाँ, रात को एकाँत में ही रो लिया करती है।

इधर राजा की स्त्री मर गई; मगर दो-चार दिन के बाद वह फिर छैला बना घूमने लगा। और भी छूटा साँड़ हो गया। पहले स्त्री से झगड़ा हो जाने का कुछ डर था। अब वह भी न रहा। अब की नौकरी पर से लौटा, तो सीधा मुलिया के घर पहुँचा। और इधर-उधर की बातें करने के बाद बोला–भाभी, अब तो मेरी अभिलाषा पूरी करोगी या अभी और कुछ बाक़ी है? अब तो भैया भी नहीं रहे, इधर मेरी घरवाली भी सिधारी! मैंने तो उसका ग़म भुला दिया। तुम कब तक भैया के नाम को रोती रहोगी?

मुलिया ने घृणा से उसकी ओर देखकर कहा–भैया नहीं रहे, तो क्या हुआ; भैया की याद तो है, उनका प्रेम तो है, उनकी सूरत तो दिल में है, उनकी बातें तो कानों में हैं। तुम्हारे लिए और दुनिया के लिए वह-नहीं हैं, मेरे लिए वह अब भी वैसे ही जीते-जागते हैं। मैं अब भी उन्हें वैसे ही बैठे देखती हूँ। पहले तो देह का अंतर था। अब तो वह मुझसे और भी नगीच हो गए हैं। और ज्यों-ज्यों दिन बीतेंगे और भी नगीच होते जाएँगे। भरे-पूरे घर में दाने की कौन कदर करता है? जब घर खाली हो जाता है, तब मालूम होता है कि दाना क्या है! पैसेवाले पैसे की कदर क्या जानें? पैसे की कदर तब होती है, जब हाथ खाली हो जाता है। तब आदमी एक-एक कौड़ी दाँत से पकड़ता है। तुम्हें भगवान् ने दिल ही नहीं दिया, तुम क्या जानो, सोहबत क्या है? घरवाली को मरे अभी छः महीने भी नहीं हुए और तुम साँड़ बन बैठे। तुम मर गए होते, तो इसी तरह वह भी अब तक किसी के पास चली गयी होती? मैं जानती हूँ कि मैं मर जाती, तो मेरा सिरताज 'जन्म' भर मेरे नाम को रोया करता। ऐसे ही पुरुषों की स्त्रियाँ उन पर प्राण देती हैं। तुम-जैसे सोहदों के भाग में चाटना लिखा है, चाटो; मगर ख़बरदार, आज से मेरे घर पाँव न रखना, नहीं तो जान से हाथ धोओगे। बस, निकल जाओ।

उसके मुख पर ऐसा तेज, स्वर में इतनी कटुता थी कि राजा को ज़बान खोलने का भी साहस न हुआ। चुपके से निकल भागा।

❑❑❑

मृतक-भोज

सेठ रामनाथ ने रोग-शय्या पर पड़े-पड़े निराशापूर्ण दृष्टि से अपनी स्त्री सुशीला की ओर देखकर कहा—मैं बड़ा अभागा हूँ, शीला। मेरे साथ तुम्हें सदैव ही दुःख भोगना पड़ा। जब घर में कुछ न था, तो दिन-रात गृहस्थी के धंधों और बच्चों के लिए मरती रहती थी। जब ज़रा कुछ सँभला और तुम्हारे आराम करने के दिन आये, तो यों छोड़े चला जा रहा हूँ। आज तक मुझे आशा थी, पर आज वह आशा टूट गई। देखो शीला, रोओ मत। संसार में सभी मरते हैं, कोई दो साल आगे, कोई दो साल पीछे। अब गृहस्थी का भार तुम्हारे ऊपर है। मैंने रुपये नहीं छोड़े; लेकिन जो कुछ है, उससे तुम्हारा जीवन किसी तरह कट जाएगा ··· यह राजा क्यों रो रहा है?

सुशीला ने आँसू पोंछकर कहा—जिद्दी हो गया है, और क्या। आज सबेरे से रट लगाए हुए हैं कि मैं मोटर लूँगा। 5 रुपये से कम में आएगा मोटर?

सेठजी को इधर कुछ दिनों से दोनों बालकों पर बहुत स्नेह हो गया था। बोले—तो मँगा दो न एक। बेचारा कब से रो रहा है। क्या-क्या अरमान दिल में थे। सब धूल में मिल गए। रानी के लिए विलायती गुड़िया भी मँगा दो। दूसरों के खिलौने देखकर तरसती रहती है। जिस धन को प्राणों से भी प्रिय समझा, वह अंत को डॉक्टरों ने खाया। बच्चे मुझे क्या याद करेंगे कि बाप था। अभागे बाप ने तो धन को लड़के-लड़की से प्रिय समझा। कभी पैसे की चीज़ भी लाकर नहीं दी।

अंतिम समय जब संसार की असारता कठोर सत्य बनकर आँखों के सामने खड़ी हो जाती है तो जो कुछ न किया, उसका खेद और जो कुछ किया, उस पर पश्चात्ताप, मन को उदार और निष्कपट बना देता है।

सुशीला ने राजा को बुलाया और उसे छाती से लगाकर रोने लगी। वह मातृ-स्नेह, जो पति की कृपणता से भीतर-ही-भीतर तड़पकर रह जाता था, इस समय जैसे खौल उठा। लेकिन मोटर के लिए रुपये कहाँ थे?

सेठजी ने पूछा—मोटर लोगे बेटा; अपनी अम्माँ से रुपये लेकर भैया के साथ चले जाओ। खूब अच्छी मोटर लाना।

राजा ने माता के आँसू और पिता का यह स्नेह देखा, तो उसका बाल-हठ जैसे पिघल गया। बोला—अभी नहीं लूँगा।'

सेठजी ने पूछा—क्यों?

'जब आप अच्छे हो जाएँगे तब लूँगा।'

सेठजी फूट-फूटकर रोने लगे।

2

तीसरे दिन सेठ रामनाथ का देहांत हो गया।

धनी के जीने से दुःख बहुतों को होता है, सुख थोड़ों को। उनके मरने से

दुःख थोड़ों को है, सुख बहुतों को। महाब्राह्मणों की मंडली अलग सुखी है, पंडितजी अलग खुश हैं, और शायद बिरादरी के लोग भी प्रसन्न हैं, इसलिए कि एक बराबर का आदमी कम हुआ। दिल से एक काँटा दूर हुआ। और पट्टीदारों का तो पूछना ही क्या? अब वह पुरानी कसर निकालेंगे। हृदय को शीतल करने का ऐसा अवसर बहुत दिनों के बाद मिला है।

आज पाँचवाँ दिन है। वह विशाल भवन सूना पड़ा है। लड़के न रोते हैं, न हँसते हैं। मन मारे माँ के पास बैठे हैं और विधवा भविष्य की अपार चिंताओं के भार से दबी हुई निर्जीव-सी पड़ी है। घर में जो रुपये बच रहे थे, वे दाह-क्रिया की भेंट हो गए और अभी सारे संस्कार बाक़ी पड़े हैं। भगवान्, कैसे बेड़ा पार लगेगा।

किसी ने द्वार पर आवाज़ दी। महरी ने आकर सेठ धनीराम के आने की सूचना दी। दोनों बालक बाहर दौड़े। सुशीला का मन भी एक क्षण के लिए हरा हो गया। सेठ धनीराम बिरादरी के सरपंच थे। अबला का क्षुब्ध हृदय सेठजी की इस कृपा से पुलकित हो उठा। आख़िर बिरादरी के मुखिया हैं। ये लोग अनाथों की खोज-ख़बर न लें, तो कौन ले। धन्य हैं ये पुण्यात्मा लोग, जो मुसीबत में दीनों की रक्षा करते हैं!

यह सोचती हुई सुशीला घूँघट निकाले बरोठे में आकर खड़ी हो गई। देखा तो धनीरामजी के अतिरिक्त और भी कई सज्जन खड़े हैं।

धनीराम बोले—बहूजी, भाई रामनाथ की अकाल-मृत्यु से हम लोगों को जो दुःख हुआ है, वह हमारा दिल ही जानता है। अभी उनकी उम्र ही क्या थी, लेकिन भगवत की इच्छा। अब तो हमारा यही धर्म है कि ईश्वर पर भरोसा रखें और आगे के लिए कोई राह निकालें। काम ऐसा करना चाहिए कि घर की आबरू भी बनी रहे और भाईजी की आत्मा संतुष्ट भी हो।

कुबेरदास ने सुशीला को कनखियों से देखते हुए कहा—मर्यादा बड़ी चीज़ है। उसकी रक्षा करना हमारा धर्म है। लेकिन कमली के बाहर पाँव निकालना भी तो उचित नहीं। कितने रुपये हैं तेरे पास, बहू? क्या कहा, कुछ नहीं?

सुशीला—घर में रुपये कहाँ हैं, सेठजी! जो थोड़े-बहुत थे, वह बीमारी में उठ गए।

धनीराम—तो यह नई समस्या खड़ी हुई। ऐसी दशा में हमें क्या करना चाहिए, कुबेरदासजी?

कुबेरदास—जैसे हो, भोज तो करना ही पड़ेगा। हाँ, अपनी सामर्थ्य देखकर काम करना चाहिए। मैं कर्जा लेने को न कहूँगा। हाँ, घर में जितने रुपयों का प्रबंध हो सके, उसमें कोई कसर न छोड़नी चाहिए। मृत जीव के साथ भी तो हमारा कुछ कर्तव्य है। अब तो वह फिर कभी न आएगा, उससे सदैव के लिए नाता टूट रहा है। इसलिए सब-कुछ हैसियत के मुताबिक होना चाहिए। ब्राह्मणों को तो देना ही पड़ेगा कि जिससे मर्यादा का निर्वाह हो।

धनीराम—तो क्या तुम्हारे पास कुछ भी नहीं है, बहूजी? दो-चार हज़ार भी नहीं!

सुशीला—मैं आपसे सत्य कहती हूँ, मेरे पास कुछ नहीं है। ऐसे समय झूठ बोलूँगी?

धनीराम ने कुबेरदास की ओर अर्ध-विश्वास से देखकर कहा—तब तो यह मकान बेचना पड़ेगा।

कुबेरदास—इसके सिवा और क्या हो सकता है? नाक कटाना तो अच्छा नहीं। रामनाथ का कितना नाम था, बिरादरी के स्तम्भ थे। यही इस समय एक उपाय है। 20 हज़ार मेरे आते हैं। सूद-बट्टा लगाकर कोई 25 हज़ार मेरे हो जाएँगे। बाक़ी भोज में खर्च हो जाएगा। अगर कुछ बच रहा, तो बाल-बच्चों के काम आ जाएगा।

धनीराम—आपके यहाँ कितने पर बंधक रखा था?

कुबेर—20 हज़ार पर। रुपये सैकड़े सूद।

धनी—मैंने तो कुछ कम सुना है।

कुबेर— उसका तो रेहननामा रखा है। ज़बानी बातचीत थोड़े ही है। मैं दो-चार हज़ार के लिए झूठ नहीं बोलूँगा।

धनी—नहीं-नहीं, यह मैं कब कहता हूँ। तो तूने सुन लिया, बाई! पंचों की सलाह है कि मकान बेच दिया जाए।

सुशीला का छोटा भाई संतलाल भी इसी समय आ पहुँचा। यह अंतिम वाक्य उसके कान में पड़ गया। बोल उठा—किस लिए मकान बेच दिया जाए? बिरादरी के भोज के लिए? बिरादरी तो खा-पीकर राह लेगी, इन अनाथों की रक्षा कैसे होगी? इनके भविष्य के लिए भी कुछ सोचना चाहिए।

धनीराम ने कोप-भरी आँखों से देखकर कहा—आपको इन मामलों में टाँग अड़ाने का कोई अधिकार नहीं। केवल भविष्य की चिंता करने से काम नहीं चलता। मृतक का पीछा भी किसी तरह सुधारना ही पड़ता है। आपका क्या बिगड़ेगा? हँसी तो हमारी होगी। संसार में मर्यादा से प्रिय कोई वस्तु नहीं। मर्यादा के लिए प्राण तक दे देते हैं। जब मर्यादा ही नहीं रही, तो क्या रहा? अगर हमारी सलाह पूछोगे, तो हम यही कहेंगे। आगे बाई का अख़्तेयार है, जैसा चाहे करे; पर हमसे कोई सरोकार न रहेगा। चलिए कुबेरदासजी, चलें।

सुशीला ने भयभीत होकर कहा—भैया की बातों का विचार न कीजिए, इनकी तो यह आदत है। मैंने तो आपकी बात नहीं टाली, आप मेरे बड़े हैं। घर का हाल आपको मालूम है। मैं अपने स्वामी की आत्मा को दुःखी करना नहीं चाहती; लेकिन जब उनके बच्चे ठोकरें खाएँगे तो क्या उनकी आत्मा दुःखी न होगी? बेटी का ब्याह करना ही है। लड़के को पढ़ाना-लिखाना है ही। ब्राह्मणों को खिला दीजिए; लेकिन बिरादरी करने की मुझमें सामर्थ्य नहीं है।

दोनों महानुभावों को जैसे थप्पड़ लगा—इतना बड़ा अधर्म! भला, ऐसी बात भी ज़बान से निकाली जाती है। पंच लोग अपने मुँह कालिख न लगने देंगे। दुनिया विधवा को न हँसेगा, हँसी होगी पंचों की। यह जगहँसाई वे कैसे सह सकते हैं। ऐसे घर के द्वार पर झाँकना भी पाप है।

सुशीला रोकर बोली—मैं अनाथ हूँ, नादान हूँ, मुझ पर क्रोध न कीजिए। आप लोग ही मुझे छोड़ देंगे, तो मेरा कैसे निर्वाह होगा?

इतने में दो महाशय और आ बिराजे। एक बहुत मोटे और दूसरे बहुत दुबले। नाम भी गुणों के अनुसार ही—भीमचंद और दुर्बलदास। धनीराम ने संक्षेप में यह परिस्थिति उन्हें समझा दी। दुर्बलदास ने सहृदयता से कहा—तो ऐसा क्यों नहीं करते कि हम लोग मिलकर कुछ रुपये दे दें। जब इसका लड़का सयाना हो जाएगा, तो रुपये मिल जाएँगे। अगर न भी मिलें, तो एक मित्र के लिए कुछ बल खा जाना कोई बड़ी बात नहीं।

संतलाल ने प्रसन्न होकर कहा—इतनी दया आप करेंगे, तो क्या पूछना।

कुबेरदास त्योरी चढ़ाकर बोले—तुम तो बे-सिर-पैर की बातें करने लगे;

दुर्बलदासजी! इस बखत के बाज़ार में किसके पास फालतू रुपये रखे हुए हैं?

भीमचंद–सो तो ठीक है, बाज़ार की ऐसी मंदी तो कभी देखी नहीं; पर निर्वाह तो करना चाहिए ।

कुबेरदास अकड़ गए। वह सुशीला के मकान पर दाँत लगाए हुए थे। ऐसी बातों से उनके स्वार्थ में बाधा पड़ती थी। वह अपने रुपये अब वसूल करके छोड़ेंगे। औरतों के झमेले में नहीं पड़ेंगे।

भीमचंद ने उन्हें किसी तरह सचेत किया, लेकिन भोज तो देना ही पड़ेगा। उस कर्तव्य का पालन न करना समाज की नाक काटना है।

सुशीला ने दुर्बलदास में सहृदयता का आभास देखा। उनकी ओर दीन नेत्रों से देखकर बोली–मैं आप लोगों से बाहर थोड़े ही हूँ। आप लोग मालिक हैं, जैसा उचित समझें, वैसा करें।

दुर्बलदास–तेरे पास कुछ थोड़े-बहुत गहने तो होंगे, बाई?

'हाँ, गहने हैं। आधे तो बीमारी में बिक गए, आधे बचे हैं। सुशीला ने सारे गहने लाकर पंचों के सामने रख दिए; पर यह तो मुश्किल से तीन हज़ार में उठेंगे।

दुर्बलदास ने पोटली को हाथ में तौलकर कहा–तीन हज़ार को कैसे जाएँगे। मैं साढ़ तीन हज़ार दिला दूँगा।

भीमचंद ने फिर पोटली को तौलकर कहा–मेरी बोली चार हज़ार की है।

कुबेरदास को मकान की बिक्री का प्रश्न छेड़ने का अवसर फिर मिला–चार हज़ार ही में क्या हुआ जाता है। बिरादरी का भोज है या दोष मिटाना है। बिरादरी में कम-से-कम दस हज़ार का खरचा है। मकान तो निकालना ही पड़ेगा।

संतलाल ने होंठ चबाकर कहा–मैं कहता हूँ, आप लोग क्या इतने निर्दयी हैं! आप लोगों को अनाथ बालकों पर भी दया नहीं आती? क्या उन्हें रास्ते का भिखारी बनाकर छोड़ेंगे?

लेकिन संतलाल की फ़रियाद पर किसी ने ध्यान न दिया। मकान की बातचीत अब नहीं टाली जा सकती थी। बाज़ार मंदा है। 30 हज़ार से वेशी नहीं मिल सकते, 25 हज़ार तो कुबेरदास के हैं। पाँच हज़ार बचेंगे। चार हज़ार गहनों से आ जाएँगे। इस तरह 7 हज़ार में बड़ी किफ़ायत से ब्रह्म-भोज और बिरादरी-भोज दोनों निबटा दिए जाएँगे।

सुशीला ने दोनों बालकों को सामने करके करबद्ध होकर कहा–पंचों, मेरे बच्चों का मुँह देखिए। मेरे घर में जो कुछ है, वह आप सब ले लीजिए, लेकिन मकान छोड़ दीजिए, मुझे कहीं ठिकाना न मिलेगा। मैं आपके पैरों पड़ती हूँ, मकान इस समय न बेचें।

इस मूर्खता का क्या जवाब दिया जाए। पंच लोग तो खुद चाहते थे कि मकान न बेचना पड़े। उन्हें अनाथों से कोई दुश्मनी नहीं थी; किन्तु बिरादरी का भोज और किस तरह किया जाए? अगर विधवा कम-से-कम पाँच हज़ार का जोगाड़ और कर दे, तो मकान बच सकता है; पर जब वह ऐसा नहीं कर सकती, तो मकान बेचने के सिवा और तो कोई उपाय नहीं।

कुबेरदास ने अंत में कहा–देखो बाई, बाज़ार की दशा इस समय ख़राब है। रुपये किसी से उधार नहीं मिल सकते। बाल-बच्चों के भाग में लिखा होगा, तो भगवान् और किसी हीले से देगा। हीले रोज़ी, बहाने मौत। बाल-बच्चों की चिन्ता मत कर। भगवान् जिसको जन्म देते हैं, उसकी जीविका की जुगत पहले ही से कर देते हैं। हम तुझे समझाकर हार गए। अगर तू अब भी अपना हठ न छोड़ेगी

तो हम बात भी न पूछेंगे। फिर यहाँ तेरा रहना मुश्क़िल हो जाएगा। शहरवाले तेरे पीछे पड़ जाएँगे।

विधवा सुशीला अब और क्या करती? पंचों से लड़कर वह कैसे रह सकती थी? पानी में रहकर मगर से कौन बैर कर सकता है? घर में जाने के लिए उठी, पर वहीं मूर्छित होकर गिर पड़ी। अभी तक आशा सँभाले हुई थी। बच्चों के पालन-पोषण में वह अपना वैधव्य भूल सकती थी; पर अब तो अंधकार था, चारों ओर।

3

सेठ रामनाथ के मित्रों का उनके घर पर पूरा अधिकार था। मित्रों का अधिकार न हो तो किसका हो? स्त्री कौन होती है? जब वह इतनी मोटी-सी बात नहीं समझती कि बिरादरी करना और धूम-धाम से दिल खोलकर करना लाज़िमी बात है, तो उससे और कुछ कहना व्यर्थ है। गहने कौन खरीदे? भीमचंद चार हज़ार दाम लगा चुके थे, लेकिन अब उन्हें मालूम हुआ कि उनसे भूल हुई थी। दुर्बलदास ने तीन हज़ार लगाए थे। इसलिए सौदा उन्हीं के हाथ हुआ। इस बात पर दुर्बलदास और भीमचंद में तकरार भी हो गई; लेकिन भीमचंद को मुँह की खानी पड़ी। न्याय दुर्बल के पक्ष में था।

धनीराम ने कटाक्ष किया—देखो दुर्बलदास, माल तो ले जाते हो; पर तीन हज़ार से बेसी का है। मैं नीति की हत्या नहीं होने दूँगा।

कुबेरदास बोले—अजी, तो घर में ही तो है, कहीं बाहर तो नहीं गया। एक दिन मित्रों की दावत हो जाएगी।

इस पर चारों महानुभाव हँसे। इस काम से फ़ुरसत पाकर अब मकान का प्रश्न उठा। कुबेरदास 30 हज़ार देने पर तैयार थे; पर कानूनी कार्रवाई किए बिना सन्देह की गुंजाइश थी। यह गुंजाइश क्योंकर रखी जाए। एक दलाल बुलाया गया। नाटा-सा आदमी था, पोपला मुँह, कोई 70 की अवस्था। नाम था चोखेलाल।

कुबेरदास ने कहा—चोखेलालजी से हमारी तीन साल की दोस्ती है। आदमी क्या रत्न हैं।

भीमचंद—देखो चोखेलाल, हमें यह मकान बेचना है। इसके लिए कोई अच्छा ग्राहक लाओ। तुम्हारी दलाली पक्की।

कुबेरदास—बाज़ार का हाल अच्छा नहीं है; लेकिन फिर भी हमें यह तो देखना पड़ेगा कि रामनाथ के बाल-बच्चों को टोटा न हो। (चोखेलाल के कान में) तीस से आगे न जाना।

भीमचंद—देखिए कुबेरदास; यह अच्छी बात नहीं है।

कुबेरदास—तो मैं क्या कर रहा हूँ। मैं तो यही कह रहा था कि अच्छा दाम लगवाना।

चोखेलाल—आप लोगों को मुझसे यह कहने की ज़रूरत नहीं। मैं अपना धर्म समझता हूँ। रामनाथजी मेरे भी मित्र थे। मुझे यह भी मालूम है कि इस मकान के बनवाने में एक लाख से कम एक पाई भी नहीं लगी; लेकिन बाज़ार का हाल क्या आप लोगों में छिपा है? इस समय इसके 25 हज़ार से बेसी नहीं मिल सकते। सुभीते से कोई ग्राहक मिल जाये, तो दस-पाँच हज़ार और मिल जाएँगे; लेकिन इस समय तो 25 हज़ार भी मुश्क़िल से मिलेंगे। लो दही और लाव दही की बात है।

धनीराम—25 हज़ार तो बहुत कम हैं भाई, और न सही 30 हज़ार तो करा दो।

चोखेलाल—30 क्या मैं 40 करा दूँ, पर कोई ग्राहक तो मिले। आप लोग कहते हैं, तो मैं 30 हज़ार की बातचीत करूँगा।

धनीराम—जब तीस हज़ार में ही देना है तो कुबेरदासजी ही क्यों न ले लें। इतना सस्ता माल दूसरों को दिया जाए?

कुबेरदास—आप सब लोगों की राय हो तो ऐसा ही कर लिया जाए।

धनीराम ने 'हाँ', 'हाँ', कहकर हामी भरी। भीमचंद मन में ऐंठकर रह गए। यह सौदा भी पक्का हो गया। आज ही वकील ने बैनामा लिखा। तुरन्त रजिस्ट्री भी हो गई। सुशीला के सामने बैनामा लाया गया, तो उसने एक ठंडी साँस ली और सजल नेत्रों से उस पर हस्ताक्षर कर दिए। अब उसे उसके सिवा और कहीं शरण नहीं है। बेवफा मित्र की भाँति यह घर भी सुख के दिनों में साथ देकर दुःख के दिनों में उसका साथ छोड़ रहा है।

पंच लोग सुशीला के आँगन में बैठ, बिरादरी के रुक्के लिख रहे हैं और अनाथ विधवा ऊपर झरोखे पर बैठी भाग्य को रो रही है। इधर रुक्का तैयार हुआ, उधर विधवा की आँखों से आँसू की बूँदें निकलकर रुक्के पर गिर पड़ीं।

धनीराम ने ऊपर देखकर कहा—पानी का छींटा कहाँ से आया?

संतलाल—बाई बैठी रहो रही है। उसने रुक्के पर अपने रक्त के आँसुओं की मुहर लगा दी है।

धनीराम—(ऊँचे स्वर में) अरे, तो तू रो क्यों रही है, बाई? यह रोने का समय नहीं है। तुझे तो प्रसन्न होना चाहिए कि पंच लोग तेरे घर में आज यह शुभ-कार्य करने के लिए जमा हैं। जिस पति के साथ तूने इतने दिनों भोग-विलास किया, उसी का पीछा सुधारने में तू दुःख मानती है?

बिरादरी में रुक्का फिरा। इधर तीन-चार दिन पंचों ने भोज की तैयारियों में बिताए। घी धनीराम की आढ़त से आया। मैदा-चीनी की आढ़त भी उन्हीं की थी। पाँचवे दिन प्रातःकाल ब्रह्म-भोज हुआ। संध्या-समय बिरादरी का ज्योनार। सुशीला के द्वार पर बग्घियों ओर मोटरों की कतारें खड़ी थीं। भीतर मेहमानों की पंगतें थीं। आँगन, बैठक, दालान, बरोठा, ऊपर की छत, नीचे-ऊपर मेहमानों से भरा हुआ था। लोग भोजन करते थे और पंचों को सराहते थे।

'खर्च तो सभी करते हैं; पर इंतजाम का सलीका चाहिए। ऐसे स्वादिष्ट पदार्थ बहुत कम खाने में आते हैं।'

'सेठ चम्पाराम के भोज के बाद ऐसा भोज रामनाथजी का ही हुआ है।'

'अमृतियाँ कैसी कुरकुरी हैं।'

'रसगुल्ले मेवों से भरे हैं।'

'सारा श्रेय पंचों को है।'

धनीराम ने नम्रता से कहा—आप भाइयों की दया है जो ऐसा कहते हो। रामनाथ से भाईचारे का व्यवहार था। नहीं करते तो कौन करता? चार दिन से सोना नसीब नहीं हुआ।

'आप धन्य हैं! मित्र हों तो ऐसे हों।'

'क्या बात है! आपने रामनाथजी का नाम रख लिया। बिरादरी यही खाना-खिलाना देखती है। रोकड़ देखने नहीं आती।'

मेहमान लोग बखान-बखानकर तर माल उड़ा रहे थे और उधर कोठरी में

बैठी हुई सुशीला सोच रही थी संसार में ऐसे स्वार्थी लोग भी हैं। सारा संसार स्वार्थमय हो गया है? सब पेटों पर हाथ फेर-फेरकर भोजन कर रहे हैं। कोई इतना भी नहीं पूछता कि अनाथों के लिए भी कुछ बचा या नहीं।

4

एक महीना गुज़र गया। सुशीला को एक-एक पैसे की तंगी हो रही थी। नकद था ही नहीं, गहने निकल गए थे। अब थोड़े से बरतन बच रहे थे। उधर छोटे-छोटे बहुत से बिल चुकाने थे। कुछ रुपये डॉक्टर के, कुछ दरज़ी के, कुछ बनियों के। सुशीला को यह रकम घर का बचा-खुचा सामान बेचकर चुकानी पड़ी। और महीना पूरा होते-होते उसके पास कुछ न बचा। बेचारा संतलाल एक दूकान पर मुनीम था। कभी-कभी वह आकर एकाध रुपया दे देता। इधर खर्च का हाथ फैला हुआ था। लड़के अवस्था को समझते थे। माँ को छेड़ते न थे; पर मकान के सामने से कोई खोंचेवाला निकल जाता और वे दूसरे लड़कों को फल या मिठाइयाँ खाते देखते, तो उनके मुँह में चाहे पानी न आए, आँखों में अवश्य भर जाता था। ऐसी ललचायी आँखों से ताकते थे कि दया आती थी। वह बच्चे, जो थोड़े दिन पहले मेवे-मिठाई की ओर ताकते न थे, अब एक-एक पैसे की चीज़ को तरसते थे। वही सज्जन, जिन्होंने बिरादरी को भोजन करवाया था, अब घर के सामने से निकल जाते; पर कोई झाँकता न था।

शाम हो गई थी। सुशीला चूल्हा जलाए रोटियाँ सेंक रही थी और दोनों बालक चूल्हे के पास रोटियों को क्षुधित नेत्रों से देख रहे थे। चूल्हे के दूसरे ऐले पर दाल थी। दाल के पकने का इंतज़ार था। लड़की ग्यारह साल की थी, लड़का आठ साल का।

मोहन अधीर होकर बोला, अम्माँ, मुझे सूखी रोटियाँ ही दे दो। बड़ी भूख लगी है।

सुशीला–अभी दाल कच्ची है भैया।

रेवती–मेरे पास एक पैसा है। मैं उसका दही लिये आती हूँ।

सुशीला–तूने पैसा कहाँ पाया?

रेवती–मुझे कल अपनी गुड़ियों की पिटारी में मिल गया था।

सुशीला–लेकिन जल्द आइयो।

रेवती दौड़कर बाहर गयी और थोड़ी देर में एक पत्ते पर ज़रा-सा दही ले आयी। माँ ने रोटी सेंककर दे दी। मोहन दही से खाने लगा। आम लड़कों की भाँति वह स्वार्थी था। बहन से पूछा भी नहीं।

सुशीला ने कड़ी आँखों से देखकर कहा–बहन को भी दे दे। अकेला ही खा जाएगा।

मोहन लज्जित हो गया। उसकी आँखें डबडबा आयीं।

रेवती बोली–नहीं अम्माँ, मिला ही कितना है। तुम खाओ मोहन, तुम्हें जल्दी ही नींद आती है। मैं तो दाल पक जाएगी, तो खाऊँगी।

उसी वक़्त दो आदमियों ने आवाज़ दी। रेवती ने बाहर आकर पूछा। यह सेठ कुबेरदास के आदमी थे। मकान खाली कराने आये थे। क्रोध से सुशीला की आँखें लाल हो गईं।

बरोठे में आकर कहा—अभी मेरे पति को पीछे हुए एक महीना भी नहीं हुआ, मकान खाली कराने की धुन सवार हो गई। मेरा 50 हज़ार का घर 30 हज़ार में ले लिया, पाँच हज़ार सूद के उड़ाए, फिर भी तस्कीन नहीं होती। कह दो, मैं अभी खाली नहीं करूँगी।

मुनीम ने नम्रता से कहा—बाईजी, मेरा क्या अख़्तेयार है। मैं तो केवल संदेशिया हूँ। जब चीज़ दूसरे की हो गई, तो आपको छोड़नी ही पड़ेगी। झंझट करने से क्या मतलब।

सुशीला भी समझ गई, ठीक ही कहता है। गाय हत्या के बल कै दिन खेत चरेगी। नर्म होकर बोली—सेठजी से कहो, मुझे दस-पाँच दिन की मुहलत दें। लेकिन नहीं, कुछ मत कहो। क्यों दस-पाँच दिन के लिए किसी का एहसान लूँ? मेरे भाग्य में इस घर में रहना लिखा होता, तो निकलता ही क्यों?

मुनीम ने पूछा—तो कल सवेरे तक खाली हो जाएगा?

सुशीला—हाँ, हाँ कहती तो हूँ। लेकिन सबेरे तक क्यों, मैं अभी खाली किए देती हूँ। मेरे पास कौन-सा बड़ा सामान है। तुम्हारे सेठजी का रात भर का किराया मारा जाएगा। जाकर ताला-वाला लाओ या लाये हो?

मुनीम—ऐसी क्या जल्दी है, बाई! कल सावधानी से खाली कर दीजिएगा।

सुशीला—कल का झगड़ा क्यों रखूँ। मुनीमजी, आप जाइए, ताला लाकर डाल दीजिए। यह कहती हुई सुशीला अंदर गयी, बच्चों को भोजन कराया, एक रोटी आप किसी तरह निगली, बरतन धोए, फिर एक एक्का मँगवाकर उस पर अपना मुक्तसर सामान लादा और भारी हृदय से उस घर से हमेशा के लिए बिदा हो गई।

जिस वक़्त वह घर बनवाया था, मन में कितनी उमंगें थीं। इसके प्रवेश में कई हज़ार ब्राह्मणों का भोज हुआ था। सुशीला को इतनी दौड़-धूप करनी पड़ी थी कि वह महीने भर बीमार रही थी। इसी घर में उनके दो लड़के मरे थे। वहीं उसका पति मरा था। मरनेवालों की स्मृतियों ने उसकी एक-एक ईंट को पवित्र कर दिया था। एक-एक पत्थर मानो उसके हर्ष से सुखी और उसके शोक से दुःखी होता था। वह घर आज उससे छूटा जा रहा है।

उसने रात एक पड़ोसी के घर में काटी और दूसरे दिन 10 रु० महीना पर एक गली में दूसरा मकान ले लिया।

5

इस नए कमरे में इन अनाथों ने तीन महीने जिस कष्ट से काटे, वह समझनेवाले ही समझ सकते हैं। भला हो बेचारे संतलाल का। वह दस-पाँच रुपये से मदद कर दिया करता था। अगर सुशीला दरिद्र घर की होती, तो पिसाई करती, कपड़े सीती, किसी के घर में टहल करती, पर जिन कामों को बिरादरी नीचा समझती है, उनका सहारा कैसे लेती? नहीं तो लोग कहते, यह सेठ रामनाथ की स्त्री है! उस नाम की भी तो लाज रखनी थी। समाज के चक्रव्यूह से किसी तरह भी तो छुटकारा नहीं होता। लड़की के दो-एक गहने बच रहे थे। वह भी बिक गए। जब रोटियों के ही लाले थे, तो घर का किराया कहाँ से आता? तीन महीने बाद घर का मालिक, जो उसी बिरादरी का एक प्रतिष्ठित व्यक्ति था और जिसने मृतकभोज में खूब

बढ़-बढ़कर हाथ मारे थे, अधीर हो उठा। बेचारा कितना धैर्य रखता! 30 रु० का मामला है, रुपये आठ आने की बात नहीं है। इतनी बड़ी रकम नहीं छोड़ी जाती।

आख़िर एक दिन सेठजी ने आकर लाल-लाल आँखें करके कहा—अगर तू किराया नहीं दे सकती, तो घर खाली कर दे। मैंने बिरादरी के नाते इतनी मुरौवत की। अब किसी तरह काम नहीं चल सकता।

सुशीला बोली—सेठजी, मेरे पास रुपये होते, तो पहले आपका किराया देकर तब पानी पीती। आपने इतनी मुरौवत की, इसके लिए मेरा सिर आपके चरणों पर है; लेकिन अभी मैं बिलकुल खाली हाथ हूँ। यह समझ लीजिए कि एक भाई के बाल-बच्चों की परवरिश कर रहे हैं। और क्या कहूँ!

सेठ—चल-चल, इस तरह की बातें बहुत सुन चुका। बिरादरी का आदमी है, तो उसे चूस लो। कोई मुसलमान होता, तो उसे चुपके से महीने-महीने दे देतीं, नहीं तो उसने निकाल बाहर किया होता। मैं बिरादरी का हूँ, इसलिए किराया देने की दरकार नहीं। मुझे माँगना ही नहीं चाहिए। यही तो बिरादरी के साथ करना चाहिए।

इसी समय रेवती भी आकर खड़ी हो गई। सेठजी ने उसे सिर से पाँव तक देखा और तब किसी कारण से बोले—अच्छा, यह लड़की तो सयानी हो गई। कहीं इसकी सगाई की बातचीत नहीं की?

रेवती तुरंत भाग गई। सुशीला ने इन शब्दों में आत्मीयता की झलक पाकर पुलकित कण्ठ से कहा—अभी तो कहीं बातचीत नहीं हुई सेठजी। घर का किराया तक तो अदा नहीं कर सकती, सगाई क्या करूँगी; फिर अभी छोटी भी तो है।

सेठजी ने तुरंत शास्त्रों का आधार दिया। कन्याओं के विवाह की यही अवस्था है। धर्म को कभी नहीं छोड़ना चाहिए। किराये की कोई बात नहीं है। हमें क्या मालूम था कि सेठ रामनाथ के परिवार की यह दशा है।

सुशीला—तो आपकी निग़ाह में कोई अच्छा वर है! यह तो आप जानते ही हैं, मेरे पास लेने-देने को कुछ नहीं है?

झाबरमल—(इन सेठजी का यही नाम था)—लेने-देने का कोई झगड़ा नहीं होगा, बाईजी। ऐसा घर है कि लड़की आजीवन सुखी रहेगी। लड़का भी उसके साथ रह सकता है। कुल का सच्चा, हर तरह से सम्पन्न परिवार है। हाँ, वर दोहाजू (दुजबर) है।

सुशीला—उम्र अच्छी होनी चाहिए, दोहाजू होने से क्या होता है।

झाबरमल—उम्र कुछ ज़्यादा नहीं, अभी चालीसवाँ ही साल है उसका; पर देखने में अच्छा हृष्ट-पुष्ट है। मर्द की उम्र उसका भोजन है। बस, यह समझ लो कि परिवार का उद्धार हो जाएगा।

सुशीला ने अनिच्छा के भाव से कहा—अच्छा, मैं सोचकर ज़वाब दूँगी। एक बार मुझे दिखा देना।

झाबरमल—दिखाने को कहीं नहीं जाना है, बाई। वह तेरे सामने ही खड़ा है।

सुशीला ने घृणापूर्ण नेत्रों से उसकी ओर देखा। इस पचास साल के बुड्ढे की यह हवस! छाती का मांस लटककर नाभी तक आ पहुँचा है, फिर भी विवाह की धुन सवार है। यह दुष्ट समझता है कि प्रलोभन में पड़कर मैं अपनी लड़की उसके गले में बाँध दूँगी। वह अपनी बेटी को आजीवन क्वाँरी रखेगी; पर ऐसे मृतक से विवाह करके उसका जीवन नष्ट न करेगी; पर उसने अपने क्रोध को

शांत किया। समय का फेर है, नहीं तो ऐसों को उससे ऐसा प्रस्ताव करने का साहस ही क्यों होता। बोली—आपकी इस कृपा के लिए आपको धन्यवाद देती हूँ, सेठजी; पर मैं कन्या का विवाह आपसे नहीं कर सकती।

झाबरमल—तो और तू समझती है कि तेरी कन्या के लिए बिरादरी में कोई कुमार मिल जायगा?

सुशीला—मेरी लड़की क्वाँरी रहेगी।

झाबरमल—और रामनाथजी के नाम को कलंकित करेगी?

सुशीला—तुम्हें मुझसे ऐसी बात करते लाज नहीं आती? नाम के लिए घर खोया, संपत्ति खोयी; पर कन्या को कुएँ में नहीं डुबा सकती।

झाबरमल—तो मेरा किराया दे दे।

सुशीला—अभी मेरे पास रुपये नहीं हैं।

झाबरमल ने भीतर घुसकर गृहस्थी की एक-एक वस्तु निकालकर गली में फेंक दी। घड़ा फूट गया, मटके टूट गए। संदूक के कपड़े बिखर गए। सुशीला तटस्थ खड़ी अपने अदिन की यह क्रूर क्रीड़ा देखती रही।

घर को यों विध्वंस करके झाबरमल ने घर में ताला डाल दिया और अदालत से रुपये वसूल करने की धमकी देकर चले गए।

6

बड़ों के पास धन होता है, छोटों के पास हृदय होता है। धन से बड़े-बड़े व्यापार होते हैं, बड़े-बड़े महल बनते हैं, नौकर-चाकर होते हैं, सवारी-शिकारी होती है। हृदय से समवेदना होती है, आँसू निकलते हैं।

उसी मकान से मिली हुई एक साग-भाजी बेचनेवाली खटकिन की दूकान थी। वृद्धा, विधवा, निपूती स्त्री थी, बाहर से आग, भीतर से पानी। झाबरमल को सैकड़ों सुनायी और सुशीला की एक-एक चीज़ उठाकर अपने घर में ले गई। मेरे घर में रहो बहू। मुरौवत में आ गई, नहीं तो उसकी मूँछें उखाड़ लेती। मौत सिर पर नाच रही है, आगे नाथ, न पीछे पगहा! और धन के पीछे मरा जाता है। जाने छाती पर लादकर ले जाएगा। तुम चलो, मेरे घर में रहो। मेरे यहाँ किसी बात का खटका नहीं। बस, मैं अकेली हूँ। एक टुकड़ा मुझे भी दे देना।

सुशीला ने डरते-डरते कहा—माता, मेरे पास सेर-भर आटे के सिवा और कुछ नहीं है। मैं तुम्हें किराया कहाँ से दूँगी?

बुढ़िया ने कहा—मैं झाबरमल नहीं हूँ बहू, न कुबेरदास हूँ? मैं तो समझती हूँ, ज़िंदगी में सुख भी है, दुःख भी है। सुख में इतराओ मत, दुःख में घबराओ मत। तुम्हीं से चार पैसे कमाकर अपना पेट पालती हूँ। तुम्हें उस दिन भी देखा था, जब तुम महल में रहती थीं, और आज भी देख रही हूँ, जब तुम अनाथ हो। जो मिज़ाज़ तब था, वही अब है। मेरे धन्य भाग कि तुम मेरे घर में आओ। मेरी आँखें फूटी हैं, जो तुमसे किराया माँगने जाऊँगी?

इस सांत्वना से भरे हुए सरल शब्दों ने सुशीला के हृदय का बोझ हलका कर दिया। उसने देखा, सच्ची सज्जनता भी दरिद्रों और नीचों ही के पास रहती है। बड़ों की दया भी होती है, अहंकार का दूसरा रूप।

इस खटकिन के साथ रहते हुए सुशीला को छः महीने हो गए थे। सुशीला

का उससे दिन-दिन स्नेह बढ़ता जाता था। वह जो कुछ पाती, लाकर सुशीला के हाथ में रख देती। दोनों बालक उसकी दो आँखें थीं। मजाल न थी कि पड़ोस का कोई आदमी उन्हें कड़ी आँखों से देख ले। बुढ़िया दुनिया सिर पर उठा लेती। संतलाल हर महीने कुछ-न-कुछ दे दिया करता था। इससे रोटी-दाल चल जाती थी।

कार्तिक का महीना था, ज्वर का प्रकोप हो रहा था। मोहन एक दिन खेलता-कूदता बीमार पड़ गया और तीन दिन तक अचेत पड़ा रहा। ज्वर इतने ज़ोर का था कि पास खड़े रहने से लपट-सी निकलती थी। बुढ़िया ओझे-सयानों के पास दौड़ती फिरती थी; पर ज्वर उतरने का नाम न लेता था। सुशीला को भय हो रहा था, यह टाइफाइड है। इससे उसके प्राण सूख रहे थे।

चौथे दिन उसने रेवती से कहा–बेटी, तूने बड़े पंचजी का घर तो देखा है। जाकर उनसे कहो–भैया बीमार हैं, कोई डॉक्टर को भेज दें।

रेवती को कहने भर की देर थी। दौड़ती हुई सेठ कुबेरदास के पास गयी।

कुबेरदास बोले–डॉक्टर की फीस 16 रु० है। तेरी माँ दे देगी?

रेवती ने निराश होकर कहा–अम्माँ के पास रुपये कहाँ हैं?

कुबेर–तो फिर किस मुँह से मेरे डॉक्टर को बुलाती है। तेरा मामा कहाँ है? उनसे जाकर कह, सेवा समिति से कोई डॉक्टर बुला ले जाये, नहीं तो खैराती अस्पताल में क्यों नहीं लड़के को ले जाती? या अभी वही पुरानी बू समायी हुई है। कैसी मूर्ख स्त्री है, घर में टका नहीं है और डॉक्टर का हुकुम लगा दिया। समझती होगी, फीस पंचजी दे देंगे। पंचजी क्यों फीस दें? बिरादरी का धन धर्म-कार्य के लिए है, यों उड़ाने के लिए नहीं है।

रेवती माँ के पास लौटी, पर जो कुछ सुना था, वह उससे न कह सकी। घाव पर नमक क्यों छिड़के? बहाना कर दिया; बड़े पंचजी कहीं गये हैं।

सुशीला–तो मुनीम से क्यों नहीं कहा? यहाँ क्या कोई मिठाई खाए जाता था, जो दौड़ी चली आयी?

इसी वक़्त संतलाल एक वैद्यजी को लेकर आ पहुँचा।

7

वैद्यजी भी एक दिन आकर दूसरे दिन न लौटे। सेवा-समिति के डॉक्टर भी दो दिन बड़ी मिन्नतों से आये। फिर उन्हें भी अवकाश न रहा और मोहन की दशा दिनोंदिन बिगड़ती जाती थी। महीना बीत गया, पर ज्वर ऐसा चढ़ा कि एक क्षण के लिए भी न उतरा। उसका चेहरा इतना सूख गया था कि देखकर दया आती थी। न कुछ बोलता, न कहता, यहाँ तक कि करवट भी न बदल सकता था। पड़े-पड़े देह की खाल फट गई, सिर के बाल गिर गए। हाथ-पाँव लकड़ी हो गए। संतलाल काम से छुट्टी पाता, तो आ जाता, पर इससे क्या होता, तीमारदारी दवा तो नहीं है।

एक दिन संध्या समय उसके हाथ ठण्डे हो गए। माता के प्राण पहले ही से सूख गए थे। यह हाल देखकर रोने-पीटने लगी। मिन्नतें तो बहुतेरी हो चुकी थीं, रोती हुई मोहन की खाट के सात फेरे करके हाथ बाँधकर बोली–भगवन्! यही मेरे जन्म की कमाई है। अपना सर्वस्व खोकर भी मैं बालक को छाती से लगाए हुए संतुष्ट थी; लेकिन यह चोट न सही जाएगी। तुम इसे अच्छा कर दो। इसके बदले मुझे उठा लो। बस, मैं यही दया चाहती हूँ, दयामय!

संसार के रहस्य को कौन समझ सकता है? क्या हममें से बहुतों का यह अनुभव नहीं कि जिस दिन हमने बेईमानी करके कुछ रकम उड़ाई, उसी दिन उस रकम का दुगुना नुकसान हो गया। सुशीला को उसी दिन रात को ज्वर आ गया और उसी दिन मोहन का ज्वर उतर गया। बच्चे की सेवा-सुश्रूषा में आधी तो यों ही रह गई थी, इस बीमारी ने ऐसा पकड़ा कि फिर न छोड़ा। मालूम नहीं, देवता बैठे सुन रहे थे या क्या, उसकी याचना अक्षरशः पूरी हुई। पंद्रहवें दिन मोहन चारपाई से उठकर माँ के पास आया और उसकी छाती पर सिर रखकर रोने लगा। माता ने उसके गले में बाहें डालकर उसे छाती से लगा लिया और बोली–क्यों रोते हो बेटा! मैं अच्छी हो जाऊँगी। अब मुझे क्या चिंता! भगवान् पालनेवाले हैं। वही तुम्हारे रक्षक हैं। वही तुम्हारे पिता हैं। अब मैं सब तरफ़ से निश्चिंत हूँ। जल्द अच्छी हो जाऊँगी।

मोहन बोला–जिया तो कहती है, अम्माँ अब न अच्छी होगी।

सुशीला ने बालक का चुंबन लेकर कहा–जिया पगली है, उसे कहने दो। मैं तुम्हें छोड़कर कहीं न जाऊँगी। मैं सदा तुम्हारे साथ रहूँगी। हाँ, जिस दिन तुम कोई अपराध करोगे, किसी की कोई चीज़ उठा लोगे, उसी दिन मैं मर जाऊँगी!

मोहन ने प्रसन्न होकर कहा–तो तुम मेरे पास से कभी नहीं जाओगी माँ?

सुशीला ने कहा–कभी नहीं बेटा, कभी नहीं।

उसी रात को दुख और विपत्ति की मारी हुई यह अनाथ विधवा दोनों अनाथ बालकों को भगवान् पर छोड़कर परलोक सिधार गई।

8

इस घटना को तीन साल हो गए हैं; मोहन और रेवती दोनों उसी वृद्धा के पास रहते हैं। बुढ़िया माँ तो नहीं है; लेकिन माँ से बढ़कर है। रोज़ मोहन को रात की रखी रोटियाँ खिलाकर गुरुजी की पाठशाला में पहुँचा आती है। छुट्टी के समय जाकर लिवा आती है। रेवती का अब चौदहवाँ साल है। वह घर का सारा काम–पीसना-कूटना, चौका-बरतन, झाड़ू-बहारू करती है। बुढ़िया सौदा बेचने चली जाती है तो वह दूकान पर आ बैठती है।

एक दिन बड़े पंच सेठ कुबेरदास ने उसे बुला भेजा और बोले–तुझे दूकान पर बैठते शर्म नहीं आती, सारी बिरादरी की नाक कटा रही है? ख़बरदार, जो कल से दूकान पर बैठी। मैंने तेरे पाणिग्रहण के लिए झाबरमलजी को पक्का कर लिया है।

सेठानी ने समर्थन किया–तू अब सयानी हुई बेटी, अब तेरा इस तरह बैठना अच्छा नहीं। लोग तरह-तरह की बातें करने लगते हैं। सेठ झाबरमल तो राजी ही न होते थे, हमने बहुत कह-सुनकर राज़ी किया है। बस, समझ ले कि रानी हो जाएगी। लाखों की सम्पत्ति है, लाखों की। तेरे धन्य भाग्य कि ऐसा वर मिला। तेरा छोटा भाई है। उसको भी कोई दूकान करा दी जाएगी।

सेठ–बिरादरी की कितनी बदनामी है!

सेठानी–है ही।

रेवती ने लज्जित होकर कहा–मैं क्या जानूँ, आप मामा से कहें?

सेठ (बिगड़कर)–वह कौन होता है! टके पर मुनीमी करता है। उससे मैं

क्या पूछूँ? मैं बिरादरी का पंच हूँ! मुझे अधिकार है, जिस काम से बिरादरी का कल्याण देखूँ, वह करूँ। मैंने और पंचों से राय ले ली है। सब मुझसे सहमत हैं। अगर तू यों नहीं मानेगी, तो हम अदालती कार्रवाई करेंगे। तुझे ख़रच-बरच का काम होगा, यह लेती जा।

यह कहते हुए उन्होंने 20 रु० के नोट रेवती की तरफ़ फेंक दिए।

रेवती ने नोट उठाकर वहीं पुरजे-पुरजे कर डाले और तमतमाए मुख से बोली—बिरादरी ने तब हम लोगों की बात न पूछी, जब हम रोटियों को मोहताज थे। मेरी माता मर गई, कोई झाँकने तक न गया। मेरा भाई बीमार हुआ, किसी ने ख़बर तक न ली। ऐसी बिरादरी की मुझे परवाह नहीं है।

रेवती चली गई, तो झाबरमल कोठरी से निकल आए। चेहरा उदास था।

सेठानी ने कहा—लड़की बड़ी घमंडिन है। आँख का पानी मर गया है।

झाबरमल—बीस रुपये ख़राब हो गए। ऐसा फाड़ा है कि जुड़ भी नहीं सकते।

कुबेरदास—तुम घबराओ नहीं; मैं इसे अदालत से ठीक करूँगा। जाती कहाँ है।

झाबरमल—अब तो आपका ही भरोसा है।

बिरादरी के बड़े पंच की बात कहीं मिथ्या हो सकती है? रेवती नाबालिग थी। माता-पिता नहीं थे। ऐशी दशा में पंचों का उस पर पूरा अधिकार था। वह बिरादरी के दबाव में नहीं रहना चाहती है, न चाहे। कानून बिरादरी के अधिकार की उपेक्षा नहीं कर सकता।

संतलाल ने यह माजरा सुना, तो दाँत पीसकर बोले—न जाने इस बिरादरी का भगवान् कब अंत करेंगे।

रेवती—क्या बिरादरी मुझे ज़बरदस्ती अपने अधिकार में ले सकती है?

संतलाल—हाँ बेटी, धनिकों के हाथ में तो कानून भी है।

रेवती—मैं कह दूँगी कि मैं उनके पास नहीं रहना चाहती।

संतलाल—तेरे कहने से क्या होगा! तेरे भाग्य में यही लिखा था, तो किसका बस है? मैं जाता हूँ बड़े पंच के पास।

रेवती—नहीं मामाजी, तुम कहीं न जाओ। जब भाग्य ही का भरोसा है, तब जो कुछ भाग्य में लिखा होगा, वह होगा।

रात तो रेवती ने घर में काटी। बार-बार निद्रा-मग्न भाई को गले लगाती। यह अनाथ अकेला कैसे रहेगा, यह सोचकर उसका मन कायर हो जाता; पर झाबरमल की सूरत याद करके उसका संकल्प दृढ़ हो जाता।

प्रातःकाल रेवती गंगा-स्नान करने गयी। यह इधर कई महीनों से उसका नित्य का नियम था। आज ज़रा अँधेरा था; पर यह कोई संदेह की बात न थी। संदेह तब हुआ, जब आठ बज गए और वह लौटकर न आयी। तीसरे पहर सारी बिरादरी में ख़बर फैल गई—सेठ रामनाथ की कन्या गंगा में डूब गई। उसकी लाश पायी गई।

कुबेरदास ने कहा—चलो, अच्छा हुआ; बिरादरी की बदनामी तो न होगी।

झाबरमल ने दुःखी मन से कहा—मेरे लिए अब कोई उपाय कीजिए।

उधर मोहन सिर पीट-पीटकर रो रहा था और बुढ़िया उसे गोद में लिये रो रही थी—बेटा, उस देवी के लिए क्यों रोते हो। ज़िंदगी में उसके दुःख- ही-दुःख था। अब वह अपनी माँ की गोद में आराम कर रही है।

❑❑❑

भूत

मुरादाबाद के पंडित सीताराम चौबे गत 30 वर्षों से वहाँ के वकीलों के नेता हैं। उनके पिता उन्हें बाल्यावस्था में ही छोड़कर परलोक सिधारे थे। घर में कोई संपत्ति न थी। माता ने बड़े-बड़े कष्ट झेलकर उन्हें पाला और पढ़ाया। सबसे पहले वह कचहरी में 15 रु० मासिक पर नौकर हुए। फिर वकालत की परीक्षा दी। पास हो गये। प्रतिभा थी, दो-ही-चार वर्षों में वकालत चमक उठी। जब माता का स्वर्गवास हुआ, तब पुत्र का शुमार ज़िले के गणमान्य व्यक्तियों में हो गया था। उनकी आमदनी एक हज़ार रुपये महीने से कम न थी। एक विशाल भवन बनवा लिया था; कुछ ज़मींदारी ले ली थी, कुछ रुपये बैंक में रख दिये और कुछ लेन-देन में लगा दिए थे। इस समृद्धि पर चार पुत्रों का होना उनके भाग्य को आदर्श बनाए हुए था। चारों लड़के भिन्न-भिन्न दरज़ों में पढ़ते थे। मगर यह कहना कि सारी विभूति चोबैजी के अनवरत परिश्रम का फल थी, उनकी पत्नी मंगला देवी के साथ अन्याय करना है।

मंगला बड़ी सरल, गृह-कार्य में कुशल और पैसे का काम धेले में चलानेवाली स्त्री थी। जब तक अपना घर न बना, उसने 3 रु० महीने से अधिक का मकान किराए पर नहीं लिया; और रसोई के लिए मिसराइन तो उसने अब तक न रखी थी। उसे अगर कोई व्यसन था, तो गहनों का, और चौबेजी को भी अगर कोई व्यसन था, तो स्त्री को गहने पहनाने का। वह सच्चे पत्नी-परायण मनुष्य थे। साधारणतः महफ़िलों में वेश्याओं से हँसी-मज़ाक कर लेना उतना बुरा नहीं समझा जाता, पर पंडितजी अपने जीवन में कभी नाच-गाने की महफ़िलों में गये ही नहीं। पाँच बजे तड़के से लेकर बारह बजे रात तक उनका व्यसन, मनोरंजन, पढ़ना-लिखना, अनुशीलन, जो कुछ था, कानून था। न उन्हें राजनीति से प्रेम था, न जाति-सेवा से। ये सभी काम उन्हें व्यर्थ-से जान पड़ते थे। उनके विचार में अगर कोई काम करने लायक था, तो बस, कचहरी जाना, बहस करना, रुपए जमा करना और भोजन करके सोये रहना। जैसे वेदान्ती को ब्रह्म के अतिरिक्त जगत् मिथ्या जान पड़ता है; वैसे ही चौबेजी को कानून के सिवा सारा संसार मिथ्या प्रतीत होता था। सब माया थी, एक कानून ही सत्य था।

2

चौबेजी के मुख-चंद्र में केवल एक कला की कमी थी। उनके कोई कन्या न थी। पहलौठी कन्या के बाद फिर कन्या हुई ही नहीं; और न अब होने की आशा ही थी। स्त्री-पुरुष, दोनों उस कन्या को याद करके रोया करते थे। लड़कियाँ बचपन में लड़कों से ज़्यादा चोंचले करती हैं। उन चोंचलों के लिए दोनों प्राणी विकल रहते। माँ सोचती, लड़की होती, तो उसके लिए गहने बनवाती, उसके बाल गूँथती। लड़की पैजनियाँ पहने ठुमुक-ठुमुक आँगन में चलती तो कितना आनंद आता! चौबेजी सोचते,

कन्या-दान के बिना मोक्ष कैसे होगा? कन्या-दान महादान है। जिसने यह दान न दिया, उसका जन्म ही वृथा गया!

आख़िर यह लालसा इतनी प्रबल हुई कि मंगला ने अपनी छोटी बहन को बुलाकर कन्या की भाँति पालने का निश्चय किया। उनके माँ-बाप निर्धन थे। राज़ी हो गए। यह बालिका मंगला की सौतेली माँ की कन्या थी। बड़ी सुन्दर और बड़ी चंचल थी। नाम था बिन्नी। चौबेजी का घर उसके आने से खिल उठा। दो-चार ही दिनों में लड़की अपने माँ-बाप को भूल गई। उसकी उम्र तो केवल चार वर्ष की थी; पर उसे खेलने की अपेक्षा कुछ काम करना अच्छा लगता था। मंगला रसोई बनाने जाती तो बिन्नी भी उसके पीछे-पीछे जाती, उससे आटा गूँधने के लिए झगड़ा करती। तरकारी काटने में उसे बड़ा मज़ा आता था। जब तक वकील साहब घर पर रहते, तब तक उनके साथ दीवानख़ाने में बैठी रहती! कभी किताबें उलटती, कभी दावात-कलम से खेलती। चौबेजी मुस्कुराकर कहते—बेटी, मार खाओगी। बिन्नी कहती—तुम मार खाओगे; मैं तुम्हारे कान काट लूँगी, जूज़ू को बुलाकर पकड़ा दूँगी। इस पर दीवानख़ाने में ख़ूब कहकहे उठते। वकील साहब कभी इतने बाल्यवत्सल न थे। अब बाहर से आते तो कुछ-न-कुछ सौगात बिन्नी के वास्ते ज़रूर लाते और घर में कदम रखते ही पुकारते—बिन्नी बेटी, चलो। बिन्नी दौड़ती हुई आकर उनकी गोद में बैठ जाती।

मंगला एक दिन बिन्नी को लिये बैठी थी। इतने में पंडितजी आ गए। बिन्नी दौड़कर उनकी गोद में जा बैठी। पंडितजी ने पूछा—तू किसकी बेटी है?

बिन्नी—न बताऊँगी?

मंगला—कह दे बेटा, जीजी की बेटी हूँ।

पंडित—तू मेरी बेटी है बिन्नी कि इनकी?

बिन्नी उठी और फिर चौबेजी की गोद में बैठ गई।

पंडित—अच्छा, हम लोग आँखें बंद किए बैठे हैं; बिन्नी जिसकी बेटी होगी, उसकी गोद में बैठ जाएगी।

बिन्नी उठी और फिर चौबेजी की गोद में बैठ गई।

पंडित—मेरी बेटी है, मेरी बेटी है, (स्त्री से) अब न कहना कि मेरी बेटी है।

मंगला—अच्छा, जाओ बिन्नी, अब तुम्हें मिठाई न दूँगी, गुड़ियाँ भी न मँगा दूँगी?

बिन्नी—भैयाजी मँगवा देंगे, तुम्हें न दूँगी।

वकील साहब ने हँसकर बिन्नी को छाती से लगा लिया और गोद में लिये हुए बाहर चले गए। वह अपने इष्ट-मित्रों को भी उस बाल-क्रीड़ा का रसास्वादन कराना चाहते थे।

आज से जो कोई बिन्नी से पूछता कि तू किसकी बेटी है, तो बिन्नी चट कह देती—भैया की।

एक बार बिन्नी का बाप आकर उसे अपने साथ ले गया। बिन्नी ने रो-रोकर दुनिया सिर पर उठा ली। इधर चौबेजी को भी दिन काटना कठिन हो गया। एक महीना भी न गुज़रने पाया था कि वह फिर ससुराल गये और बिन्नी को लिवा लाए। बिन्नी अपनी माता और पिता को भूल गई। वह चौबेजी को अपना बाप और मंगला को अपनी माँ समझने लगी। जिन्होंने उसे जन्म दिया था, वह ग़ैर हो गए।

3

कई साल गुज़र गए। वकील साहब के बेटों के विवाह हुए। उनमें से दो अपने बाल-बच्चों को लेकर अन्य ज़िलों में वकालत करने चले गए, दो कॉलेज में थे। बिन्नी भी कली से फूल हुई। ऐसी रूप-गुण-शीलवाली बालिका बिरादरी में और न थी—पढ़ने-लिखने में चतुर, घर के काम-धंधों में कुशल, बूटे-कसीदे और सीने-पिरोने में दक्ष, पाक-कला में निपुण, मधुर-भाषिणी, लज्जाशील, अनुपम रूप की राशि। अँधेरे घर में उसके सौंदर्य की दिव्य ज्योति से उजाला होता था। उषा की लालिमा में, ज्योत्स्ना की मनोहर छटा में, खिले हुए गुलाब के ऊपर सूर्य की किरणों से चमकते हुए तुषार-बिन्दु में भी वह प्राणप्रद सुषमा और वह शोभा न भी, श्वेत हेम-मुकुटधारी पर्वत में भी वह शीतलता न थी, जो बिन्नी अर्थात् विंध्येश्वरी के विशाल नेत्रों में थी।

चौबेजी ने बिन्नी के लिए सुयोग्य वर खोजना शुरू किया। लड़कों की शादियों में दिल का अरमान निकाल चुके थे। अब कन्या के विवाह में हौंसले पूरे करना चाहते थे। धन लुटाकर कीर्ति पा चुके थे, अब दान-दहेज में नाम कमाने की लालसा थी। बेटे का विवाह कर लेना आसान है, पर कन्या के विवाह में आबरू निबाःह ले जाना कठिन है। नौका पर सभी यात्रा करते हैं; जो तैरकर नदी पार करे, वही प्रशंसा का अधिकारी है।

धन की कमी न थी। अच्छा घर और सुयोग्य वर मिल गया। जन्मपत्र मिल गए, बनावत बन गया। फलदान और तिलक की रस्में अदा कर दी गईं। पर हाय रे दुर्दैव! कहाँ तो विवाह की तैयारी हो रही थी, द्वार पर दरज़ी, सुनार, हलवाई, सब अपना-अपना काम कर रहे थे, कहाँ निर्दय विधाता ने और ही लीला रच दी! विवाह के एक सप्ताह पहले मंगला अनायास बीमार पड़ी, तीन ही दिन में अपने अरमान लिये परलोक सिधार गई।

संध्या हो गई थी मंगला, चारपाई पर पड़ी थी। बेटे, बहुएँ, पोते, पोतियाँ सब चारपाई के चारों ओर खड़े थे। बिन्नी पैताने बैठी मंगला के पैर दबा रही थी। मृत्यु के समय की भयंकर निस्तब्धता छायी हुई थी। कोई किसी से न बोलता था; दिल में सब समझ रहे थे, क्या होनेवाला है। केवल चौबेजी वहाँ न थे।

सहसा मंगला ने इधर-उधर इच्छा-पूर्ण दृष्टि से देखकर कहा—ज़रा उन्हें बुला दो; कहाँ हैं?

पंडितजी अपने कमरे में बैठे रो रहे थे। संदेश पाते ही आँसू पोंछते हुए घर में आये और बड़े धैर्य के साथ मंगला के सामने खड़े हो गए। डर रहे थे कि मेरी आँखों से आँसू की एक बूँद भी निकली, तो घर में हाहाकार मच जाएगा।

मंगला ने कहा—एक बात पूछती हूँ—बुरा न मानना—बिन्नी तुम्हारी कौन है।

पंडित—बिन्नी कौन है? मेरी बेटी है, और कौन?

मंगला—हाँ, मैं तुम्हारे मुँह से यही सुनना चाहती थी। उसे सदा अपनी बेटी समझते रहना। उसके विवाह के लिए मैंने जो-जो तैयारियाँ की थी, उनमें कुछ काट-छाँट मत करना।

पंडित—इसकी कुछ चिन्ता न करो। ईश्वर ने चाहा, तो उससे कुछ ज़्यादा धूम-धाम के साथ विवाह होगा।

मंगला—उसे हमेशा बुलाते रहना, तीज-त्यौहार में कभी मत भूलना।

पंडित—इन बातों की मुझे याद दिलाने की ज़रूरत नही।

मंगला ने कुछ सोचकर कहा—इसी साल विवाह कर देना।

पंडित—इस साल कैसे होगा?

मंगला—यह फागुन का महीना है। जेठ तक लगन है।

पंडित—हो सकेगा तो इसी साल कर दूँगा।

मंगला—हो सकने की बात नही, ज़रुर कर देना।

पंडित—कर दूँगा।

इसके बाद गोदान की तैयारी होने लगी।

4

बुढ़ापे में पत्नी का मरना, बरसात में घर का गिरना है। फिर उसके बनने की आशा नहीं।

मंगला की मृत्यु से पंडितजी का जीवन अनियमित और विश्रृंखल-सा हो गया। लोगों से मिलना-जुलना छूट गया। कई-कई दिन कचहरी ही न जाते। जाते भी तो बड़े आग्रह से। भोजन से अरुचि हो गई। विंध्येश्वरी उनकी दशा देख-देखकर दिल में कुढ़ती और यथासाध्य उनका दिल बहलाने की चेष्टा किया करती थी। वह उन्हें पुराणों की कथाएँ पढ़कर सुनाती, उनके लिए तरह-तरह की भोजन-सामग्री पकाती और उन्हें आग्रह-अनुरोध के साथ खिलाती थी। जब तक वह न खा लेते, आप कुछ न खाती थी। गरमी के दिन थे ही, रात को बड़ी देर तक उनके पैताने बैठी पंखा झला करती, और जब तक वह न सो जाते, तब तक आप भी सोने न जाती। वह ज़रा भी सिर दर्द की शिकायत करते, तो तुरंत उनके सिर में तेल डालती। यहाँ तक कि रात को जब उन्हें प्यास लगती, तब खुद दौड़कर आती और उन्हें पानी पिलाती। धीरे-धीरे चौबेजी के हृदय में मंगला केवल एक सुख की स्मृति रह गई।

एक दिन चौबेजी ने बिन्नी को मंगला के सब गहने दे दिये। मंगला का यह अंतिम आदेश था। बिन्नी फूली न समायी। उसने एक दिन खूब बनाव-सिंगार किया। जब संध्या के समय पंडितजी कचहरी से आये, तो वह गहनों में लदी हुई उनके सामने कुछ लजाती और मुस्कुराती हुई आकर खड़ी हो गई।

पंडितजी ने सतृष्ण नेत्रों से देखा। विंध्येश्वरी के प्रति अब उनके मन में एक नया भाव अंकुरित हो रहा था। मंगला जब तक जीवित थी, वह उनके पिता-पुत्री के भाव को सजग और पुष्ट करती रहती थी। अब मंगला न थी। अतएव वह भाव दिन-दिन शिथिल होता जाता था। मंगला के सामने बिन्नी एक बालिका थी। मंगला की अनुपस्थिति में वह एक रुपवती युवती थी। लेकिन सरल हृदय बिन्नी को इसकी रत्ती भर भी ख़बर न थी कि भैया के भावों में क्या परिवर्तन हो रहा है। उसके लिए वह वही पिता के तुल्य भैया थे। वह पुरुष के स्वभाव से अनभिज्ञ थी। नारी-चरित्र में अवस्था के साथ मातृत्व का भाव दृढ़ होता जाता है। यहाँ तक कि एक समय ऐसा आता है, जब नारी की दृष्टि में युवक मात्र पुत्र-तुल्य हो जाते हैं। उसके मन में विषय-वासना का लेश भी नहीं रह जाता। किंतु पुरुषों में यह अवस्था कभी नहीं आती। उनकी कामेन्द्रियाँ क्रियाहीन भले ही हो जायें, पर विषय-

वासना संभवतः और भी बलवती हो जाती है। पुरुष वासनाओं से कभी मुक्त नहीं हो पाता, बल्कि ज्यों-ज्यों अवस्था ढलती है, त्यों-त्यों ग्रीष्म-ऋतु के अंतिम काल की भाँति उसकी वासना की गरमी भी प्रचंड होती जाती है। वह तृप्ति के लिए नीच साधनों का सहारा लेने को भी प्रस्तुत हो जाता है। जवानी में मनुष्य इतना नहीं गिरता। उसके चरित्र में गर्व की मात्रा अधिक रहती है, जो नीच साधनों से घृणा करती है। वह किसी के घर में घुसने के लिए ज़बरदस्ती कर सकता है, किन्तु परनाले के रास्ते नहीं जा सकता।

पंडितजी ने बिन्नी को सतृष्ण नेत्रों से देखा, और फिर अपनी इस उच्छृंखलता पर लज्जित होकर आँखें नीची कर लीं। बिन्नी इसका कुछ मतलब न समझ सकी।

पंडितजी बोले—तुम्हें देखकर मुझे मंगला की उस समय की याद आ रही है—जब वह विवाह के समय यहाँ आयी थी। बिल्कुल ऐसी ही सूरत थी—यही गोरा रंग, यही प्रसन्न-मुख, यही कोमल गात, ये ही लजीली आँखें। वह चित्र अभी तक मेरे हृदय-पट पर खिंचा हुआ है, कभी नहीं मिट सकता। ईश्वर ने तुम्हारे रूप में मेरी मंगला मुझे फिर दे दी।

बिन्नी—आपके लिए क्या जलपान लाऊँ?

पंडित—ले आना, अभी बैठो, मैं दुःखी हूँ। तुमने मेरे शोक को भुला दिया है। वास्तव में तुमने मुझे जिला लिया, नहीं तो मुझे आशा न थी कि मंगला के पीछे मैं जीवित रहूँगा। तुमने मुझे प्राणदान दिया। नहीं जानता, तुम्हारे चले जाने पर मेरी क्या दशा होगी।

बिन्नी—कहाँ चले जाने के बाद? मैं तो कहीं नहीं जा रही हूँ।

पंडित—क्यों? तुम्हारे विवाह की तिथि आ रही है। चली ही जाओगी।

बिन्नी—(सकुचाती हुई) ऐसी जल्दी क्या है?

पंडित—जल्दी क्यों नहीं है? ज़माना हँसेगा।

बिन्नी—हँसने दीजिए। मैं यहीं आपकी सेवा करती रहूँगी।

पंडित—नहीं बिन्नी, मेरे लिए तुम क्यों हलकान होगी। मैं अभागा हूँ। जब तक ज़िंदगी है, जिऊँगा; चाहे रोकर जिऊँ चाहे हँसकर। हँसी मेरे भाग्य से उठ गई। तुमने इतने दिनों सँभाल लिया, यही क्या कम एहसान किया? मैं यह जानता हूँ कि तुम्हारे जाने के बाद कोई ख़बर लेनेवाला नहीं रहेगा, यह घर तहस-नहस हो जाएगा, और मुझे घर छोड़कर भागना पड़ेगा। पर क्या किया जाए? लाचारी है। तुम्हारे बिना अब मैं क्षण भर भी नहीं रह सकता। मंगला की खाली जगह तो तुमने पूरी की, अब तुम्हारा स्थान कौन पूरा करेगा?

बिन्नी—क्या इस साल रुक नहीं सकता? मैं इस दशा में आपको छोड़कर न जाऊँगी।

पंडित—अपने बस की बात तो नहीं? वे लोग आग्रह करेंगे, तो मजबूर होकर करना ही पड़ेगा।

बिन्नी—बहुत जल्दी मचाएँ तो आप कह दीजिएगा, अब नहीं करेंगे। उन लोगों के जी में जो आये, करें। क्या यहाँ कोई उनका दबैल बैठा हुआ है?

पंडित—वे लोग तो अभी से आग्रह कर रहे हैं।

बिन्नी—आप फटकार क्यों नहीं देते?

पंडित—करना तो है ही, फिर विलम्ब क्यों करूँ? यह दुःख और वियोग तो एक दिन होना ही है। अपनी विपत्ति का भार तुम्हारे सिर क्यों रखूँ?

बिन्नी—दुःख-सुख में काम न आऊँगी, तो और किस दिन काम आऊँगी?

5

पंडितजी के मन में कई दिनों तक घोर संग्राम होता रहा। वह अब बिन्नी को पिता की दृष्टि से न देख सकते थे। बिन्नी अब मंगला की बहन और उनकी साली थी। ज़माना हँसेगा, तो हँसे; ज़िंदगी तो आनंद से गुज़रेगी। उनकी भावनाएँ कभी इतनी उल्लासमयी न थीं। उन्हें अपने अंगों में फिर जवानी की स्फूर्ति का अनुभव हो रहा था।

वह सोचते, बिन्नी को मैं अपनी पुत्री समझता था; पर वह मेरी पुत्री है तो नहीं। इस तरह समझने से क्या होता है? कौन जाने, ईश्वर को यही मंजूर हो; नहीं तो बिन्नी यहाँ आती ही क्यों? उसने इसी बहाने से यह संयोग निश्चित कर दिया होगा। उसकी लीला तो अपरम्पार है।

पंडितजी ने वर के पिता को सूचना दे दी, कुछ विशेष कारणों से इस साल विवाह नहीं हो सकता।

विंध्येश्वरी को अभी तक कुछ ख़बर न थी कि मेरे लिए क्या-क्या षड्यंत्र रचे जा रहे हैं। वह खुश थी कि मैं भैयाजी की सेवा कर रही हूँ; और भैयाजी मुझसे प्रसन्न हैं बहन का उन्हें बड़ा दुःख है। मैं न रहूँगी, तो वह कहीं चले जाएँगे—कौन जाने, साधु-संन्यासी हो जाएँ! घर में कैसे मन लगेगा?

वह पंडितजी का मन बहलाने का निरंतर प्रयत्न करती रहती थी। उन्हें कभी मन मारे न बैठने देती। पंडितजी का मन अब कचहरी में न लगता था। घंटे-दो घंटे बैठकर चले आते थे। युवकों के प्रेम में विकलता होती है और वृद्धों के प्रेम में श्रद्धा। वे अपने यौवन की कमी को खुशामद से, मीठी बातों से और हाज़िरजवाबी से पूर्ण करना चाहते हैं।

मंगला को मरे अभी तीन ही महीने गुज़रे थे कि चौबेजी ससुराल पहुँचे। सास ने मुँह-माँगी मुराद पायी। उनके दो पुत्र थे। घर में कुछ पूँजी न थी। उनके पालन और शिक्षा के लिए कोई ठिकाना नज़र न आता था। मंगला मर ही चुकी थी। लड़की का ज्यों ही विवाह हो जाएगा, वह अपने घर की हो रहेगी। फिर चौबेजी से नाता ही टूट जाएगा। वह इसी चिंता में पड़ी हुई थी कि चौबेजी पहुँचे, मानो देवता स्वयं वरदान देने आये हों।

जब चौबेजी भोजन करके लेटे, तो सास ने कहा—भैया, अभी कहीं बातचीत हुई कि नहीं?

पंडित—अम्माँ, अब मेरे विवाह की बातचीत क्या होगी?

सास—क्यों भैया, अभी तुम्हारी उम्र ही क्या है?

पंडित—करना भी चाहूँ तो बदनामी के डर से नहीं कर सकता। फिर मुझे पूछता ही कौन है?

सास—पूछने को हज़ारों हैं। दूर क्यों जाओ; अपने घर ही में लड़की बैठी हुई है। सुना है, तुमने मंगला के सब गहने बिन्नी को दे दिये हैं। कहीं और विवाह हुआ तो ये कई हज़ार की चीज़ें तुम्हारे हाथों से निकल जाएँगी। तुमसे अच्छा वर मैं कहाँ पाऊँगी? तुम उसे अंगीकार कर लो, तो मैं तर जाऊँ।

अंधा क्या माँगे, दो आँखें? चौबेजी ने मानो विवश होकर सास की प्रार्थना स्वीकार कर ली।

6

बिन्नी अपने गाँव के कच्चे मकान में अपनी माँ के पास बैठी हुई है। अबकी चौबेजी ने उसकी सेवा के लिए सक लौंडी भी साथ कर दी है। विंध्येश्वरी के दोनों छोटे भाई विस्मित हो-होकर उसके आभूषणों को देख रहे हैं। गाँव की और कई स्त्रियाँ उसे देखने आयी हुई हैं और उसके रूप-लावण्य का विकास देखकर चकित हो रही हैं। यह वही बिन्नी है, जो यहाँ मोटी फरिया पहने खेला करती थी! रंग-रूप कैसा निखर आया है! सुख की देह है न!

जब भीड़ कम हुई, एकांत हुआ, तो माता ने पूछा—तेरे भैयाजी तो अच्छी तरह हैं न बेटी? यहाँ आये थे, तो बहुत दुःखी थे। मंगला का शोक उन्हें खाए जाता है। संसार में ऐसे मर्द भी होते हैं, जो स्त्री के लिए प्राण दे देते हैं। नहीं तो यहाँ स्त्री मरी, और चट दूसरा ब्याह रचाया गया। मानो मनाते हैं कि यह मरे तो नई-नवेली बहू घर लायें!

विंध्ये.—उन्हें याद करके रोया करते हैं। चली आयी हूँ, न जाने कैसे होंगे।

माता—मुझे तो डर लगता है कि तेरा ब्याह हो जाने पर कहीं घबराकर साधू-फकीर न हो जाएँ।

विंध्ये.—मुझे भी तो यही डर लगता है। इसी से तो मैंने कह दिया कि अभी जल्दी क्या है।

माता—जितने ही दिन उनकी सेवा करोगी, उतना ही उनका स्नेह बढ़ेगा; और तुम्हारे जाने से उन्हें उतना ही दुःख भी अधिक होगा। बेटी, सच तो यह है कि वह तुम्हीं को देखकर जीते हैं। इधर तुम्हारी डोली उठी और उधर उनका घर सत्यानाश हुआ। मैं तुम्हारी जगह होती, तो उन्हीं से ब्याह कर लेती।

विंध्ये.—ऐ हटो अम्माँ, गाली देती हो? उन्होंने मुझे बेटी करके पाला है। मैं भी उन्हें अपना पिता ...

माता—चुप रह पगली, कहने से क्या होता है!

विंध्ये.—अरे, सच तो अम्माँ, कितनी बेढंगी बात है!

माता—मुझे तो इसमें कोई बेढंगापन नहीं देख पड़ता।

विंध्ये.—क्या कहती हो अम्माँ; उनसे मेरा ... मैं तो लाज के मारे मर जाऊँ, उनके सामने ताक न सकूँ। वह भी कभी न मानेंगे। मानने की बात भी हो कोई।

माता—उनका जिम्मा मैं लेती हूँ। मैं उन्हें राज़ी कर लूँगी। तू राजी हो जा। याद रख, यह कोई हँसी-खुशी का ब्याह नहीं हैं, उनकी प्राण-रक्षा की बात है, जिसके सिवा संसार में हमारा और कोई नहीं है। फिर अभी उनकी कुछ ऐसी उम्र भी तो नहीं है। पचास से दो ही चार साल ऊपर होंगे। उन्होंने एक ज्योतिषी से पूछा भी था। उसने उनकी कुंडली देख बताया है कि आपकी ज़िंदगी कम-से-कम 70 वर्ष की है। देखने-सुनने में वह सौ-दो सौ में एक आदमी हैं।

बातचीत में चतुर माता ने कुछ ऐसा शब्द-ब्यूह रचा कि सरला बालिका उसमें से निकल न सकी। माता जानती थी कि प्रलोभन का जादू इस पर न चलेगा। धन का, आभूषणों का, कुल-सम्मान का, सुखमय जीवन का उसने ज़िक्र तक न किया। केवल उसने चौबेजी की दयनीय दशा पर ज़ोर दिया। अंत को विंध्येश्वरी ने कहा—अम्माँ, मैं जानती हूँ कि मेरे न रहने से उनको बड़ा दुःख होगा, यह भी जानती हूँ कि मेरे जीवन में सुख नहीं लिखा है। अच्छा, उनके हित के लिए मैं अपना जीवन बलिदान कर दूँगी। ईश्वर की यही इच्छा है, तो यही सही।

7

चौबेजी के घर में मंगल-गान हो रहा था। विंध्येश्वरी आज वधू बनकर इस घर में आयी है। कई वर्ष पहले वह चौबेजी की पुत्री बनकर आयी थी! उसने कभी स्वप्न में भी न सोचा था कि मैं एक दिन इस घर की स्वामिनी बनूँगी।

चौबेजी की सज-धज आज देखने योग्य है। तनज़ेब का रंगीन कुरता कतरी और सँवारी हुई मूँछें, ख़िज़ाब से चमकते हुए बाल, हँसता हुआ चेहरा, चढ़ी हुई आँखें—यौवन का पूरा स्वाँग था।

रात बीत चुकी थी। विंध्येश्वरी आभूषणों से लदी हुई, भारी जोड़े पहने, फर्श पर सिर झुकाए बैठी थी। उसे कोई उत्कंठा न थी भय न था, केवल यह संकोच था कि मैं उनके सामने कैसे मुँह खोलूँगी? उनकी गोद में खेली हूँ; उनके कन्धों पर बैठी हूँ, उनकी पीठ पर सवार हुई हूँ, कैसे उन्हें मुख दिखाऊँगी।—मगर वे पिछली बातें क्यों सोचूँ! ईश्वर उन्हें प्रसन्न रखे। जिसके लिए मैंने पुत्री से पत्नी बनना स्वीकार किया, वह पूर्ण हो। उनका जीवन आनंद से व्यतीत हो।

इतने में चौबेजी आये। विंध्येश्वरी उठ खड़ी हुई। उसे इतनी लज्जा आयी कि जी चाहा, कहीं भाग जाए, खिड़की से नीचे कूद पड़े।

चौबेजी ने उसका हाथ पकड़ लिया और बोले—बिन्नी, मुझसे डरती हो? बिन्नी कुछ न बोली। मूर्ति की तरह वहीं खड़ी रही। एक क्षण में चौबेजी ने उसे बिठा दिया; वह बैठ गई। उसका गला भर-भर आता था। भाग्य की यह निर्दय लीला, यह क्रूर क्रीड़ा उसके लिए असह्य हो रही थी।

पंडितजी ने पूछा—बिन्नी, बोलती क्यों नहीं? क्या मुझसे नाराज़ हो?

विंध्येश्वरी ने अपने कान बन्द कर लिए। यही परिचित आवाज़ वह कितने दिनों से सुनती चली आती थी। आज वह व्यंग्य से भी तीव्र और उपहास से भी कटु प्रतीत होती थी।

सहसा पंडितजी चौंक पड़े; आँखें फैल गईं और दोनों हाथ मेंढक के पैरों की भाँति सिकुड़ गए। वह दो कदम पीछे हट गए। खिड़की से मंगला अंदर झाँक रही थी! छाया नहीं, मंगला थी! मंगला थी—संदेह, साकार, सजीव! उसकी आँखों में क्रोध और तिरस्कार भरा हुआ था।

चौबेजी काँपती हुई टूटी-फूटी आवाज़ में बोले—बिन्नी देखो, वह क्या है?

बिन्नी ने घबड़ाकर खिड़की की ओर देखा। कुछ न था। बोली—क्या है? मुझे तो कुछ नहीं दिखाई देता।

चौबेजी—अब ग़ायब हो गई; लेकिन ईश्वर जानता है, मंगला थी।

बिन्नी—बहन?

चौबेजी—हाँ, हाँ, वही। खिड़की से अंदर झाँक रही थी। मेरे तो रोएँ खड़े हो गए।

विंध्येश्वरी काँपती हुई बोली—मैं यहाँ नहीं रहूँगी।

चौबे—नहीं, नहीं; बिन्नी, कोई डर नहीं है, मुझे धोखा हुआ होगा। बात यह है कि वह इस घर में रहती थी, यहीं सोती थी, इसी से कदाचित् मेरी भावना ने उसकी मूर्ति लाकर खड़ी कर दी। कोई बात नहीं है। आज का दिन कितना मंगलमय है कि मेरी बिन्नी यथार्थ में मेरी हो गई...

यह कहते-कहते चौबेजी फिर चौंके। फिर वही मूर्ति खिड़की से झाँक रही थी—मूर्ति नहीं, सदेह, सजीव, साकार मंगला! अब की उसकी आँखों में क्रोध न

था, तिरस्कार न था; उनमें हास्य भरा हुआ था, मानो वह इस दृश्य पर हँस रही है—मानो उसके सामने कोई अभिनय हो रहा है।

चौबेजी ने काँपते हुए कहा—बिन्नी, फिर वही बात हुई! वह देखो, मंगला खड़ी है!

विंध्येश्वरी चीखकर उनके गले से चिमट गई।

चौबेजी ने महावीरजी का नाम जपते हुए कहा—मैं किवाड़े बन्द किए देता हूँ।

बिन्नी—मैं इस घर में नहीं रहूँगी। (रोकर) भैयाजी, तुमने बहन के अंतिम आदेश को नहीं माना, इसी से उनकी आत्मा दुःखी हो रही है। मुझे तो किसी अमंगल की आशंका हो रही है।

चौबेजी ने उठकर खिड़की के द्वार बन्द कर दिए और कहा—मैं कल से दुर्गा-पाठ कराऊँगा। आज तक कभी ऐसी शंका न हुई थी। तुमसे क्या कहूँ, मालूम होता है ··· होगा, उस बात को जाने दो। यहाँ बड़ी गरमी पड़ रही है। अभी पानी गिरने को दो महीने से कम नहीं है। हम लोग मंसूरी क्यों न चलें।

विंध्ये.—मेरा तो कहीं जाने को जी नहीं चाहता—कल से दुर्गा-पाठ ज़रूर कराना। मुझे अब इस कमरे में नींद न आएगी।

चौबेजी—ग्रंथों में तो यही देखा है कि मरने के बाद केवल सूक्ष्म शरीर रह जाता है। फिर समझ में नहीं आता, यह स्वरूप क्योंकर दिखाई दे रहा है। कुछ नहीं, यह मेरी कल्पना का दोष है। कभी-कभी ऐसे भ्रम हो जाते हैं। मैं सच कहता हूँ बिन्नी, अगर तुमने मुझ पर यह दया न की होती, तो मैं कहीं का न रहता। शायद इस वक़्त मैं बदरीनाथ के पहाड़ों पर सिर टकराता होता; या कौन जाने विष खाकर प्राणान्त कर चुका होता!

विंध्ये.—मंसूरी में किसी होटल में ठहरना पड़ेगा?

चौबेजी—नहीं, मकान भी मिलते हैं। मैं अपने एक मित्र को लिखे देता हूँ, वह कोई मकान ठीक कर रखेंगे। वहाँ ···

बात पूरी न होने पाई थी कि न-जाने कहाँ से—जैसे आकाशवाणी हो—आवाज़ आयी—बिन्नी तुम्हारी पुत्री है!

चौबेजी ने दोनों कान बन्द कर लिए! भय से थर-थर काँपते हुए बोले—बिन्नी, यहाँ से चलो। न जाने कहाँ से आवाज़ें आ रही हैं।

बिन्नी ने रोकर पूछा—कैसी आवाज़ थी?

चौबे—क्या बताऊँ, कहते लज्जा आती है।

बिन्नी—ज़रूर बहनजी की आत्मा है। बहन मुझ पर दया करो, मैं सर्वथा निर्दोष हूँ।

चौबेजी—फिर वही आवाज़ आ रही है। हाय ईश्वर! कहाँ जाऊँ? मेरे तो रोम-रोम में वे शब्द गूँज रहे हैं। बिन्नी, मैंने बुरा किया। मंगला सती थी, उसके आदेश की उपेक्षा करके मैंने अपने हक़ में ज़हर बोया। कहाँ जाऊँ, क्या करूँ?

यह कहकर चौबेजी ने कमरे के किवाड़े खोल दिए और बेतहाशा भागे। अपने मरदाने कमरे में पहुँचकर वह गिर पड़े। मूर्च्छा आ गई। विंध्येश्वरी भी दौड़ी, पर चौखट से बाहर निकलते ही गिर पड़ी!

❑❑❑

सवा सेर गेहूँ

किसी ग़रीब गाँव में शंकर नाम का एक कुरमी किसान रहता था। सीधा-सादा, ग़रीब आदमी था, अपने काम-से-काम, न किसी के लेने में न देने में। छक्का-पंजा न जानता था, छल-प्रपंच की उसे छूत भी न लगी थी। ठगे जाने की चिंता न थी, ठग-विद्या न जानता था। भोजन मिला, खा लिया, न मिला, चबेने पर काट दी। चबेना भी न मिला, तो पानी पी लिया और राम का नाम लेकर सो रहा। किंतु जब कोई अतिथि द्वार पर आ जाता था, तो उसे इस निवृत्ति-मार्ग का त्याग करना पड़ता था। विशेषकर जब साधु-महात्मा पदार्पण करते थे, तो उसे अनिवार्यतः सांसारिकता की शरण लेनी पड़ती थी। खुद भूखा सो सकता था, पर साधु को कैसे भूखा सुलाता, भगवान् के भक्त ठहरे।

एक दिन संध्या समय एक महात्मा ने आकर उसके द्वार पर डेरा जमाया। तेजस्वी मूर्ति थी, पीताम्बर गले में, जटा सिर पर, पीतल का कमण्डल हाथ में, खड़ाऊँ पैर में, ऐनक आँखों पर, सम्पूर्ण वेष उन महात्माओं का-सा था, जो रईसों के प्रासादों में तपस्या, हवा-गाड़ियों पर देवस्थानों की परिक्रमा और योग-सिद्धि प्राप्त करने के लिए रुचिकर भोजन करते हैं। घर में जौ का आटा था, वह उन्हें कैसे खिलाता? प्राचीन काल में जौ का चाहे जो कुछ महत्त्व रहा हो, पर वर्तमान युग में जौ का भोजन सिद्ध पुरुषों के लिए दुष्पाच्य होता है। बड़ी चिंता हुई, महात्माजी को क्या खिलाऊँ? आख़िर निश्चय किया कि कहीं से गेहूँ का आटा उधार लाऊँ, पर गाँव भर में गेहूँ का आटा न मिला। गाँव में सब मनुष्य-ही-मनुष्य थे, देवता एक भी न था। अतएव देवताओं का खाद्य-पदार्थ कैसे मिलता? सौभाग्य से गाँव के विप्र महाराज के यहाँ से थोड़े-से मिल गए। उनसे सवा सेर गेहूँ उधार लिया और स्त्री से कहा कि पीस दे। महात्मा ने भोजन किया और लम्बी तानकर सोए। प्रातःकाल आशीर्वाद देकर अपनी राह ली।

विप्र महाराज साल में दो बार खलिहानी लिया करते थे। शंकर ने दिल में कहा, सवा सेर गेहूँ इन्हें क्या लौटाऊँ, पंसेरी के बदले कुछ ज़्यादा खलिहानी दे दूँ, यह भी समझ जाएँगे, मैं भी समझ जाऊँगा। चैत में जब विप्रजी पहुँचे तो उन्हें डेढ़ पसेरी के लगभग गेहूँ दिया और अपने को उऋण समझकर उसकी कोई चर्चा न की। विप्रजी ने फिर न माँगा। सरल शंकर को क्या मालूम था कि यह सवा सेर गेहूँ चुकाने के लिए मुझे दूसरा जन्म लेना पड़ेगा।

2

सात साल गुज़र गए। विप्रजी विप्र से महाजन हुए, शंकर किसान से मज़ूर हो गया। उसका छोटा भाई मंगल उससे अलग हो गया था। एक साथ रहकर दोनों किसान थे, अलग होकर मजूर हो गए थे। शंकर ने चाहा कि द्वेष की आग भड़कने न पाए, किन्तु परिस्थिति ने उसे विवश कर दिया। जिस दिन अलग-अलग

चूल्हे जले, वह फूट-फूटकर रोया। आज से भाई-भाई शत्रु हो जाएँगे, एक रोएगा तो दूसरा हँसेगा, एक के घर में मातम होगा तो दूसरे के घर गुलगुले पकेंगे, प्रेम का बंधन, ख़ून का बंधन, दूध का बंधन आज टूटा जाता है। उसने भगीरथ-परिश्रम से कुल-मर्यादा का वृक्ष लगाया था, उसे अपने रक्त से सींचा था, उसका जड़ से उखड़ना देखकर उसके हृदय के टुकड़े हुए जाते थे। सात दिनों तक उसने दाने की सूरत तक न देखी। दिन भर जेठ की धूप में काम करता और रात को मुँह लपेटकर सो रहता। इस भीषण वेदना और दुस्सह कष्ट ने रक्त ही न जला दिया, मांस और मज्ञा को घुला दिया। बीमार पड़ा तो महीनों खाट से न उठा। अब गुज़र-बसर कैसे हो? पाँच बीघे के आधे खेत रह गए, एक बैल रह गया, खेती क्या खाक होती! अंत को यहाँ तक नौबत पहुँची कि खेती केवल मर्यादा-रक्षा का साधन-मात्र रह गई, जीविका का भार मजूरी पर आ पड़ा।

सात वर्ष बीत गए, एक दिन शंकर मजूरी करके लौटा, तो राह में विप्रजी ने टोककर कहा—शंकर, कल आके अपने बीज-बेंग का हिसाब कर ले। तेरे यहाँ साढ़े पाँच मन गेहूँ कब से बाक़ी पड़े हुए हैं और तू देने का नाम नहीं लेता, क्या हज़म करने का मन है क्या?

शंकर ने चकित होकर कहा—मैंने तुमसे कब गेहूँ लिये थे, जो साढ़े पाँच मन हो गए? तुम भूलते हो, मेरे यहाँ किसी का छटाँक भर न अनाज है, न एक पैसा उधार।

विप्र—इसी नीयत का तो यह फ़्ल भोग रहे हो कि खाने को नहीं जुड़ता। यह कहकर विप्रजी ने उस सवा सेर गेहूँ का ज़िक्र किया, जो आज से सात वर्ष पहले शंकर को दिये थे। शंकर सुनकर अवाक् रह गया। ईश्वर! मैंने इन्हें कितनी बार खलिहानी दी, इन्होंने मेरा कौन-सा काम किया? जब पोथी-पत्रा देखने, साइत-सगुन विचारने द्वार पर आते थे, कुछ-न-कुछ 'दक्षिना' ले ही जाते थे। इतना स्वार्थ! सवा सेर अनाज को अंडे की भाँति से कर आज यह पिशाच खड़ा कर दिया, जो मुझे निगल ही जाएगा। इतने दिनों में एक बार भी कह देते तो मैं गेहूँ तौलकर दे देता, क्या इसी नीयत से चुप साधे बैठे रहे! बोला—महाराज, नाम लेकर तो मैंने उतना अनाज नहीं दिया, पर कई बार खलिहान में सेर-सेर, दो-दो सेर दिया है। अब आप आज साढ़े पाँच मन माँगते हैं, कहाँ से दूँगा?

विप्र—लेखा जौ जौ, बखसीस सौ सौ। तुमने जो कुछ दिया होगा, उसका कोई हिसाब नहीं, चाहे एक की जगह चार पंसेरी दे दो। तुम्हारे नाम बही में साढ़े पाँच मन लिखा हुआ है, जिससे चाहे हिसाब लगवा लो। दे दो तो तुम्हारा नाम छेक दूँ, नहीं तो और भी बढ़ता रहेगा।

शंकर—पाँड़े, क्यों एक ग़रीब को सताते हो, मेरे खाने का ठिकाना नहीं, इतना गेहूँ किसके घर से लाऊँगा?

विप्र—जिसके घर से चाहे लाओ, मैं छटाँक भर भी न छोड़ूँगा। यहाँ न दोगे, भगवान् के घर तो दोगे?

शंकर काँप उठा। हम पढ़े-लिखे आदमी होते तो कह देते, अच्छी बात है, ईश्वर के घर ही देंगे; वहाँ की तोल यहाँ से कुछ बड़ी तो न होगी। कम-से-कम इसका कोई प्रमाण हमारे पास नहीं, फिर उसकी क्या चिंता। किंतु शंकर इतना तार्किक, इतना व्यवहार-चतुर न था। एक तो ऋण—वह भी ब्राह्मण का—बही में नाम रह गया तो सीधे नरक में जाऊँगा, इस ख़याल ही से उसे रोमांच हो गया। बोला—

महाराज, तुम्हारा जितना होगा यहीं दूँगा, ईश्वर के यहाँ क्यों दूँ? इस जनम में तो ठोकर खा ही रहा हूँ, उस जनम के लिए क्यों काँटे बोऊँ? मगर यह कोई नियाव नहीं है। तुमने राई का पर्वत बना दिया, ब्राह्मण होके तुम्हें ऐसा नहीं करना चाहिए था। उसी घड़ी तगादा करके ले लिया होता, तो आज मेरे सिर पर इतना बड़ा बोझा क्यों पड़ता? मैं तो दूँगा, लेकिन तुम्हें भगवान् के यहाँ ज़वाब देना पड़ेगा।

विप्र–वहाँ का डर तुम्हें होगा, मुझे क्यों होने लगा। वहाँ तो सब अपने ही भाई-बंधु हैं। ऋषि-मुनि, सब तो ब्राह्मण ही हैं; देवता ब्राह्मण हैं, जो कुछ बने-बिगड़ेगी, सँभाल लेंगे। तो कब देते हो?

शंकर–मेरे पास रक्खा तो है नहीं, किसी से माँग-जाँचकर लाऊँगा तभी न दूँगा!

विप्र–मैं न मानूँगा। सात साल हो गए, अब एक दिन का भी मूलाहिज़ा न करूँगा। गेहूँ नहीं दे सकते, दस्तावेज़ लिख दो।

शंकर–मुझे तो देना है, चाहे गेहूँ लो चाहे दस्तावेज़ लिखाओ, किस हिसाब से दाम रक्खोगे?

विप्र–बाज़ार भाव पाँच सेर का है, तुम्हें सवा पाँच सेर का काट दूँगा।

शंकर–जब दे ही रहा हूँ, तो बाज़ार-भाव काटूँगा, पाव भर छुड़ाकर क्यों दोषी बनूँ?

हिसाब लगाया तो गेहूँ के दाम 60 रु० हुए। 60 रु० का दस्तावेज़ लिखा गया। 3 रु० सैकड़े सूद। साल भर में न देने पर सूद का दर साढ़े तीन रुपये सैकड़े, बारह आने का स्टाम्प, 1रुपये दस्तावेज़ की तहरीर शंकर को ऊपर से देनी पड़ी।

गाँव भर ने विप्रजी की निंदा की, लेकिन मुँह पर नहीं। महाजन से सभी का काम पड़ता है, उसके मुँह कौन आये।

3

शंकर ने साल भर तक कठिन तपस्या की; मीयाद के पहले रुपये अदा करने का उसने व्रत-सा कर लिया। दोपहर को पहले भी चूल्हा न जलता था, चबेने पर बसर होती थी, अब वह भी बंद हुआ। केवल लड़के के लिए रात को रोटियाँ रख दी जातीं। पैसे रोज़ का तम्बाकू भी पी जाता था, यही एक व्यसन था जिसका वह कभी त्याग न कर सका था। अब वह व्यसन भी इस कठिन व्रत की भेंट हो गया। उसने चिलम पटक दी, हुक्का तोड़ दिया और तम्बाकू की हाँडी चूरचूर कर डाली। कपड़े पहले भी त्याग की चरम सीमा तक पहुँच चुके थे, अब वह प्रकृति की न्यूनतम रेखाओं में आबद्ध हो गए। शिशिर की अस्थि-बेधक शीत को उसने आग तापकर काट दिया। इस ध्रुव-संकल्प का फल आशा से बढ़कर निकला। साल के अंत में उसके पास 60 रु० ज़मा हो गए। उसने समझा, पंडितजी को इतन रूपये दे दूँगा और कहूँगा–महाराज, बाक़ी रुपये भी जल्द ही आपके सामने हाज़िर करूँगा। 15 रु० की तो और बात है, क्या पंडितजी इतना भी न मानेंगे? उसने रुपये लिए और ले जाकर पंडितजी के चरण-कमलों पर अर्पण कर दिए। पंडितजी ने विस्मित होकर पूछा–किसी से उधार लिए क्या?

शंकर–नहीं महाराज, आपके असीस से अबकी मजूरी अच्छी मिली।

विप्र—लेकिन यह तो 60 रु० ही हैं!

शंकर—हाँ महाराज, इतने अभी ले लीजिए, बाक़ी मैं दो-तीन महीने में दे दूँगा, मुझे उरिन कर दीजिए।

विप्र—उरिन तो तभी होगे जब कि मेरी कौड़ी-कौड़ी चुका दोगे। जाकर मेरे 15 रु० और लाओ।

शंकर—महाराज, इतनी दया करो, अब साँझ की रोटियों का भी ठिकाना नहीं है, गाँव में हूँ तो कभी दे ही दूँगा।

विप्र—मैं यह रोग नहीं पालता, न बहुत बातें करना जानता हूँ। अगर मेरे पूरे रुपये न मिलेंगे, तो आज साढ़े तीन रु० सैकड़े का ब्याज लगेगा। अपने रुपये चाहे अपने घर में रक्खो, चाहे मेरे यहाँ छोड़ जाओ।

शंकर—अच्छा, जितना लाया हूँ, उतना रख लीजिए। मैं जाता हूँ, कहीं से 15 रु० और लाने की फ़िक्र करता हूँ।

शंकर ने सारा गाँव छान मारा, मगर किसी ने रुपये न दिये, इसलिए नहीं कि उसका विश्वास न था, या किसी के पास रुपये न थे, बल्कि इसलिए कि पंडितजी के शिकार को छेड़ने की किसी की हिम्मत न थी।

4

क्रिया के पश्चात् प्रतिक्रिया नैसर्गिक नियम है। शंकर साल भर तक तपस्या करने पर भी जब ऋण से मुक्त होने में सफल न हो सका, तो उसका संयम निराशा के रूप में परिणत हो गया। उसने समझ लिया कि जब इतना कष्ट सहने पर भी साल भर में 60 रु० से अधिक न ज़मा कर सका, तो अब और कौन-सा उपाय है, जिसके द्वारा इससे दूने रुपये ज़मा हों। जब सिर पर ऋण का बोझ हो गया, मिहनत से घृणा हो गई। आशा उत्साह की जननी है, आशा में तेज है, बल है, जीवन है। आशा ही संसार की संचालक-शक्ति है।

शंकर आशाहीन होकर उदासीन हो गया। वह ज़रूरतें, जिनको उसने साल भर तक टाल रखा था, अब द्वार पर खड़ी होनेवाली भिखारिणी न थीं, बल्कि छाती पर सवार होनेवाली पिशाचिनियाँ थीं, जो अपनी भेंट लिये बिना जान नहीं छोड़तीं। कपड़ों में चकत्तियों के लगने की भी एक सीमा होती है। अब शंकर को चिट्ठा मिलता तो वह रुपये ज़मा न करता, कभी कपड़े लाता, कभी खाने की कोई वस्तु। जहाँ पहले तम्बाखू ही पिया करता था, वहाँ अब गाँजे और चरस का चस्का भी लगा। उसे अब रुपये अदा करने की कोई चिंता न थी, मानो उसके ऊपर किसी का एक पैसा भी नहीं आता। पहले जूड़ी चढ़ी होती थी, पर वह काम करने अवश्य जाता था, अब काम पर न जाने के लिए बहाना खोजा करता।

इस भाँति तीन वर्ष निकल गए। विप्रजी महाराज ने एक बार भी तकाज़ा न किया। वह चतुर शिकारी की भाँति अचूक निशाना लगाना चाहते थे। पहले से शिकार को चौंकाना उनकी नीति के विरुद्ध था।

एक दिन पंडितजी ने शंकर को बुलाकर हिसाब दिखाया। 60 रु० जो ज़मा थे, वह मिनहा करने पर भी शंकर के ज़िम्मे 120 रु० निकले।

शंकर—इतने रुपये तो उसी जन्म में दूँगा, इस जन्म में नहीं हो सकते।

विप्र—मैं इसी जन्म में लूँगा। मूल न सही, सूद तो देना ही पड़ेगा।

शंकर—एक बैल है, वह ले लीजिए; एक झोंपड़ी है, वह ले लीजिए और मेरे पास रक्खा क्या है।

विप्र—मुझे बैल-बधिया लेकर क्या करना है। मुझे देने को तुम्हारे पास बहुत कुछ है।

शंकर—और क्या है महाराज?

विप्र—कुछ नहीं है, तुम तो हो। आख़िर तुम भी कहीं मजूरी करने जाते ही हो, मुझे भी खेती के लिए मजूर रखना ही पड़ता है। सूद में तुम हमारे यहाँ काम किया करो, जब सुभीता हो, मूल भी दे देना। सच तो यों है कि अब तुम किसी दूसरी जगह काम करने नहीं जा सकते, जब तक मेरे रुपये नहीं चुका दो। तुम्हारे पास कोई जायदाद नहीं है, इतनी बड़ी गठरी मैं किस एतबार पर छोड़ दूँ? कौन इसका ज़िम्मा लेगा कि तुम मुझे महीने-महीने सूद देते जाओगे। और कहीं कमाकर जब तुम मुझे सूद भी नहीं दे सकते, तो मूल की कौन कहे?

शंकर—महाराज, सूद में तो काम करूँगा और खाऊँगा क्या?

विप्र—तुम्हारी घरवाली है, लड़के हैं, क्या वे हाथ-पाँव कटाके बैठेंगें? रहा मैं, तुम्हें आध सेर जौ रोज़ कलेवा के लिए दे दिया करूँगा, ओढ़ने को साल में एक कंबल पा जाओगे, एक मिरजई भी बनवा दिया करूँगा, और क्या चाहिए! यह सच है कि और लोग तुम्हें छः आने रोज़ देते हैं, लेकिन मुझे ऐसी गरज़ नहीं है, मैं तो तुम्हें अपने रुपये भराने के लिए रखता हूँ।

शंकर ने कुछ देर तक गहरी चिंता में पड़े रहने के बाद कहा—महाराज, यह तो जन्म-भर की गुलामी हुई!

विप्र—गुलामी समझो, चाहे मज़दूरी समझो। मैं अपने रुपये भराए बिना तुमको कभी न छोड़ूँगा। तुम भागोगे तो तुम्हारा लड़का भरेगा। हाँ, जब कोई न रहेगा तब की बात दूसरी है।

इस निर्णय की कहीं अपील न थी। मजूर की ज़मानत कौन करता? कहीं शरण न थी, भागकर कहाँ जाता? दूसरे दिन से उसने विप्रजी के यहाँ काम करना शुरू कर दिया। सवा सेर गेहूँ की बदौलत उम्र भर के लिए गुलामी की बेड़ी पैरों में डालनी पड़ी। उस अभागे को अब अगर किसी विचार से संतोष होता था, तो वह यह था कि यह मेरे पूर्व-जन्म का संस्कार है। स्त्री को वे काम करने पड़ते थे, जो उसने कभी न किए थे। बच्चे दाने को तरसते थे, लेकिन शंकर चुपचाप देखने के सिवा और कुछ न कर सकता था। वह गेहूँ के दाने किसी देवता के शाप की भाँति यावज्जीवन उसके सिर से न उतरे।

5

शंकर ने विप्रजी के यहाँ 20 वर्ष तक गुलामी करने के बाद इस दुस्सार संसार से प्रस्थान किया। 120 रु० अभी तक उसके सिर पर सवार थे। पंडितजी ने उस ग़रीब को ईश्वर के दरबार में कष्ट देना उचित न समझा, इतने अन्यायी, इतने निर्दयी न थे। उसके जवान बेटे की गर्दन पकड़ी। आज तक वह विप्रजी के यहाँ काम करता है। उसका उद्धार कब होगा, होगा भी या नहीं, ईश्वर ही जाने।

पाठक! इस वृत्तांत को कपोल-कल्पित न समझिए। यह सत्य घटना है। ऐसे शंकरों और ऐसे विप्रों से दुनिया खाली नहीं।

❑❑❑

सभ्यता का रहस्य

यों तो मेरी समझ में दुनिया की एक हजार एक बातें नहीं आतीं—जैसे लोग प्रातःकाल उठते ही बालों पर छुरा क्यों चलाते हैं? क्या अब पुरुषों में भी इतनी नज़ाकत आ गई है कि बालों का बोझ उनसे नहीं सँभलता? एक साथ ही सभी पढ़े-लिखे आदमियों की आँखें क्यों इतनी कमज़ोर हो गई हैं? दिमाग़ की कमज़ोरी ही इसका कारण है या और कुछ? लोग किताबों के पीछे क्यों इतने हैरान होते हैं? इत्यादि ··· लेकिन इस समय मुझे इन बातों से मतलब नहीं। मेरे मन में एक नया प्रश्न उठ रहा है और उसका ज़वाब मुझे कोई नहीं देता। प्रश्न यह है कि सभ्य कौन है, और असभ्य कौन? सभ्यता के लक्षण क्या हैं? सरसरी नज़र से देखिए, तो इससे ज़्यादा आसान और कोई सवाल ही न होगा। बच्चा-बच्चा भी इसका समाधान कर सकता है। लेकिन ज़रा गौर से देखिए, तो प्रश्न इतना आसान नहीं जान पड़ता।

अगर कोट-पतलून पहनना, टाई-हैट-कॉलर लगाना, मेज़ पर बैठकर खाना खाना, दिन में तेरह बार कोको या चाय पीना और सिगार पीते हुए चलना सभ्यता है, तो उन गोरों को भी सभ्य कहना पड़ेगा, जो सड़क पर शाम को कभी-कभी टहलते नज़र आते हैं; शराब के नशे से आँखें सुर्ख, पैर लड़खड़ाते हुए, रास्ता चलनेवालों को अनायास छेड़ने की धुन! क्या उन गोरों को सभ्य कहा जा सकता है? कभी नहीं। तो यह सिद्ध हुआ कि सभ्यता कोई और ही चीज़ है, उसका देह से इतना सम्बन्ध नहीं है, जितना मन से।

2

मेरे इने-गिने मित्रों में एक राय रतनकिशोर भी हैं। आप बहुत ही सहृदय, बहुत ही उदार, बहुत अधिक शिक्षित और एक बड़े ओहदेदार हैं। बहुत अच्छा वेतन पाने पर भी उनकी आमदनी खर्च के लिए काफ़ी नहीं होती। एक चौथाई वेतन तो बँगले ही की भेंट हो जाता है। इसलिए आप बहुधा चिंतित रहते हैं। रिश्वत तो नहीं लेते—कम-से-कम मैं नहीं जानता; हालाँकि कहनेवाले कहते हैं—लेकिन इतना जानता हूँ कि वह भत्ता बढ़ाने के लिए दौरे पर बहुत रहते हैं, यहाँ तक कि इसके लिए हर साल बजट की किसी दूसरी मद से रुपये निकालने पड़ते हैं। उनके अफ़सर कहते हैं, इतने दौरे क्यों करते हो, तो ज़वाब देते हैं, इस ज़िले का काम ही ऐसा है कि जब तक खूब दौरे न किए जाएँ, रिआया शांत नहीं रह सकती। लेकिन मज़ा तो यह है कि रायसाहब उतने दौरे वास्तव में नहीं करते, जितने कि अपने रोज़नामचे में लिखते हैं। उनके पड़ाव शहर से 50 मील पर होते हैं। खेमे वहाँ गड़े रहते हैं, और रायसाहब घर पर मित्रों के साथ गपशप करते रहते हैं, पर किसी का मज़ाल है कि रायसाहब की नेकनीयती पर संदेह कर सके! उनके सभ्य पुरुष होने में किसी को शंका नहीं हो सकती!

एक दिन मैं उनसे मिलने गया। उस समय वह अपने घसियारे दमड़ी को डाँट रहे थे। दमड़ी रात-दिन का नौकर था; लेकिन घर रोटी खाने जाया करता था। उसका घर थोड़ी ही दूर पर एक गाँव में था। कल रात को किसी कारण से यहाँ न आ सका था। इसलिए डाँट पड़ रही थी।

रायसाहब—जब हम तुम्हें रात-दिन के लिए रखे हुए हैं, तो तुम घर पर क्यों रहे? कल के पैसे कट जाएँगे।

दमड़ी—हुजूर, एक मेहमान आ गए थे, इसी से न आ सका।

रायसाहब—तो कल के पैसे उसी मेहमान से लो।

दमड़ी—सरकार, अब कभी ऐसी खता न होगी।

रायसाहब—बक-बक मत करो।

दमड़ी—हुजूर ...

रायसाहब—दो रुपये जुरमाना।

दमड़ी रोता हुआ चला गया। रोज़ा बख्शाने आया था, नमाज़ गले पड़ गई। दो रुपये जुरमाना ठुक गया। ख़ता यही थी कि बेचारा कसूर माफ़ कराना चाहता था।

यह एक रात ग़ैरहाज़िरी होने की सजा थी! बेचारा दिन भर का काम कर चुका था, रात को यहाँ सोया न था, उसका दंड! और घर बैठे भत्ते उड़ानेवालों को कोई नहीं पूछता। कोई दंड नहीं देता। दंड तो मिले, और ऐसा मिले कि ज़िंदगी भर याद रहे; पर पकड़ना तो मुश्क़िल है। दमड़ी भी अगर होशियार होता, तो ज़रा रात रहे आकर कोठरी में सो जाता। फिर किसे ख़बर होती कि वह रात को कहाँ था? पर ग़रीब इतना चंट न था।

3

दमड़ी के पास कुल छः बिस्वे ज़मीन थी। पर इतने ही प्राणियों का खर्च भी था। उसके दो लड़के, दो लड़कियाँ और स्त्री, सब खेतों में लगे रहते थे फिर भी पेट की रोटियाँ नहीं मयस्सर होती थीं। इतनी ज़मीन क्या सोना उगल देती! अगर सब-के-सब घर से निकलकर मज़दूरी करने लगते, तो आराम से रह सकते थे; लेकिन मौरूसी किसान मज़दूर कहलाने का अपमान न सह सकता था। इस बदनामी से बचने के लिए दो बैल बाँध रखे थे! उसके वेतन का बड़ा भाग बैलों के दाने-चारे ही में उड़ जाता था। ये सारी तकलीफ़ें मंजूर थीं, पर खेती छोड़कर मज़दूर बन जाना मंजूर न था। किसान की जो प्रतिष्ठा है, वह कहीं मज़दूर की हो सकती है; चाहे वह रुपया रोज़ ही क्यों न कमाए? किसानी के साथ मज़दूरी करना इतने अपमान की बात नहीं, द्वार पर बँधे हुए बैल उसकी मान-रक्षा किया करते हैं, पर बैलों को बेचकर फिर कहाँ मुँह दिखलाने की जगह रह सकती है?

एक दिन रायसाहब उसे सरदी से काँपते देखकर बोले—कपड़े क्यों नहीं बनवाता? काँप क्यों रहा है?

दमड़ी—सरकार, पेट को रोटी तो पूरी ही नहीं पड़ती; कपड़े कहाँ से बनवाऊँ?

रायसाहब—बैलों को बेच क्यों नहीं डालता? सैकड़ों बार समझा चुका, लेकिन न जाने क्यों इतनी मोटी-सी बात तेरी समझ में नहीं आती।

दमड़ी—सरकार, बिरादरी में कहीं मुँह दिखाने लायक न रहूँगा। लड़की की सगाई न हो पाएगी; टाट बाहर कर दिया जाऊँगा।

रायसाहब—इन्हीं हिमाक़तों से तुम लोगों की यह दुर्गति हो रही है। ऐसे आदमियों पर दया करना भी पाप है। (मेरी तरफ़ फिरकर) क्यों मुंशीजी, इस पागलपन का भी कोई इलाज है? जाड़ों में मर रहे हैं, पर दरवाज़े पर बैल ज़रूर बाँधेंगे।

मैंने कहा—जनाब, यह तो अपनी-अपनी समझ है।

रायसाहब—ऐसी समझ को दूर से सलाम कीजिए। मेरे यहाँ कई पुश्तों से जन्माष्टमी का उत्सव मनाया जाता था। कई हज़ार रुपयों पर पानी फिर जाता था। गाना होता था, दावतें होती थीं, रिश्तेदारों को न्योते दिए जाते थे, ग़रीबों को कपड़े बाँटे जाते थे। वालिद साहब के बाद पहले ही साल मैंने उत्सव बंद कर दिया। फ़ायदा क्या? मुफ़्त में चार-पाँच हज़ार की चपत पड़ती थी। सारे कस्बे में बावेला मचा, आवाज़ें कसी गईं; किसी ने नास्तिक कहा, किसी ने ईसाई बनाया; लेकिन यहाँ इन बातों की क्या परवा! आख़िर थोड़े ही दिनों में सारा कोलाहल शांत हो गया। अजी, बड़ी दिल्लगी थी। कस्बे में किसी के यहाँ शादी हो; लकड़ी मुझसे ले! पुश्तों से यह रस्म चली आती थी। वालिद तो दूसरों से दरख़्त मोल लेकर इस रस्म को निभाते थे। थी हिमाक़त या नहीं? मैंने फौरन लकड़ी देना बंद कर दिया। इस पर भी लोग बहुत रोए-धोए, लेकिन दूसरों का रोना-धोना सुनूँ या अपना फ़ायदा देखूँ। लकड़ी से ही कम-से-कम 500 रु० सालाना की बचत हो गई। अब कोई भूलकर भी इन चीज़ों के लिए मुझे दिक करने नहीं आता।

मेरे दिल में फिर सवाल पैदा हुआ; दोनों में कौन सभ्य है, कुल-प्रतिष्ठा पर प्राण देनेवाला मूर्ख दमड़ी, या धन पर कुल-मर्यादा की बलि देनेवाले राय रतनकिशोर?

4

रायसाहब के इजलास में एक बड़े मार्के का मुकद्दमा पेश था। शहर का एक रईस ख़ून के मामले में फँस गया था। उसकी ज़मानत लेने के लिए रायसाहब की ख़ुशामदें होने लगीं। इज़्ज़त की बात थी। रईस साहब का हुक्म था कि चाहे रियासत बिक जाए, पर इस मुकद्दमे से बेदाग़ निकल जाऊँ। डालियाँ लगायी गईं, सिफ़ारिशें पहुँचाई गईं; पर रायसाहब पर कोई असर न हुआ। रईस के आदमियों की प्रत्यक्ष रूप से रिश्वत की चर्चा करने की हिम्मत न पड़ती थी। आख़िर जब कोई बस न चला, तो रईस की स्त्री ने रायसाहब की स्त्री से मिलकर सौदा पटाने की ठानी।

रात के 10 बजे थे। दोनों महिलाओं में बातें होने लगीं। 20 हज़ार की बातचीत थी! रायसाहब की पत्नी तो इतनी ख़ुश हुईं कि उसी वक़्त रायसाहब के पास दौड़ी हुई आईं और कहने लगीं—ले लो! तुम न लोगे; तो मैं ले लूँगी।

रायसाहब ने कहा—इतनी बेसब्र न हो। वह तुम्हें अपने दिल में क्या समझेंगी? कुछ अपनी इज़्ज़त का भी ख़याल है या नहीं? माना कि रकम बड़ी है और इससे मैं एकबारगी तुम्हारी आये दिन की फ़रमायशों से मुक्त हो जाऊँगा; लेकिन एक सिविलियन की इज़्ज़त भी तो कोई मामूली चीज़ नहीं है। तुम्हें पहले बिगड़कर कहना चाहिए था कि मुझसे ऐसी बेहूदा बातचीत करनी हो, तो यहाँ से चली जाओ। मैं अपने कानों से नहीं सुनना चाहती।

स्त्री—यह तो मैंने पहले ही किया, बिगड़कर ख़ूब खरी-ख़ोटी सुनाई। क्या इतना भी नहीं जानती! बेचारी मेरे पैरों पर सर रखकर रोने लगी।

रायसाहब–क्या कहा था कि रायसाहब से कहूँगी, तो मुझे कच्चा ही चबा जाएँगे?

यह कहते हुए रायसाहब ने गद्‌गद होकर पत्नी को गले लगा लिया।

स्त्री–अजी, मैं न जाने ऐसी कितनी ही बातें कह चुकी, लेकिन किसी तरह टाले नहीं टलती। रो-रोकर जान दे रही है।

रायसाहब–उससे वादा तो नहीं कर लिया?

स्त्री–वादा? मैं तो रुपये लेकर संदूक में रख आयी। नोट थे!

रायसाहब–कितनी ज़बरदस्त अहमक हो! न मालूम ईश्वर तुम्हें कभी समझ भी देगा या नहीं।

स्त्री–अब क्या देगा? देना होता, तो दे न दी होती।

रायसाहब–हाँ, मालूम तो ऐसा ही होता है। मुझसे कहा तक नहीं, और रुपये लेकर संदूक में दाखिल कर लिए! अगर किसी तरह बात खुल जाए, तो कहीं का न रहूँ।

स्त्री–तो भाई, सोच लो। अगर कुछ गड़बड़ हो, तो मैं जाकर रुपये लौटा दूँ?

रायसाहब–फिर वही हिमाक़त? अरे, अब तो जो कुछ होना था, हो चुका। ईश्वर पर भरोसा करके ज़मानत लेनी पड़ेगी। लेकिन तुम्हारी हिमाक़त में शक नहीं। जानती हो, यह साँप के मुँह में उँगली डालना है। यह भी जानती हो कि मुझे ऐसी बातों से कितनी नफ़रत है, फिर भी बेसब्र हो जाती हो। अब की बार तुम्हारी हिमाक़त से मेरा व्रत टूट रहा है। मैंने दिल में ठान लिया था कि अब इस मामले में हाथ न डालूँगा, लेकिन तुम्हारी हिमाक़त के मारे जब मेरी कुछ चलने भी पाए।

स्त्री–मैं जाकर लौटाए देती हूँ।

रायसाहब–और मैं जाकर ज़हर खाए लेता हूँ।

इधर तो स्त्री-पुरुष में यह अभिनय हो रहा था, उधर दमड़ी उसी वक़्त अपने गाँव के मुखिया के खेत में जुआर काट रहा था। आज वह रात भर की छुट्टी लेकर घर गया था। बैलों के लिए चारे का एक तिनका भी नहीं है। अभी वेतन मिलने में कई दिन की देर थी, मोल ले न सकता था। घरवालों ने दिन को कुछ घास छीलकर खिलायी तो थी, लेकिन ऊँट के मुँह में जीरा! उतनी घास से क्या हो सकता था? दोनों वैल भूखे खड़े थे। दमड़ी को देखते ही दोनों पूँछें खड़ी करके हुंकारने लगे। जब वह पास गया, तो दोनों उसकी हथेलियाँ चाटने लगे। बेचारा दमड़ी मन मसोसकर रह गया। सोचा, इस वक़्त तो कुछ हो नहीं सकता, सबेरे किसी से कुछ उधार लेकर चारा लाऊँगा।

लेकिन जब 11 बजे रात उसकी आँखें खुली, तो देखा कि दोनों बैल अभी तक नाँद पर खड़े हैं। चाँदनी रात थी, दमड़ी को जान पड़ा कि दोनों उसकी ओर अपेक्षा और याचना की दृष्टि से देख रहे हैं। उनकी क्षुधा-वेदना देखकर उसकी आँखें सजल हो आईं। किसान को अपने बैल अपने लड़कों की तरह प्यारे होते हैं। वह उन्हें पशु नहीं, अपना मित्र और सहायक समझता है। बैलों को भूखे खड़े देखकर नींद आँखों से भाग गई। कुछ सोचता हुआ उठा। हँसिया निकाली और चारे की फ़िक्र में चला।

गाँव के बाहर बाजरे और जुआर के खेत खड़े थे। दमड़ी के हाथ काँपने लगे। लेकिन बैलों की याद ने उसे उत्तेजित कर दिया। चाहता तो कई बोझ काट

सकता था, लेकिन वह चोरी करते हुए भी चोर न था। उसने केवल इतना ही चारा काटा, जितना बैलों को रात भर के लिए काफ़ी हो। सोचा अगर किसी ने देख भी लिया, तो उससे कह दूँगा, बैल भूखे थे, इसलिए काट लिया। उसे विश्वास था कि थोड़े-से चारे के लिए कोई मुझे पकड़ नहीं सकता। मैं कुछ बेचने के लिए तो काट नहीं रहा हूँ; फिर ऐसा निर्दयी कौन है, जो मुझे पकड़ ले! बहुत करेगा, अपने दाम ले लेगा। उसने बहुत सोचा। चारे का थोड़ा होना ही उसे चोरी के अपराध से बचने को काफ़ी था। चोर उतना काटता, जितना उससे उठ सकता। उसे किसी के फ़ायदे और नुकसान से क्या मतलब! गाँव के लोग दमड़ी को चारा लिये जाते देखकर बिगड़ते ज़रुर, पर कोई चोरी के इलजाम में न फँसाता, लेकिन संयोग से हलके के थाने का सिपाही उधर जा निकला। वह पड़ोस के एक बनिए के यहाँ जुआ होने की ख़बर पाकर कुछ ऐंठने की टोह में आया था। दमड़ी को चारा सिर पर उठाते देखा, तो संदेह हुआ। इतनी रात गए कौन चारा काटता है? हो न हो, कोई चोरी से काट रहा है। डाँटकर बोला—कौन चारा लिये जाता है? खड़ा रह!

दमड़ी ने चौंककर पीछे देखा, तो पुलिस का सिपाही! हाथ-पाँव फूल गए, काँपते हुए बोला—हुजूर, थोड़ा ही-सा काटा है, देख लीजिए।

सिपाही—थोड़ा काटा हो या बहुत, है तो चोरी। खेत किसका है?

दमड़ी—बलदेव महतो का!

सिपाही ने समझा था, शिकार फँसा, इससे कुछ ऐंठूँगा, लेकिन वहाँ क्या रखा था। पकड़कर गाँव में लाया, और जब वहाँ भी कुछ हत्थे चढ़ता न दिखाई दिया तो थाने ले गया। थानेदार ने चालान कर दिया। मुकद्दमा रायसाहब ही के इजलास में पेश किया।

रायसाहब ने दमड़ी को फँसे हुए देखा, तो हमदर्दी के बदले कठोरता से काम लिया। बोले—यह मेरी बदनामी की बात है। तेरा क्या बिगड़ा, साल-छः महीने की सजा हो जाएगी, शर्मिन्दा तो मुझे होना पड़ रहा है। लोग यही तो कहते होंगे कि रायसाहब के आदमी ऐसे बदमाश और चोर हैं। तू मेरा नौकर न होता, तो मैं हलकी सजा देता, लेकिन तू मेरा नौकर है, इसलिए कड़ी-से-कड़ी सजा दूँगा। मैं यह नहीं सुन सकता कि रायसाहब ने अपने नौकर के साथ रिआयत की।

यह कहकर रायसाहब ने दमड़ी को छः महीने की सख़्त क़ैद का हुक्म सुना दिया।

उसी दिन उन्होंने ख़ून के मुकद्दमे में ज़मानत ले ली।

मैंने दोनों वृत्तांत सुने, और मेरे दिल में यह ख़याल और भी पक्का हो गया कि सभ्यता केवल हुनर के साथ ऐब करने का नाम है। आप बुरे-से-बुरा काम करें, लेकिन अगर आप उस पर परदा डाल सकते हैं, तो आप सभ्य हैं; जेण्टिलमैन हैं। अगर आप में यह सिफ़्त नहीं, तो आप असभ्य हैं, गँवार हैं, बदमाश हैं। यही सभ्यता का रहस्य है!

❑❑❑

समस्या

मेरे दफ़्तर में चार चपरासी हैं। उनमें एक का नाम ग़रीब है। यह बहुत ही सीधा, बड़ा आज्ञाकारी, अपने काम में चौकस रहनेवाला, घुड़कियाँ खाकर भी चुप रह जानेवाला, यथानाम तथा गुणवाला मनुष्य है। मुझे इस दफ़्तर में साल भर होते हैं, मगर मैंने उसे एक दिन के लिए भी गैरहाज़िर नहीं पाया। मैं उसे नौ बजे दफ़्तर में अपनी फटी दरी पर बैठे हुए देखने का ऐसा आदी हो गया हूँ कि मानो वह भी उसी इमारत का कोई अंग है। इतना सरल है कि किसी की बात टालना नहीं जानता। एक मुसलमान है। उससे सारा दफ़्तर डरता है, मालूम नहीं क्यों? मुझे तो इसका कारण सिवाय उसकी बड़ी-बड़ी बातों के और कुछ नहीं मालूम होता। उसके कथनानुसार उसके चचेरे भाई रामपुर रियासत में काज़ी हैं, फूफा टोंक की रियासत में कोतवाल हैं। उसे सर्वसम्मति ने 'काज़ी साहेब' की उपाधि दे रखी है। शेष दो महाशय जाति के ब्राह्मण हैं। उनके आशीर्वादों का मूल्य उनके काम से कहीं अधिक है। वे दोनों कामचोर, गुस्ताख़ और आलसी हैं। कोई छोटा-सा काम करने को भी कहिए, तो बिना नाक-भौं सिकोड़े नहीं करते। क्लर्कों को तो कुछ समझते ही नहीं। केवल बड़े बाबू से कुछ दबते हैं, यद्यपि कभी-कभी उनसे भी झगड़ बैठते हैं।

मगर इन सब दुर्गुणों के होते हुए भी दफ़्तर में किसी की मिट्टी इतनी ख़राब नहीं है, जितनी बेचारे ग़रीब की। तरक्क़ी का अवसर आता है तो ये तीनों मार ले जाते हैं, ग़रीब को कोई पूछता भी नहीं। और सब दस-दस पाते हैं, यह अभी छः ही में पड़ा हुआ है। सुबह से शाम तक उसके पैर एक क्षण के लिए भी नहीं टिकते—यहाँ तक कि तीनों चपरासी भी उस पर हुकूमत जताते हैं और ऊपर की आमदनी में तो उस बेचारे का कोई भाग ही नहीं। तिस पर भी दफ़्तरी से लेकर बड़े बाबू तक सब—उससे चिढ़ते हैं। उसकी कितनी ही बार शिकायतें हो चुकी हैं, कितनी ही बार जुर्माना हो चुका है और डाँट-डपट तो नित्य ही हुआ करती है। इसका रहस्य कुछ मेरी समझ में नहीं आता था। मुझे उस पर दया अवश्य आती थी, और अपने व्यवहार में यह दिखाना चाहता था कि मेरी दृष्टि में उसका आदर अन्य चपरासियों से कम नहीं। यहाँ तक कि कई बार मैं उसके पीछे अन्य कर्मचारियों से लड़ भी चुका हूँ।

2

एक दिन बड़े बाबू ने ग़रीब से अपनी मेज़ साफ़ करने को कहा। वह तुरंत मेज़ साफ़ करने लगा। दैवयोग से झाड़न का झटका लगा, तो दवात उलट गई और रोशनाई मेज़ पर फैल गई। बड़े बाबू यह देखते ही जामे से बाहर हो गए। उसके दोनों कान पकड़कर खूब ऐंठे और भारतवर्ष की सभी प्रचलित भाषाओं से दुर्वचन चुन-चुनकर उसे सुनाने लगे।

बेचारा ग़रीब आँखों में आँसू भरे चुपचाप मूर्तिवत् खड़ा सुनता था, मानो उसने कोई हत्या कर डाली हो। मुझे बड़े बाबू का ज़रा-सी बात पर इतना भयंकर रौद्र रूप धारण करना बुरा मालूम हुआ। यदि किसी दूसरे चपरासी ने इससे भी बड़ा कोई अपराध किया होता, तो भी उस पर इतना वज्र-प्रहार न किया होता। मैंने अंग्रेज़ी में कहा—बाबू साहब, आप यह अन्याय कर रहे हैं। उसने जान-बूझकर तो रोशनाई गिराई नहीं। इसका इतना कड़ा दंड अनौचित्य की पराकाष्ठा है।

बाबूजी ने नम्रता से कहा—आप इसे जानते नहीं, बड़ा दुष्ट है।

'मैं तो दुष्टता नहीं देखता।'

'आप अभी उसे जानते नहीं, एक ही पाजी है। इसके घर दो हलों की खेती होती है, हज़ारों का लेन-देन करता है; कई भैंस लगती हैं। इन्हीं बातों का इसे घमंड है। '

'घर की ऐसी दशा होती, तो आपके यहाँ चपरासीगिरी क्यों करता?'

'विश्वास मानिए, बड़ा पोढ़ा आदमी है और बला का मक्खीचूस।'

'यदि ऐसा ही हो, तो भी कोई अपराध नहीं है।'

'अजी, अभी आप इन बातों को नहीं जानते। कुछ दिन और रहिए तो आपको स्वयं मालूम हो जाएगा कि यह कितना कमीना आदमी है।'

एक दूसरे महाशय बोल उठे—साहब, इसके घर मनों दूध-दही होता है, मनों मटर, जुवार, चने होते हैं; लेकिन इसकी कभी इतनी हिम्मत न हुई कि कभी थोड़ा-सा दफ़्तरवालों को भी दे दे। यहाँ इन चीज़ों को तरसकर रह जाते हैं। तो फिर क्यों न जी जले? और यह सब कुछ इसी नौकरी की बदौलत हुआ है, नहीं तो पहले इसके घर में भूनी भाँग भी न थी।

बड़े बाबू कुछ सकुचाकर बोले—यह कोई बात नहीं। उसकी चीज़ है, किसी को दे या न दे; लेकिन यह बिलकुल पशु है।

मैं कुछ-कुछ मर्म समझ गया। बोला—यदि ऐसे तुच्छ हृदय का आदमी है तो वास्तव में पशु ही है। मैं यह न जानता था।

अब बड़े बाबू भी खुले। संकोच दूर हुआ। बोले—इन सौगातों से किसी का उबार तो होता नहीं, केवल देनेवाले की सहृदयता प्रकट होती है। और आशा भी उसी से की जाती है, जो इस योग्य होता है। जिसमें सामर्थ्य ही नहीं, उससे कोई आशा नहीं करता। नंगे से कोई क्या लेगा?

रहस्य खुल गया। बड़े बाबू ने सरल भाव से सारी अवस्था दरशा दी थी। समृद्धि के शत्रु सब होते हैं; छोटे ही नहीं, बड़े भी। हमारी ससुराल या ननिहाल दरिद्र हो, तो हम उससे आशा नहीं रखते। कदाचित् वह हमें विस्मृत हो जाती है। किंतु वे सामर्थ्यवान होकर हमें न पूछें, हमारे यहाँ तीज और चौथ न भेजें, तो हमारे कलेजे पर साँप लोटने लगता है। हम अपने निर्धन मित्र के पास जाएँ तो उसके एक बीड़े पान से ही सन्तुष्ट हो जाते हैं; पर ऐसा कौन मनुष्य है, जो अपने किसी धनी मित्र से बिना जलपान के लौटकर उसे मन में कोसने न लगे और सदा के लिए उसका तिरस्कार न करने लगे। सुदामा कृष्ण के घर से यदि निराश लौटते, तो कदाचित् वह उनके शिशुपाल और जरासंध से भी बड़े शत्रु होते। यह मानव-स्वभाव है।

2

कई दिन पीछे मैंने ग़रीब से पूछा–क्यों जी, तुम्हारे घर पर कुछ खेती-बारी होती है?

ग़रीब ने दीन-भाव से कहा–हाँ सरकार, होती है। आपके दो गुलाम है, वही करते हैं।

'गायें-भैंसें भी लगती हैं?'

'हाँ, हजूर, दो भैंसें लगती हैं, मुदा गायें अभी गाभिन नहीं हैं। हजूर लोगों के ही दया-धरम से पेट की रोटियाँ चल जाती हैं।'

'दफ़्तर के बाबू लोगों की भी कभी कुछ ख़ातिर करते हो?'

ग़रीब ने अत्यंत दीनता से कहा–हजूर, मैं सरकार लोगों की क्या ख़ातिर कर सकता हूँ! खेतों में जौ, चना, मक्का, जुवार के सिवाय और क्या होता है। आप लोग राजा हैं, यह मोटी-झोटी चीज़ें किस मुँह से आपकी भेंट करूँ? जी डरता है, कहीं कोई डाँट न बैठे कि इस टके के आदमी की इतनी मजाल। इसी के मारे बाबूजी, हियाव नहीं पड़ता, नहीं तो दूध-दही की कौन बिसात थी। मुँह लायक बीड़ा तो होना चाहिए।

'भला; एक दिन कुछ लाके दो तो, देखो, लोग क्या कहते हैं। शहर में यह चीज़ें कहाँ मयस्सर होती हैं? इन लोगों का जी कभी-कभी मोटी-झोटी चीज़ों पर चला करता है।'

'जो सरकार, कोई कुछ कहे तो? कहीं कोई साहब से शिकायत कर दे तो मैं कहीं का न रहूँ।'

'इसका मेरा जिम्मा है, तुम्हें कोई कुछ न कहेगा। कोई कुछ कहेगा तो मैं समझा दूँगा।'

'तो हजूर, आज-कल तो मटर की फ़सिल है। चने के साग भी हो गए हैं, और कोल्हू भी खड़ा हो गया है। इसके सिवाय तो और कुछ नहीं है।'

'बस, तो यही चीज़ें लाओ।'

'कुछ उलटी-सीधी पड़े, तो हजूर ही सँभालेंगे!'

'हाँ जी, कह तो दिया कि मैं देख लूँगा।'

दूसरे दिन ग़रीब आया तो उसके साथ तीन हृष्टपुष्ट युवक भी थे। दो के सिरों पर दो टोकरियाँ थीं, उनमें मटर की फलियाँ भरी हुई थीं। एक के सिर पर मटका था, उसमें ऊख का रस था। तीनों ऊख का एक-एक गट्ठर काँख में दबाए हुए थे। ग़रीब आकर चुपके से बरामदे के सामने पेड़ के नीचे खड़ा हो गया। दफ़्तर में आने का उसे साहस नहीं होता था, मानो कोई अपराधी है। वृक्ष के नीचे खड़ा था कि इतने में दफ़्तर के चपरासियों और अन्य कर्मचारियों ने उसे घेर लिया। कोई ऊख लेकर चूसने लगा, कई आदमी टोकरों पर टूट पड़े। लूट मच गई। इतने में बड़े बाबू भी दफ़्तर में आ पहुँचे। यह कौतुक देखा तो उच्च-स्वर में बोले–यह क्या भीड़ लगा रखी है, अपना-अपना काम देखो।

मैंने जाकर उनके कान में कहा–ग़रीब अपने घर से यह सौगात लाया है। कुछ आप ले लीजिए, कुछ इन लोगों को बाँट दीजिए।

बड़े बाबू ने कृत्रिम क्रोध धारण करके कहा–क्यों ग़रीब, तुम ये चीज़ें यहाँ क्यों लाये? अभी लौटा ले जाओ, नहीं तो मैं साहब से रपट कर दूँगा। कोई हम लोगों को मलूका समझ लिया है।

ग़रीब का रंग उड़ गया। थर-थर काँपने लगा। मुँह से एक शब्द भी न निकला। मेरी ओर अपराधी नेत्रों से ताकने लगा।

मैंने उसकी ओर से क्षमा-प्रार्थना की। बहुत कहने-सुनने पर बाबू साहब राज़ी हुए। सब चीज़ों में से आधी-आधी अपने घर भिजवायी। आधी में अन्य लोगों के हिस्से लगाए गए। इस प्रकार यह अभिनय समाप्त हुआ।

4

अब दफ़्तर में ग़रीब का नाम होने लगा। उसे नित्य घुड़कियाँ न मिलतीं, दिन भर दौड़ना न पड़ता, कर्मचारियों के व्यंग्य और अपने सहवर्गियों के कटु वाक्य न सुनने पड़ते। चपरासी लोग स्वयं उसका काम कर देते। उसके नाम में भी कुछ तबदीली पैदा हुई। दीनता की जगह आत्मगौरव का उद्भव हुआ। तत्परता की जगह आलस्य ने ली। वह अब कभी देर करके दफ़्तर आता, कभी-कभी बीमारी का बहाना करके घर बैठा रहता। उसके सभी अपराध अब क्षम्य थे। उसे अपनी प्रतिष्ठा का गुर हाथ लग गया था। वह अब दसवें-पाँचवें दिन दूध, दही आदि लाकर बड़े बाबू को भेंट किया करता। देवता को संतुष्ट करना सीख गया। सरलता के बदले अब उसमें काँइयाँपन आ गया।

एक रोज़ बड़े बाबू ने उसे सरकारी फार्मों का पार्सल छुड़ाने के लिए स्टेशन भेजा। कई बड़े-बड़े पुलिंदे थे। ठेले पर आये। ग़रीब ने ठेलेवालों से बारह आने पर मज़दूरी तय की थी। जब काग़ज़ दफ़्तर में गए तो उसने बड़े बाबू से बारह आने ठेलेवालों को देने के लिए वसूल किए। लेकिन दफ़्तर से कुछ दूर जाकर उसकी नीयत बदली। अपनी दस्तूरी माँगने लगा। ठेलेवाले राज़ी न हुए। इस पर ग़रीब ने बिगड़कर सब पैसे जेब में रख लिए और धमकाकर बोला–अब एक फूटी कौड़ी भी न दूँगा। जाओ, जहाँ चाहे फ़रियाद करो। देखें, क्या बना लेते हो। ठेलेवालों ने जब देखा कि भेंट न देने से ज़मा ही ग़ायब हुई जाती है, तो रो-धोकर चार आने देने पर राजी हुए। ग़रीब ने अठन्नी उनके हवाले की, बारह आने की रसीद लिखवाकर उनके अँगूठे के निशान लगवाए और रसीद दफ़्तर में दाखिल हो गई।

यह कुतूहल देखकर मैं दंग रह गया। यह वही ग़रीब है, जो कई महीने पहले सरलता और दीनता की मूर्ति था, जिसे कभी चपरासियों से भी अपने हिस्से की रकम माँगने का साहस न होता था, जो दूसरों को खिलाना भी न जानता था, खाने का तो ज़िक्र ही क्या।

यह स्वाभावांतर देखकर अत्यंत खेद हुआ। इसका उत्तरदायित्व किसके सिर था? मेरे सिर, जिसे उसने चग्घड़पन और धूर्तता का पहला पाठ पढ़ाया था। मेरे चित्त में प्रश्न उठा–इस काँइयाँपन से, जो दूसरों का गला दबाता है, वह भोलापन क्या बुरा था, जो दूसरों का अन्याय सह लेता था? वह अशुभ मुहूर्त था, जब मैंने उसे प्रतिष्ठा-प्राप्ति का मार्ग दिखाया, क्योंकि वास्तव में वह उसके पतन का भयंकर मार्ग था। मैंने बाह्य प्रतिष्ठा पर उसकी आत्म-प्रतिष्ठा का बलिदान कर दिया।

❑❑❑

दो सखियाँ

लखनऊ
1-7-25

प्यारी बहन,

जब से यहाँ आयी हूँ, तुम्हारी याद सताती रहती है। काश, तुम कुछ दिनों के लिए यहाँ चली आतीं, तो कितनी बहार रहती। मैं तुम्हें अपने विनोद से मिलाती। क्या यह सम्भव नहीं है? तुम्हारे माता-पिता क्या तुम्हें इतनी भी आज़ादी न देंगे? मुझे तो आश्चर्य यही है कि बेड़ियाँ पहनकर तुम कैसे रह सकती हो! मैं तो इस तरह घंटे भर भी न रह सकती। ईश्वर को धन्यवाद देती हूँ कि मेरे पिताजी पुरानी लकीर पीटनेवालों में नहीं। वह उन नवीन आदर्शों के भक्त हैं, जिन्होंने नारी-जीवन को स्वर्ग बना दिया है, नहीं तो मैं कहीं की न रहती।

विनोद हाल ही में इंग्लैण्ड से डी. फिल. होकर लौटे हैं और जीवन-यात्रा आरंभ करने के पहले एक बार संसार-यात्रा करना चाहते हैं। योरोप का अधिकांश भाग तो वह देख चुके हैं, पर अमेरिका, आस्ट्रेलिया और एशिया की सैर किए बिना उन्हें चैन नहीं। मध्य एशिया और चीन का तो यह विशेष रूप से अध्ययन करना चाहते हैं। योरोपियन यात्री जिन बातों की मीमांसा न कर सके, उन्हीं पर प्रकाश डालना उनका ध्येय है। सच कहती हूँ चंदा, ऐसा साहसी, ऐसा निर्भीक, ऐसा आदर्शवादी पुरुष मैंने कभी नहीं देखा था। मैं तो उनकी बातें सुनकर चकित हो जाती हूँ। ऐसा कोई विषय नहीं है, जिसका उन्हें पूरा ज्ञान न हो, जिसकी वह आलोचना न कर सकते हों; और यह केवल किताबी आलोचना नहीं होती, उसमें मौलिकता और नवीनता होती है। स्वतंत्रता के तो वह अनन्य उपासक हैं। ऐसे पुरुष की पत्नी बनकर ऐसी कौन-सी स्त्री है, जो अपने सौभाग्य पर गर्व न करे? बहन, तुमसे क्या कहूँ कि प्रातःकाल उन्हें अपने बँगले की ओर आते देखकर मेरे चित्त की क्या दशा हो जाती है। वह उन पर न्योछावर होने के लिए विकल हो जाता है। वह मेरी आत्मा में बस गए हैं। अपने पुरुष की मैंने मन में जो कल्पना की थी, उसमें और इनमें बाल बराबर भी अंतर नहीं। मुझे रात-दिन यही भय लगा रहता है कि कहीं मुझमें उन्हें कोई त्रुटि न मिल जाए। जिन विषयों से उन्हें रुचि है, उनका अध्ययन आधी रात तक बैठी किया करती हूँ। ऐसा परिश्रम मैंने कभी न किया था। आईने-कंघी से मुझे कभी इतना प्रेम न था, सुभाषितों को मैंने कभी इतने चाव से कंठ न किया था। अगर इतना सब कुछ करने पर भी मैं उनका हृदय न पा सकी, तो बहन, मेरा जीवन नष्ट हो जाएगा, मेरा हृदय फट जाएगा और संसार मेरे लिए सूना हो जाएगा।

कदाचित् प्रेम के साथ ही मन में ईर्ष्या का भाव भी उदय हो जाता है। उन्हें मेरे बँगले की ओर आते हुए देख, जब मेरी पड़ोसिन कुसुम अपने बरामदे में आकर खड़ी हो जाती है, तो मेरा ऐसा जी चाहता है कि उसकी आँखें ज्योतिहीन हो जाएँ। कल तो अनर्थ ही हो गया। विनोद ने उसे देखते ही हैट उतार ली और मुस्कुराए। वह कुलटा भी खीसें निकालने लगी। ईश्वर सारी विपत्तियाँ दे, पर

मिथ्याभिमान न दे। चुड़ैलों की-सी तो आपकी सूरत है, पर अपने को अप्सरा समझती हैं। आप कविता करती हैं और कई पत्रिकाओं में उनकी कविताएँ छप भी गई हैं। बस, आप ज़मीन पर पाँव नहीं रखतीं। सच कहती हूँ, थोड़ी देर के लिए विनोद पर से मेरी श्रद्धा उठ गई। ऐसा आवेश होता था कि चलकर कुसुम का मुँह नोच लूँ। ख़ैरियत हुई कि दोनों में बातचीत न हुई, पर विनोद आकर बैठे, तो आधा घंटे तक मैं उनसे न बोल सकी, जैसे उनके शब्दों में वह जादू ही न था, वाणी में वह रस ही न था। तब से अब तक मेरे चित्त की व्यग्रता शांत न हुई। रात भर मुझे नींद नहीं आयी, वह दृश्य आँखों के सामने बार-बार आता था। कुसुम को लज्जित करने के लिए कितने मनसूबे बाँध चुकी हूँ।

चंदा, प्यारी बहन, एक सप्ताह के लिए आ जा। तुमसे मिलने के लिए मन अधीर हो रहा है। मुझे इस समय तेरी सलाह और सहानुभूति की बड़ी ज़रूरत है। यह मेरे जीवन का सबसे नाजुक समय है। इन्हीं दस-पाँच दिनों में या तो पारस हो जाऊँगी या मिट्टी। लो, सात बज गए और अभी बाल तक नहीं बनाए। विनोद के आने का समय है। अब विदा होती हूँ। कहीं आज फिर अभागिनी कुसुम अपने बरामदे में न आ खड़ी हो। अभी से दिल काँप रहा है। कल तो यह सोचकर मन को समझाया था कि यों ही सरल भाव से वह हँस पड़ी होगी। आज भी अगर वही दृश्य सामने आया, तो उतनी आसानी से मन को न समझा सकूँगी।

तुम्हारी,
पद्मा

2

गोरखपुर
5-7-25

प्रिया पद्मा,

भला, एक युग के बाद तुम्हें मेरी सुधि आयी। मैंने तो समझा था, शायद तुमने परलोक-यात्रा कर ली। यह उस निष्ठुरता का ही दंड है, जो कुसुम तुम्हें दे रही है। 15 अप्रैल को कॉलेज बंद हुआ और एक जुलाई को आप ख़त लिखती हैं—पूरे ढाई महीने बाद, वह भी कुसुम की कृपा से। जिस कुसुम को तुम कोस रही हो, उसे मैं आशीर्वाद दे रही हूँ। वह दारुण दुःख की भाँति तुम्हारे रास्ते में न आ खड़ी होती, तो तुम्हें क्यों मेरी याद आती? ख़ैर, विनोद की तुमने जो तस्वीर खींची, वह बहुत ही आकर्षक है, और मैं ईश्वर से मना रही हूँ, वह दिन जल्दी आये कि उनसे बहनोई के नाते मिल सकूँ। मगर देखना, कहीं सिविल मैरेज न कर बैठना। विवाह हिंदू- पद्धति के अनुसार ही हो। हाँ, तुम्हें अख़्तियार है, जो सैंकड़ों बेहूदा और व्यर्थ के पचड़े है, उन्हें निकाल डालो। एक सच्चे, विद्वान् पंडित को अवश्य बुलाना, इसलिए नहीं कि वह तुमसे बात-बात पर टके निकलवाए, बल्कि इसलिए कि वह देखता रहे कि सब कुछ शास्त्र-विधि से हो रहा है या नहीं।

अच्छा, अब मुझसे पूछो कि इतने दिनों क्यों चुप्पी साधे बैठी रही। मेरे ही ख़ानदान में इन ढाई महीनों में पाँच शादियाँ हुईं। बारात का ताँता लगा रहा। ऐसा शायद ही कोई दिन गया हो कि 100 मेहमानों से कम रहे हों और जब बारात आ जाती थी, तब तो उनकी संख्या पाँच-पाँच सौ तक पहुँच जाती थी। ये पाँचों

लड़कियाँ मुझसे छोटी हैं; और मेरा बस चलता तो अभी तीन-चार साल तक न बोलती, लेकिन मेरी सुनता कौन है? और विचार करने पर मुझे भी ऐसा मालूम होता है कि माता-पिता को लड़कियों के विवाह के लिए जल्दी करना कुछ अनुचित नहीं है। ज़िंदगी का कोई ठिकाना नहीं! अगर माता-पिता अकाल ही मर जाएँ, तो लड़की का विवाह कौन करे? भाइयों का क्या भरोसा? अगर पिता ने काफ़ी दौलत छोड़ी है, तब तो कोई बात नहीं; लेकिन जैसा साधारणतः होता है, पिता ऋण का भार छोड़ गए, तो बहन भाइयों पर भार हो जाती है। यह भी अन्य कितने ही हिंदू रस्मों की भाँति आर्थिक समस्या है, और जब तक हमारी आर्थिक दशा न सुधरेगी, यह रस्म भी न मिटेगी।

अब मेरे बलिदान की बारी है। आज से पंद्रहवें दिन यह घर मेरे लिए विदेश हो जाएगा। दो-चार महीने के लिए आऊँगी, तो मेहमान की तरह। मेरे विनोद बनारसी है, अभी कानून पढ़ रहे हैं। उनके पिता नामी वकील हैं। सुनती हूँ, कई गाँव हैं, कई मकान हैं, अच्छी मर्यादा है। मैंने अभी तक वर को नहीं देखा। पिताजी ने मुझसे पुछवाया था कि इच्छा हो, तो वर को बुला दूँ। पर मैंने कह दिया, कोई ज़रूरत नहीं। कौन घर में बहू बने। है तक़दीर ही का सौदा। न पिताजी ही किसी के मन में बैठ सकते हैं, न मैं ही। अगर दो-एक बार देख ही लेती, नहीं मुलाक़ात ही कर लेती, तो क्या हम दोनों एक-दूसरे को परख लेते? यह किसी तरह संभव नहीं। ज़्यादा से ज़्यादा हम एक दूसरे का रंग-रूप देख सकते हैं। इस विषय में मुझे विश्वास है कि पिताजी मुझसे कम संयत नहीं हैं। मेरे दोनों बड़े बहनोई सौंदर्य के पुतले न हों, पर कोई रमणी उनसे घृणा नहीं कर सकती। मेरी बहनें उनके साथ आनन्द से जीवन बिता रही हैं। फिर पिताजी मेरे ही साथ क्यों अन्याय करेंगे? यह मैं जानती हूँ कि हमारे समाज में कुछ लोगों का वैवाहिक जीवन सुखकर नहीं है, लेकिन संसार में ऐसा कौन समाज है, जिसमें दुःखी परिवार न हो? और फिर हमेशा पुरुषों ही का दोष तो नहीं होता, बहुधा स्त्रियाँ ही विष की गाँठें होती हैं।

मैं तो विवाह को सेवा और त्याग का व्रत समझती हूँ और इसी भाव से उसका अभिवादन करती हूँ। हाँ, मैं तुम्हें विनोद से छीनना तो नहीं चाहती, लेकिन अगर 20 जुलाई तक तुम दो दिन के लिए आ सको, तो मुझे जिला लो। ज्यों-ज्यों इस व्रत का दिन निकट आ रहा है, मुझे एक अज्ञात शंका हो रही है, मगर खुद बीमार हो, मेरी दवा क्या करोगी—ज़रूर आना, बहन!

तुम्हारी,
चंदा

3

मंसूरी
5-8-25

प्यारी चंदा,

सैकड़ों बातें लिखनी हैं, किस क्रम से शुरू करूँ, समझ में नहीं आता। सबसे पहले तुम्हारे विवाह के शुभ अवसर पर न पहुँच सकने के लिए क्षमा चाहती हूँ। मैं आने का निश्चय कर चुकी थी—मैं, और प्यारी चंदा के स्वयंवर में न जाऊँ।

मगर उसके ठीक तीन दिन पहले विनोद ने अपना आत्म-समर्पण करके मुझे ऐसा मुग्ध कर दिया कि फिर मुझे किसी बात की सुधि न रही। आह! वे प्रेम के अंतस्तल से निकले हुए उष्ण, आवेशमय ओर कंपित शब्द अभी तक कानों में गूँज रहे हैं। मैं खड़ी थी और विनोद मेरे सामने घुटने टेके हुए प्रेरणा, विनय और आग्रह के पुतले बने बैठे थे। ऐसा अवसर जीवन में एक ही बार आता है, केवल एक बार, मगर उसकी मधुर स्मृति किसी स्वर्ग-संगीत की भाँति जीवन के तार-तार में व्याप्त रहती है। तुम उन आनंद का अनुभव न कर सकोगी—मैं रोने लगी, कह नहीं सकती, मन में क्या-क्या भाव आये; पर मेरी आँखों से आँसुओं की धारा बहने लगी। कदाचित् यही आनंद की चरम सीमा है। मैं कुछ-कुछ निराश हो चली थी। तीन-चार दिन से विनोद को आते-जाते कुसुम से बातें करते देखती थी। कुसुम नित नए आभूषणों से सजी रहती थी। और क्या कहूँ, एक दिन विनोद ने कुसुम की एक कविता मुझे सुनायी और एक-एक शब्द पर सिर धुनते रहे। मैं मानिनी तो हूँ ही; सोचो, जब यह उस चुड़ैल पर लट्टू हो रहे हैं, तो मुझे क्या गरज़ पड़ी है कि इनके लिए अपना सिर खपाऊँ। दूसरे दिन वह सवेरे आये, तो मैंने कहला दिया, तबीयत अच्छी नहीं है। जब उन्होंने मुझसे मिलने के लिए आग्रह किया, तब विवश होकर मुझे कमरे में आना पड़ा। मन में निश्चय करके आयी थी—साफ़ कह दूँगी, अब आप न आया कीजिए। मैं आपके योग्य नहीं हूँ, मैं कवि नहीं, विदुषी नहीं, सुभाषिणी नहीं ··· एक पूरी स्पीच मन में उमड़ रही थी, पर कमरे में आयी और विनोद के सतृष्ण नेत्र देखे, प्रबल उत्कंठा से काँपते हुए ओंठ—बहन, उस आवेश का चित्रण नहीं कर सकती। विनोद ने मुझे बैठने भी न दिया। मेरे सामने घुटनों के बल फर्श पर बैठ गए और उनके आतुर उन्मत्त शब्द मेरे हृदय को तरंगित करने लगे।

एक सप्ताह तैयारियों में कट गया। पापा और मामा फूले न समाते थे। और सबसे प्रसन्न थी कुसुम! वही कुसुम, जिसकी सूरत से मुझे घृणा थी! अब मुझे ज्ञात हुआ कि मैंने उस पर संदेह करके उसके साथ घोर अन्याय किया। उसका हृदय निष्कपट है। उसमें न ईर्ष्या है, न तृष्णा। सेवा ही उसके जीवन का मूल तत्त्व है। में नहीं समझती कि उसके बिना ये सात दिन कैसे कटते। मैं कुछ खोयी-खोयी-सी जान पड़ती थी। कुसुम पर मैंने अपना सारा भार छोड़ दिया था। आभूषणों के चुनाव और सजाव, वस्त्रों के रंग और काट-छाँट के विषय में उसकी सुरुचि विलक्षण है। आठवें दिन जब उसने मुझे दुलहिन बनाया, तो मैं अपना रूप देखकर चकित हो गई। मैंने अपने को कभी ऐसी सुन्दरी न समझा था। गर्व से मेरी आँखों में नशा-सा छा गया।

उसी दिन संध्या-समय विनोद और मैं दो भिन्न जल-धाराओं की भाँति संगम पर मिलकर अभिन्न हो गए। विहार-यात्रा की तैयारी पहले ही से हो चुकी थी, प्रातःकाल हम मंसूरी के लिए रवाना हो गए। कुसुम हमें पहुँचाने के लिए स्टेशन तक आयी और विदा होते समय बहुत रोयी। उसे साथ ले चलना चाहती थी, पर न जाने क्यों वह राज़ी न हुई!

मंसूरी रमणीक है, इसमें कुछ संदेह नहीं। श्यामवर्ण मेघ-मालाएँ पहाड़ियों पर विश्राम कर रही हैं, शीतल पवन आशा-तरंगों की भाँति चित्त का रंजन कर रहा है; पर मुझे ऐसा विश्वास है कि विनोद के साथ मैं किसी निर्जन वन में भी इतने ही सुख से रहती। उन्हें पाकर अब मुझे किसी वस्तु की लालसा नहीं। बहन, तुम इस आनंदमय जीवन की शायद कल्पना भी न कर सकोगी। सुबह हुई, नाश्ता

आया। हम दोनों ने नाश्ता किया। डाँड़ी तैयार है, नौ बजते-बजते सैर करने निकल गए। किसी जल-प्रपात के किनारे जा बैठे। वहाँ जल-प्रवाह का मधुर संगीत सुन रहें हैं, या किसी शिला-खंड पर बैठे। वहाँ मेघों की व्योमक्रीड़ा देख रहे हैं। 11 बजते-बजते लौटे। भोजन तैयार है। भोजन किया। मैं प्यानो पर जा बैठी। विनोद को संगीत से प्रेम है। खुद बहुत अच्छा गाते हैं, और मैं गाने लगती हूँ, तब तो वह झूमने ही लगते हैं। तीसरे पहर हम एक घंटे के लिए विश्राम करके खेलने या कोई खेल देखने चले जाते हैं। रात को भोजन करने के बाद थिएटर देखते हैं और वहाँ से लौटकर शयन करते हैं। न सास की घुड़कियाँ हैं, न ननदों की कानाफूसी, न जेठानियों के ताने। पर इस सुख में भी कभी-कभी मुझे एक शंका-सी होती है--फूल में कोई काँटा तो नहीं छिपा हुआ है, प्रकाश के पीछे कहीं अंधकार तो नहीं है! मेरी समझ में नहीं आता, ऐसी शंका क्यों होती है? अरे, यह लो, पाँच बज गए। विनोद तैयार है। आज टेनिस का मैच देखने जाना है। मैं भी जल्दी से तैयार हो जाऊँ। शेष बातें फिर लिखूँगी।

हाँ, एक बात तो भूली ही जा रही थी। अपने विवाह का समाचार लिखना। पतिदेव कैसे हैं? रंग-रूप कैसा है? ससुराल गयीं या अभी मैके ही में हो? ससुराल गयीं, तो वहाँ के अनुभव अवश्य लिखना। तुम्हारी खूब नुमाइश हुई होगी। घर, कुटुम्ब और मुहल्ले की महिलाओं ने घूँघट उठाकर खूब मुँह देखा होगा, खूब परीक्षा हुई होगी। ये सभी बातें विस्तार से लिखना। देखें, फिर कब मुलाक़ात होती है।

तुम्हारी;
पद्मा

4

गोरखपुर
1-9-25

प्यारी पद्मा,

तुम्हारा पत्र पढ़कर चित्त को बड़ी शांति मिली। तुम्हारे न आने से ही मैं समझ गई थी कि विनोद बाबू तुम्हें हर ले गए, मगर यह न समझी थी कि तुम मंसूरी पहुँच गयीं। अब उस आमोद-प्रमोद में भला, ग़रीब चंदा तुम्हें क्यों याद आने लगी! अब मेरी समझ में आ रहा है कि विवाह के नए और पुराने आदर्श में क्या अंतर है। तुमने अपनी पसंद से काम लिया, सुखी हो। मैं लोक-लाज की दासी बनी रही, नसीबों को रो रही हूँ।

अच्छा, अब मेरी बीती सुनो। दान-दहेज के टंटे से तो मुझे कुछ मतलब नहीं। पिताजी ने बड़ा ही उदार-हृदय पाया है। खूब दिल खोलकर दिया होगा। मगर द्वार पर बारात आते ही मेरी अग्नि-परीक्षा शुरू हो गई? कितनी उत्कंठा थी वर-दर्शन की, पर देखूँ कैसे! कुल की नाक न कट जाएगी। द्वार पर बारात आई। सारा जमाना वर को घेरे हुए था। मैंने सोचा, छत पर से देखूँ। छत पर गई, पर वहाँ से भी कुछ न दिखाई दिया। हाँ, इस अपराध के लिए अम्माँजी की घुड़कियाँ सुननी पड़ीं। मेरी जो बात इन लोगों को अच्छी नहीं लगती, उसका दोष मेरी शिक्षा के माथे मढ़ा जाता है। पिताजी बेचारे मेरे साथ बड़ी सहानुभूति रखते हैं। मगर किस-किस का मुँह पकड़ें! द्वार-चार तो यों गुज़रा और भाँवरों की तैयारियाँ होने

लगीं। जनवासे से गहनों और कपड़ों का थाल आया। बहन, सारा घर—स्त्री-पुरुष—सब उस पर कुछ इस तरह टूटे, मानो इन लोगों ने कभी कुछ ऐसा देखा नहीं। कोई कहता है, कंठा तो लाये ही नहीं; मानो मैं डुबा दी गई। वर-पक्षवालों की दिल खोलकर निंदा होने लगी। मगर मैंने गहनों की तरफ़ आँख उठाकर भी नहीं देखा। हाँ, जब वर के विषय में कोई बात करता था, तो तन्मय होकर सुनने लगती थी। मालूम हुआ, दुबले-पतले आदमी हैं। रंग साँवला है, आँखें बड़ी-बड़ी हैं, हँसमुख हैं। इन सूचनाओं से दर्शनोत्कंठा और भी प्रबल होती थी। भाँवरों का मुहूर्त ज्यों-ज्यों समीप आता था, मेरा चित्त व्यग्र होता जाता था। अब तक यद्यपि मैंने उनकी झलक भी न देखी थी, पर मुझे उनके प्रति एक अभूतपूर्व प्रेम का अनुभव हो रहा था। इस वक़्त यदि मुझे मालूम हो जाता कि उनके दुश्मनों को कुछ हो गया है तो मैं बावली हो जाती। अभी तक मेरा उनसे साक्षात् नहीं हुआ है, मैंने उनकी बोली तक नहीं सुनी है, लेकिन संसार का सबसे रूपवान पुरुष भी, मेरे चित्त को आकर्षित नहीं कर सकता। अब वही मेरे सर्वस्व हैं।

आधी रात के बाद भाँवरें हुईं। सामने हवन-कुंड था, दोनों ओर विप्रगण बैठे हुए थे, दीपक जल रहा था। कुल-देवता की मूर्ति रखी हुई थी। वेद-मंत्र का पाठ हो रहा था। उस समय मुझे ऐसा मालूम हुआ कि सचमुच देवता विराजमान हैं। अग्नि, वायु, दीपक, नक्षत्र—सभी मुझे उस समय देवत्व की ज्योति से प्रदीप्त जान पड़ते थे। मुझे पहली बार आध्यात्मिक विकास का परिचय मिला। मैंने जब-अग्नि के सामने मस्तक झुकाया, तो यह कोई रस्म की पाबंदी न थी, मैं अग्निदेव को अपने सम्मुख मूर्तिमान्, स्वर्गीय आभा से तेजोमय देख रही थी। आख़िर भाँवरें भी समाप्त हो गईं, पर पतिदेव के दर्शन न हुए।

अब अंतिम आशा यह थी कि प्रातःकाल जब पतिदेव कलेवा के लिए बुलाए जाएँगे, उस समय देखूँगी। तब उनके सिर पर मौर न होगा, सखियों के साथ मैं भी जा बैठूँगी और खूब जी भरकर देखूँगी। पर क्या मालूम था कि विधि कुछ और ही कुचक्र रच रही है। प्रातःकाल देखती हूँ, तो जनवासे के खेमे उखड़ रहे हैं। बात कुछ न थी। बारातियों के नाश्ते के लिए जो सामान भेजा गया था, वह काफ़ी न था। शायद घी भी ख़राब था। मेरे पिताजी को तुम जानती ही हो। कभी किसी से दबे नहीं, जहाँ रहे शेर बनकर रहे। बोले—जाते हैं, तो जाने दो, मनाने की कोई ज़रूरत नहीं। कन्या-पक्ष का धर्म है बारातियों का सत्कार करना, लेकिन सत्कार का यह अर्थ नहीं कि धमकी और रोब से काम लिया जाय, मानो किसी अफ़सर का पड़ाव हो। अगर वह अपने लड़के की शादी कर सकते हैं, तो मैं भी अपनी लड़की की शादी कर सकता हूँ।

बरात चली गई और मैं पति के दर्शन न कर सकी! सारे शहर में हलचल मच गई। विरोधियों को हँसने का अवसर मिला। पिताजी ने बहुत सामान जमा किया था। वह सब ख़राब हो गया। घर में जिसे देखिए, मेरी ससुराल की निंदा कर रहा है—उजड्ड हैं, लोभी हैं, बदमाश हैं। मुझे ज़रा भी बुरा नहीं लगता। लेकिन पति के विरुद्ध मैं एक शब्द भी नहीं सुनना चाहती। एक दिन अम्माँजी बोलीं—लड़का भी बेसमझ है। दूध-पीता बच्चा नहीं, कानून पढ़ता है, मूँछ-दाढ़ी आ गई है। उसे अपने बाप को समझाना चाहिए था कि आप लोग क्या कर रहे हैं। मगर वह भी भीगी बिल्ली बना रहा। मैं सुनकर तिलमिला उठी। कुछ बोली तो नहीं, पर अम्माँजी को मालूम जरूर हो गया कि इस विषय में मैं उनसे सहमत नहीं। मैं तुम्हीं से पूछती हूँ बहन, जैसी समस्या उठ खड़ी हुई थी, उसमें उनका क्या

धर्म था? अगर वह अपने पिता और अन्य सम्बन्धियों का कहना न मानते, तो उनका अपमान न होता? उस वक़्त उन्होंने वही किया, जो उचित था। मगर मुझे विश्वास है कि ज़रा मामला ठंडा होने पर वह आएँगे। मैं अभी से उनकी राह देखने लगी हूँ। डाकिया चिट्ठियाँ लाता है, तो दिल में धड़कन होने लगती है–शायद उनका पत्र भी हो। जी में बार-बार आता है, क्यों न मैं ही एक ख़त लिखूँ; मगर संकोच में पड़कर रह जाती हूँ। शायद मैं कभी न लिख सकूँगी। मान नहीं है, केवल संकोच है। पर हाँ, अगर दस-पाँच दिन और उनका पत्र न आया, या वह खुद न आये, तो संकोच मान का रूप धारण कर लेगा।

क्या तुम उन्हें एक चिट्ठी नहीं लिख सकतीं? सब खेल बन जाए। क्या मेरी इतनी ख़ातिर भी न करोगी? मगर ईश्वर के लिए उस ख़त में कहीं यह न लिखना कि चंदा ने प्रेरणा की है। क्षमा करना, ऐसी भद्दी ग़लती की तुम्हारी ओर से शंका करके मैं तुम्हारे साथ अन्याय कर रही हूँ, मगर मैं समझदार थी ही कब?

तुम्हारी,
चंदा

5

मंसूरी
20-9-25

प्यारी चंदा,

मैंने तुम्हारा ख़त पाने के दूसरे ही दिन काशी ख़त लिख दिया था। उसका जवाब भी मिल गया। शायद बाबूजी ने तुम्हें ख़त लिखा हो। कुछ पुराने ख़याल के आदमी हैं। मेरी तो उनसे एक दिन भी न निभती। हाँ, तुमसे निभ जाएगी। यदि मेरे पति ने मेरे साथ यह बर्ताव किया होता–अकारण मुझसे रूठे होते–मैं ज़िंदगी भर उनकी सूरत न देखती। अगर कभी आते भी तो कुत्तों की तरह दुत्कार देती। पुरुष पर सबसे बड़ा अधिकार उसकी स्त्री का है। माता-पिता को खुश रखने के लिए वह स्त्री का तिरस्कार नहीं कर सकता। तुम्हारे ससुरालवालों ने बड़ा घृणित व्यवहार किया। पुराने ख़यालवालों का गज़ब का कलेजा है, जो ऐसी बातें सहते हैं। देखो न, उस प्रथा का फल, जिसकी तारीफ़ करते तुम्हारी ज़बान नहीं थकती। वह दीवार सड़ गई है। टीपटाप करने से काम न चलेगा। उसी जगह नए सिरे से दीवार बनाने की ज़रूरत है।

अच्छा, अब कुछ मेरी भी कथा सुन लो। मुझे ऐसा संदेह हो रहा है कि विनोद ने मेरे साथ दग़ा की है। इनकी आर्थिक दशा वैसी नहीं, जैसी मैंने समझी थी। केवल मुझे ठगने के लिए इन्होंने सारा स्वाँग भरा था। मोटर माँगे की थी, बँगले का किराया अभी तक नहीं दिया गया, फरनीचर किराए के थे। यह सच है कि उन्होंने प्रत्यक्ष रूप से मुझे धोखा नहीं दिया! कभी अपनी दौलत की डींग नहीं मारी, लेकिन ऐसा रहन-सहन बना लेना, जिससे दूसरों को अनुमान हो कि वह कोई बड़े धनी आदमी हैं, इस प्रकार का धोखा ही है। यह स्वाँग इसलिए भरा गया था कि कोई शिकार फँस जाए।

अब देखती हूँ कि विनोद मुझसे अपनी असली हालत को छिपाने का प्रयत्न

किया करते हैं। अपने ख़त मुझे नहीं देखने देते। कोई मिलने आता हैं, तो वह चौंक पड़ते हैं और घबरायी हुई आवाज़ में बैरा से पूछते हैं, कौन है? तुम जानती हो, मैं धन की लौंडी नहीं। मैं केवल विशुद्ध हृदय चाहती हूँ। जिसमें पुरुषार्थ है, प्रतिभा है, वह आज नहीं तो कल अवश्य ही धनवान् होकर रहेगा। मैं इस कपट-लीला से जलती हूँ। अगर विनोद अपनी कठिनाइयाँ कह दें, तो मैं उनके साथ सहानुभूति करूँगी, उन कठिनाइयों को दूर करने में उनकी मदद करूँगी। यों मुझसे परदा करके वह मेरी सहानुभूति और सहयोग ही से हाथ नहीं धोते, मेरे मन में अविश्वास, द्वेष और क्षोभ का बीज बोते हैं। यह चिंता मुझे मारे डालती है। अगर इन्होंने अपनी दशा साफ़-साफ़ बता दी होती, तो मैं यहाँ मंसूरी आती ही क्यों? लखनऊ में ऐसी गरमी नहीं पड़ती कि आदमी पागल हो जाए। यह हज़ारों रुपये पर क्यों पानी पड़ता? सबसे कठिन समस्या जीविका की है। कई विद्यालयों में आवेदन-पत्र भेज रखे हैं। ज़वाब का इंतज़ार कर रहे हैं। शायद इस महीने के अंत तक कहीं जगह मिल जाए। पहले तीन-चार सौ मिलेंगे। समझ में नहीं आता, कैसे काम चलेगा। 150 रुपये तो पापा मेरे कॉलेज का ख़र्च देते थे। अगर दस-पाँच महीने जगह न मिली तो क्या करेंगे, यह फ़िक्र और भी खाए डालती है।

मुश्क़िल यही है कि विनोद मुझसे परदा रखते हैं। अगर हम दोनों बैठकर परामर्श कर लेते, तो सारी गुत्थियाँ सुलझ जातीं। मगर शायद यह मुझे इस योग्य नहीं समझते। शायद, इनका ख़याल है कि मैं केवल रेशमी गुड़िया हूँ। जिसे भाँति-भाँति के आभूषणों, सुगंधों और रेशमी वस्त्रों से सजाना ही काफ़ी है। थिएटर में कोई नया तमाशा होनेवाला है, तो दौड़े हुए आकर मुझे ख़बर देते हैं। कहीं कोई जलसा हो, कोई खेल हो, कहीं सैर करना हो, उसकी शुभ सूचना मुझे अविलम्ब दी जाती है, और बड़ी प्रसन्नता के साथ, मानो मेरे हृदय में गंभीर अंश है ही नहीं! यह मेरा अपमान है, घोर अपमान, जिसे मैं अब नहीं सह सकती। मैं अपने संपूर्ण अधिकार लेकर ही संतुष्ट हो सकती हूँ। बस, इस वक़्त इतना ही। बाक़ी फिर। अपने यहाँ का हाल-हवाल विस्तार से लिखना। मुझे अपने लिए जितनी चिंता है, उससे कम तुम्हारे लिए नहीं है। देखो, हम दोनों के डोंगे कहाँ लगते हैं। तुम अपनी स्वदेशी, पाँच हज़ार वर्षों की पुरानी जर्जर नौका पर बैठी हो, मैं नए द्रुतगामी मोटर-बोट पर। अवसर, विज्ञान और उद्योग मेरे साथ हैं। लेकिन कोई दैवी विपत्ति आ जाए, तब भी इसी मोटर-बोट पर डूबूँ। साल में लाखों आदमी रेल की टक्करों से मर जाते हैं, पर कोई बैलगाड़ियों पर यात्रा नहीं करता। रेलों का विस्तार बढ़ता ही जाता है। बस।

तुम्हारी,
पद्मा

6

गोरखपुर
25-9-25

प्यारी पद्मा,

तुम्हारा खत मिला, आज ज़वाब लिख रही हूँ। एक तुम हो कि महीनों रटाती हो। इस विषय में तुम्हें मुझसे उपदेश लेना चाहिए। विनोद बाबू पर तुम व्यर्थ

ही आक्षेप लगा रही हो। तुमने क्यों पहले ही उनकी आर्थिक दशा की जाँच-पड़ताल नहीं की? बस, एक सुंदर, रसिक, वाणी-मधुर युवक को देखकर फूल उठी। अब भी तुम्हारा ही दोष है। तुम अपने व्यवहार से, रहन-सहन से सिद्ध कर दो कि तुममें गंभीर अंश भी हैं, फिर देखूँ कि विनोद बाबू कैसे तुमसे परदा रखते हैं। और बहन, यह तो मानवी स्वभाव है। सभी चाहते हैं कि लोग हमें संपन्न समझें। इस स्वाँग को अंत तक निभाने की चेष्टा की जाती है और जो इस काम में सफल हो जाता है, उसी का जीवन सफल समझा जाता है। जिस युग में धन ही सर्वप्रधान हो, मर्यादा, कीर्ति, यश–यहाँ तक कि विद्या भी धन से ख़रीदी जा सके, उस युग में स्वाँग भरना एक लाज़िमी बात हो जाती है। अधिकार योग्यता का मुँह ताकते हैं। यही समझ लो कि इन दोनों में फूल और फल का सम्बन्ध है। योग्यता का फूल लगा, और अधिकार का फल आया।

इस ज्ञानोपदेश के बाद अब तुम्हें हार्दिक धन्यवाद देती हूँ। तुमने पतिदेव के नाम जो पत्र लिखा था, उसका बहुत अच्छा असर हुआ। उसके पाँचवें ही दिन स्वामी का कृपा-पत्र मुझे मिला। बहन, वह ख़त पाकर मुझे कितनी ख़ुशी हुई, इसका तुम अनुमान कर सकती हो। मालूम होता था, अंधे को आँखें मिल गई हैं। कभी कोठे पर जाती थी, कभी नीचे आती थी। सारे घर में खलबली पड़ गई। तुम्हें वह पत्र अत्यन्त निराशाजनक जान पड़ता, मेरे लिए वह संजीवन-मंत्र था, आशा-दीपक था। प्राणेश ने बरातियों की उद्दण्डता पर खेद प्रकट किया था, पर बड़ों के सामने वह ज़बान कैसे खोल सकते थे। फिर जनातियों ने भी, बरातियों का जैसा आदर-सत्कार करना चाहिए था, वैसा नहीं किया। अंत में लिखा था– 'प्रिये, तुम्हारे दर्शनों की कितनी उत्कंठा है, लिख नहीं सकता। तुम्हारी कल्पित मूर्ति नित आँखों के सामने रहती है। पर कुल-मर्यादा का पालन करना मेरा कर्तव्य है।' जब तक माता-पिता का रुख़ न पाऊँ, आ नहीं सकता। तुम्हारे वियोग में चाहे प्राण ही निकल जाएँ, पर पिता की इच्छा की उपेक्षा नहीं कर सकता। हाँ, एक बात का दृढ़ निश्चय कर चुका हूँ–चाहे इधर की दुनिया उधर हो जाए, कपूत कहलाऊँ, पिता के कोप का भागी बनूँ, घर छोड़ना पड़े, पर अपनी दूसरी शादी न करूँगा। मगर जहाँ तक मैं समझता हूँ, मामला इतना तूल न खींचेगा। ये लोग थोड़े दिनों में नर्म पड़ जाएँगे और तब मैं आऊँगा और अपनी हृदयेश्वरी को आँखों पर बिठाकर लाऊँगा।'

बस, अब मैं संतुष्ट हूँ बहन। मुझे और कुछ न चाहिए। स्वामी मुझ पर इतनी कृपा रखते है, इससे अधिक और वह क्या कर सकते हैं। प्रियतम, तुम्हारी चंदा सदा तुम्हारी रहेगी, तुम्हारी इच्छा ही उसका कर्तव्य है। वह जब तक जिएगी, तुम्हारे पवित्र चरणों से लगी रहेगी। उसे विसारना मत।

बहन, आँखों में आँसू भर जाते हैं, अब नहीं लिखा जाता, जवाब जल्दी देना।

तुम्हारी,
चंदा

7

दिल्ली
15-12-85

प्यारी बहन,

तुमसे बार-बार क्षमा माँगती हूँ, पैरों पड़ती हूँ। मेरे पत्र न लिखने का कारण आलस्य न था, सैर-सपाटे की धुन न थी। रोज़ सोचती थी कि आज लिखूंगी, पर कोई-न-कोई ऐसा काम आ पड़ता था, ऐसी कोई बात हो जाती थी, कोई ऐसी बाधा आ खड़ी होती थी कि चित्त अशांत हो जाता था और मुँह लपेटकर पड़ रहती थी। तुम मुझे अब देखो तो शायद पहचान भी न सको।

मंसूरी से दिल्ली आये एक महीना हो गया! यहाँ विनोद को तीन सौ रुपये की एक जगह मिल गई है। यह सारा महीना बाज़ार की खाक छानने में कटा। विनोद ने मुझे पूरी स्वाधीनता दे रखी है। मैं जो चाहूँ, करूँ; उनसे कोई मतलब नहीं। वह मेरे मेहमान हैं। गृहस्थी का सारा बोझ मुझ पर डालकर वह निश्चिंत हो गए हैं। ऐसा बेफ़िक्र मैंने आदमी ही नहीं देखा। हाज़िरी की परवाह है, न डिनर की, बुलाया तो आ गए, नहीं तो बैठे हैं। नौकरों से कुछ बोलने की तो मानो इन्होंने कसम ही खा ली है। उन्हें डाँटूँ तो मैं, रखूँ तो मैं, निकालूँ तो मैं, उनसे कोई मतलब नहीं। मैं चाहती हूँ, वह मेरे प्रबन्ध की आलोचना करें, ऐब निकालें। मैं चाहती हूँ, जब मैं बाज़ार से कोई चीज़ लाऊँ, तो वह बतावें कि मैं जट गयी या जीत आयी। मैं चाहती हूँ, महीने के ख़र्च का बजट बनाते समय मेरे और उनके बीच में खूब बहस हो, पर इन अरमानों में से एक भी पूरा नहीं होता। मैं नहीं समझती, इस तरह कोई स्त्री कहाँ तक गृह-प्रबन्ध में सफल हो सकती है। विनोद के इस सम्पूर्ण आत्मसमर्पण ने मेरी निज की ज़रूरतों के लिए कोई गुंजाइश ही नहीं रखी। अपने शौक की चीज़ खुद ख़रीदकर लाते बुरा मालूम होता है, कम-से-कम मुझसे नहीं हो सकता। मैं जानती हूँ, मैं अपने लिए कोई चीज़ लाऊँ, तो वह नाराज़ न होंगे। नहीं, मुझे विश्वास है, खुश होंगे, लेकिन मेरा जी चाहता है, मेरे शौक-सिंगार की चीज़ वह खुद लाकर दें। उनसे लेने में जो आनन्द है, वह खुद जाकर लाने में नहीं। पिताजी अब भी मुझे 100 रु० महीना देते हैं और उन रुपयों को मैं अपनी ज़रूरतों पर ख़र्च कर सकती हूँ। पर न जाने क्यों, मुझे भय होता है कि कहीं विनोद समझें, मैं उनके रुपये ख़र्च किए डालती हूँ। जो आदमी किसी बात पर नाराज़ नहीं हो सकता, वह किसी बात पर खुश भी नहीं हो सकता। मेरी समझ ही में नहीं आता, वह किस बात से खुश और किस बात से नाराज़ होते हैं। बस, मेरी दशा उस आदमी की-सी है, जो बिना रास्ता जाने इधर-उधर भटकता फिरे। तुम्हें याद होगा, हम दोनों गणित का प्रश्न लगाने के बाद कितनी उत्सुकता से उसका ज़वाब देखती थीं। जब हमारा ज़वाब किताब के ज़वाब से मिल जाता था, तो हमें कितना हार्दिक आनंद मिलता था। मेहनत सफल हुई, इसका विश्वास हो जाता था। जिन गणित की पुस्तकों में प्रश्नों के उत्तर न लिखे होते थे, उनके प्रश्न हल करने की हमारी इच्छा ही न होती थी। सोचते थे, मेहनत अकारथ जाएगी। मैं रोज़ प्रश्न हल करती हूँ, पर नहीं जानती कि ज़वाब ठीक निकला या ग़लत। सोचो, मेरे चित्त की क्या दशा होगी!

एक हफ़्ता होता है, लखनऊ की मिस रिग से भेंट हो गई। वह लेडी-डॉक्टर

हैं और मेरे घर बहुत आती-जाती हैं। किसी का सिर भी धमका और मिस रिग बुलायी गईं। पापा जब मेडिकल कॉलेज में प्रोफ़ेसर थे, तो उन्होंने इन मिस रिग को पढ़ाया था। उसका एहसान वह अब तक मानती हैं। यहाँ उन्हें देखकर भोजन का निमंत्रण न देना अशिष्टता की हद होती। मिस रिग ने मंजूर कर ली। उस दिन मुझे जितनी कठिनाई हुई है, वह बयान नहीं कर सकती। मैंने कभी अंगरेज़ों के साथ टेबुल पर नहीं खाया। उनमें भोजन के क्या शिष्टाचार हैं, इसका मुझे बिलकुल ज्ञान नहीं। मैंने समझा था, विनोद मुझे सारी बातें बता देंगे। वह बरसों अंगरेज़ों के साथ इंगलैंड रह चुके हैं। मैंने उन्हें मिस रिग के आने की सूचना भी दे दी, पर उस भले आदमी ने मानो सुना ही नहीं। मैंने भी निश्चय किया, मैं तुमसे कुछ न पूछूँगी, यही न होगा कि मिस रिग हँसेंगी। बला से। अपने ऊपर बार-बार झुँझलाती थी कि कहाँ से मिस रिग को बुला बैठी। पड़ोस के बँगलों में कई हमी-जैसे परिवार रहते हैं। उनसे सलाह ले सकती थी। पर यही संकोच होता था कि ये लोग मुझे गँवारिन समझेंगे। अपनी इस विवशता पर थोड़ी देर तक आँसू भी बहाती रही। आख़िर निराश होकर अपनी बुद्धि से काम लिया। दूसरे दिन मिस रिग आयीं। हम दोनों भी मेज़ पर बैठे। दावत शुरू हुई। मैं देखती थी कि विनोद बार-बार झेंपते थे और मिस रिग बार-बार नाक सिकोड़ती थीं, जिससे प्रकट हो रहा था कि शिष्टाचार की मर्यादा भंग हो रही है। मैं शर्म के मारे मरी जाती थी। बारे, किसी भाँति विपत्ति सिर से टली। तब मैंने कान पकड़े कि अब किसी अंगरेज़ की दावत न करूँगी। उस दिन से देख रही हूँ, विनोद मुझसे कुछ खिंचे हुए हैं। मैं भी नहीं बोल रही हूँ। वह शायद समझते हैं कि मैंने उनकी भद्द करा दी। मैं समझ रही हूँ कि उन्होंने मुझे लज्जित किया। सच कहती हूँ चंदा, गृहस्थी के इन झंझटों से मुझे अब किसी से हँसने-बोलने का अवसर नहीं मिलता। इधर महीनों से कोई नई पुस्तक नहीं पढ़ सकी। विनोद की विनोदशीलता भी न जाने कहाँ चली गई। अब वह सिनेमा या थिएटर का नाम भी नहीं लेते। हाँ, मैं चलूँ तो वह तैयार हो जाएँगे। मैं चाहती हूँ, प्रस्ताव उनकी ओर से हो, मैं केवल उसका अनुमोदन करूँ। शायद अब यह पहले की आदतें छोड़ रहे हैं। मैं तपस्या का संकल्प उनके मुख पर अंकित पाती हूँ। जान पड़ता है, अपने में गृह-संचालन की शक्ति न पाकर उन्होंने सारा भार मुझ पर डाल दिया है। मंसूरी में वह घर के संचालक थे। दो-ढाई महीने में 15 सौ खर्च किए। कहाँ से लाये, यह मैं अब तक नहीं जानती। पास तो शायद ही कुछ रहा हो। संभव है, किसी मित्र से ले लिये हों। 300 रु० महीने की आमदनी में थिएटर और सिनेमा का ज़िक्र ही क्या। 50 रु० तो मकान ही के निकल जाते हैं। मैं इस जंजाल से तंग आ गई हूँ। जी चाहता है, विनोद से कह दूँ कि मेरे चलाए यह ठेला न चलेगा। आप दो-ढाई घंटा यूनिवर्सिटी में काम करके दिन भर चैन करें, खूब टेनिस खेलें, खूब उपन्यास पढ़ें, खूब सोएँ और मैं सुबह से आधी रात तक घर के झंझटों में मरा करूँ। कई बार छेड़ने का इरादा किया, दिल में ठानकर उनके पास गई भी, लेकिन उनका सामीप्य मेरे सारे संयम, सारी ग्लानि, सारी विरक्ति को हर लेता है। उनका विकसित मुख-मंडल, उनके अनुरक्त नेत्र, उनके कोमल शब्द मुझ पर मोहिनी मंत्र-सा डाल देते हैं। उनके एक आलिंगन में मेरी सारी वेदना विलीन हो जाती है। बहुत अच्छा होता, अगर यह इतने रूपवान, इतने मधुरभाषी, इतने सौम्य न होते। तब कदाचित मैं इनसे झगड़ बैठती, अपनी कठिनाइयाँ कह सकती। इस दशा में तो इन्होंने मुझे जैसे भेड़ बना लिया है। मगर इस माया को तोड़ने का मौक़ा तलाश कर रही

हूँ। एक तरह से मैं अपना आत्मसम्मान खो बैठी हूँ! मैं क्यों हर एक बात में किसी की अप्रसन्नता से डरती रहती हूँ। मुझमें क्यों नहीं यह भाव आता कि जो कुछ मैं कर रही हूँ, वह ठीक है। मैं इतनी मुखापेक्षा क्यों करती हूँ? इस मनोवृत्ति पर मुझे विजय पाना है, चाहे जो कुछ हो। अब इस वक़्त बिदा होती हूँ। अपने यहाँ के समाचार लिखना, जी लगा है।

तुम्हारी,
पद्मा

8

काशी
25-12-25

प्यारी पद्मा,

तुम्हारा पत्र पढ़कर मुझे कुछ दुःख हुआ, हँसी आयी, कुछ क्रोध आया। तुम क्या चाहती हो, यह तुम्हें खुद नही मालूम। तुमने आदर्श पति पाया है; व्यर्थ की शंकाओं से मन को अशांत न करो। तुम स्वाधीनता चाहती थीं, वह तुम्हें मिल गई। दो आदमियों के लिए 300 रु० कम नहीं होते। उस पर अभी तुम्हारे पापा भी 100 रु० दिये जाते हैं। अब और क्या चाहिए? मुझे भय होता है कि तुम्हारा चित्त कुछ अव्यवस्थित हो गया है। मेरे पास तुम्हारे लिए सहानुभूति का एक शब्द भी नहीं।

मैं 15 तारीख़ को काशी आ गई। स्वामी स्वयं मुझे बिदा कराने गये थे। घर से चलते समय बहुत रोयी। पहले मैं समझती थी कि लड़कियाँ झूठ-मूठ रोया करती हैं। फिर मेरे लिए तो माता-पिता का वियोग कोई नई बात न थी। गर्मी, दशहरा और बड़े दिन की छुट्टियों के बाद छः सालों से इस वियोग का अनुभव कर रही हूँ। कभी आँखों में आँसू न आते थे। सहेलियों से मिलने की खुशी होती थी। पर अबकी तो ऐसा जान पड़ता था कि कोई हृदय को खींचे लेता है। अम्माँजी के गले लिपटकर तो मैं इतना रोयी कि मुझे मूर्छा आ गई। पिताजी के पैरों पर लेटकर रोने की अभिलाषा मन ही में रह गई। हाय, वह रुदन का आनंद! उस समय पिता के चरणों पर गिरकर रोने के लिए मैं अपने प्राण भी दे देती। यही रोना आता था कि मैंने इनके लिए कुछ न किया। मेरा पालन-पोषण करने में इन्होंने क्या कुछ कष्ट न उठाया ।

मैं जन्म की रोगिणी हूँ। रोज़ ही बीमार रहती थी। अम्माँजी रात-रात भर मुझे गोद में लिये बैठी रह जाती थीं। पिताजी के कंधों पर चढ़कर उचकने की याद अभी तक आती है। उन्होंने कभी मुझे कड़ी निग़ाह से नहीं देखा। मेरे सिर में दर्द हुआ और उनके हाथों के तोते उड़ जाते थे। 10 वर्ष की उम्र तक तो यों गये। छः साल देहरादून में गुज़रे। अब, जब इस योग्य हुई कि उसकी कुछ सेवा करूँ, तो यों पर झाड़कर अलग हो गई। कुल 8 महीने तक उनके चरणों की सेवा कर सकी और यही 8 महीने मेरे जीवन की निधि हैं। मेरी ईश्वर से यही प्रार्थना है कि मेरा जन्म फिर इसी गोद में हो और फिर इसी अतुल पितृ-स्नेह का आनंद भोगूँ।

संध्या समय गाड़ी स्टेशन से चली। मैं जनाने कमरे में थी और लोग दूसरे कमरे में थे। उस वक़्त सहसा मुझे स्वामीजी को देखने की प्रबल इच्छा हुई। सांत्वना, सहानुभूति और आश्रय के लिए हृदय व्याकुल हो रहा था। ऐसा जान पड़ता था, जैसे कोई क़ैदी कालेपानी जा रहा हो।

घण्टे भर के बाद गाड़ी एक स्टेशन पर रुकी। मैं पीछे की ओर खिड़की से सिर निकालकर देखने लगी। उसी वक़्त द्वार खुला और किसी ने कमरे में कदम रखा। उस कमरे में एक भी औरत न थी। मैंने चौंककर पीछे देखा तो एक पुरुष। मैंने तुरंत मुँह छिपा लिया और बोली–आप कौन हैं? यह जनाना कमरा है। मरदाने कमरे में जाइए।

पुरुष ने खड़े-खड़े कहा–मैं तो इसी कमरे में बैठूँगा। मरदाने कमरे में भीड़ बहुत है।

मैंने रोष से कहा–नहीं, आप इसमें नहीं बैठ सकते।

'मैं तो बैठूँगा!'

'आपको निकलना पड़ेगा! आप अभी चले जाइए, नहीं तो मैं अभी जंज़ीर खींच लूँगी।'

'अरे साहब, मैं भी आदमी हूँ, कोई जानवर नहीं हूँ। इतनी जगह पड़ी हुई है। आपका इसमें क्या हरज़ है?'

'गाड़ी ने सीटी दी। मैं और भी घबराकर बोली–आप निकलते हैं या मैं जंजीर खींचूँ?'

पुरुष ने मुस्कुराकर कहा–आप तो बड़ी गुस्सावर मालूम होती हैं। एक ग़रीब आदमी पर आपको ज़रा भी दया नहीं आती?

गाड़ी चल पड़ी। मारे क्रोध और लज्जा के मुझे पसीना आ गया। मैंने फौरन द्वार खोल दिया और बोली–अच्छी बात है, आप बैठिए, मैं ही जाती हूँ।

बहन, मैं सच कहती हूँ, मुझे उस वक़्त लेश-मात्र भी भय न था। जानती थी, गिरते ही मर जाऊँगी; पर एक अजनबी के साथ अकेले बैठने से मर जाना अच्छा था। मैंने एक पैर लटकाया ही था कि उस पुरुष ने मेरी बाँह पकड़ ली और अंदर खींचता हुआ बोला–अब तक तो आपने मुझे कालेपानी भेजने का सामान कर दिया था। यहाँ और कोई तो है नहीं, फिर आप इतना क्यों घबराती हैं? बैठिए, ज़रा हँसिए बोलिए। अगले स्टेशन पर मैं उतर जाऊँगा, इतनी देर तक तो कृपा-कटाक्ष से वंचित न कीजिए। आपको देखकर दिल काबू से बाहर हुआ जाता है। क्यों एक ग़रीब का खून सिर पर लीजिएगा? ...

मैंने झटककर अपना हाथ छुड़ा लिया। सारी देह काँपने लगीं। आँखों में आँसू भर आए। उस वक़्त अगर मेरे पास कोई छुरी या कटार होती, तो मैंने ज़रूर उसे निकाल लिया होता, और मरने-मारने को तैयार हो गई होती। मगर इस दशा में क्रोध से ओंठ चबाने के सिवा और क्या करती! आख़िर झल्लाना व्यर्थ समझकर मैंने सावधान होने की चेष्टा करके कहा–आप कौन हैं? उसने उसी ढिठाई से कहा–तुम्हारे प्रेम का इच्छुक।

'आप तो मज़ाक करते हैं। सच बतलाइए।'

'सच बता रहा हूँ। तुम्हारा आशिक़ हूँ।'

'अगर आप मेरे आशिक हैं, तो कम-से-कम इतनी बात मानिए कि अगले स्टेशन पर उतर जाइए। मुझे बदनाम करके आप कुछ न पाएँगे। मुझ पर इतनी दया कीजिए।' मैंने हाथ जोड़कर यह बात कही। मेरा गला भी भर आया था।

उस आदमी ने द्वार की ओर जाकर कहा—अगर आपका यही हुक्म है, तो लीजिए, जाता हूँ। याद रखिएगा।

उसने द्वार खोल लिया और एक पाँव आगे बढ़ाया। मुझे मालूम हुआ, वह नीचे कूदने जा रहा है। बहन, नहीं कह सकती कि उस वक़्त मेरे दिल की क्या दशा हुई। मैंने बिजली की तरह लपककर उसका हाथ पकड़ लिया और अपनी तरफ़ ज़ोर से खींच लिया।

उसने ग्लानि से भरे स्वर में कहा—क्यों खींच लिया? मैं तो चला जा रहा था।

'अगला स्टेशन आने दीजिए।'

'जब आप भगा रही हैं, तो जितनी जल्द भाग जाऊँ, उतना ही अच्छा'

'मैं यह कब कहती हूँ कि आप चलती गाड़ी से कूद पड़िए।'

'अगर मुझ पर इतनी दया है, तो एक बार ज़रा दर्शन ही दे दो।'

'अगर आपकी स्त्री से कोई दूसरा पुरुष ऐसी बातें करता, तो आपको कैसी लगती?'

पुरुष ने त्योरियाँ चढ़कार कहा—मैं उसका ख़ून पी जाता।

मैंने निःसंकोच होकर कहा—तो फिर आपके साथ मेरे पति क्या व्यवहार करेंगे, यह भी आप समझते होंगे?

'तुम अपनी रक्षा आप ही कर सकती हो। प्रिये, तुम्हें पति की मदद की ज़रूरत ही नहीं। अब आओ, मेरे गले से लग जाओ। मैं ही तुम्हारा भाग्यशाली स्वामी और सेवक हूँ।'

मेरा हृदय उछल पड़ा। एक बार मुँह से निकला—'अरे! आप!' और मैं दूर हटकर खड़ी हो गई। एक हाथ लम्बा घूँघट खींच लिया। मुँह से एक शब्द न निकला।

स्वामी ने कहा—अब यह शर्म और परदा कैसा?

'आप बड़े छलिये हैं। इतनी देर तक मुझे रुलाने में क्या मज़ा आया?'

स्वामी—इतनी देर में मैंने तुम्हें जितना पहचान लिया, उतना घर के अंदर शायद बरसों में भी न पहचान सकता। यह अपराध क्षमा करो। क्या तुम सचमुच गाड़ी से कूद पड़तीं?

'अवश्य!'

'बड़ी ख़ैरियत हुई, मगर यह दिल्लगी बहुत दिनों तक याद रहेगी।'

मेरे स्वामी औसत कद के, साँवले चेचक-रू, दुबले आदमी हैं! उनसे कहीं रूपवान् पुरुष मैंने देखे हैं; पर मेरा हृदय कितना उल्लसित हो रहा था! कितनी आनंदमय संतुष्टि का अनुभव कर रही थी, मैं बयान नहीं कर सकती।

मैंने पूछा—गाड़ी कब तक पहुँचेगी?

'शाम को पहुँच जायेंगे'

मैंने देखा, स्वामी का चेहरा कुछ उदास हो गया है! वह दस मिनट तक चुपचाप बैठे बाहर की तरफ़ ताकते रहे। मैंने उन्हें केवल बातों में लगाने ही के लिए यह अनावश्यक प्रश्न पूछा था। पर अब भी जब वह न बोले, तो मैंने फिर न छेड़ा। पानदान खोलकर पान लगाने लगी। सहसा उन्होंने कहा—चंदा, एक बात कहूँ!

मैंने कहा—हाँ-हाँ, शौक से कहिए।

उन्होंने सिर झुकाकर शर्माते हुए कहा—मैं जानता कि तुम इतनी रूपवती हो, तो तुमसे विवाह न करता। अब तुम्हें देखकर मुझे मालूम हो रहा है कि मैंने तुम्हारे साथ अन्याय किया है। मैं किसी तरह तुम्हारे योग्य न था!

मैंने पान का बीड़ा उन्हें देते हुए कहा—ऐसी बातें न कीजिए। आप जैसे हैं, मेरे सर्वस्व हैं। मैं आपकी दासी बनकर अपने भाग्य को धन्य मानती हूँ।

दूसरा स्टेशन आ गया। गाड़ी रुकी। स्वामी चले गए। जब-जब गाड़ी रुकती थी, वह आकर दो-चार बातें कर जाते थे। शाम को हम लोग बनारस पहुँच गए। मकान एक गली में है और मेरे घर से बहुत छोटा है। इन कई दिनों में यह भी मालूम हो रहा है कि सासजी स्वभाव की रूखी हैं। लेकिन अभी किसी के बारे में कुछ नहीं कह सकती। सम्भव है, मुझे भ्रम हो रहा हो। फिर लिखूँगी।

मुझे इसकी चिंता नहीं कि घर कैसा है, आर्थिक दशा कैसी है, सास-ससुर कैसे हैं? मेरी इच्छा है कि यहाँ सभी मुझसे खुश रहें। पतिदेव को मुझसे प्रेम है, यह मेरे लिए काफ़ी है। मुझे और किसी बात की परवा नहीं। तुम्हारे बहनोईजी का मेरे पास बार-बार आना सासजी को अच्छा नहीं लगता। वह समझती हैं, कहीं यह सिर न चढ़ जाए। क्यों मुझ पर उनकी यह अकृपा है, कह नहीं सकती; पर इतना जानती हूँ कि वह अगर इस बात से नाराज़ होती हैं, तो हमारे ही भले के लिए। वह ऐसी कोई बात क्यों करेंगी, जिससे हमारा हित न हो। अपनी संतान का अहित कोई माता नहीं कर सकती। मुझमें ही कोई बुराई उन्हें नजर आयी होगी। दो-चार दिन में आप मालूम हो जाएगा। अपने यहाँ के समाचार लिखना। ज़वाब की आशा एक महीने से पहले तो है नहीं; तुम्हारी खुशी।

तुम्हारी,
चंदा

9

देहली
1-2-26

प्यारी बहन,

तुम्हारे प्रथम मिलन की कुतूहलमय कथा पढ़कर चित्त प्रसन्न हो गया। मुझे तुम्हारे ऊपर हसद हो रहा है। मैंने समझा था, तुम्हें मुझ पर हसद होगा, पर क्रिया उलटी हो गई। तुम्हें चारों ओर हरियाली ही नज़र आती है; मैं जिधर नज़र डालती हूँ, सूखे रेत और नग्न टीलों के सिवा और कुछ नहीं। ख़ैर, अब कुछ मेरा भी वृत्तांत सुनो—

'अब जिगर थामकर बैठो, मेरी बारी आयी।'

विनोद की अविचलित दार्शनिकता अब असह्य हो गई है। कुछ विचित्र जीव हैं। घर में आग लगे, पत्थर पड़े, इनकी बला से! इन्हें मुझ पर ज़रा भी दया नहीं आती। मैं सुबह से शाम तक घर के झंझट में कुढ़ा करूँ, इन्हें कुछ परवाह नहीं। ऐसा सहानुभूति से खाली आदमी कभी नहीं देखा था। इन्हें तो किसी जंगल में तपस्या करनी चाहिए थी। अभी तो ख़ैर दो ही प्राणी हैं, लेकिन कहीं बाल-बच्चे हो गए तब तो मैं बे-मौत मर जाऊँगी। ईश्वर न करे, वह दारुण विपत्ति मेरे सिर पड़े।

चंदा, मुझे अब दिल से लगी हुई है कि किसी भाँति इनकी यह समाधि भंग कर दूँ। मगर कोई उपाय सफल नहीं होता, कोई चाल ठीक नहीं पड़ती। एक दिन मैंने उनके कमरे के लैंप का बल्ब तोड़ दिया। कमरा अँधेरा पड़ा रहा। आप

सैर करके आये, तो कमरा अँधेरा देखा। मुझसे पूछा, मैंने कह दिया, बल्ब टूट गया। बस, आपने भोजन किया और मेरे कमरे में आकर लेट रहे। पत्रों और उपन्यासों की ओर देखा तक नहीं, न-जाने वह उत्सुकता कहाँ विलीन हो गई। दिन भर गुज़र गया, आपको बल्ब लगवाने की कोई फ़िक्र नहीं। आख़िर मुझी को बाज़ार से लाना पड़ा।

एक दिन मैंने झुँझलाकर रसोइये को निकाल दिया। सोचा, जब लाला रात भर भूखे सोएँगे तब आँखें खुलेंगी। मगर इस भले आदमी ने कुछ पूछा तक नहीं। चाय न मिली, कुछ परवा नहीं। ठीक दस बजे अपने कपड़े पहने, एक बार रसोई की ओर जाकर देखा, सन्नाटा था। बस, कॉलेज चल दिए। एक आदमी पूछता है, महाराज कहाँ गया, क्यों गया, अब क्या इन्तज़ाम होगा, कौन खाना पकाएगा? कम-से-कम इतना तो मुझसे कह सकते थे कि तुम अगर नहीं पका सकती, तो बाज़ार से कुछ खाना मँगवा लो।

जब वह चले गए, तो मुझे बड़ा पश्चात्ताप हुआ। रॉयल होटल से खाना मँगवाया और बैरे के हाथ कॉलेज भेज दिया। पर खुद भूखी ही रही। दिन भर भूख के मारे बुरा हाल था। सिर में दर्द होने लगा। आप कॉलेज से आये और मुझे पड़े देखा तो ऐसा परेशान हुए, मानो मुझे त्रिदोष है। उसी वक़्त एक डॉक्टर बुला भेजा। डॉक्टर आये, आँखें देखीं, ज़बान देखी, हरारत देखी, लगाने की दवा अलग दी, पीने की अलग। आदमी दवा लेने गया। लौटा तो 12 रुपये का बिल भी था। मुझे इन सारी बातों पर ऐसा क्रोध आ रहा था कि कहीं भागकर चली जाऊँ। उस पर आप आराम-कुरसी डालकर मेरी चारपाई के पास बैठ गए और एक-एक पल पर पूछने लगे, कैसा जी है। दर्द कुछ कम हुआ? यहाँ मारे भूख के आँतें कुलमुला रही थीं। दवा हाथ से छुई तक नहीं। आख़िर झख मारकर मैंने फिर बैरे से खाना मँगवाया। फिर चाल उलटी पड़ी। मैं डरी कि कहीं सबेरे फिर महाशय डॉक्टर को न बुला बैठें, इसलिए सबेरा होते ही हारकर फिर घर के काम-धंधे में लगी। उसी वक़्त एक दूसरा महाराज बुलवाया। अपने पुराने महाराज को बेकसूर निकालकर दंडस्वरूप एक काठ के उल्लू को रखना पड़ा, जो मामूली चपातियाँ भी नहीं पका सकता था। उस दिन से एक बला गले पड़ी। दोनों वक़्त दो घंटे इस महाराज को सिखाने में लग जाते हैं। इसे अपनी पाक-कला का ऐसा घमंड है कि मैं चाहे जितना बकूँ, पर करता अपने मन की है। उस पर बीच-बीच में मुस्कुराने लगता है, मानो कहता हो कि 'तुम इन बातों को क्या जानो, चुपचाप बैठी देखती जाओ।' जलाने चली थी विनोद को, और खुद जल गई। रुपये ख़र्च हुए, वह तो हुए ही, एक और जंजाल में फँस गई। मैं खूब जानती हूँ कि विनोद का डॉक्टर को बुलाना या मेरे पास बैठे रहना केवल दिखावा था। उनके चेहरे पर ज़रा भी घबराहट न थी, चित्त ज़रा भी अशांत न था।

चंदा, मुझे क्षमा करना। मैं नहीं जानती कि ऐसे पुरुष के पाले पड़कर तुम्हारी क्या दशा होती; पर मेरे लिए इस दशा में रहना असह्य है। मैं आगे जो वृत्तांत कहनेवाली हूँ, उसे सुनकर तुम नाक-भौं सिकोड़ोगी, मुझे कोसोगी; कलंकिनी कहोगी; पर जो चाहे कहो, मुझे परवा नहीं। आज चार दिन होते हैं; मैंने त्रिया-चरित्र का एक नया अभिनय किया। हम दोनों सिनेमा देखने गये थे। वहाँ मेरी बगल में एक बंगाली बाबू बैठे हुए थे। विनोद सिनेमा में इस तरह बैठते हैं, मानो ध्यानावस्था में हों। न बोलना, न चालना। फिल्म इतनी सुन्दर था; एक्टिंग इतनी सजीव कि मेरे मुँह से बार-बार प्रशंसा के शब्द निकल जाते थे; बंगाली बाबू को भी बड़ा

आनंद आ रहा था। हम दोनों उस फ़िल्म पर आलोचनाएँ करने लगे। वह फ़िल्म के भावों की इतनी रोचक व्याख्या करता था कि मन मुग्ध हो जाता था। फ़िल्म से ज़्यादा मज़ा मुझे उसकी बातों में आ रहा था। बहन सच कहती हूँ, शक्ल-सूरत में वह विनोद के तलुओं की बराबरी भी नहीं कर सकता, पर केवल विनोद को जलाने के लिए मैं उससे मुस्कुरा-मुस्कुराकर बातें करने लगी। उसने समझा, कोई शिकार फँस गया। अवकाश के समय वह बाहर जाने लगा, तो मैं भी उठ खड़ी हुई; पर विनोद अपनी जगह पर ही बैठे रहे।

मैंने कहा—बाहर चलते हो, मेरी तो बैठे-बैठे कमर दुख गई।

विनोद बोले—हाँ-हाँ, चलो, इधर-उधर टहल आएँ।

मैंने लापरवाही से कहा—तुम्हारा जी न चाहे तो मत चलो, मैं मज़बूर नहीं करती।

विनोद फ़िर अपनी जगह पर बैठते हुए बोले—अच्छी बात है।

मैं बाहर आयी तो बंगाली बाबू ने पूछा—क्या आप यहीं की रहनेवाली हैं?

'मेरे पति यहाँ यूनिवर्सिटी में प्रोफ़ेसर हैं।'

'अच्छा! वह आपके पति थे। अजीब आदमी हैं।'

'आपको तो मैंने शायद यहाँ पहले ही देखा है।'

'हाँ, मेरा मकान तो बंगाल में हैं। कंचनपुर के महाराजा साहब का प्राइवेट सेक्रेटरी हूँ। महाराजा साहब वायसराय से मिलने आये हैं।'

तो अभी दो-चार दिन रहिएगा?

'जी हाँ, आशा करता हूँ। रहूँ तो साल भर रह जाऊँ। जाऊँ तो दूसरी गाड़ी से चला जाऊँ। हमारे महाराजा साहब का कुछ ठीक नहीं। यों बड़े सज्जन और मिलनसार हैं। आपसे मिलकर बहुत ख़ुश होंगे।'

यह बातें करते-करते हम रेस्ट्राँ में पहुँच गए। बाबू ने चाय और टोस्ट लिया। मैंने सिर्फ़ चाय ली।

'तो इसी वक़्त आपका महाराजा साहब से परिचय करा दूँ। आपको आश्चर्य होगा कि मुकुटधारियों में भी इतनी नम्रता और विनय हो सकती है। उनकी बातें सुनकर आप मुग्ध हो जाएँगी।'

मैंने आईने में अपनी सूरत देखकर कहा—जी नहीं, फ़िर किसी दिन पर रखिए। आपसे तो अकसर मुलाक़ात होती रहेगी। क्या आपकी स्त्री आपके साथ नहीं आयी?

युवक ने मुस्कुराकर कहा—मैं अभी क्वाँरा हूँ और शायद क्वाँरा ही रहूँ।

मैंने उत्सुक होकर पूछा—अच्छा! तो आप भी स्त्रियों से भागनेवाले जीवों में है। इतनी बातें हो गईं और आपका नाम तक न पूछा! बाबू ने अपना नाम भुवनमोहनदास गुप्त बताया। मैंने अपना परिचय दिया।

'जी नहीं; मैं उन अभागों में हूँ, जो एक बार निराश होकर फ़िर उसकी परीक्षा नहीं करते। रूप की तो संसार में कमी नहीं, मगर रूप और गुण का मेल बहुत कम देखने में आता है। जिस रमणी से मेरा प्रेम था, वह आज एक बड़े वकील की पत्नी है। मैं ग़रीब था। इसकी सज़ा मुझे ऐसी मिली कि जीवन-पर्यंत न भूलेगी। साल भर तक जिसकी उपासना की, जब उसने मुझे धन पर बलिदान कर दिया, तो अब और क्या आशा रखूँ?'

मैंने हँसकर कहा—आपने बहुत जल्दी हिम्मत हार दी!

भुवन ने सामने द्वार की ओर ताकते हुए कहा—मैंने आज तक ऐसा वीर

ही नहीं देखा, तो रमणियों से परास्त न हुआ हो। ये हृदय पर चोट करती हैं और हृदय एक ही गहरी चोट सह सकता है। जिस रमणी ने मेरे प्रेम को तुच्छ समझकर पैरों से कुचल दिया, उसको मैं दिखाना चाहता हूँ कि मेरी आँखों में धन कितनी तुच्छ वस्तु है। यही मेरे जीवन का एकमात्र उद्देश्य है। मेरा जीवन उसी दिन सफल होगा, जब विमला के घर के सामने मेरा विशाल भवन होगा और उसका पति मुझसे मिलने में अपना सौभाग्य समझेगा।

मैंने गम्भीरता से कहा—यह तो कोई ऊँचा उद्देश्य नहीं है। आप यह क्यों समझते हैं कि विमला ने केवल धन के लिये आपका परित्याग किया। सम्भव है, इसके और भी कारण हों। माता-पिता ने उसी पर दबाव डाला हो, या अपने ही में उसे कोई ऐसी त्रुटि दिखाई दी हो, जिससे आपका जीवन दुःखमय हो जाता। आप यह क्यों समझते हैं कि जिस प्रेम से वंचित होकर आप उतने दुःखी हुए, उसी प्रेम से वंचित होकर वह सुखी हुई होगी। सम्भव था, कोई धनी स्त्री पाकर आप भी फिसल जाते।

भुवन ने ज़ोर देकर कहा—यह असम्भव है, सर्वथा असम्भव है। मैं उसके लिए त्रिलोक का राज्य भी त्याग देता।

मैंने हँसकर कहा—हाँ, इस वक़्त आप ऐसा कह सकते हैं; मगर ऐसी परीक्षा में पड़कर आपकी क्या दशा होती, इसे आप निश्चयपूर्वक नहीं बता सकते। सिपाही की बहादुरी का प्रमाण उसकी तलवार है, उसकी ज़बान नहीं। इसे आप अपना सौभाग्य समझिए कि आपको उस परीक्षा में नहीं पड़ना पड़ा। वह प्रेम-प्रेम नहीं है, जो प्रत्याघात की शरण ले; प्रेम का आदि भी सहृदयता है और अंत भी सहृदयता। सम्भव है, आपको अब भी कोई ऐसी बात मालूम हो जाए, जो विमला की तरफ़ से आपको नरम कर दे।

भुवन गहरे विचार में डूब गए। एक मिनट के बाद उन्होंने सिर उठाया और बोले—मिसेज़ विनोद, आपने आज एक ऐसी बात सुझा दी, जो आज तक मेरे ध्यान में आयी ही न थी। यह भाव कभी मेरे मन में उदय ही नहीं हुआ था। मैं इतना अनुदार क्यों हो गया, समझ में नहीं आता। मुझे आज मालूम हुआ कि प्रेम के ऊँचे आदर्श का पालन रमणियाँ ही कर सकती हैं। पुरुष कभी प्रेम के लिए आत्मसमर्पण नहीं कर सकता—वह प्रेम को स्वार्थ और वासना से पृथक् नहीं कर सकता। अब मेरा जीवन सुखमय हो जाएगा। आपने मुझे आज जो शिक्षा दी है, उसके लिए आपको धन्यवाद देता हूँ।

यह कहते-कहते भुवन सहसा चौंक पड़े और बोले—ओह! मैं कितना बड़ा मूर्ख हूँ—सारा रहस्य समझ में आ गया, अब कोई बात छिपी नहीं है। ओह, मैंने विमला के साथ घोर अन्याय किया! महान् अन्याय। मैं बिलकुल अंधा हो गया था। विमला, मुझे क्षमा करो।

भुवन इसी तरह देर तक विलाप करते रहे। बार-बार मुझे धन्यवाद देते थे और अपनी मूर्खता पर पछताते थे। हमें इसकी सुध ही न रही कि कब घंटी बजी, कब खेल शुरू हुआ। एकाएक विनोद कमरे में आये। मैं चौंक पड़ी। मैंने उनके मुख की ओर देखा, किसी भाव का पता न था। बोले—तुम अभी यहीं हो पद्मा! खेल शुरू हुए तो देर हुई! मैं चारों तरफ़ खोज रहा था।

मैं हकबकाकर उठ खड़ी हुई और बोली—खेल शुरू हो गया? घंटी की आवाज़ तो सुनाई ही नहीं दी।

भुवन भी उठे। हम फिर आकर तमाशा देखने लगे। विनोद ने मुझे अगर इस वक़्त दो-चार लगनेवाली बातें कह दी होतीं, उनकी आँखों में क्रोध की झलक दिखाई देती, तो मेरा अशांत हृदय सँभल जाता, मेरे मन को ढाढ़स होता, पर उनके अविचलित विश्वास ने मुझे और भी अशांत कर दिया। बहन, मैं चाहती हूँ, वह मुझ पर शासन करें। मैं उनकी कठोरता; उनकी उद्दण्डता, उनकी बलिष्ठता का रूप देखना चाहती हूँ। उनके प्रेम, प्रमोद, विश्वास का रूप देख चुकी। इससे मेरी आत्मा को तृप्ति नहीं होती! तुम उस पिता को क्या कहोगी, जो अपने पुत्र को अच्छा खिलाए, अच्छा पहनाए, पर उनकी शिक्षा-दीक्षा की कुछ भी चिंता न करे, वह जिस राह जाए, उस राह जाने दे, जो कुछ करे, वह करने दे। कभी उसे कड़ी आँख से देखे भी नहीं। ऐसा लड़का अवश्य ही आवारा हो जायेगा। मेरा भी वही हाल हुआ जाता है। यह उदासीनता मेरे लिए असह्य है। इस भले आदमी ने यहाँ तक न पूछा कि भुवन कौन थे। भुवन ने यही तो समझा होगा कि इसका पति इसकी बिलकुल परवा नहीं करता। विनोद ख़ुद स्वाधीन रहना चाहते हैं, मुझे भी स्वाधीन छोड़ देना चाहते हैं। वह मेरे किसी काम में हस्तक्षेप नहीं करना चाहते। इसी तरह चाहते हैं कि मैं भी उनके किसी काम में हस्तक्षेप न करूँ।

मैं इस स्वाधीनता को दोनों ही के लिए विष-तुल्य समझती हूँ। संसार में स्वाधीनता का चाहे जो भी मूल्य हो, घर में तो पराधीनता ही फूलती-फलती है। मैं जिस तरह अपने एक जेवर को अपना समझती हूँ, उसी तरह विनोद को भी अपना समझना चाहती हूँ। अगर मुझसे पूछे बिना विनोद उसे किसी को दे दे, तो मैं लड़ पड़ूँगी। मैं चाहती हूँ, उसी तरह उन पर मेरा अधिकार हो। अपने ऊपर भी उनका ऐसा ही अधिकार चाहती हूँ। उन्हें मेरी एक-एक बात पर ध्यान देना चाहिए। मैं किससे मिलती हूँ, कहाँ जाती हूँ, किस तरह जीवन व्यतीत करती हूँ, इन सारी बातों पर उनकी तीव्र दृष्टि रहनी चाहिए। जब वह मेरी परवा नहीं करते, तो मैं उनकी परवा क्यों करूँ? इस खींचातानी में हम एक दूसरे से अलग होते चले जा रहे हैं। और क्या कहूँ, मुझे कुछ नहीं मालूम कि वह किन मित्रों को रोज़ पत्र लिखते हैं। उन्होंने भी मुझसे कभी कुछ नहीं पूछा। ख़ैर, मैं क्या लिख रही थी, क्या कहने लगी। विनोद ने मुझसे कुछ नहीं पूछा। मैं फिर भुवन से फिल्म के सम्बन्ध में बातें करने लगी।

जब खेल ख़त्म हो गया और हम लोग बाहर आये और ताँगा ठीक करने लगे तो भुवन ने कहा–'मैं अपनी कार में आपको पहुँचा दूँगा।'

हमने कोई आपत्ति नहीं की। हमारे मकान का पता पूछकर भुवन ने कार चला दी। रास्ते में मैंने भुवन से कहा–'कल मेरे यहाँ दोपहर का खाना खाइएगा।' भुवन ने स्वीकार कर लिया।

भुवन तो हमें पहुँचाकर चले गए, पर मेरा मन बड़ी देर तक उन्हीं की तरफ़ लगा रहा। इन दो-तीन घंटों में भुवन को जितना समझी, उतना विनोद को आज तक नहीं समझी। मैंने भी अपने हृदय की जितनी बातें उससे कह दीं, उतनी विनोद से आज तक नहीं कहीं। भुवन उन मनुष्यों में है, जो किसी पर-पुरुष को मेरी ओर कुदृष्टि डालते देखकर उसे मार डालेगा। उसी तरह मुझे किसी पुरुष से हँसते देखकर मेरा ख़ून पी लेगा और ज़रूरत पड़ेगी, तो मेरे लिए आग में कूद भी पड़ेगा। ऐसा ही पुरुष-चरित्र मेरे हृदय पर विजय पा सकता है। मेरे ही हृदय पर नहीं, नारी-जाति (मेरे विचार में) ऐसे ही पुरुष पर जान देती है। वह निर्बल है, इसलिए बलवान् का आश्रय ढूँढ़ती है।

बहन, तुम ऊब गई होगी, ख़त बहुत लम्बा हो गया, मगर इस कांड को समाप्त किए बिना नहीं रहा जाता। मैंने सबेरे ही से भुवन की दावत की तैयारी शुरू कर दी। रसोइया तो काठ का उल्लू है, मैंने सारा काम अपने हाथ से किया। भोजन बनाने में ऐसा आनंद मुझे और कभी न मिला था।

भुवन बाबू की कार ठीक समय पर आ पहुँची। भुवन उतरे और सीधे मेरे कमरे में आये। दो-चार बातें हुईं। डिनर टेबुल पर जा बैठे। विनोद भी भोजन करने आये। मैंने उन दोनों आदमियों का परिचय करा दिया। मुझे ऐसा मालूम हुआ कि विनोद ने भुवन की ओर से कुछ उदासीनता दिखायी। इन्हें राजाओं-रईसों से चिढ़ है, साम्यवादी हैं। जब राजाओं से चिढ़ है, तो उनके पिट्ठुओं से क्यों न होती? वह समझते हैं, इन रईसों के दरबार में खुशामदी, निकम्मे, सिद्धांतहीन एवं चरित्रहीन लोगों का जमघट रहता है, जिनका इसके सिवाय और काम नहीं कि अपने रईस की हर एक उचित-अनुचित इच्छा पूरी करें और प्रजा का गला काटकर अपना घर भरें! भोजन के समय बातचीत की धारा घूमते-घामते विवाह और प्रेम-जैसे महत्त्व के विषय पर आ पहुँची।

विनोद ने कहा—नहीं, मैं वर्तमान वैवाहिक प्रथा को पसंद नहीं करता। इस प्रथा का आविष्कार उस समय हुआ था, जब मनुष्य सभ्यता की प्रारंभिक दशा. में था। तबसे दुनिया बहुत आगे बढ़ी है! मगर विवाह-प्रथा में जौ-भर भी अन्तर नहीं पड़ा। यह प्रथा वर्तमान काल के लिए उपयोगी नहीं।

भुवन ने कहा—आख़िर आपको इसमें क्या दोष दिखाई देते हैं?

विनोद ने विचारकर कहा—इसमें सबसे बड़ा ऐब यह है कि यह एक सामाजिक प्रश्न को धार्मिक रूप दे देती है।

'और दूसरा?'

'दूसरा यह कि यह व्यक्तियों की स्वाधीनता में बाधक है। यह स्त्री-व्रत और पातिव्रत्य का स्वाँग रचकर हमारी आत्मा को संकुचित कर देता है। हमारी बुद्धि के विकास में जितनी रुकावट इस प्रथा ने डाली है, उतनी और किसी भौतिक या दैनिक क्रांति से भी नहीं हुई। इसने मिथ्या आदर्शों को हमारे सामने रख दिया और आज तक हम उन्हीं पुरानी, सड़ी हुई, लज्जाजनक, पाशविक लकीरों को पीटते जाते हैं। व्रत केवल एक निरर्थक बंधन का नाम है। इतना महत्त्वपूर्ण नाम देकर हमने उस क़ैद को धार्मिक रूप दे दिया है। पुरुष क्यों चाहता है कि स्त्री उसको अपना ईश्वर, अपना सर्वस्व समझे? केवल इसलिए कि वह उसका भरण-पोषण करता है? क्या स्त्री का कर्तव्य केवल पुरुष की संपत्ति के लिए वारिस पैदा करना है? उस सम्पत्ति के लिए जिस पर, हिंदू नीतिशास्त्र के अनुसार, पति के देहांत के बाद उसका कोई अधिकार नहीं रहता। समाज की यह सारी व्यवस्था, सारा संगठन सम्पत्ति-रक्षा के आधार पर हुआ है। इसने सम्पत्ति को प्रधान और व्यक्ति को गौण कर दिया है। हमारे ही वीर्य से उत्पन्न संतान हमारी कमाई हुई जायदाद का भोग करे, इस मनोभाव में कितनी स्वार्थांधता, कितना दासत्व छिपा हुआ है, इसका कोई अनुमान नहीं कर सकता। इस क़ैद में जकड़ी हुई समाज की संतान यदि आज घर में, देश में, संसार में, अपने क्रूर स्वार्थ के लिए रक्त की नदियाँ बहा रही है तो क्या आश्चर्य है। मैं इस वैवाहिक प्रथा को सारी बुराइयों का मूल समझता हूँ।'

भुवन चकित हो गया। मैं खुद चकित हो गई। विनोद ने इस विषय पर

मुझसे कभी इतनी स्पष्टता से बातचीत न की थी। मैं यह तो जानती थी, वह साम्यवादी है, दो-एक बार इस विषय पर उनसे बहस भी कर चुकी हूँ, पर वैवाहिक प्रथा के वे इतने विरोधी हैं, यह मुझे न मालूम था। भुवन के चेहरे से ऐसा प्रकट होता था कि उन्होंने ऐसे दार्शनिक विचारों की गन्ध तक नहीं पायी। ज़रा देर के बाद बोले—प्रोफ़ेसर साहब, आपने तो मुझे एक बड़े चक्कर में डाल दिया। आख़िर आप इस प्रथा की जगह कोई और प्रथा रखना चाहते हैं या विवाह की आवश्यकता ही नहीं समझते? जिस तरह पशु-पक्षी आपस में मिलते हैं, वही हमें भी करना चाहिए?

विनोद ने तुरंत उत्तर दिया—बहुत कुछ। पशु-पक्षियों में सभी का मानसिक विकास एक-सा नहीं है। कुछ एसे हैं, जो जोड़े के चुनाव में कोई विचार नहीं रखते। कुछ ऐसे हैं, जो एक बार बच्चे पैदा करने के बाद अलग हो जाते हैं, और कुछ ऐसे हैं, जो जीवनपर्यन्त एक साथ रहते हैं। कितनी ही भिन्न-भिन्न श्रेणियाँ हैं। मैं मनुष्य होने के नाते उसी श्रेणी को श्रेष्ठ समझता हूँ, जो जीवन-पर्यन्त एक साथ रहते हैं, मगर स्वेच्छा से। उनके यहाँ कोई क़ैद नहीं, कोई सज़ा नहीं। दोनों अपने-अपने चारे-दाने की फ़िक्र करते हैं। दोनों मिलकर रहने का स्थान बनाते हैं, दोनों साथ बच्चों का पालन करते हैं। उनके बीच में कोई तीसरा नर या मादा आ ही नहीं सकता, यहाँ तक कि उनमें से जब एक मर जाता है, तो दूसरा मरते दम तक फुट्टैल रहता है। यह अंधेर मनुष्य-जाति ही में है कि स्त्री ने किसी दूसरे पुरुष से हँसकर बात की और उसके पुरुष की छाती पर साँप लोटने लगा, ख़ून-ख़राबे के मनसूबे सोचे जाने लगे। पुरुष ने किसी दूसरी स्त्री की ओर रसिक नेत्रों से देखा और अर्धांगिनी ने त्योरियाँ बदलीं, पति के प्राण लेने को तैयार हो गईं। यह सब क्या है? ऐसा मनुष्य-समाज सभ्यता का किस मुँह से दावा कर सकता है?

भुवन ने सिर हिलाते हुए कहा—मगर मनुष्यों में भी तो भिन्न-भिन्न श्रेणियाँ हैं। कुछ लोग हर महीने एक नया जोड़ा खोज निकालेंगे।

विनोद ने हँसकर कहा—लेकिन यह इतना आसान काम न होगा। या तो वह ऐसी स्त्री चाहेगा, जो संतान का पालन स्वयं कर सकती हो, या उसे एकमुश्त सारी रकम अदा करनी पड़ेगी।

भुवन भी हँसे—आप अपने को किस श्रेणी में रखेंगे?

विनोद इस प्रश्न के लिए तैयार न थे। था भी बेढंगा-सा सवाल। झेंपते हुए बोले—परिस्थितियाँ जिस श्रेणी में ले जाएँ। मैं स्त्री और पुरुष, दोनों के लिए पूर्ण स्वाधीनता का हामी हूँ। कोई कारण नहीं है कि मेरा मन किसी नवयौवना की ओर आकर्षित हो और वह भी मुझे चाहे, तो भी मैं समाज और नीति के भय से उसकी ओर ताक न सकूँ। मैं इसे पाप नहीं समझता।

भुवन अभी कुछ उत्तर न देने पाए थे कि विनोद उठ खड़े हुए। कॉलेज के लिए देर हो रही थी। तुरंत कपड़े पहने और चल दिए। हम दोनों दीवानख़ाने में आकर बैठे और बातें करने लगे।

भुवन ने सिगार जलाते हुए कहा—कुछ सुना, कहाँ जाकर तान टूटी?

मैंने मारे शर्म के सिर झुका लिया। क्या जवाब देती? विनोद की अंतिम बात ने मेरे हृदय पर कठोर आघात किया था। मुझे ऐसा मालूम हो रहा था कि विनोद ने केवल मुझे सुनाने के लिए विवाह का यह नया खंडन तैयार किया है।

वह मुझसे पिंड छुड़ा लेना चाहते हैं। वह किसी रमणी की ताक में हैं, मुझसे उनका जी भर गया। यह ख़याल करके मुझे बड़ा दुःख हुआ। मेरी आँखों से आँसू बहने लगे। कदाचित् एकांत में मैं न रोती, पर भुवन के सामने मैं संयत न रह सकी। भुवन ने मुझे बहुत सांत्वना दी–आप व्यर्थ इतना शोक करती हैं। मिस्टर विनोद आपका मान न करें; पर संसार में कम- से-कम एक ऐसा व्यक्ति है, जो आपके संकेत पर अपने प्राण तक न्योछावर कर सकता है। आप-जैसी रमणी रत्न पाकर संसार में ऐसा कौन पुरुष है, जो अपने भाग्य को धन्य न मानेगा? आप इसकी बिलकुल चिंता न करें।

मुझे भुवन की यह बात बुरी मालूम हुई। क्रोध से मेरा मुख लाल हो गया। यह धूर्त मेरी इस दुर्बलता से लाभ उठाकर मेरा सर्वनाश करना चाहता है। अपने दुर्भाग्य पर बराबर रोना आता था। अभी विवाह हुए, साल भी नहीं पूरा हुआ और मेरी यह दशा हो गई कि दूसरों को मुझे बहकाने और मुझ पर अपना जादू चलाने का साहस हो रहा है। जिस वक़्त मैंने विनोद को देखा था, मेरा हृदय कितना फूल उठा था। मैंने अपने हृदय को कितनी भक्ति से उनके चरणों पर अर्पण किया था। मगर क्या जानती थी कि इतनी जल्द मैं उनकी आँखों से गिर जाऊँगी, और मुझे परित्यक्ता समझकर शोहदे मुझ पर डोरे डालेंगे।

मैंने आँसू पोंछते हुए कहा–मैं आपसे क्षमा माँगती हूँ, मुझे जरा विश्राम लेने दीजिए।

'हाँ-हाँ, आप आराम करें, मैं बैठा देखता रहूँगा।'

'जी नहीं, अब आप कृपा करके जाइए। यों मुझे आराम न मिलेगा।'

'अच्छी बात है, आप आराम कीजिए। मैं संध्या-समय आकर देख जाऊँगा।'

'जी नहीं, आपको कष्ट करने की कोई जरूरत नहीं है।'

'अच्छा, तो मैं कल आऊँगा। शायद महाराजा साहब भी आएँ।'

'नहीं, आप लोग मेरे बुलाने का इंतज़ार कीजिएगा। बिना बुलाए न आइएगा।'

यह कहती हुई मैं उठकर अपने सोने के कमरे की ओर चली। भुवन एक क्षण मेरी ओर देखता रहा फिर चुपके से चला गया।

बहन, इसे दो दिन हो गए हैं। पर मैं कमरे से बाहर नहीं निकली। भुवन दो-तीन बार आ चुका है, मगर मैंने उससे मिलने से साफ़ इनकार कर दिया। अब शायद उसे फिर आने का साहस न होगा। ईश्वर ने बड़े नाजुक मौक़े पर मुझे सुबुद्धि प्रदान की, नहीं तो मैं अब तक अपना सर्वनाश कर बैठी होती। विनोद प्रायः मेरे ही पास बैठे रहते हैं। लेकिन उनसे बोलने को मेरा जी नहीं चाहता। जो पुरुष व्यभिचार का दार्शनिक सिद्धांतों से समर्थन कर सकता है, जिसकी आँखों में विवाह-जैसे पवित्र बंधन का कोई मूल्य नहीं, जो न मेरा हो सकता है, न मुझे अपना बना सकता है, उसके साथ मुझ-जैसी मानिनी गर्विणी स्त्री का कै दिन निर्वाह होगा!

बस, अब बिदा होती हूँ। बहन, क्षमा करना। मैंने तुम्हारा बहुत-सा अमूल्य समय ले लिया। मगर इतना समझ लो कि मैं तुम्हारी दया नहीं, बल्कि सहानुभूति चाहती हूँ।

तुम्हारी,
पद्मा

10

काशी
5-2-26

बहन,

तुम्हारा पत्र पढ़कर मुझे ऐसा मालूम हुआ कि कोई उपन्यास पढ़कर उठी हूँ। अगर तुम उपन्यास लिखो, तो मुझे विश्वास है, उसकी धूम मच जाए। तुम आप उसकी नायिका बन जाना। तुम ऐसी-ऐसी बातें कहाँ सीख गईं, मुझे तो यही आश्चर्य है। उस बंगाली के साथ तुम अकेली कैसे बैठी बातें करती रहीं, मेरी तो समझ में नहीं आता। मैं तो कभी न कर सकती। तुम विनोद को जलाना चाहती हो, उनके चित्त को अशांत करना चाहती हो! हाय! उस ग़रीब के साथ तुम कितना भयंकर अन्याय कर रही हो! तुम यह क्यों समझती हो कि विनोद तुम्हारी उपेक्षा कर रहे हैं, अपने विचारों में इतने मग्न हैं कि उन्हें तुम्हारी परवा ही नहीं। यह क्यों नहीं समझतीं कि उन्हें कोई मानसिक चिंता सताया करती है, उन्हें कोई ऐसी फ़िक्र घेरे हुए है कि जीवन के साधारण व्यापारों में उनकी रुचि ही नहीं रही। संभव है, वह कोई दार्शनिक तत्त्व खोज रहे हों, कोई थीसिस लिख रहे हों, किसी पुस्तक की रचना कर रहे हों। कौन कह सकता है? तुम जैसी रूपवती स्त्री पाकर यदि कोई मनुष्य चिंतित रहे, तो समझ लो कि उसके दिल पर कोई बड़ा बोझ है। उनको तुम्हारी सहानुभूति की जरूरत है, तुम उनका बोझ हलका कर सकती हो। लेकिन तुम उलटे उन्हीं को दोष देती हो। मेरी समझ में यही आता है कि तुम एक दिन क्यों विनोद से दिल खोलकर बातें नहीं कर लेतीं? संदेह को जितनी जल्द हो सके, निकाल डालना चाहिए। सन्देह वह चोट है, जिसका उपचार जल्द न हो, तो नासूर पड़ जाता है, और फिर अच्छा नहीं होता। क्यों दो-चार दिनों के लिए यहाँ नहीं चली आतीं! लेकिन मैं स्वतंत्र नहीं हूँ, बिना सास-ससुर के पूछे कोई काम नहीं कर सकती। तुम्हें तो कोई बंधन नहीं है।

बहन, आजकल मेरा जीवन हर्ष और शोक का विचित्र मिश्रण हो रहा है। अकेली होती हूँ, तो रोती हूँ, आनन्द आ जाते हैं, तो हँसती हूँ। जी चाहता है, यह हरदम मेरे सामने बैठे रहते। लेकिन रात बारह बजे के पहले उनके दर्शन नहीं होते। एक दिन दोपहर को आ गए, तो सासजी ने ऐसा डाँटा कि कोई बच्चे को क्या डाँटेगा। मुझे ऐसा भय हो रहा है कि सासजी को मुझसे चिढ़ है। बहन, मैं उन्हें भरसक प्रसन्न रखने की चेष्टा करती हूँ। जो काम कभी न किए थे, वह उनके लिए करती हूँ, उनके स्नान के लिए पानी गर्म करती हूँ, उनकी पूजा के लिए चौकी बिछाती हूँ। वह स्नान कर लेती हैं तो उनकी धोती छाँटती हूँ, वह लेटती हैं, तो उनके पैर दबाती हूँ, जब वह सो जाती हैं तो उन्हें पंखा झलती हूँ। वह मेरी माता हैं! उन्हीं के गर्भ से वह रत्न उत्पन्न हुआ है, जो मेरा प्राणाधार है। मैं उनकी कुछ सेवा कर सकूँ, इससे बढ़कर मेरे लिए सौभाग्य की और क्या बात होगी? मैं केवल इतना ही चाहती हूँ कि मुझसे हँसकर बोलें; मगर न जाने क्यों वह बात-बात पर मुझे कोसा करती हैं। मैं जानती हूँ, दोष मेरा ही है। हाँ, मुझे मालूम नहीं, वह क्या है! मगर मेरा यही अपराध है कि मैं अपनी दोनों ननदों से रूपवती क्यों हूँ, पढ़ी-लिखी क्यों हूँ, आनन्द क्यों मुझे इतना चाहते हैं, तो बहन, यह मेरे बस की बात नहीं। मेरे प्रति सासजी का यह व्यवहार देखकर ही कदाचित्

आनन्द माताजी से कुछ खिंचे रहते हैं। सासजी को भ्रम होता होगा कि मैं ही आनन्द को भरमा रही हूँ। शायद वह पछताती हैं कि क्यों मुझे बहू बनाया! उन्हें भय होता है कि कहीं मैं उनके बेटे को उनसे छीन न लूँ। दो-एक बार मुझे जादूगरनी कह चुकी हैं। दोनों ननदें अकारण ही मुझसे जलती रहती हैं। बड़ी ननदजी तो विधवा हो गई हैं, उनका जलना समझ में आता है। लेकिन छोटी ननदजी तो अभी कलोर हैं, उनका जलना मेरी समझ में नहीं आता। मैं उनकी जगह होती, तो अपनी भावज से कुछ सीखने की, कुछ पढ़ने की कोशिश करती, उनके चरण धो-धोकर पीती। पर इस छोकरी को मेरा अपमान करने ही में आनंद आता है। मैं जानती हूँ, थोड़े दिनों में दोनों ननदें लज्जित होंगी हाँ, अभी वे मुझसे बिचकती हैं। मैं अपनी तरफ़ से तो उन्हें अप्रसन्न होने का अवसर नहीं देती।

मगर रूप को क्या करूँ! क्या जानती थी कि एक दिन इस रूप के कारण मैं अपराधिनी ठहरायी जाऊँगी! मैं सच कहती हूँ बहन, यहाँ मैंने सिंगार करना एक तरह से छोड़ ही दिया है। मैली-कुचैली बनी बैठी रहती हूँ। इस भय से कि कोई मेरे पढ़ने-लिखने पर नाक न सिकोड़े, पुस्तकों को हाथ नहीं लगाती। घर से पुस्तकों का एक गट्ठर बाँध लायी थी। उसमें कई पुस्तकें बड़ी सुन्दर हैं। उन्हें पढ़ने के लिए बार-बार जी चाहता है, मगर डरती हूँ कि कोई ताना न दे बैठे। दोनों ननदें मुझे देखती रहती हैं कि मैं क्या करती हूँ, कैसे बैठती हूँ, कैसे बोलती हूँ, मानो दो-दो जासूस मेरे पीछे लगा दिए गए हों? इन दोनों महिलाओं को मेरी बदगोई में क्यों इतना मज़ा आता है, नहीं कह सकती। शायद आजकल उन्हें इसके सिवा दूसरा काम ही नहीं। गुस्सा तो ऐसा आता है कि एक बार झिड़क दूँ, लेकिन मन को समझाकर रोक लेती हूँ। यह दशा बहुत दिनों नहीं रहेगी! एक नए आदमी से कुछ हिचक होना स्वाभाविक ही है, विशेषकर जब वह नया आदमी शिक्षा और विचार-व्यवहार में हमसे अलग हो! मुझी को अगर किसी फ्रेंच लेडी के साथ रहना पड़े, तो शायद मैं भी उसकी हर एक बात को आलोचना और कुतूहल की दृष्टि से देखने लगूँ। यह काशी-वासी लोग पूजा-पाठ बहुत करते हैं। सासजी तो रोज़ गंगास्नान करने जाती हैं। बड़ी ननदजी भी उनके साथ जाती हैं। मैंने कभी पूजा नहीं की। याद है, हम और तुम पूजा करनेवालों को कितना बनाया करती थीं। अगर मैं पूजा करनेवालों का चरित्र कुछ उन्नत पाती, तो शायद अब तक मैं भी पूजा करती होती। लेकिन मुझे तो कभी ऐसा अनुभव प्राप्त नहीं हुआ। पूजा करनेवालियाँ भी उसी तरह दूसरों की निंदा करती हैं, उसी तरह आपस में लड़ती-झगड़ती हैं, जैसे वे जो कभी पूजा नहीं करतीं। ख़ैर, अब मुझे धीरे-धीरे पूजा से श्रद्धा होती जा रही है। मेरे ददिया ससुरजी ने एक छोटा-सा ठाकुरद्वारा बनवा दिया था। वह मेरे घर के सामने ही है। मैं अकसर सासजी के साथ वहाँ जाती हूँ, और अब यह कहने में मुझे कोई संकोच नहीं कि उन विशाल मूर्तियों के दर्शन से मुझे अपने अंतस्तल में एक ज्योति का अनुभव होता है। जितनी श्रद्धा से मैं राम और कृष्ण के जीवन की आलोचना किया करती थी, वह बहुत कुछ मिट चुकी है।

लेकिन रूपवती होने का दंड यहीं तक बस नहीं है। ननदें अगर मेरे रूप को देखकर जलती हैं, तो यह स्वाभाविक है। दुःख तो इस बात का है कि यह दंड मुझे उस तरफ़ से भी मिल रहा है, जिधर से इसकी कोई सम्भावना न होनी चाहिए, मेरे आनन्द बाबू भी इसका दंड दे रहे हैं। हाँ, उनकी दंड-नीति एक निराले ही ढंग की है। वह मेरे पास नित्य ही कोई-न-कोई सौगात लाते रहते हैं। वह जितनी देर मेरे पास रहते हैं, उनके मन में यह संदेह होता रहता है कि मुझे उनका रहना

अच्छा नहीं लगता! वह समझते हैं कि मैं उनसे जो प्रेम करती हूँ, वह केवल दिखावा है, कौशल है। वह मेरे सामने कुछ ऐसे दबे-दबाए, सिमटे-सिमटाए रहते हैं कि मैं मारे लज्जा के मरी जाती हूँ। उन्हें मुझसे कुछ कहते हुए ऐसा संकोच होता है, मानो वह कोई अनाधिकार चेष्टा कर रहे हों। जैसे मैले-कुचैले कपड़े पहने हुए कोई आदमी उज्ज्वल वस्त्र पहननेवालों से दूर ही रहना चाहता है, वही दशा इनकी है। वह शायद समझते हैं कि किसी रूपवती स्त्री को रूपहीन पुरुष से प्रेम हो ही नहीं सकता। शायद वह दिल में पछताते हैं कि क्यों इससे विवाह किया। शायद उन्हें अपने ऊपर ग्लानि होती है। वह मुझे कभी रोते देख लेते हैं, तो समझते हैं, मैं अपने भाग्य को रो रही हूँ; कोई पत्र लिखते देखते हैं, तो समझते हैं, मैं इनकी रूपहीनता ही का रोना रो रही हूँ। क्या कहूँ बहन, यह सौंदर्य मेरी जान का गाहक हो गया। आनन्द के मन से इस शंका को निकालने और उन्हें अपनी ओर से आश्वासन देने के लिए मुझे ऐसी-ऐसी बातें करनी पड़ती हैं, ऐसे-ऐसे आचरण करने पड़ते हैं, जिन पर मुझे घृणा होती है। अगर पहले से यह दशा जानती, तो ब्रह्मा से कहती कि मुझे कुरूप ही बनाना। बड़े असमंजस में पड़ी हूँ। अगर सासजी की सेवा नहीं करती, बड़ी ननदजी का मन नहीं रखती, तो उनकी आँखों से गिरती हूँ। अगर आनन्द बाबू को निराश करती हूँ, तो कदाचित् मुझसे विरक्त ही हो जाएँ। मैं तुमसे अपने हृदय की बात कहती हूँ। बहन, तुमसे क्या पर्दा रखना है; मुझे आनन्द बाबू से उतना ही प्रेम है, जितना किसी स्त्री को पुरुष से हो सकता है। उनकी जगह अब अगर इंद्र भी सामने आ जाएँ, तो मैं उनकी ओर आँख उठाकर न देखूँ। मगर उन्हें कैसे विश्वास दिलाऊँ? मैं देखती हूँ, वह किसी-न-किसी बहाने से बार-बार घर में आते हैं और दबी हुई, ललचायी हुई नज़रों से मेरे कमरे के द्वार की ओर देखते हैं, तो जी चाहता है, जाकर उनका हाथ पकड़ लूँ और अपने कमरे में खींच ले आऊँ। मगर एक तो डर होता है किसी की आँख पड़ गई, तो छाती पीटने लगेंगी, और इससे भी बड़ा डर यह कि कहीं आनन्द इसे भी कौशल ही न समझ बैठें। अभी उनकी आमदनी बहुत कम है, लेकिन दो-चार रुपये सौगातों मैं रोज़ उड़ाते हैं। अगर प्रेमोपहार स्वरूप वह धेले की कोई चीज़ दें, तो मैं उसे आँखों से लगाऊँ; लेकिन वह कर स्वरूप देते हैं, मानो उन्हें ईश्वर ने यह दंड दिया है। क्या करूँ, अब मुझे भी प्रेम का स्वाँग करना पड़ेगा। प्रेम-प्रदर्शन से मुझे चिढ़ है। तुम्हें याद होगा, मैंने एक बार कहा था कि प्रेम या तो भीतर ही रहेगा या बाहर ही रहेगा। समान रूप से वह भीतर और बाहर दोनों जगह नहीं रह सकता। स्वाँग वेश्याओं के लिए हैं, कुलवती तो प्रेम को हृदय ही में संचित रखती है।

बहन, पत्र बहुत लम्बा हो गया, तुम पढ़ते-पढ़ते ऊब गई होगी। मैं भी लिखते-लिखते थक गई। अब शेष बातें कल लिखूँगी। परसों यह पत्र तुम्हारे पास पहुँचेगा।

× × ×

बहन, क्षमा करना; कल पत्र लिखने का अवसर नहीं मिला। रात एक ऐसी बात हो गई, जिससे चित्त अशांत हो उठा। बड़ी मुश्क़िलों से यह थोड़ा-सा समय निकाल सकी हूँ। मैंने अभी तक आनन्द से घर के किसी प्राणी की शिकायत नहीं की थी। अगर सासजी ने कोई बात कह दी या ननदजी ने कोई ताना दे दिया, तो इसे उनके कानों तक क्यों पहुँचाऊँ। इसके सिवा कि गृह-कलह उत्पन्न हो, इससे और

क्या हाथ आएगा। इन्हीं ज़रा-ज़रा-सी बातों को पेट में न डालने से घर बिगड़ते हैं। आपस में वैमनस्य बढ़ता है! मगर-संयोग की बात, कल अनायास ही मेरे मुँह से एक बात निकल गई, जिसके लिए मैं अब भी अपने को कोस रही हूँ और ईश्वर से मनाती हूँ कि वह आगे न बढ़े। बात यह हुई कि आनन्द बाबू बहुत देर करके मेरे पास आये। मैं उनके इंतज़ार में बैठी एक पुस्तक पढ़ रही थी। सहसा सासजी ने आकर पूछा–क्या अभी तक बिजली जल रही है? क्या वह रात भर न आएँ, तो तुम रात भर बिजली जलाती रहोगी?

मैंने उसी वक़्त बत्ती ठंडी कर दी। आनन्द बाबू थोड़ी देर में आये, तो कमरा अँधेरा पड़ा था, न जाने उस वक़्त मेरी मति कितनी मंद हो गई थी। अगर मैंने उनकी आहट पाते ही बत्ती जला दी होती, तो कुछ न होता। मगर मैं अँधेरे में पड़ी रही। उन्होंने पूछा–क्यों, सो गईं! यह अँधेरा क्यों पड़ा हुआ है?

हाय! इस वक़्त भी यदि मैंने कह दिया होता कि मैंने अभी बत्ती गुल कर दी है, तो बात बन जाती। मगर मेरे मुँह से निकला–सासजी का हुक्म हुआ कि बत्ती गुल कर दो, गुल कर दी। तुम रात भर न आओ तो क्या रात भर बत्ती जलती रहे?

'तो अब जला दो। मैं रोशनी के सामने से आ रहा हूँ, मुझे तो कुछ सूझता ही नहीं।'

'मैंने अब बटन को हाथ से छूने की कसम खा ली। जब ज़रूरत पड़ेगी, तो मोम की बत्ती जला लिया करूँगी। कौन मुफ़्त में घुड़कियाँ सहे।'

आनन्द ने बिजली का बटन दबाते हुए कहा–और मैंने कसम खा ली कि रात भर बत्ती जलेगी, चाहे किसी को बुरा लगे या भला। सब कुछ देखता हूँ, अंधा नहीं हूँ। दूसरी बहू आकर इतनी सेवा करेगी तो देखूँगा। तुम हो नसीब की खोटी कि ऐसे प्राणियों के पाले पड़ीं। किसी दूसरी सास की तुम इतनी ख़िदमत करतीं, तो वह तुम्हें पान की तरह फेरती, तुम्हें हाथों पर लिये रहती; मगर यहाँ चाहे कोई प्राण ही दे दे, किसी के मुँह से सीधी बात न निकलेगी।

मुझे अपनी भूल साफ़ मालूम हो गई। उनका क्रोध शांत करने के इरादे से बोली–ग़लती तो मेरी ही थी कि व्यर्थ आधी रात तक बत्ती जलाए बैठी रही। अम्माँजी ने गुल करने को कहा, तो क्या बुरा कहा। मुझे समझाना, अच्छी सीख देना उनका धर्म है! मेरा भी धर्म यही है कि यथाशक्ति उनकी सेवा करूँ और उनकी शिक्षा को गिरह बाँधूँ।

आनन्द एक क्षण द्वार की ओर ताकते रहे। फिर बोले–मुझे मालूम हो रहा है कि इस घर में मेरा अब गुज़र न होगा! तुम नहीं कहतीं, मगर मैं सब कुछ सुनता रहा हूँ। सब समझता हूँ। तुम्हें मेरे पापों का प्रायश्चित्त करना पड़ रहा है। मैं कल अम्माँजी से साफ़-साफ़ कह दूँगा–'अगर आपका यही व्यवहार है, तो आप अपना घर लीजिए, मैं अपने लिए कोई दूसरी राह निकाल लूँगा।'

मैंने हाथ जोड़कर गिड़गिड़ाते हुए कहा–नहीं, नहीं। कहीं ऐसा ग़ज़ब भी न करना। मेरे मुँह में आग लगे, कहाँ से बत्ती का ज़िक्र कर बैठी। मैं तुम्हारे दोनों चरण छूकर कहती हूँ, मुझे न सासजी से कोई शिकायत है, न ननदजी से। दोनों मुझसे बड़ी हैं, मेरी माता के तुल्य हैं। अगर एक बात कड़ी भी कह दें, तो मुझे सब्र करना चाहिए। तुम उनसे कुछ न कहना, नहीं तो मुझे बड़ा दुःख होगा।

आनन्द ने रुँधे कंठ से कहा–तुम्हारी जैसी बहू पाकर भी अम्माँजी का कलेजा नहीं पसीजता, अब क्या कोई स्वर्ग की देवी घर में आती? तुम डरो मत, मैं खामखाह

लड़ूँगा नहीं। मगर हाँ, इतना अवश्य कह दूँगा कि ज़रा अपने मिज़ाज को काबू में रखें। आज अगर मैं दो-चार सौ रुपये घर में लाता होता, तो कोई चूँ न करता। कुछ कमाकर नहीं लाता, यही उसका दंड है। सच पूछो तो मुझे विवाह करने का कोई अधिकार ही न था। मुझ-जैसे मंदबुद्धि को, जो कौड़ी कमा नहीं सकता, अपने साथ किसी महिला को डुबाने का क्या हक़ था? बहनजी को न जाने क्या सूझी है कि तुम्हारे पीछे पड़ी रहती हैं; ससुराल का सफाया कर दिया, अब यहाँ भी आग लगाने पर तुली हुई हैं। बस, पिताजी का लिहाज़ करता हूँ, नहीं तो इन्हें तो एक दिन में ठीक कर देता।

बहन, उस वक़्त तो मैंने किसी तरह उन्हें शांत किया, पर नहीं कह सकती कि कब वह उबल पड़ें। मेरे लिए वह सारी दुनिया से लड़ाई मोल ले लेंगे। मैं जिन परिस्थितियों में हूँ, उनका तुम अनुमान कर सकती हो। मुझ पर कितनी ही मार पड़े, मुझे रोना न चाहिए, ज़बान तक न हिलाना चाहिए। मैं रोयी और घर तबाह हुआ। आनन्द फिर कुछ न सुनेंगे, कुछ न देखेंगे। कदाचित् इस उपाय से वह अपने विचार में मेरे हृदय में अपने प्रेम का अंकुर ज़माना चाहते हों। आज मुझे मालूम हुआ कि यह कितने क्रोधी हैं। अगर मैंने जरा-सा पुचारा दे दिया होता, तो रात ही को वह सासजी की खोपड़ी पर जा पहुँचते। कितनी ही युवतियाँ इसी अधिकार गर्व में अपने को भूल जाती हैं। मैं तो बहन, ईश्वर ने चाहा तो कभी न भूलूँगी। मुझे इस बात का डर नहीं है कि आनन्द अलग घर बना लेंगे, तो गुज़र कैसे होगा। मैं उनके साथ सब कुछ झेल सकती हूँ। लेकिन घर तो तबाह हो जाएगा।

बस, प्यारी पद्मा, आज इतना ही। पत्र का ज़वाब जल्द देना।

तुम्हारी,
चंदा

11

देहली
5-2-26

प्यारी चंदा,

क्या लिखूँ, मुझ पर तो विपत्ति का पहाड़ टूट पड़ा! हाय, वह चले गए! मेरे विनोद का तीन दिन से पता नहीं—निर्मोही चला गया, मुझे छोड़कर बिना कुछ कहे-सुने चला गया—अभी तक रोयी नहीं। जो लोग पूछने आते हैं, उनसे बहाना कर देती हूँ कि दो-चार दिन में आएँगे, एक काम से काशी गये हैं। मगर जब रोऊँगी, तो यह शरीर उन आँसुओं में डूब जाएगा। प्राण उसी में विसर्जित हो जाएँगे। छलिये ने मुझसे कुछ नहीं कहा, रोज़ की तरह उठा, भोजन किया, विद्यालय गया, नियत समय पर रोज़ की तरह मुस्कुराकर मेरे पास आया। हम दोनों ने जल-पान किया, फिर वह दैनिक-पत्र पढ़ने लगा, मैं टेनिस खेलने चली गई। इधर कुछ दिनों से उन्हें टेनिस से कुछ प्रेम न रहा था, मैं अकेली ही जाती थी। लौटी, तो रोज़ ही की तरह उन्हें बरामदे में टहलते और सिगार पीते देखा। मुझे देखते ही वह रोज़ की तरह मेरा ओवरकोट लाये और मेरे ऊपर डाल दिया। बरामदे से नीचे उतरकर खुले मैदान में हम टहलने लगे। मगर वह ज़्यादा बोले नहीं, किसी

विचार में डूबे रहे। जब ओस अधिक पड़ने लगी, तो हम दोनों फिर अंदर चले आए। उसी वक़्त वह बंगाली महिला आ गईं, जिनसे मैंने वीणा सीखना शुरू किया है। विनोद भी मेरे साथ ही बैठे रहे। संगीत उन्हें कितना प्रिय है, यह तुम्हें लिख चुकी हूँ। कोई नई बात नहीं हुई। महिला के चले जाने के बाद हमने साथ-ही-साथ भोजन किया, फिर मैं अपने कमरे में लेटने आयी। वह रोज़ की तरह अपने कमरे में लिखने-पढ़ने चले गए। मैं जल्दी ही सो गई, लेकिन जब वह मेरे कमरे में आये तो मेरी आँखें खुल गईं। मैं नींद में कितनी ही बेख़बर पड़ी रहूँ, उनकी आहट पाते ही आप-ही-आप आँखें खुल जाती हैं। मैंने देखा, वह अपना हरा शाल ओढ़े खड़े थे। मैंने उनकी ओर हाथ बढ़ाकर कहा—आओ, खड़े क्यों हो, और फिर सो गई।

बस, प्यारी बहन! वही विनोद के अंतिम दर्शन थे। कह नहीं सकती, वह पलंग पर लेटे या नहीं। इन आँखों में जाने कौन-सी महानिद्रा समायी हुई थी। प्रातः उठी, तो विनोद को न पाया। मैं पहले उठती हूँ, वह पड़े सोते रहते हैं। पर आज वह पलंग पर न थे। शाल भी न था। मैंने समझा, शायद अपने कमरे में चले गए हों। स्नानगृह में चली गई। आध घंटे में बाहर आयी, फिर भी वह न दिखाई दिए। उनके कमरे में गयी, वहाँ भी न थे। आश्चर्य हुआ कि इतने सवेरे कहाँ चले गए। सहसा खूँटी पर आँख पड़ी ··· कपड़े न थे। किसी से मिलने चले गए या स्नान के पहले सैर करने की ठानी? कम-से-कम मुझसे कह तो देते, संशय में तो जी न पड़ता। क्रोध आया—मुझे लौंडी समझते हैं ···

हाज़िरी का समय आया। बैरा मेज़ पर चाय रख गया। विनोद के इंतज़ार में चाय ठंडी हो गई। मैं बार-बार झुँझलाती थी, कभी भीतर जाती, कभी बाहर आती। ठान ली थी कि आज ज्यों ही महाशय आएँगे, ऐसा लताड़ूँगी कि वह भी याद करेंगे। कह दूँगी, आप अपना घर लीजिए, आपको अपना घर मुबारक रहे, मैं अपने घर चली जाऊँगी। इस तरह तो रोटियाँ वहाँ भी मिल जाएँगी। जाड़े के नौ बजने में देर ही क्या लगती है। विनोद का अभी पता नहीं। झल्लायी हुई उनके कमरे में गयी कि एक पत्र लिखकर मेज़ पर रख दूँ—साफ़-साफ़ लिख दूँ कि अगर इस तरह रहना है, तो आप रहिए, मैं नहीं रह सकती। मैं जितना ही तरह देती हूँ, उतना ही तुम मुझे चिढ़ाते हो। बहन, उस क्रोध में संतप्त भावों की नदी-सी मन में उमड़ रही थी। अगर लिखने बैठती, तो पन्नों-के-पन्ने लिख डालती। लेकिन आह! मैं तो भाग जाने की धमकी ही दे रही थी, वह पहले ही भाग चुके थे। ज्यों ही मेज़ पर बैठी, मुझे पैड में उनका एक पत्र मिला। मैंने तुरंत उस पत्र को निकाल लिया और सरसरी निग़ाह से पढ़ा—मेरे हाथ काँपने लगे, पाँव थरथराने लगे, जान पड़ा, कमरा हिल रहा है। एक ठंढी, लम्बी, हृदय को चीरनेवाली आह खींचकर मैं कोच पर गिर पड़ी। वह पत्र यह था—

'प्रिये, नौ महीने हुए, जब मुझे पहली बार तुम्हारे दर्शनों का सौभाग्य हुआ था। उसी वक़्त मैंने अपने को धन्य माना था। आज तुमसे वियोग का दुर्भाग्य हो रहा है, फिर भी मैं अपने को धन्य मानता हूँ। मुझे जाने का लेशमात्र भी दुःख नहीं है, क्योंकि मैं जानता हूँ कि तुम खुश होगी। जब तुम मेरे साथ सुखी नहीं रह सकतीं, तो मैं ज़बरदस्ती क्यों पड़ा रहूँ? इससे तो यह कहीं अच्छा है कि हम और तुम अलग हो जाएँ। मैं जैसा हूँ, वैसा ही रहूँगा? तुम भी जैसी हो, वैसी ही रहोगी। फिर सुखी जीवन की सम्भावना कहाँ? मैं विवाह को आत्मविकास का साधन समझता हूँ। स्त्री-पुरुष के सम्बन्ध का अगर कोई अर्थ है, तो यही है, वर्ना

में विवाह की कोई ज़रूरत नहीं समझता। मानव-संतान बिना विवाह के भी जीवित रहेगी और शायद इससे अच्छे रूप में। वासना भी बिना विवाह के पूरी हो सकती है, घर के प्रबंध के लिए विवाह करने की कोई ज़रूरत नहीं। जीविका एक बहुत ही गौण प्रश्न है। जिसे ईश्वर ने दो हाथ दिये, वह कभी भूखा नहीं रह सकता। विवाह का उद्देश्य यही और केवल यही है कि स्त्री और पुरुष एक दूसरे की आत्मोन्नति में सहायक हों। जहाँ अनुराग हो, वहीं विवाह है और अनुराग ही आत्मोन्नति का मुख्य साधन है। जब अनुराग न रहा, तो विवाह भी न रहा। अनुराग के बिना विवाह का कोई अर्थ नहीं।'

'जिस वक़्त मैंने तुम्हें पहली बार देखा था, तुम मुझे अनुराग की सजीव मूर्ति सी नज़र आयी थीं। तुममें सौंदर्य था, शिक्षा थी, प्रेम था, स्फूर्ति थी, उमंग थी। मैं मुग्ध हो गया। उस वक़्त मेरी अंधी आँखों को यह न सूझा कि जहाँ तुममें इतने गुण थे, वहाँ चंचलता भी थी, जो उन सब गुणों पर परदा डाल देती। तुम चंचल हो, ग़ज़ब की चंचल, जो उस वक़्त मुझे न सूझा था। तुम ठीक वैसी ही हो, जैसी तुम्हारी दूसरी बहनें होती हैं, न कम, न ज़्यादा। मैंने तुमको स्वाधीन बनाना चाहा था, क्योंकि मेरी समझ में अपनी पूरी ऊँचाई तक पहुँचने के लिए इसी की सबसे अधिक ज़रूरत है। संसार भर में पुरुषों के विरुद्ध क्यों इतना शोर मचा हुआ है? इसीलिए कि हमने औरतों की आज़ादी छीन ली है और उन्हें अपनी इच्छाओं की लौंडी बना रखा है। मैंने तुम्हें स्वाधीन कर दिया। मैं तुम्हारे ऊपर अपना कोई अधिकार नहीं मानता। तुम अपनी स्वामिनी हो।' मैं जब तक समझता था, तुम मेरे साथ स्वेच्छा से रहती हो, मुझे कोई चिंता न थी। अब मुझे मालूम हो रहा है, तुम स्वेच्छा से नहीं, संकोच या भय या बंधन के कारण रहती हो। दो-ही-चार दिन पहले मुझ पर यह बात खुली है। इसलिए अब मैं तुम्हारे सुख के मार्ग में बाधा नहीं डालना चाहता। मैं कहीं भागकर नहीं जा रहा हूँ। केवल तुम्हारे रास्ते से हटा जा रहा हूँ, और इतनी दूर हटा जा रहा हूँ कि तुम्हें मेरी ओर से पूरी निश्चिंतता हो जाए। अगर मेरे बग़ैर तुम्हारा जीवन अधिक सुन्दर हो सकता है, तो मैं तुम्हें जबरन नहीं रखना चाहता। अगर मैं समझता कि तुम मेरे सुख के मार्ग में बाधक हो रही हो तो मैंने तुमसे साफ़-साफ़ कह दिया होता। मैं धर्म और नीति का ढोंग नहीं मानता, केवल आत्मा का संतोष चाहता हूँ—अपने लिए भी, तुम्हारे लिए भी। जीवन का तत्त्व यही है, मूल्य यही है। डेस्क में अपने विभाग के अध्यक्ष के नाम एक पत्र लिखकर रख दिया है। वह उनके पास भेज देना। रुपये की कोई चिंता मत करना। मेरे एकाउंट में अभी इतने रुपये हैं, जो तुम्हारे लिए कई महीने को काफ़ी हैं, और उस वक़्त तक मिलते रहेंगे, जब तक तुम लेना चाहोगी। मैं समझता हूँ, मैंने अपना भाव स्पष्ट कर दिया है। इससे अधिक स्पष्ट मैं नहीं करना चाहता। जिस वक़्त तुम्हारी इच्छा मुझसे मिलने की हो, बैंक से मेरा पता पूछ लेना। मगर दो-चार दिन के बाद। घबराने की कोई बात नहीं। मैं स्त्री को अबला या अपंग नहीं समझता। वह अपनी रक्षा स्वयं कर सकती है—अगर करना चाहे। अगर अब या अब से 2-4 महीना, 2-4 साल पीछे तुम्हें मेरी याद आए, और तुम समझो कि मेरे साथ सुखी रह सकती हो, मुझे केवल दो शब्द लिखकर डाल देना। मैं तुरन्त आ जाऊँगा; क्योंकि मुझे तुमसे कोई शिकायत नहीं है। तुम्हारे साथ मेरे जीवन के जितने दिन कटे हैं, वह मेरे लिए स्वर्ग-स्वप्न के दिन हैं। जब तक जिऊँगा, इस जीवन की आनंद-स्मृतियों को हृदय में संचित रखूँगा। आह! इतनी देर तक मन को रोके रहने के बाद आँखों से एक बूँद आँसू

गिर ही पड़े। क्षमा करना, मैंने तुम्हें 'चंचल' कहा है। अचंचल कौन हैं? जानता हूँ कि तुमने मुझे अपने हृदय से निकालकर फेंक दिया है, फिर भी इस एक घंटे में कितनी बार तुमको देख-देखकर लौट आया हूँ। मगर इन बातों को लिखकर मैं तुम्हारी दया को उकसाना नहीं चाहता। तुमने वही किया, जिसका मेरी नीति में तुमको अधिकार था, है, और रहेगा। मैं विवाह में आत्मा को सर्वोपरि रखना चाहता हूँ। स्त्री और पुरुष में मैं वही प्रेम चाहता हूँ, जो दो स्वाधीन व्यक्तियों में होता है। वह प्रेम नही, जिसका आधार पराधीनता है!'

'बस, अब और कुछ न लिखूँगा। तुमको एक चेतावनी देने की इच्छा हो रही है, पर दूँगा नहीं, क्योंकि तुम अपना भला और बुरा खुद समझ सकती हो। तुमने सलाह देने का हक़ मुझसे छीन लिया है। फिर भी इतना कहे बग़ैर नहीं रहा जाता कि संसार में प्रेम का स्वाँग भरनेवाले शोहदों की कमी नहीं है, उनसे बचकर रहना। ईश्वर से यही प्रार्थना करता हूँ कि तुम जहाँ रहो, आनंद से रहो। अगर कभी तुम्हें मेरी ज़रूरत पड़े, तो याद करना। तुम्हारी एक तस्वीर का अपहरण किए जाता हूँ। क्षमा करना। क्या मेरा इतना अधिकार भी नहीं? हाय! जी चाहता है, एक बार फिर देख आऊँ, मगर नहीं आऊँगा।'

तुम्हारा ठुकराया हुआ,
विनोद

बहन, यह पत्र पढ़कर मेरे चित्त की जो दशा हुई, उसका तुम अनुमान कर सकती हो। रोयी तो नहीं; पर दिल बैठा जाता था। बार-बार जी चाहता था कि विष खाकर सो रहूँ। 10 बजने में अब थोड़ी ही देर थी। मैं तुरन्त विद्यालय गयी और दर्शन-विभाग के अध्यक्ष को विनोद का पत्र दिया। वह एक मदरासी सज्जन हैं। मुझे बड़े आदर से बिठाया और पत्र पढ़कर बोले–आपको मालूम है, वह कहाँ गये हैं और कब तक आएँगे? इसमें तो केवल एक मास की छुट्टी माँगी गई है। मैंने बहाना किया–'वह एक आवश्यक कार्य से काशी गये हैं। और निराश होकर लौट आयी। मेरी अन्तरात्मा सहस्रों जिह्वा बनकर मुझे धिक्कार रही थी! कमरे में उनकी तस्वीर के सामने घुटने टेककर मैंने जितने पश्चात्तापपूर्ण शब्दों में क्षमा माँगी है, अगर वह किसी तरह उनके कानों तक पहुँच सकती, तो उन्हें मालूम होता कि उन्हें मेरी ओर से कितना भ्रम हुआ! तब से अब तक मैंने कुछ भोजन नहीं किया और न एक मिनट सोयी। विनोद मेरी क्षुधा और निद्रा भी अपने साथ लेते गये और शायद इसी तरह दस-पाँच दिन उनकी ख़बर न मिली, तो प्राण भी चले जाएँगे। आज मैं बैंक तक गयी थी, पर यह पूछने की हिम्मत न पड़ी कि विनोद का कोई पत्र आया! वह सब क्या सोचते कि यह उनकी पत्नी होकर हमसे पूछने आयी
है।'

बहन, अगर विनोद न आये, तो क्या होगा? मैं समझती थी, वह मेरी तरफ़ से उदासीन हैं, मेरी परवाह नहीं करते, मुझसे अपने दिल की बातें छिपाते हैं, उन्हें शायद मैं भारी हो गई हूँ। अब मालूम हुआ, मैं कैसे भयंकर भ्रम में पड़ी हुई थी। उनका मन इतना कोमल है, यह मैं जानती, तो उस दिन क्यों भुवन को मुँह लगाती? मैं उस अभागे का मुँह तक न देखती। इसी वक़्त जो उसे देख पाऊँ, तो शायद गोली मार दूँ। ज़रा तुम विनोद के पत्र को फिर पढ़ो। बहन, आप मुझे स्वाधीन बनाने चले थे। अगर स्वाधीन बनाते थे, तो भुवन से ज़रा देर मेरा

बातचीत कर लेना क्यों इतना अखरा? मुझे उनकी अविचलित शांति से चिढ़ होती थी। वास्तव में उनके हृदय में जरा-सी बात ने जितनी अशांति पैदा कर दी, उतनी शायद मुझमें न कर सकती। मैं किसी रमणी से उनकी रुचि देखकर शायद मुँह फुला लेती, ताने देती, खुद रोती, उन्हें रुलाती, पर इतनी जल्द भाग न जाती। मर्दों का घर छोड़कर भागना तो आज तक नहीं सुना, औरतें ही घर छोड़कर मैके भागती हैं, या कहीं डूबने जाती हैं, या आत्महत्या करती हैं। पुरुष निर्द्वन्द्व बैठे मूँछों पर ताव देते हैं, मगर यहाँ उलटी गंगा बह रही है—पुरुष भाग खड़ा हुआ! इस अशांति की थाह कौन लगा सकता है? इस प्रेम की गहराई को कौन समझ सकता है? मैं तो अगर इस वक़्त विनोद के चरणों पर पड़े-पड़े मर जाऊँ तो समझूँ, मुझे स्वर्ग मिल गया। बस, इसके सिवा मुझे अब और कोई इच्छा नहीं है। इस अगाध प्रेम ने मुझे तृप्त कर दिया है। विनोद मुझसे भागे तो, लेकिन भाग न सके। वो मेरे हृदय से, मेरी धारणा से इतने निकट कभी न थे। मैं तो अब भी इन्हें अपने सामने बैठा देख रही हूँ। क्या मेरे सामने फ़िलासफ़र बनने चले थे? कहाँ गयी आपकी वह दार्शनिक गम्भीरता? यों अपने को धोखा देते हो? यों अपनी आत्मा को कुचलते हो? अब की तो तुम भागे, लेकिन फिर भागना तो देखूँगी। न जानती थी कि तुम ऐसे चतुर बहरूपिए हो। अब समझी, और शायद तुम्हारी दार्शनिक गम्भीरता को भी समझ में आया होगा कि प्रेम जितना ही सच्चा, जितना ही हार्दिक होता है, उतना ही कोमल होता है। वह विपत्ति के उन्मत्त सागर में थेपड़े खा सकता है; पर अवहेलना की एक चोट भी नहीं सह सकता। बहन, बात विचित्र है, पर है सच्ची। मैं इस समय अपने अंतस्तल में जितनी उमंग, जितने आनंद का अनुभव कर रही हूँ, याद नहीं आता कि विनोद के हृदय से लिपटकर भी कभी पाया हो। तब पर्दा बीच में था, अब कोई पर्दा बीच में नहीं रहा। मैं उनको प्रचलित प्रेम-व्यापार की कसौटी पर कसना चाहती थी। यह फैशन हो गया है कि पुरुष घर में आये, तो स्त्री के वास्ते कोई तोहफ़ा लाये; पुरुष रात-दिन स्त्री के लिए गहने बनवाने, कपड़े सिलवाने, बेल, फीते, लेस, खरीदने में मस्त रहे, फिर स्त्री को उसमें कोई शिकायत नहीं, वह आदर्श पति है, उसके प्रेम में किसे सन्देह हो सकता है? लेकिन उसी प्रेयसी की मृत्यु के तीसरे महीने वह फिर नया विवाह रचता है। स्त्री के साथ अपने प्रेम को चिता में जला आता है। फिर वही स्वाँग इस नयी प्रेयसी से होने लगते हैं, फिर वही लीला शुरू हो जाती है। मैंने वही प्रेम देखा था और इसी कसौटी पर विनोद को कस रही थी। कितनी मंदबुद्धि हूँ! छिछोरापन को प्रेम समझ बैठी थी। कितनी स्त्रियाँ जानती हैं कि अधिकांश ऐसे ही गहने, कपड़े और हँसने-बोलने में मस्त रहनेवाले जीव लम्पट होते हैं। अपनी लम्पटता को छिपाने के लिए वे यह स्वाँग भरते रहते हैं। कुत्ते को चुप रखने के लिए उसके सामने हड्डी के टुकड़े फेंक देते हैं। बेचारी भोली-भाली स्त्री अपना सर्वस्व देकर खिलौने पाती है और उन्हीं में मस्त रहती है। विनोद को उसी काँटे पर तौल रही थी—हीरे को साग के तराजू पर रख देती थी। मैं जानती हूँ, मेरा दृढ़ विश्वास है, और अटल है कि विनोद की दृष्टि कभी किसी पर-स्त्री पर नहीं पड़ सकती। उनके लिए मैं हूँ, अकेली मैं हूँ, अच्छी हूँ या बुरी हूँ जो कुछ हूँ मैं हूँ। बहन, मेरी तो मारे गर्व और आनंद के छाती फूल उठी है। इतना बड़ा साम्राज्य, इतना अचल, इतना स्वरक्षित, किसी हृदयेश्वरी को नसीब हुआ है? मुझे तो संदेह है। और मैं इस पर भी असंतुष्ट थी। यह न जानती थी कि ऊपर बबूले तैरते हैं, मोती समुद्र की तह में ही मिलते हैं। हाय! मेरी इस मूर्खता के कारण, मेरे प्यारे

विनोद को कितनी मानसिक वेदना हो रही है! मेरे जीवन-धन, मेरे जीवन-सर्वस्व न जाने कहाँ मारे-मारे फिरते होंगे, न जाने किस दशा में होंगे, न जाने मेरे प्रति उनके मन में कैसी-कैसी शंकाएँ उठ रही होंगी—प्यारे! तुमने मेरे साथ कुछ अन्याय नहीं किया। अगर मैंने तुम्हें निष्ठुर समझा तो तुमने मुझे उससे कहीं बदतर समझा! क्या अब भी पेट नहीं भरा? तुमने मुझे इतनी गयी-गुज़री समझ लिया कि इस अभागे भुवनज ··· मैं ऐसे-ऐसे एक लाख भुवनों को तुम्हारे चरणों पर भेंट कर सकती हूँ। मुझे तो सँसार में ऐसा कोई प्राणी ही नहीं नज़र आता, जिस पर मेरी निग़ाह उठ सके। नहीं, तुम मुझे इतनी नीच, इतनी कलंकिनी नहीं समझ सकते—शायद यह नौबत आती, तो तुम और मैं—दो में से एक भी इस संसार में न होता।

बहन, मैंने विनोद को बुलाने की, खींच लाने की, पकड़ मँगाने की एक तरक़ीब सोची है। क्या कहूँ, पहले ही दिन यह तरक़ीब क्यों न सूझी। विनोद को दैनिक पत्र पढ़े बिना चैन नहीं आता और वह कौन-सा पत्र पढ़ते हैं, मैं यह भी जानती हूँ। कल के पत्र में यह बात छपेगी—'पद्मा मर रही है,' और परसों विनोद यहाँ होंगे—रुक नहीं सकते। फिर खूब झगड़े होंगे, खूब लड़ाइयाँ होंगी।

अब कुछ तुम्हारे विषय में। क्या तुम्हारी बुढ़िया सचमुच तुमसे इसलिए जलती है कि तुम सुन्दरी हो, शिक्षित हो? खूब! और तुम्हारे आनन्द भी विचित्र जीव मालूम होते हैं। मैंने तो सुना है कि पुरुष कितना ही कुरूप हो, पर उसकी निग़ाह अप्सराओं ही पर जाकर पड़ती है। फिर आनन्द बाबू तुमसे क्यों बिचकते हैं? ज़रा गौर से देखना, कहीं राधा और कृष्ण के बीच में कोई कुब्जा तो नहीं? अगर सासजी यों ही नाक में दम करती रहें, तो यही सलाह दूँगी कि अपनी झोपड़ी अलग बना लो। मगर जानती हूँ, तुम मेरी यह सलाह न मानोगी; किसी तरह न मानोगी। इस सहिष्णुता के लिए मैं तुम्हें बधाई देती हूँ। पत्र जल्द लिखना। मगर शायद तुम्हारा पत्र आने के पहले ही मेरा दूसरा पत्र पहुँचे।

तुम्हारी,
पद्मा

12

काशी
10-2-26

प्रिय पद्मा,

कई दिन तक तुम्हारे पत्र की प्रतीक्षा करने के बाद आज यह ख़त लिख रही हूँ। मैं अब भी आशा करती हूँ कि विनोद बाबू घर आ गए होंगे, मगर अभी वह न आये हों और तुम रो-रोकर अपनी आँखें फोड़े डालती हो, तो मुझे ज़रा भी दुःख न होगा। तुमने उनके साथ जो अन्याय किया है, उसका यही दंड है। मुझे तुमसे जरा भी सहानुभूति नहीं है। तुम गृहिणी होकर वह कुटिल क्रीड़ा करने चली थीं, जो प्रेम का सौदा करनेवाली स्त्रियों को ही शोभा देती है। मैं तो जब खुश होती कि विनोद ने तुम्हारा गला घोंट दिया होता और भुवन के कुसंस्कारों को सदा के लिए शांत कर देते। तुम चाहे मुझसे रूठ ही क्यों न जाओ, पर मैं इतना जरूर कहूँगी कि तुम विनोद के योग्य नहीं हो। शायद तुम उस पति से प्रसन्न रहतीं, जो प्रेम के नए-नए स्वाँग भरकर तुम्हें जलाया करता। शायद तुमने

अंगरेज़ी किताबों में पढ़ा होगा कि स्त्रियाँ छैले रसिकों पर ही जान देती हैं, और पढ़कर तुम्हारा सिर फिर गया है। तुम्हें नित्य कोई सनसनी चाहिए, अन्यथा तुम्हारा जीवन शुष्क हो जाएगा। तुम भारत की पतिपरायण रमणी नहीं, योरोप की आमोदप्रिय युवती हो। मुझे तुम्हारे ऊपर दया आती है। तुमने अब तक रूप को ही आकर्षण का मूल समझ रखा है। रूप में आकर्षण है, मानती हूँ। लेकिन उस आकर्षण का नाम मोह है, वह स्थायी नहीं, केवल धोखे की टट्टी है। प्रेम का एक ही मूल मन्त्र है, और वह है सेवा। यह मत समझो कि जो पुरुष तुम्हारे ऊपर भ्रमर की भाँति मँडराया करता है, वह तुमसे प्रेम करता है। उसकी यह रूपासक्ति बहुत दिनों तक नहीं रहेगी। प्रेम का अंकुर रूप में है, पर इसको पल्लवित और पुष्पित करना सेवा ही का काम है। मुझे विश्वास नहीं आता कि विनोद को बाहर से थके-माँदे, पसीने से तर आया देखकर तुमने कभी पंखा झला होगा! शायद टेबुलफैन लगाने की बात भी तुम्हें न सूझी होगी। सच कहना, मेरा अनुमान ठीक है या नहीं। बताओ, तुमने कभी उनके पैरों में चम्पी की है? कभी उनके सिर में तेल डाला है? तुम कहोगी, यह ख़िदमतगारों का काम है, लेडियाँ यह मरज़ नहीं पालतीं। तुमने उस आनंद का अनुभव ही नहीं किया। तुम विनोद को अपने अधिकार में रखना चाहती हो, मगर उसका साधन नहीं करतीं। विलासिनी मनोरंजन कर सकती है, चिरसंगिनी नहीं बन सकती। पुरुष के गले से लिपटी हुई भी वह उससे कोसों दूर रहती है। मानती हूँ, रूप-मोह मनुष्य का स्वभाव है, लेकिन रूप से हृदय की प्यास नहीं बुझती, आत्मा की तृप्ति नहीं होती। सेवाभाव रखनेवाली रूप-विहीन स्त्री का पति किसी स्त्री के रूप-जाल में फँस जाए, तो बहुत जल्द निकल भागता है, सेवा का चस्का पाया हुआ मन केवल नखरों और चोंचलों पर लट्टू नहीं होता। मगर मैं तो तुम्हें उपदेश करने बैठ गई, हालाँकि तुम मुझसे दो-चार महीने बड़ी होगी। क्षमा करो बहन, यह उपदेश नहीं है। ये बातें हम, तुम, सभी जानते हैं, केवल कभी-कभी भूल जाते हैं। मैंने तुम्हें केवल याद दिला दी है। उपदेश में हृदय नहीं होता, लेकिन मेरा उपदेश मन की वह व्यथा है, जो तुम्हारी इस नई विपत्ति से जागरित हुई है।

अच्छा, अब मेरी रामकहानी सुनो। इस एक महीने में यहाँ बड़ी-बड़ी घटनाएँ हो गईं यह तो मैं पहले ही लिख चुकी हूँ कि आनन्द बाबू और अम्माँजी में कुछ मनमुटाव रहने लगा है। वह आग भीतर-ही-भीतर सुलगती रहती थी। दिन में दो-एक बार माँ-बेटे में चोंचें हो जाती थीं। एक दिन मेरी छोटी ननदजी मेरे कमरे से एक पुस्तक उठा ले गयीं। उन्हें पढ़ने का रोग है। मैंने कमरे में किताब न देखी, तो उनसे पूछा। इस ज़रा-सी बात पर वह भलेमानस बिगड़ गईं और कहने लगीं, तुम तो मुझे चोरी लगाती हो। अम्माँ ने उन्हीं का पक्ष लिया और मुझे ख़ूब सुनायीं। संयोग की बात, अम्माँजी मुझे कोस ही रही थीं कि आनन्द बाबू घर में आ गए। अम्माँजी उन्हें देखते ही और ज़ोर से बकने लगीं—बहू की इतनी मज़ाल! यह तूने सिर चढ़ा रखा है, और कोई बात नहीं। पुस्तक क्या उसके बाप की थी? लड़की लायी, तो उसने कौन गुनाह किया? ज़रा भी सब्र न हुआ, दौड़ी हुई उसके सिर पर जा पहुँची और उसके हाथों से किताब छीनने लगी।

बहन, मैं यह स्वीकार करती हूँ कि मुझे पुस्तक के लिए इतनी उतावली न करनी चाहिए थी। ननदजी पढ़ चुकने पर आप ही दे जातीं। न भी देतीं तो उस एक पुस्तक के न पढ़ने से मेरा क्या बिगड़ा जाता था! मगर मेरी शामत कि उनके हाथों से किताब छीनने लगी थी। अगर इस बात पर आनन्द बाबू मुझे डाँट

बताते, तो मुझे ज़रा भी दुःख न होता। मगर उन्होंने उलटे मेरा ही पक्ष लिया और त्योरियाँ चढ़ाकर बोले–किसी की चीज़ कोई बिना पूछे लाए ही क्यों? यह मामूली शिष्टाचार है।

इतना सुनना था कि अम्माँ के सिर पर भूत-सा सवार हो गया। आनन्द बाबू भी बीच-बीच में फुलझड़ियाँ छोड़ते रहे। और मैं अपने कमरे में बैठी रोती रही कि कहाँ-से-कहाँ मैंने किताब माँगी। न अम्माँजी ही ने भोजन किया, न आनन्द बाबू ने। और मेरा तो बार-बार यही जी चाहता था कि ज़हर खा लूँ। रात को जब अम्माँजी लेटीं, तो मैं अपने नियम के अनुसार उनके पैर दबाने गयी। मुझे देखते ही उन्होंने दुत्कार दिया, लेकिन मैंने उनके पाँव पकड़ लिए। मैं पैंताने की ओर तो थी ही। अम्माँजी ने जो पैर ढकेला, तो मैं चारपाई के नीचे गिर पड़ी। ज़मीन पर कई टोकरियाँ पड़ी हुई थीं। मैं उन टोकरियों पर गिरी, तो पीठ और कमर में चोट आयी। मैं चिल्लाना न चाहती थी, मगर न-जाने कैसे मेरे मुँह से चीख निकल गई। आनन्द बाबू अपने कमरे में आ गये थे, मेरी चीख सुनकर दौड़ पड़े और अम्माँजी के द्वार पर आकर बोले–क्यों उसे मारे डालती हो, अम्माँ? अपराधी तो मैं हूँ, उसकी जान क्यों ले रही हो? यह कहते हुए वह कमरे में घुस आये और मेरा हाथ पकड़कर जबरदस्ती खींच ले गए। मैंने बहुत चाहा कि अपना हाथ छुड़ा लूँ, पर आनन्द ने न छोड़ा। वास्तव में इस समय उनका हम लोगों के बीच में कूद पड़ना मुझे अच्छा नहीं लगता था। वह न आ जाते, तो मैंने रो-धोकर अम्माँजी को मना लिया होता। मेरे गिर पड़ने से उनका क्रोध कुछ शांत हो चला था। आनन्द का आ जाना ग़ज़ब हो गया। अम्माँजी कमरे के बाहर निकल आयीं और मुँह चिढ़ाकर बोलीं–हाँ, देखो, मरहम-पट्टी कर दो, कहीं कुछ टूट-फूट न गया हो?

आनन्द ने आँगन में रुककर कहा–क्या तुम चाहती हो कि तुम किसी को मार डालो और मैं न बोलूँ?

'हाँ, मैं तो डायन हूँ, आदमियों को मार डालना ही तो मेरा काम है। ताज्जुब है कि मैंने तुम्हें क्यों न मार डाला!'

'तो पछतावा क्यों हो रहा है। धेले की संखिया में तो काम चलता है।'

'अगर तुम्हें इस औरत को सिर चढ़ाकर रखना है, तो कहीं और ले जाकर रखो। इस घर में तुम्हारा निर्वाह अब न होगा।'

'मैं खुद इसी फ़िक्र में हूँ, तुम्हारे कहने की ज़रूरत नहीं।'

'मैं भी समझ लूँगी कि मैंने लड़का ही नही जना।'

'मैं भी समझ लूँगा कि मेरी माता मर गई।'

मैं आनन्द का हाथ पकड़कर ज़ोर से खींच रही थी कि उन्हें वहाँ से हटा ले जाऊँ; मगर वह बार-बार मेरा हाथ झटक देते थे। आख़िर जब अम्माँजी अपने कमरे में चली गयीं, तो वह अपने कमरे में आये, और सिर थामकर बैठ गए।

मैंने कहा–यह तुम्हें क्या सूझी?

आनन्द ने भूमि की ओर ताकते हुए कहा–अम्माँ ने आज नोटिस दे दिया।

'तुम खुद ही उलझ पड़े, वह बेचारी तो कुछ बोलीं ही नहीं।'

'मैं ही उलझ पड़ा!'

'और क्या! मैंने तुमसे फ़रियाद न की थी।'

'पकड़ न लाता, तो अम्माँ ने तुम्हें अधमरा कर दिया होता। तुम उनका क्रोध नहीं जानतीं।'

'यह तुम्हारा भ्रम है। उन्होंने मुझे मारा नहीं, वह अपना पैर छुड़ा रही थीं। मैं पट्टी पर बैठी थी। ज़रा-सा धक्का खाकर गिर पड़ी। अम्माँजी मुझे उठाने ही जा रही थीं कि तुम पहुँच गए।'

'नानी के आगे ननिहाल का बखान न करो, मैं अम्माँ को खूब जानता हूँ। मैं कल ही दूसरा घर ले लूँगा, यह मेरा निश्चय है। कहीं-न-कहीं नौकरी मिल ही जाएगी। ये लोग समझते हैं कि मैं उनकी रोटियों पर पड़ा हुआ हूँ। इसी से यह मिज़ाज है!'

मैं जितना ही उनको समझाती थी, उतना ही वह और बफरते थे। आख़िर मैंने झुँझलाकर कहा—तो तुम अकेले जाकर दूसरे घर में रहो। मैं न जाऊँगी। मुझे यहीं पड़ी रहने दो।

आनन्द ने मेरी ओर कठोर नेत्रों से देखकर कहा—यहीं लात खाना अच्छा लगता है?

'हाँ, मुझे यहीं अच्छा लगता है।'

'तो तुम खाओ, मैं नहीं खाना चाहता। यही फ़ायदा क्या थोड़ा है कि तुम्हारी दुर्दशा आँखों से न देखूँगा, न पीड़ा होगी।'

'अलग रहने लगोगे, तो दुनिया क्या कहेगी!'

'इसकी परवाह नहीं। दुनिया अंधी है।'

'लोग यही कहेंगे कि स्त्री ने यह माया फैलायी है।'

'इसकी भी परवा नहीं, इस भय से अपना जीवन संकट में नहीं डालना चाहता।'

मैंने रोकर कहा—तुम मुझे छोड़ दोगे, तुम्हें मेरी ज़रा भी मुहब्बत नहीं है?

बहन, और किसी समय इस प्रेम-आग्रह से भरे हुए शब्द ने जाने क्या कर दिया होता। ऐसे ही आग्रहों पर रियासतें मिटती हैं, नाते टूटते हैं, रमणी के पास इससे बढ़कर दूसरा अस्त्र नहीं। मैंने आनन्द के गले में बाँहें डाल दी थीं और उनके कंधे पर सिर रखकर रो रही थी। मगर इस समय आनन्द बाबू इतने कठोर हो गए थे कि यह आग्रह भी उन पर कुछ असर न कर सका। जिस माता ने जन्म दिया, उसके प्रति इतना रोष! हम अपनी ही माता की एक कड़ी बात नहीं सह सकते, इस आत्माभिमान का कोई ठिकाना है! यही वे आशाएँ हैं, जिन पर माता ने अपने जीवन के सारे सुख-विलास अर्पण कर दिए थे, दिन का चैन और रात की नींद अपने ऊपर हराम कर ली थी। पुत्र पर माता का इतना भी अधिकार नहीं!

आनन्द ने उसी अविचलित कठोरता से कहा—अगर मुहब्बत का यही अर्थ है कि मैं इस घर में तुम्हारी दुर्गति कराऊँ तो मुझे वह मुहब्बत स्वीकार नहीं है।

प्रातःकाल वह उठकर बाहर जाते हुए मुझे बोले—मैं जाकर घर ठीक किए आता हूँ। ताँगा भी लेता आऊँगा, तैयार रहना।

मैंने दरवाज़ा रोककर कहा—क्या अभी तक क्रोध शांत नहीं हुआ?

'क्रोध की बात नहीं, केवल दूसरों के सिर से अपना बोझ हटा लेने की बात है।'

'यह अच्छा काम नहीं कर रहे हो। सोचो, माताजी को कितना दुःख होगा। ससुरजी से भी तुमने कुछ पूछा?'

'उनसे पूछने की कोई ज़रूरत नहीं। कर्ता-धर्ता जो कुछ हैं, वह अम्माँ हैं। दादाजी मिट्टी के लोंदे हैं?'

'घर के स्वामी तो हैं?'

'तुम्हें चलना है या नहीं, साफ़ कहो!'

'मैं तो अभी न जाऊँगी।'

'अच्छी बात है, लात खाओ।'

मैं कुछ नहीं बोली। आनन्द ने एक क्षण के बाद फिर कहा—तुम्हारे पास कुछ रुपये हों, तो मुझे दो।

मेरे पास रुपये थे, मगर मैंने इनकार कर दिया। मैंने समझा, शायद असमंजस में पड़कर वह रुक जाएँ। मगर उन्होंने बात मन में ठान ली थी। खिन्न होकर बोले—अच्छी बात है, तुम्हारे रुपयों के बग़ैर भी मेरा काम चल जाएगा। तुम्हें यह विशाल भवन, यह सुख-भोग, ये नौकर-चाकर, ये ठाट-बाट मुबारक हों। मेरे साथ क्यों भूखों मरोगी! वहाँ यह सुख कहाँ! मेरे प्रेम का मूल्य ही क्या?

यह कहते हुए वह चले गए। बहन, क्या कहूँ, उस समय अपनी बेबसी पर कितना दुःख हो रहा था। बस, यही जी में आता था कि यमराज आकर मुझे उठा ले जाएँ। मुझ कुलकलंकिनी के कारण माता और पुत्र में वह वैमनस्य हो रहा था। जाकर अम्माँजी के पैरों पर गिर पड़ी और रो-रोकर आनन्द बाबू के चले जाने का समाचार कहा। मगर माताजी का हृदय ज़रा भी न पसीजा। मुझे आज मालूम हुआ कि माता भी इतनी वज्रहृदया हो सकती है। फिर आनन्द बाबू का हृदय क्यों न कठोर हो। अपनी माता ही के पुत्र तो हैं!

माताजी ने निर्दयता से कहा—तुम उसके साथ क्यों न चली गईं? जब वह कहता था, तब चले जाना चाहिए था। कौन जाने, यहाँ मैं किसी दिन तुम्हें विष दे दूँ।

मैंने गिड़गिड़ाकर कहा—अम्माँजी, उन्हें बुला भेजिए, आपके पैरों पड़ती हूँ, नहीं तो कहीं चले जायेंगे।

अम्माँ उसी निर्दयता से बोलीं—जाए चाहे रहे, वह मेरा कौन है! अब तो जो कुछ हो, तुम हो; मुझे कौन गिनता है। आज ज़रा-सी बात पर यह इतना झल्ला रहा है, और मेरी अम्माँजी ने मुझे सैकड़ों ही बार पीटा होगा। मैं भी छोकरी न थी, तुम्हारी ही उम्र की थी, पर मज़ाल न थी कि तुम्हारे दादाजी से किसी के सामने बोल सकूँ! कच्चा ही खाती! मार खाकर रात-रात भर रोती रहती थी, पर इस तरह घर छोड़कर कोई न भागता था। आजकल के ही लौंडे प्रेम करना नहीं जानते, हम भी प्रेम करते थे, पर इस तरह नहीं कि माँ-बाप, छोटे-बड़े किसी को कुछ न समझे।

यह कहती हुई माताजी पूजा करने चली गईं। मैं अपने कमरे में आकर नसीबों को रोने लगी। शंका होती थी कि आनन्द किसी तरफ़ की राह न लें। बार-बार जी मसोसता था कि रुपये न दे दिए! बेचारे इधर-उधर मारे-मारे फिरते होंगे। अभी हाथ-मुँह भी न धोया, जल-पान भी नहीं किया। वक़्त पर जल-पान न करें, तो जुकाम होता है, हरारत भी हो जाती है। महरी से कहा—ज़रा जाकर देख तो, बाबूजी कमरे में हैं! उसने आकर कहा—कमरे में तो कोई नहीं है, खूँटी पर कपड़े भी नहीं हैं।

मैंने पूछा—क्या और भी कभी इस तरह अम्माँजी से रूठे हैं?

महरी बोली—कभी नहीं बहू, ऐसा सीधा तो मैंने लड़का ही नहीं देखा। मालकिन के सामने कभी सिर नहीं उठाते थे। आज न जाने क्यों चले गए।

मुझे आशा थी कि दोपहर को भोजन के समय वह आ जाएँगे। लेकिन दोपहर

की कौन कहे, शाम भी हो गई और उनका पता नहीं। सारी रात जागती रही। द्वार की ओर कान लगे हुए थे। मगर रात भी उसी तरह गुज़र गई। बहन, इस प्रकार पूरे तीन दिन बीत गए। उस वक़्त तुम मुझे देखतीं, तो पहचान न सकतीं। रोते-रोते आँखें लाल हो गई थीं। इन तीन दिनों में एक पल भी नहीं सोई, और भूख का तो ज़िक्र ही क्या, पानी तक न पिया। प्यास ही न लगती थी। मालूम होता था, देह में प्राण ही नहीं है। सारे घर में मातम-सा छाया हुआ था। अम्माँजी भोजन करने दोनों वक़्त जाती थीं, पर मुँह जूठा करके चली आती थीं। दोनों ननदों की हँसी और चुहल भी ग़ायब हो गई थी। छोटी ननदजी तो मुझसे अपना अपराध क्षमा कराने आयीं।

चौथे दिन सवेरे रसोइए ने आकर मुझसे कहा—बाबूजी तो अभी मुझे दशाश्वमेध घाट पर मिले थे। मैं उन्हें देखते ही लपककर उनके पास जा पहुँचा और बोला—भैया, घर क्यों नहीं चलते? सब लोग घबराए हुए हैं। बहूजी ने तीन दिन से पानी तक नहीं पिया। उनका हाल बहुत बुरा है! यह सुनकर वह कुछ सोच में पड़ गए, फिर बोले—बहूजी ने क्यों दाना-पानी छोड़ रखा है? जाकर कह देना, जिस आराम के लिए उस घर को न छोड़ सकीं, उससे क्या इतनी जल्द जी भर गया?

अम्माँजी उसी समय आँगन में आ गईं। महाराज की बातों की भनक कानों में पड़ गई, बोलीं—क्या है अलगू, क्या आनन्द मिला था?

महाराज—हाँ, बड़ी बहू, अभी दशाश्वमेध घाट पर मिले थे। मैंने कहा—घर क्यों नहीं चलते, तो बोले—उस घर में मेरा कौन बैठा हुआ है।

अम्माँ—कहा नहीं, और कोई अपना नहीं है, तो स्त्री तो अपनी है, उसकी जान क्यों लेते हो?

महाराज—मैंने बहुत समझाया बड़ी बहू, पर वह टस-से-मस न हुए।

अम्माँ—करता क्या है?

महाराज—यह तो मैंने नहीं पूछा, पर चेहरा बहुत उतरा हुआ था।

अम्माँ—ज्यों-ज्यों तुम बूढ़े होते जाते हो, शायद सठियाते जाते हो। इतना तो पूछा होता, कहाँ रहते हो, कहाँ खाते-पीते हो। तुम्हें चाहिए था, उसका हाथ पकड़ लेते और खींचकर ले आते। मगर तुम नमकहरामों को अपने हलवे-मांडे से मतलब, चाहे कोई मरे या जिए। दोनों वक़्त बढ़-बढ़कर हाथ मारते हो और मूँछों पर ताव देते हो। तुम्हें इसकी क्या परवाह है कि घर में दूसरा कोई खाता है या नहीं। मैं तो परवाह न करती, वह आये या न आये। मेरा धर्म पालना-पोसना था। पाल-पोस दिया। अब जहाँ चाहे, रहे। पर इस बहू को क्या करूँ, जो रो-रोकर प्राण दिए डालती है। तुम्हें ईश्वर ने आँखें दी हैं, उसकी हालत देख रहे हो। क्या मुँह से इतना भी न फूटा कि बहू अन्न-जल त्याग किए पड़ी हुई है?

महाराज—बहूजी, नारायण जानते हैं, मैंने बहुत तरह समझाया, मगर वह तो जैसे भागे जाते थे। फिर मैं क्या करता?

अम्माँ—समझाया नहीं, अपना सिर। तुम समझाते और वह यों ही चला जाता? क्या सारी लच्छेदार बातें मुझी से करने को हैं? इस बहू को मैं क्या कहूँ। मेरे पति ने मुझसे इतनी बेरुखी की होती, तो मैं उसकी सूरत न देखती। पर, इस पर उसने न-जाने कौन-सा जादू कर दिया है। ऐसे उदासियों को तो कुलटा चाहिए, जो उन्हें तिगनी का नाच नचाए।

कोई आध घंटे बाद कहार ने आकर कहा—बाबूजी आकर कमरे में बैठे हुए हैं।

मेरा कलेजा धक्-धक् करने लगा। जी चाहता था कि जाकर पकड़ लाऊँ, पर अम्माँजी का हृदय सचमुच वज्र है। बोलीं–जाकर कह दे, यहाँ उनका कौन बैठा हुआ है, जो आकर बैठे हैं!

मैंने हाथ जोड़कर कहा–अम्माँजी, उन्हें अंदर बुला लीजिए, कहीं फिर न चले जाएँ।

अम्माँ–यहाँ उसका कौन बैठा हुआ है, जो आएगा? मैं तो अंदर कदम न रखने दूँगी।

अम्माँजी तो बिगड़ रही थीं, उधर छोटी ननदजी जाकर आनन्द बाबू को लायीं! सचमुच उनका चेहरा उतरा हुआ था, जैसे महीनों का मरीज़ हो। ननदजी उन्हें इस तरह खींचे लाती थीं, जैसे कोई लड़की ससुराल जा रही हो। अम्माँजी ने मुस्कुराकर कहा–इसे यहाँ क्यों लायी? यहाँ इसका कौन बैठा हुआ है?

आनन्द सिर झुकाए अपराधियों की भाँति खड़े थे। ज़बान न खुलती थी! अम्माँजी ने फिर पूछा–चार दिन कहाँ थे?

'कहीं नहीं, यहीं तो था।'

'खूब चैन से रहे होगे?'

'जी हाँ, कोई तकलीफ़ न थी।'

'वह तो सूरत ही से मालूम हो रहा है।'

ननदजी जल-पान के लिए मिठाई लायीं। आनन्द मिठाई खाते इस तरह झेंप रहे थे, मानो ससुराल आये हों! फिर माताजी उन्हें लिये हुए अपने कमरे में चली गयीं। वहाँ आध घंटे तक माता और पुत्र में बातें होती रहीं। मैं कान लगाए हुए थी, पर साफ़ कुछ न सुनाई देता था। हाँ, ऐसा मालूम होता था कि कभी माताजी रोती हैं और कभी आनन्द। माताजी जब पूजा करने निकलीं, तो उनकी आँखें लाल थीं। आनन्द वहाँ से निकले, तो सीधे मेरे कमरे में आये। मैं उन्हें आते देख चटपट मुँह ढाँपकर चारपाई पर पड़ रही, मानो बेख़बर सो रही हूँ। वह कमरे में आये, मुझे चारपाई पर पड़े देखा, मेरे समीप आकर एक बार धीरे से पुकारा और लौट पड़े। मुझे जगाने की हिम्मत न पड़ी। मुझे जो कष्ट हो रहा था, इसका एकमात्र कारण अपने को समझकर मन-ही-मन दुःखी हो रहे थे। मैंने अनुमान किया था, वह मुझे उठाएँगे, मैं मान करूँगी, वह मनाएँगे, मगर सारे मन्सूबे खाक में मिल गए। उन्हें लौटते देखकर मुझसे न रहा गया। मैं हकबकाकर उठ बैठी और चारपाई से नीचे उतरने लगी, मगर न-जाने क्यों मेरे पैर लड़खड़ाए और ऐसा जान पड़ा कि मैं गिरी जाती हूँ। सहसा आनन्द ने पीछे फिरकर मुझे सँभाल लिया और बोले–लेट जाओ; मैं कुरसी पर बैठ जाता हूँ। यह तुमने अपनी क्या गति बना रखी है?

मैंने अपने को सँभालकर कहा–मैं तो बहुत अच्छी तरह हूँ। आपने कैसे कष्ट किया?

'पहले तुम कुछ भोजन कर लो, तो पीछे कुछ बात करूँगा।'

'मेरे भोजन की आपको क्या फ़िक्र पड़ी है। आप तो सैर-सपाटे कर रहे हैं।'

'कैसे सैर-सपाटे मैंने किए हैं, मेरा दिल ही जानता है। मगर बातें पीछे करूँगा, अभी मुँह-हाथ धोकर खा लो। चार दिन से पानी तक मुँह में नहीं डाला। राम! राम!'

'यह आपसे किसने कहा कि मैंने चार दिन से पानी तक मुँह में नहीं डाला! जब आपको मेरी परवा न थी, तो मैं क्यों दाना-पानी छोड़ती?'

'वह तो सूरत ही कहे देती है। फूल से ··· मुरझा गए।'

'ज़रा अपनी सूरत जाकर आइने में देखिए।'

'मैं पहले ही कौन बड़ा सुंदर था। ठूँठ को पानी मिले तो क्या, और न मिले तो क्या। मैं न जानता था कि तुम यह अनशन व्रत ले लोगी, नहीं तो ईश्वर जानता है, अम्माँ मारकर भगातीं, तो भी न जाता।'

मैंने तिरस्कार की दृष्टि से देखकर कहा—तो क्या सचमुच तुम समझे थे कि मैं यहाँ केवल आराम के विचार से रह गई?

आनन्द ने जल्दी से अपनी भूल सुधारी—नहीं, नहीं, प्रिये, मैं इतना गधा नहीं हूँ, पर यह मैं कदापि न समझता था कि तुम बिलकुल दाना-पानी छोड़ दोगी। बड़ी कुशल हुई कि मुझे महाराज मिल गया, नहीं तो तुम प्राण ही दे देतीं। अब ऐसी भूल कभी न होगी। कान पकड़ता हूँ। अम्माँजी तुम्हारा बखान कर-करके रोती रहीं।

मैंने प्रसन्न होकर कहा—तब तो मेरी तपस्या सफल हो गई।

'थोड़ा-सा दूध पी लो, तो बातें हों। जाने कितनी बातें करनी हैं।'

'पी लूँगी, ऐसी क्या जल्दी है।'

'जब तक तुम कुछ खा न लोगी, मैं यही समझूँगा कि तुमने मेरा अपराध क्षमा नहीं किया।'

'मैं भोजन तभी करूँगी, जब तुम यह प्रतिज्ञा करो कि फिर कभी इस तरह रूठकर न जाओगे।'

'मैं सच्चे दिल से यह प्रतिज्ञा करता हूँ।'

बहन, तीन दिन कष्ट तो हुआ, पर मुझे उसके लिए ज़रा भी पछतावा नहीं है। इन तीन दिनों के अनशन ने दिलों में जो सफाई कर दी, वह किसी दूसरी विधि से कदापि न होती। अब मुझे विश्वास है कि हमारा जीवन शांति से व्यतीत होगा। अपने समाचार शीघ्र, अति शीघ्र लिखना।

तुम्हारी,
चंदा

14

दिल्ली
20-2-26

प्यारी बहन,

तुम्हारा पत्र पढ़कर मुझे तुम्हारे ऊपर दया आयी। तुम मुझे कितना ही बुरा कहो, पर मैं इतनी दुर्गति किसी तरह न सह सकती थी, किसी तरह नहीं। मैंने या तो अपने प्राण दे दिए होते, या फिर उस सास का मुँह न देखती। तुम्हारा सीधापन, तुम्हारी सहनशीलता, तुम्हारी सास-भक्ति, तुम्हें मुबारक हो। मैं तो तुरंत आनन्द के साथ चली जाती और चाहे भीख ही क्यों न माँगनी पड़ती, पर उस घर में क़दम न रखती। मुझे तुम्हारे ऊपर दया ही नहीं आती, क्रोध भी आता

है, इसलिए कि तुममें स्वाभिमान नहीं है। तुम जैसी स्त्रियों ने सासों और पुरुषों का मिज़ाज़ आसमान पर चढ़ा दिया है। ज़हन्नुम में जाए ऐसा घर, जहाँ अपनी इज़्ज़त नहीं। मैं पति-प्रेम भी इन दामों न लूँ। तुम्हें उन्नीसवीं सदी में जन्म लेना चाहिए था। उस वक़्त तुम्हारे गुणों की प्रशंसा होती। इन स्वाधीनता और नारी-स्वत्व के नवयुग में तुम केवल प्राचीन इतिहास हो। यह सीता और दमयंती का युग नहीं। पुरुषों ने बहुत दिनों तक राज्य किया। अब स्त्री-जाति का राज्य होगा। मगर अब तुम्हें अधिक न कोसूँगी।

अब मेरा हाल सुनो। मैंने सोचा था, पत्रों में अपनी बीमारी का समाचार छपवा दूँगी। लेकिन फिर ख़याल आया, यह समाचार छपते ही मित्रों का ताँता लग जाएगा। कोई मिज़ाज़ पूछने आएगा, कोई देखने आएगा। फिर मैं कोई रानी तो हूँ नहीं, जिसकी बीमारी का बुलेटिन रोज़ाना छापा जाए। न जाने लोगों के दिल में कैसे-कैसे विचार उत्पन्न हों, यह सोचकर मैंने पत्र में छपवाने का विचार छोड़ दिया। दिन भर मेरे चित्त की क्या दशा रही, लिख नहीं सकती। कभी मन में आता, ज़हर खा लूँ। कभी सोचती, कहीं उड़ जाऊँ। विनोद के संबंध में भाँति-भाँति की शंकाएँ होने लगीं। अब मुझे ऐसी कितनी ही बातें याद आने लगीं, जब मैंने विनोद के प्रति उदासीनता का भाव दिखाया था। मैं उनसे सब कुछ लेना चाहती थी। मैं चाहती थी कि वह आठों पहर भ्रमर की भाँति मुझ पर मँडराते रहें, पतंग की भाँति मुझे घेरे रहें। उन्हें किताबों और पत्रों में मग्न बैठे देखकर मुझे झुँझलाहट होने लगती थी। मेरा अधिकांश समय अपने ही बनाव-सिंगार में कटता था, उनके विषय में मुझे कोई चिंता ही न होती थी। अब मुझे मालूम हुआ कि सेवा का महत्त्व, रूप से कहीं अधिक है। रूप मन को मुग्ध कर सकता है, पर आत्मा को आनंद पहुँचानेवाली कोई दूसरी ही वस्तु है।

इस तरह एक हफ़्ता गुज़र गया। मैं प्रातःकाल मैके जाने की तैयारियाँ कर रही थी—यह घर फाड़े खाता था—कि सहसा डाकिये ने मुझे एक पत्र लाकर दिया। मेरा हृदय धक्-धक् करने लगा। मैंने काँपते हाथों से पत्र लिया पर सिरनामे पर विनोद की परिचित हस्तलिपि न थी। लिपि किसी स्त्री की थी, इसमें संदेह न था, पर मैं उससे सर्वथा अपरिचित थी। मैंने तुरंत पत्र खोला और नीचे की तरफ़ देखा, तो चौंक पड़ी—यह कुसुम का पत्र था। मैंने एक ही साँस में सारा पत्र पढ़ लिया। लिखा था—'बहन, विनोद बाबू तीन दिन यहाँ रहकर बम्बई चले गए। शायद विलायत जाना चाहते हैं । तीन-चार दिन बम्बई रहेंगे। मैंने बहुत चाहा कि उन्हें देहली वापस कर दूँ, पर वह किसी तरह राज़ी न हुए। तुम उन्हें नीचे लिखे पते से तार दे दो। शायद रुक जाएँ। यह क्या बात हुई? मुझसे तो विनोद ने बहुत पूछने पर भी नहीं बताया, पर वह दुःखी बहुत थे। ऐसे आदमी को भी तुम अपना न बना सकीं, इसका मुझे आश्चर्य है; पर मुझे इसकी पहले ही शंका थी। रूप और गर्व में दीपक और प्रकाश का संबंध है। गर्व रूप का प्रकाश है।'

मैंने पत्र रख दिया और उसी वक़्त विनोद के नाम तार भेज दिया कि बहुत बीमार हूँ, तुरन्त आओ। मुझे आशा थी कि विनोद तार द्वारा ज़वाब देंगे, लेकिन सारा दिन गुज़र गया और कोई ज़वाब न आया। बँगले के सामने से कोई साइकिल निकलती, तो मैं तुरंत उसकी ओर ताकने लगती थी कि शायद तार का चपरासी हो। रात को भी मैं तार का इंतज़ार करती रही। तब मैंने अपने मन को इस प्रकार शांत किया कि विनोद आ रहे हैं, इसलिए तार भेजने की ज़रूरत न समझी।

अब मेरे मन में फिर शंकाएँ उठने लगीं। विनोद कुसुम के पास क्यों गये,

कहीं उसी प्रेम के कारण तो वह मुझसे विरक्त नहीं हो गए? कुसुम कोई कौशल तो नहीं कर रही है? उसे विनोद को अपने घर ठहराने का अधिकार ही क्या था? इस विचार से मेरा मन बहुत छुब्ध हो उठा। कुसुम पर क्रोध आने लगा। अवश्य दोनों में बहुत दिनों से पत्र व्यवहार होता रहा होगा। मैंने फिर कुसुम का पत्र पढ़ा और अबकी उसके प्रत्येक शब्द में मेरे लिए कुछ सोचने की सामग्री रखी हुई थी। निश्चय किया कि कुसुम को एक पत्र लिखकर खूब कोसूँ। आधा पत्र लिख भी डाला, पर उसे फाड़ डाला। उसी वक़्त विनोद को एक पत्र लिखा। तुमसे कभी भेंट होगी, तो वह पत्र दिखलाऊँगी; जो कुछ मुँह में आया, बक डाला। लेकिन इस पत्र की भी वही दशा हुई, जो कुसुम के पत्र की हुई थी। लिखने के बाद मालूम हुआ कि वह किसी विक्षिप्त हृदय की बकवास है। मेरे मन में यही बात बैठती जाती थी कि वह कुसुम के पास हैं। वही छलिनी उन पर अपना जादू चला रही है। यह दिन भी बीत गया। डाकिया कई बार आया, पर मैंने उसकी ओर आँखें भी नहीं उठायी। चंदा, मैं नहीं कह सकती, मेरा हृदय कितना तिलमिला रहा था। अगर कुसुम उस समय मुझे मिल जाती; तो मैं न-जाने क्या कर डालती।

रात को लेटे-लेटे ख़याल आया, कहीं वह योरोप न चले गए हों। जी बेचैन हो उठा। सिर में ऐसा चक्कर आने लगा, मानो पानी में डूबी जाती हूँ। अगर वह योरोप चले गए, तो फिर कोई आशा नहीं--मैं उसी वक़्त उठी और घड़ी पर नज़र डाली। दो बजे थे। नौकर को जगाया और तार-घर आ पहुँची। बाबूजी कुरसी पर लेटे-लेटे सो रहे थे। बड़ी मुश्क़िल से उनकी नींद खुली। मैंने रसीदी तार दिया। जब बाबूजी तार दे चुके, तो मैंने पूछा—इसका ज़वाब कब आएगा?

बाबू ने कहा—यह प्रश्न किसी ज्योतिषी से कीजिए। कौन जानता है, यह कब ज़बाव दें। तार का चपरासी ज़बरदस्ती तो उनसे ज़वाब नहीं लिखा सकता। अगर कोई और कारण न हो, तो **8-9** बजे तक ज़वाब आ जाना चाहिए।

घबराहट में आदमी की बुद्धि पलायन कर जाती है। ऐसा निरर्थक प्रश्न करके मैं स्वयं लज्जित हो गई। बाबूजी ने अपने मन में मुझे कितना मूर्ख समझा होगा! ख़ैर, मैं वहीं एक बेंच पर बैठ गई, और तुम्हें विश्वास न आएगा, नौ बजे तक वहीं बैठी रही। सोचो, कितने घंटे हुए। पूरे सात घंटे। सैकड़ों आदमी आये और गये, पर मैं वहाँ ज़मी बैठी रही। जब तार का डमी खटकता, मेरे हृदय में धड़कन होने लगती। लेकिन इस भय से कि बाबूजी झल्ला न उठें, कुछ पूछने का साहस न करती थी। जब दफ़्तर की घड़ी में दो बजे, तो मैंने डरते-डरते बाबू से पूछा—क्या अभी तक ज़वाब नहीं आया?

बाबू ने कहा—आप तो यहीं बैठी हैं, ज़वाब आता तो क्या मैं खा डालता?

मैंने बेहयाई करके फिर पूछा—तो क्या अब न आएगा?

बाबू ने मुँह फेरकर कहा—और दो-चार घंटे बैठी रहिए।

बहन, यह वाग्बाण शर के समान मेरे हृदय में लगा। आँखें भर आयीं। लेकिन फिर भी मैं वहाँ से टली नहीं। अब भी आशा बँधी हुई थी कि शायद ज़वाब आया हो। जब दो घंटे और गुज़र गए, तब मैं निराश हो गई। हाय! विनोद ने मुझे कहीं का न रखा। मैं घर चली, तो आँखों से आँसुओं की झड़ी लगी हुई थी। रास्ता न सूझता था।

सहसा पीछे से मोटर का एक हॉर्न सुनाई दिया। मैं रास्ते से हट गई। उस वक़्त मन में आया, इसी मोटर के नीचे लेट जाऊँ और जीवन का अंत कर दूँ। मैंने आँखें पोंछकर मोटर की ओर देखा, भुवन बैठा हुआ था, और उसकी बगल

में बैठी हुई थी कुसुम! ऐसा जान पड़ा, मानो अग्नि की ज्वाला मेरे पैरों से समाकर सिर से निकल गई। मैं उन दोनों की निग़ाहों से बचना चाहती थी, लेकिन मोटर रुक गई और कुसुम उतरकर मेरे गले से लिपट गई। भुवन चुपचाप मोटर में बैठा रहा, मानो मुझे जानता ही नहीं। निर्दयी, धूर्त।

कुसुम ने पूछा—मैं तो तुम्हारे पास जाती थी, बहन! वहाँ से कोई ख़बर आयी? मैंने बात टालने के लिए कहा—तुम कब आयीं?

भुवन के सामने मैं अपनी विपत्ति-कथा न कहना चाहती थी।

'नहीं, मैं चली जाऊँगी। अवकाश मिले तो एक बार चली आना।'

कुसुम ने मुझसे आग्रह न किया। कार में बैठकर चल दी। मैं खड़ी ताकती रह गई। यह वही कुसुम है या कोई और? कितना बड़ा अंतर हो गया?

मैं घर चली, तो सोचने लगी—भुवन से इसकी जान-पहचान कैसे हुई? कहीं ऐसा तो नहीं है कि विनोद ने इसे मेरी टोह लेने को भेजा हो! भुवन से मेरे विषय में कुछ पूछने तो नहीं आयी है?

मैं घर पहुँचकर बैठी ही थी कि कुसुम आ पहुँची। अबकी वह मोटर में अकेली न थी—विनोद बैठे हुए थे। मैं उन्हें देखकर ठिक गई। चाहिए तो यह था कि मैं दौड़कर उनका हाथ पकड़ लेती और मोटर से उतार लाती, लेकिन मैं जगह से हिली तक नहीं। मूर्ति की भाँति अचल बैठी रही। मेरी मानिनी प्रकृति अपना उद्दंड स्वरूप दिखाने के लिए विकल हो उठी। एक क्षण में कुसुम ने विनोद को उतारा और उनका हाथ पकड़े हुए ले आयी। उस वक़्त मैंने देखा कि विनोद का मुख बिलकुल पीला पड़ा हुआ है और वह इतने अशक्त हो गए हैं कि अपने सहारे खड़े भी नहीं रह सकते। मैंने घबराकर पूछा—क्यों, तुम्हारा यह क्या हाल है?

कुसुम ने कहा—हाल पीछे पूछना, ज़रा इनकी चारपाई चटपट बिछा दो और थोड़ा-सा दूध मँगवा लो।

मैंने तुरंत चारपाई बिछायी और विनोद को उस पर लिटा दिया। दूध तो रखा ही हुआ था। कुसुम इस वक़्त मेरी स्वामिनी बनी हुई थी। मैं उसके इशारे पर नाच रही थी। चंदा, मुझे उस वक़्त ज्ञात हुआ कि कुसुम पर विनोद को जितना विश्वास है, वह मुझ पर नहीं। मैं इस योग्य हूँ ही नहीं। मेरा दिल सैकड़ों प्रश्न पूछने के लिए तड़फड़ा रहा था, लेकिन कुसुम एक पल के लिए भी विनोद के पास से न टलती थी। मैं इतनी मूर्ख हूँ कि अवसर पाने पर इस दशा में भी मैं विनोद से प्रश्नों का ताँता बाँध देती।

विनोद को जब नींद आ गई, तो मैंने आँखों में आँसू भरकर कुसुम से पूछा—बहन, इन्हें क्या शिकायत है? मैंने तार भेजा, उसका ज़वाब नहीं आया। रात दो बजे एक ज़रूरी तार भेजा। दस बजे तक तार-घर में बैठी ज़वाब की राह देखती रही। वहीं से लौट रही थी, जब तुम रास्ते में मिलीं। यह तुम्हें कहाँ मिल गए?

कुसुम मेरा हाथ पकड़कर दूसरे कमरे में ले गयी और बोली—पहले तुम यह बताओ कि भुवन का क्या मुआमला था? देखो साफ़ कहना।

मैंने आपत्ति करते हुए कहा—कुसुम, तुम यह प्रश्न पूछकर मेरे साथ अन्याय कर रही हो। तुम्हें खुद समझ लेना चाहिए था कि इस बात में कोई सार नहीं है। विनोद को केवल भ्रम हो गया।

'बिना किसी कारण के?'

'हाँ, मेरी समझ में तो कोई कारण न था।'

'मैं इसे नहीं मानती। यह क्यों नहीं कहतीं कि विनोद को जलाने, चिढ़ाने और जगाने के लिए तुमने वह स्वाँग रचा था?'

कुसुम की सूझ पर चकित होकर मैने कहा—वह तो केवल दिल्लगी थी।

'तुम्हारे लिए दिल्लगी थी, विनोद के लिए वज्राघात था। तुमने इतने दिनों उनके साथ रहकर भी उन्हें नहीं समझा! तुम्हें अपने बनाव-सँवार के आगे उन्हें समझने की कहाँ फ़ुरसत? कदाचित् तुम समझती हो कि तुम्हारी यह मोहिनी मूर्ति ही सब कुछ है। मैं कहती हूँ, इसका मूल्य दो-चार महीने के लिए हो सकता है। स्थायी वस्तु और ही है।'

मैंने अपनी भूल स्वीकार करते हुए कहा—विनोद को मुझसे कुछ पूछना तो चाहिए था?

कुसुम ने हँसकर कहा—यही तो वह नहीं कर सकते। तुमसे ऐसी बातें पूछना उनके लिए असम्भव है। वह उन प्राणियों में हैं, जो स्त्री की आँखों से गिरकर जीते नहीं रह सकते। स्त्री या पुरुष किसी के लिए भी वह किसी प्रकार का धार्मिक या नैतिक बंधन नहीं रखना चाहते। वह प्रत्येक प्राणी के लिए पूर्ण स्वाधीनता के समर्थक हैं। मन और इच्छा के सिवा वह और कोई बन्धन स्वीकार नहीं करते। इस विषय पर मेरी उससे खूब बातें हुईं। ख़ैर, मेरा पता इन्हें मालूम था ही, यहाँ से सीधे मेरे पास पहुँचे। समझ गई कि आपस में पटी नहीं। मुझे तुम्हीं पर संदेह हुआ।

मैंने पूछा—क्यों, मुझ पर तुम्हें क्यों संदेह हुआ?

'इसलिए कि मैं तुम्हें पहले देख चुकी थी।'

'नहीं, मगर इसका कारण तुम्हारा संयम नहीं, परम्परा है। मैं इस समय स्पष्ट बातें कर रही हूँ, इसके लिए क्षमा करना।'

'तुम समझती हो कि मुझे विनोद से प्रेम नहीं है।'

'नहीं, विनोद से तुम्हें जितना प्रेम है, उनसे अधिक अपने-आपसे है। कम-से-कम दस दिन पहले यही बात थी, अन्यथा यह नौबत ही क्यों आती? विनोद यहाँ से सीधे मेरे पास गये और दो-तीन दिन रहकर बम्बई चले गए। मैंने बहुत पूछा, पर कुछ बतलाया नहीं। वहाँ उन्होंने एक दिन विष खा लिया।'

मेरे चेहरे का रंग उड़ गया।

'बम्बई पहुँचते ही उन्होंने मेरे पास एक ख़त लिखा था। उसमें यहाँ की सारी बातें लिखी थीं और अन्त में लिखा था—मैं इस जीवन से तंग आ गया हूँ, मेरे लिए मौत के सिवा और कोई उपाय नहीं!'

मैंने एक ठंडी साँस ली।

'मैं यह पत्र पाकर घबरा गई और उसी वक़्त बम्बई रवाना हो गई। जब वहाँ पहुँची, तो विनोद को मरणासन्न पाया। जीवन की कोई आशा नहीं थी। मेरे एक संबंधी वहाँ डॉक्टरी करते हैं। उन्हें लाकर दिखाया तो वह बोले—उन्होंने ज़हर खा लिया है। तुरन्त दवा दी गई। तीन दिन तक डॉक्टर साहब ने दिन-को-दिन और रात को-रात-न समझा, और मैं तो एक क्षण के लिए विनोद के पास से न हटी। बारे, तीसरे दिन इनकी आँखें खुलीं। तुम्हारा पहला तार मुझे मिला था, पर उसका ज़वाब देने की किसे फ़ुरसत थी? तीन दिन और बम्बई रहना पड़ा। विनोद इतने कमज़ोर हो गए थे कि इतना लम्बा सफ़र करना उनके लिए असम्भव था। चौथे दिन मैंने जब उनसे यहाँ आने का प्रस्ताव किया, तो बोले—मैं अब वहाँ न जाऊँगा। मैंने बहुत समझाया, तब इस शर्त पर राज़ी हुए कि पहले आकर यहाँ की परिस्थिति देख जाऊँ।'

मेरे मुँह से निकला—'हा! ईश्वर, मैं ऐसी अभागिनी हूँ।'

'अभागिनी नहीं हो बहन, तुमने विनोद को केवल समझा न था। वह तो चाहते थे कि मैं अकेली आऊँ, पर मैंने उन्हें इस दशा में वहाँ छोड़ना उचित न समझा। परसों हम दोनों वहाँ से चले! यहाँ पहुँचकर विनोद तो वेटिंग रूम में ठहर गए, मैं पता पूछती हुई भुवन के पास पहुँची। भुवन को मैंने इतना फटकारा कि वह रो पड़ा। उसने मुझसे यहाँ तक कह डाला कि तुमने उसे बुरी तरह दुतकार दिया है। आँखों का बुरा आदमी है; पर दिल का बुरा नहीं। उधर से जब मुझे संतोष हो गया, और रास्ते में तुमसे भेंट हो जाने पर रहा-सहा भ्रम भी दूर हो गया, तो मैं विनोद को तुम्हारे पास लायी। अब तुम्हारी वस्तु तुम्हें सौंपती हूँ। मुझे आशा है, इस दुर्घटना ने तुम्हें इतना सचेत कर दिया होगा कि फिर ऐसी नौबत न आएगी। आत्मसमर्पण करना सीखो। भूल जाओ कि तुम सुंदरी हो; आनंदमय जीवन का यह मूल मंत्र है। मैं डींग नहीं मारती, लेकिन चाहूँ तो आज विनोद को तुमसे छीन सकती हूँ। लेकिन रूप में मैं तुम्हारे तलुओं के बराबर भी नहीं। रूप के साथ अगर तुम सेवा-भाव धारण कर सको तो तुम अजेय हो जाओगी · · ·'

मैं कुसुम के पैरों पर गिर पड़ी और रोती हुई बोली—बहन, तुमने मेरे साथ जो उपकार किया है, उसके लिए मरते दम तक तुम्हारी ऋणी रहूँगी! तुमने सहायता न की होती तो आज न-जाने मेरी क्या गति होती।

बहन, कुसुम कल चली जाएगी। मुझे तो अब वह देवी-सी दीखती है। जी चाहता है, उसके चरण धो-धोकर पीऊँ। उसके हाथों मुझे विनोद ही नहीं मिले हैं, सेवा का सच्चा आदर्श और स्त्री का सच्चा कर्तव्य-ज्ञान भी मिला है। आज से मेरे जीवन का नवयुग आरंभ होता है, जिसमें भोग और विलास की नहीं, सहृदयता और आत्मीयता की प्रधानता होगी।

तुम्हारी,
पद्‌मा

❑❑❑

माँगे की घड़ी

मेरी समझ में आज तक यह बात न आयी कि लोग ससुराल जाते हैं, तो इतना ठाट-बाट क्यों बनाते हैं। आख़िर इसका उद्देश्य क्या होता है? हम अगर लखपती हैं तो क्या, और रोटियों को मोहताज़ हैं तो क्या, विवाह तो हो ही चुका, अब इस ठाट का हमारे ऊपर क्या असर पड़ सकता है? विवाह के पहले तो उससे कुछ काम निकल सकता है। हमारी सम्पन्नता बातचीत पक्की करने में बहुत-कुछ सहायक हो सकती है। लेकिन जब विवाह हो गया, देवीजी हमारे घर का सारा रहस्य जान गईं और निःसंदेह अपने माता-पिता से रो-रोकर अपने दुर्भाग्य की कथा भी कह सुनाई, तो हमारा यह ठाट-बाट हानि के सिवा लाभ नहीं पहुँचा सकता। फटे-हालों देखकर, सम्भव है, हमारी सासजी को कुछ दया आ जाती और विदाई के बहाने कोई माकूल रक़म हमारे हाथ लग जाती। यह ठाट देखकर तो वह अवश्य ही समझेंगी कि अब इसका सितारा चमक उठा है, ज़रूर कहीं-न-कहीं से माल मार लाया। उधर नाई और कहार इनाम के लिए बड़े-बड़े मुँह फैलाएँगे, वह अलग। देवीजी को भी भ्रम हो सकता है। मगर यह सब जानते और समझते हुए मैंने परसाल होलियों में ससुराल जाने के लिए बड़ी-बड़ी तैयारियाँ कीं। रेशमी अचकन ज़िंदगी में कभी न पहनी थी, फ्लेक्स के बूटों का भी स्वप्न देखा करता था। अगर नक़द रुपये देने का प्रश्न होता, तो शायद यह स्वप्न, स्वप्न ही रहता, पर एक दोस्त की कृपा से दोनों चीज़ें उधार मिल गईं। चमड़े का सूटकेस एक मित्र से माँग लाया। दरी फट गई थी और नई दरी उधार मिल भी सकती थी; लेकिन बिछावन ले जाने की मैंने ज़रूरत न समझी। अब केवल रिस्ट-वाच की और कमी थी। यों तो दोस्तों में कितनों ही के पास रिस्ट-वाच थी। मेरे सिवा ऐसे अभागे बहुत कम होंगे, जिनके पास रिस्ट-वाच न हो, लेकिन मैं सोने की घड़ी चाहता था और वह केवल दानू के पास थी। मगर दानू से मेरी बेतकल्लुफ़ी न थी। दानू रूखा आदमी था। मँगनी की चीज़ों का लेना और देना, दोनों ही पाप समझता था? ईश्वर ने माना है, वह इस सिद्धान्त का पालन कर सकता है। मैं कैसे कर सकता हूँ? जानता था कि वह साफ़ इनकार करेगा, पर दिल न माना। ख़ुशामद के बल पर मैंने अपने जीवन के बड़े-बड़े काम कर दिखाए हैं, इसी ख़ुशामद की बदौलत आज महीने में 30 रुपये फटकारता हूँ। एक हज़ार ग्रेजुएटों से कम उम्मीदवार न थे; लेकिन सब मुँह ताकते रह गए और बंदा मूँछों पर ताव देता घर आया। जब इतना बड़ा पासा मार लिया, तो दो-चार दिन के लिए घड़ी माँग लाना कौन-सा बड़ा मुश्क़िल काम था! शाम को जाने की तैयारी थी। प्रातःकाल दानू के पास पहुँचा और उसके बच्चे को, जो बैठक के सामने सहन में खेल रहा था, गोद में उठाकर लगा भींच-भींचकर प्यार करने। दानू ने पहले तो मुझे आते देखकर ज़रा त्योरियाँ चढ़ायी थीं, लेकिन मेरा यह वात्सल्य देखकर कुछ नरम पड़े, ओठों के किनारे ज़रा फूल गए। बोले—खेलने दो दुष्ट को, तुम्हारा कुरता मैला हुआ जाता है। मैं तो इसे कभी छूता भी नहीं।

मैंने कृत्रिम तिरस्कार का भाव दिखाकर कहा—मेरा कुरता मैला हो रहा है

न, आप इसकी क्यों फ़िक्र करते हैं। वाह! ऐसा फूल-सा बालक और उसकी यह क़दर। तुम-जैसों को तो ईश्वर नाहक संतान देता है। तुम्हें भारी मालूम होता हो, तो लाओ मुझे दे दो।

यह कहकर मैंने बालक को कंधे पर बिठा लिया और सहन में कोई पंद्रह मिनट तक उचकता फिरा। बालक खिलखिलाता था और मुझे दम न लेने देता था, यहाँ तक कि दानू ने उसे मेरे कंधे से उतारकर ज़मीन पर बिठा दिया और बोले—कुछ पान-पत्ता तो लाया नहीं, उलटे सवारी कर बैठा। जा, अम्माँ से पान बनवा ला।

बालक मचल गया। मैंने उसे शांत करने के लिए दानू को हलके हाथों दो-तीन धप जमाए और उनकी रिस्ट-वाच से सुसज्जित कलाई पकड़कर बोला—ले लो, बेटा, इनकी घड़ी ले लो, यह बहुत मारा करते हैं तुम्हें। आप तो घड़ी लगाकर बैठे हैं और हमारे मुन्ने के पास घड़ी नहीं।

मैंने चुपके से रिस्ट-वाच खोलकर बालक की बाँह में बाँध दी और तब उसे गोद में उठाकर बोला—भैया, अपनी घड़ी हमें दे दो।

सयाने बाप के बेटे भी सयाने होते हैं। बालक ने घड़ी को दूसरे हाथ से छिपाकर कहा—तुमको नई देंगे!

मगर मैंने अंत में उसे फुसलाकर घड़ी ले ली और अपनी कलाई पर बाँध ली। बालक पान लेने चला गया। दानू बाबू अपनी घड़ी के अलौकिक गुणों की प्रशंसा करने लगे—ऐसी सच्ची समय बतानेवाली घड़ी आज तक कम-से-कम मैंने नहीं देखी।

मैंने अनुमोदन किया—है भी तो स्विस!

दानू—अजी, स्विस होने से क्या होता है। लाखों स्विस-घड़ियाँ देख चुका हूँ। किसी को सरदी, किसी को जुकाम, किसी को गठिया, किसी को लकवा ...। जब देखिए, तब अस्पताल में पड़ी हैं। घड़ी की पहचान चाहिए, और यह कोई आसान काम नहीं। कुछ लोग समझते हैं, बहुत दाम ख़र्च कर देने से अच्छी घड़ी मिल जाती है। मैं कहता हूँ, तुम गधे हो। दाम ख़र्च करने से ईश्वर नहीं मिला करता। ईश्वर मिलता है ज्ञान से और घड़ी भी मिलती है ज्ञान से। फासेट साहब को तो जानते होगे। बस, बंदा ऐसों ही की खोज में रहता है। एक दिन आकर बैठ गया। शराब की चाट थी। जेब में रुपये नदारद। मैंने 3 रु में वह घड़ी ले ली। इसको तीन साल होते हैं और आज तक एक मिनट का फ़र्क़ नहीं पड़ा। कोई इसके सौ आँकता है, कोई दो-सौ, कोई साढ़े तीन सौ, कोई पौने पाँच सौ मगर मैं कहता हूँ, तुम सब गधे हो, एक हज़ार के नीचे ऐसी घड़ी नहीं मिल सकती। पत्थर पर पटक दो, क्या मज़ाल कि बल खाए।

मैं—तब तो यार, एक दिन के लिए मँगनी दे दो। बाहर जाना है। औरों को भी इसकी करामात सुनाऊँगा।

दानू—मँगनी तो तुम जानते हो, मैं कोई चीज़ नहीं देता। क्यों नहीं देता, इसकी कथा सुनाने बैठूँ, तो अलिफ़-लैला की दास्तान हो जाए। उसका सारांश यह है कि मँगनी में चीज़ देना मित्रता की जड़ खोदना, मुरव्वत का गला घोंटना और अपने घर आग लगाना है। आप बहुत उत्सुक मालूम होते हैं, इसलिए दो-एक घटनाएँ सुना ही दूँ। आपको फुरसत है न? हाँ, आज तो दफ़्तर बंद है, तो सुनिए। एक साहब लालटेन मँगनी ले गए। लौटाने आये तो चिमनियाँ सब टूटी हुईं। पूछा, यह आपने क्या किया, तो बोले—जैसी गई थी, वैसी आयी। यह तो आपने नहीं

कहा था कि इनके बदले नई लालटेन लूँगा। वाह साहब, वाह! यह अच्छा रोज़गार निकाला। बताइए, क्या करता। एक-दूसरे महाशय कालीन ले गए। बदले में एक फटी हुई दरी ले आए। पूछा, तो बोले—साहब, आपको तो यह दरी मिल भी गई, मैं किसके सामने जाकर रोऊँ। मेरी पाँच कालीनों का पता नहीं, कोई साहब सब समेट ले गए। बताइए, उनसे क्या कहता? तबसे मैंने कान पकड़े कि अब किसी के साथ यह व्यवहार ही न करूँगा। सारा शहर मुझे बेमुरौवत, मक्खीचूस और न जाने क्या-क्या कहता है, पर मैं परवाह नहीं करता। लेकिन आप बाहर जा रहे हैं और बहुत से आदमियों से आपकी मुलाक़ात होगी। सम्भव है, कोई इस घड़ी का गाहक निकल आए, इसलिए आपके साथ इतनी सख़्ती न करूँगा। हाँ, इतना अवश्य कहूँगा कि मैं इसे निकालना चाहता हूँ और आपसे मुझे सहायता मिलने की पूरी उम्मीद है। अब कोई दाम लगाए, तो मुझसे आकर कहिएगा।

मैं यहाँ से कलाई पर घड़ी बाँधकर चला, तो ज़मीन पर पाँव न पड़ते थे। घड़ी मिलने की इतनी ख़ुशी न थी, जितनी एक मुड्ढ पर विजय पाने की। कैसा फाँसा है बचा को! वह समझते थे कि मैं बड़ा सयाना हूँ, यह नहीं जानते थे कि यहाँ उनके भी गुरुघण्टाल हैं।

2

उसी दिन शाम को मैं ससुराल जा पहुँचा। गुत्थी खुली कि लोग क्यों ससुराल जाते वक़्त इतना ठाट करते हैं। घर में हलचल पड़ गई। मुझ पर किसी की निग़ाह न थी। सभी मेरा साज-सामान देख रहे थे। कहार पानी लेकर दौड़ा, एक साला मिठाई की तश्तरी लाया, दूसरा पान की। ना़इन झाँककर देख गई और ससुरजी की आँखों में तो ऐसा गर्व झलक रहा था, मानो संसार को उनके निर्वाचन-कौशल पर सिर झुकाना चाहिए। 30 रु० महीने का नौकर उस वक़्त ऐसी शान में बैठा हुआ था, जैसे बड़े बाबू दफ़्तर में बैठते हैं। कहार पंखा झल रहा था, नाइन पाँव धो रही थी, एक साला बिछावन बिछा रहा था, दूसरा धोती लिये खड़ा था कि मैं पाजा़मा उतारूँ। यह सब इसी ठाट की करामात थी।

रात को देवीजी ने पूछा—सब रुपये उड़ा आये कि कुछ बचा भी है?

मेरा सारा प्रेमोत्साह शिथिल पड़ गया। न क्षेम, न कुशल, न प्रेम की कोई बातचीत। बस, हाय रुपये! हाय रुपये! जी में आया कि इसी वक़्त उठकर चल दूँ। लेकिन जब्त कर गया। बोला—मेरी आमदनी जो कुछ है, वह तो तुम्हें मालूम ही है।

'मैं क्या जानूँ, तुम्हारी क्या आमदनी है? कमाते होगे अपने लिए, मेरे लिए क्या करते हो। तुम्हें तो भगवान् ने औरत बनाया होता, तो अच्छा होता। रात-दिन कंघी-चोटी किया करते। तुम नाहक मर्द बने। अपने शौक-सिंगार से बचत ही नहीं, दूसरों की फ़िक्र क्या करोगे?'

मैंने झुँझलाकर कहा—क्या तुम्हारी यही इच्छा है कि इसी वक़्त चला जाऊँ?

देवीजी ने भी त्योरियाँ चढ़ाकर कहा—चले क्यों नहीं जाते, मैं तो तुम्हें बुलाने न गयी थी, या मेरे लिए कोई रोकड़ लाये हो?

मैंने चिंतत स्वर में कहा—तुम्हारी निग़ाह में प्रेम का कोई मूल्य नहीं। जो कुछ है, वह रोकड़ ही है?

देवीजी ने त्योरियाँ चढ़ाए हुए ही कहा—प्रेम अपने-आपसे करते होगे, मुझसे तो नहीं करते।

'तुम्हें पहले तो यह शिकायत कभी न थी।'

'इससे यह तो तुमको मालूम ही हो गया कि मैं रोकड़ की परवा नहीं करती; लेकिन देखती हूँ कि ज्यों-ज्यों तुम्हारी दशा सुधर रही है, तुम्हारा हृदय भी बदल रहा है। इससे तो यही अच्छा था कि तुम्हारी वही दशा बनी रहती। तुम्हारे साथ उपवास कर सकती हूँ, फटे-चीथड़े पहनकर दिन काट सकती हूँ; लेकिन यह नहीं हो सकता कि तुम चैन करो और मैं मैके में पड़ी भाग्य को रोया करूँ। मेरा प्रेम उतना सहनशील नहीं है।'

सालों और नौकरों ने मेरा जो आदर-सम्मान किया था, उसे देखकर मैं अपने पर फूला न समाया था। अब यहाँ मेरी जो अवहेलना हो रही थी, उसे देखकर मैं पछता रहा था कि व्यर्थ ही यह स्वाँग भरा। अगर साधारण कपड़े पहने, रोनी सूरत बनाए आता, तो बाहरवाले चाहे अनादर ही करते, लेकिन देवीजी तो प्रसन्न रहतीं; पर अब तो भूल हो गई थी। देवीजी की बातों पर मैंने गौर किया, तो मुझे उनसे सहानुभूति हो गई। यदि देवीजी पुरुष होतीं और मैं उनकी स्त्री, तो क्या मुझे यह किसी तरह भी सह्य होता कि वह तो छैला बनी घूमें और मैं पिंजरे में बंद दाने और पानी को तरसूँ। चाहिए यह था कि देवीजी से सारा रहस्य कह सुनाता; पर आत्मगौरव ने इसे किसी तरह स्वीकार न किया। स्वाँग भरना सर्वथा अनुचित था, लेकिन परदा खोलना तो भीषण पाप था। आख़िर मैंने फिर उसी ख़ुशामद से काम लेने का निश्चय किया, जिसने इतने कठिन अवसरों पर मेरा साथ दिया था। प्रेम-पुलकित कंठ से बोला—प्रिये! सच कहता हूँ, मेरी दशा अब भी वही है; लेकिन तुम्हारे दर्शनों की इच्छा इतनी बलवती हो गई थी कि उधार कपड़े लिये, यहाँ तक कि अभी सिलाई भी नहीं दी। फटेहालों आते संकोच होता था कि सबसे पहले तुमको दुःख होगा और तुम्हारे घरवाले भी दुःखी होंगे। अपनी दशा जो कुछ है, वह तो है ही, उसका ढिंढोरा पीटना तो और भी लज्ज़ा की बात है।

देवीजी ने कुछ शांत होकर कहा—तो उधार लिया?

'और नकद कहाँ धरा था?'

'घड़ी भी उधार ली?'

'हाँ, एक जान-पहचान की दूकान से ले ली।'

'कितने की है?'

बाहर किसी ने पूछा होता, तो मैंने 500 रु० से कौड़ी कम न बताया होता, लेकिन यहाँ मैंने 25 रु० बताया।

'तब तो बड़ी सस्ती मिल गई।'

'और नहीं तो मैं फँसता ही क्यों?'

'इसे मुझे देते जाना।'

ऐसा जान पड़ा, मेरे शरीर में रक्त ही न रहा। सारे अवयव निस्पंद हो गए। इनकार करता हूँ तो नहीं बचता; स्वीकार करता हूँ, तो भी नहीं बचता। आज प्रातःकाल यह घड़ी मँगनी पाकर मैं फूला न समाया था। इस समय वह ऐसी मालूम हुई, मानों कौड़ियाला गेंडली मारे बैठा हो, बोला—तुम्हारे लिए कोई अच्छी घड़ी ले लूँगा।

'जी, नहीं, माफ़ कीजिए, आप ही अपने लिए दूसरी घड़ी ले लीजिएगा। मुझे तो यही अच्छी लगती है। कलाई पर बाँधे रहूँगी। जब-जब इस पर आँखें

पड़ेंगी, तुम्हारी याद आएगी । देखो, तुमने आज तक मुझे फूटी कौड़ी भी कभी नहीं दी। अब इनकार करोगे; तो फिर कोई चीज़ न माँगूँगी।'

देवीजी के कोई चीज़ न माँगने से मुझे किसी विशेष हानि का भय न होना चाहिए था, बल्कि उनके इस विराग का स्वागत करना चाहिए था, पर न-जाने क्यों मैं डर गया। कोई ऐसी युक्ति सोचने लगा कि वह राज़ी हो जाएँ और घड़ी भी न देनी पड़े। बोला–घड़ी क्या चीज़ है, तुम्हारे लिए जान हाज़िर है, प्रिये! लाओ तुम्हारी कलाई पर बाँध दूँ, लेकिन बात यह है कि वक़्त का ठीक-ठीक अंदाज़ न होने से कभी-कभी दफ़्तर पहुँचने में देर हो जाती है। और व्यर्थ की फटकार सुननी पड़ती है! घड़ी तुम्हारी है, किन्तु जब तक दूसरी घड़ी न ले लूँ, इसे मेरे पास रहने दो। मैं बहुत जल्द कोई सस्ते दामों की घड़ी अपने लिए ले लूँगा और तुम्हारी घड़ी तुम्हारे पास भेज दूँगा। इसमें तो तुम्हें कोई आपत्ति न होगी।

देवीजी ने अपनी कलाई पर घड़ी बाँधते हुए कहा–राम जाने, तुम बड़े चकमेबाज़ हो, बातें बनाकर काम निकालना चाहते हो। यहाँ ऐसी कच्ची गोलियाँ नहीं खेली हैं। यहाँ से जाकर दो-चार दिन में दूसरी घड़ी ले लेना! दो-चार दिन ज़रा सवेरे दफ़्तर चले जाना।

अब मुझे और कुछ कहने का साहस नहीं हुआ। कलाई से घड़ी के जाते ही हृदय पर चिंता का पहाड़-सा बैठ गया। ससुराल में दो दिन रहा, पर उदास और चिंतित। दानू बाबू को क्या ज़वाब दूँगा, यह प्रश्न किसी गुप्त वेदना की भाँति चित्त को मसोसता रहा।

3

घर पहुँचकर जब मैंने सजल नेत्र होकर दानू बाबू से कहा–'घड़ी तो कहीं खो गई' तो खेद या सहानुभूति का एक शब्द भी मुँह से निकालने के बदले उन्होंने बड़ी निर्दयता से कहा–इसीलिए मैं तुम्हें घड़ी न देता था! आख़िर यही हुआ, जिसकी मुझे शंका थी। मेरे पास वह घड़ी तीन साल रही, एक दिन भी इधर-उधर न हुई। तुमने तीन दिन में वारा-न्यारा कर दिया। आख़िर कहाँ गये थे?

मैं तो डर रहा था कि दानू बाबू न-जाने कितनी घुड़कियाँ सुनाएँगे। यह क्षमाशीलता देखकर मेरी जान-में-जान आयी। बोला–ज़रा ससुराल चला गया था।

'तो भाभी को लिवा लाए?'

'जी, भाभी को लिवा लाता! अपनी गुज़र होती ही नहीं, भाभी को लिवा लाता।'

'आख़िर तुम इतना कमाते हो, वह क्या करते हो।'

'कमाता क्या हूँ अपना सिर? 30 रु० महीने का नौकर हूँ?'

'तो तीसों ख़र्च कर डालते हो?'

'क्या 30 रु० मेरे लिए बहुत हैं?'

'जब तुम्हारी कुल आमदनी 30 रु० है, तो यह सब अपने ऊपर ख़र्च करने का तुम्हें अधिकार नहीं है। बीवी कब तक मैके में पड़ी रहेगी?'

'जब तक और तरक़्क़ी नहीं होती तब तक मजबूरी है। किस बिरते पर बुलाऊँ?'

'और तरक़्क़ी दो-चार साल न हो तो?'

'यह तो ईश्वर ही ने कहा है। इधर तो ऐसी आशा नहीं है।'

'शाबाश! तब तो तुम्हारी पीठ ठोकनी चाहिए। और कुछ काम क्यों नहीं करते! सुबह को क्या करते हो?'

'सारा वक़्त नहाने-धोने, खाने-पीने में निकल जाता है। फिर दोस्तों से मिलना-जुलना भी तो है।'

'तो भाई, तुम्हारा रोग असाध्य है। ऐसे आदमी के साथ मुझे लेश मात्र भी सहानुभूति नहीं हो सकती। आपको मालूम है, मेरी घड़ी 500 रु० की थी। सारे रुपये आपको देने होंगे। आप अपने वेतन में से 15 रु० महीना मेरे हवाले रखते जाइए। इस प्रकार ढाई साल में मेरे रुपये पट जाएँ तो खूब जी खोलकर दोस्तों से मिलिएगा। समझ गए न? मैंने 50 रु० छोड़ दिए हैं, इससे अधिक रियायत नहीं कर सकता।'

'15 रु० में मेरा गुज़र कैसे होगा?'

'गुजर तो लोग 5 रु० में भी करते हैं और 500 रु० में भी। इसकी न चलाओ, अपनी सामर्थ्य देख लो।'

दानू बाबू ने जिस निष्ठुरता से ये बातें कीं, उससे मुझे विश्वास हो गया कि अब इनके सामने रोना-धोना व्यर्थ है। यह अपनी पूरी रकम लिये बिना न मानेंगे। घड़ी अधिक-से-अधिक 200 रु० थी। लेकिन इससे क्या होता है! उन्होंने तो पहले ही उसका दाम बता दिया था। अब उस विषय पर मीन-मेष विचार करने का मुझे साहस कैसे हो सकता था? किस्मत ठोककर घर आया। यह विवाह करने का मज़ा है! उस वक़्त कैसे प्रसन्न थे, मानो चारों पदार्थ मिले जा रहे थे। अब नानी के नाम को रोओ। घड़ी का शौक चर्राया था, उसका फल भोगो! न घड़ी बाँधकर जाते, तो ऐसी कौन-सी किरकिरी हुई जाती थी। मगर तब तुम किसकी सुनते थे? देखें 15 रु० में कैसे गुज़र करते हो। 30 रु० में तो तुम्हारा पूरा ही न पड़ता था, 15 रु० में तुम क्या भुना लोगे?

इन्हीं चिंताओं में पड़ा-पड़ा मैं सो गया। भोजन करने की भी सुधि न रही!

4

ज़रा सुन लीजिए कि 30 रु० में कैसे गुजर करता था–20 रु० तो होटल को देता था! 5 रु० नाश्ते का ख़र्च था और बाकी 5 रु० में पान, सिगरेट, कपड़े जूते, सब कुछ! मैं कौन राजसी ठाठ में रहता था, ऐसी कौन-सी फिजूल-ख़र्ची करता था कि अब ख़र्च में कमी करता। मगर दानू बाबू का क़र्ज़ तो चुकाना ही था। रो कर चुकाता या हँसकर। एक बार जी में आया कि ससुराल में जाकर घड़ी उठा लाऊँ, लेकिन दानू बाबू से कह चुका था कि घड़ी खो गई। अब घड़ी लेकर आऊँगा, तो यह मुझे झूठा और लबाड़िया समझेंगे। मगर क्या मैं यह नहीं कह सकता कि मैंने समझा था कि घड़ी खो गई, ससुराल गया तो उसका पता चल गया। मेरी बीवी ने उड़ा दी थी। हाँ, यह चाल अच्छी थी। लेकिन देवीजी से क्या बहाना करूँगा? उसे कितना दुःख होगा। घड़ी पाकर कितनी खुश हो गई थी! अब जाकर घड़ी छीन लाऊँ, तो शायद फिर मेरी सूरत भी न देखे। हाँ, यह हो सकता था कि दानू बाबू के पास जाकर रोता। मुझे विश्वास था कि आज क्रोध में उन्होंने चाहे कितनी ही निष्ठुरता दिखाई हो, लेकिन दो-चार दिन के बाद जब उनका क्रोध

शांत हो जाए और मैं जाकर उनके सामने रोने लगूँ, तो उन्हें अवश्य दया आ जाएगी। बचपन की मित्रता हृदय से नहीं निकल सकती। लेकिन मैं इतना आत्मगौरवशून्य न था और न हो सकता था।

मैं दूसरे ही दिन एक सस्ते होटल में उठ गया। यहाँ 12 रु० में ही प्रबंध हो गया। सुबह को दूध और चाय से नाश्ता करता था। अब छटाँक भर चनों पर बसर होने लगी। 12 रु० तो यों बचे। पान, सिगरेट आदि की मद में 3 रु० और कम किए। और महीने के अंत में साफ़ 15 रु० बचा लिये। यह विकट तपस्या थी। इन्द्रियों का निर्दय दमन ही नहीं, पूरा संन्यास था। पर जब मैंने ये 15 रु० ले जाकर दानू बाबू के हाथ में रखे, तो ऐसा जान पड़ा, मानों मेरा मस्तक ऊँचा हो गया है। ऐसे गौरवपूर्ण आनंद का अनुभव मुझे जीवन में कभी न हुआ था।

दानू बाबू ने सहृदयता के स्वर में कहा—बचाए या किसी से माँग लाए?

'बचाया है भाई, माँगता किससे!'

'कोई तकलीफ़ तो नहीं हुई?'

'कुछ नहीं। अगर तकलीफ़ हुई भी, तो इस वक़्त भूल गई।'

'सुबह को तो अब भी खाली रहते हो? आमदनी कुछ और बढ़ाने की फ़िक्र क्यों नहीं करते?'

'चाहता तो हूँ कि कोई काम मिल जाए तो कर लूँ; पर मिलता ही नहीं।'

यहाँ से लौटा, तो मुझे अपने हृदय में एक नवीन बल, एक विचित्र स्फूर्ति का अनुभव हो रहा था। अब तक जिन इच्छाओं को रोकना कष्टप्रद जान पड़ता था, अब उनकी ओर ध्यान भी न जाता था। जिस पान की दुकान को देखकर चित्त अधीर हो जाता था, उसके सामने से मैं सिर उठाए निकल जाता था, मानो अब मैं उस सतह से कुछ ऊँचा उठ गया हूँ; सिगरेट, चाय और चाट अब इसमें से किसी पर भी चित्त आकर्षित न होता था। प्रातःकाल भीगे हुए चने, दोनों जून रोटी और दाल। बस, इसके सिवा मेरे लिए और सभी चीज़ें त्याज्य थीं, सबसे बड़ी बात तो यह थी कि मुझे जीवन से विशेष रुचि हो गई थी। मैं ज़िंदगी से बेज़ार, मौत के मुँह का शिकार बनने का इच्छुक न था। मुझे ऐसा आभास होता था कि मैं जीवन में कुछ कर सकता हूँ।

एक मित्र ने एक दिन मुझसे पान खाने के लिए बड़ा आग्रह किया, पर मैंने न खाया। तब वह बोले—तुमने तो यार, पान छोड़कर कमाल कर दिया। मैं अनुमान ही न कर सकता था कि तुम पान छोड़ दोगे। हमें भी कोई तरकीब बताओ।

मैंने मुस्कुराकर कहा—उसकी तरकीब यही है कि पान न खाओ।

'जी तो नहीं मानता।'

'आप ही मान जाएगा।'

'बिना सिगरेट पिए तो मेरा पेट फूटने लगता है।'

'फूलने दो, आप पिचक जाएगा।'

'अच्छा तो लो, आज मैंने पान-सिगरेट छोड़ा।'

'तुम क्या छोड़ोगे? तुम नहीं छोड़ सकते।'

मैंने उनको उत्तेजित करने के लिए यह शंका की थी। इसका यथेष्ट प्रभाव पड़ा! वह दृढ़ता से बोले—'तुम यदि छोड़ सकते हो, तो मैं भी छोड़ सकता हूँ। मैं तुमसे किसी बात में कम नहीं हूँ।'

'अच्छी बात है, देखूँगा।'

'देख लेना।'

मैनें इन्हें आज तक पान या सिगरेट का सेवन करते नहीं देखा।

पाँचवे महीने में जब मैं रुपये लेकर दानू बाबू के पास गया, तो सच मानो वह टूटकर मेरे गले से लिपट गये। बोले–हो तो यार, तुम धुन के पक्के। मगर सच कहना, मुझे मन में कोसते तो नहीं?

मैंने हँसकर कहा–अब तो नहीं कोसता, मगर पहले ज़रूर कोसता था।

'अब क्यों इतनी कृपा करने लगे?'

'इसलिए कि मुझ जैसी स्थिति के आदमी को जिस तरह रहना चाहिए, वह तुमने सिखा दिया। मेरी आदमनी में आधा मेरी स्त्री का है। पर अब तक मैं उसका हिस्सा भी हड़प कर जाता था। अब मैं इस योग्य हो रहा हूँ कि उसका हिस्सा उसे दे दूँ, या स्त्री को अपने साथ रखूँ। तुमने मुझे बहुत अच्छा पाठ दे दिया।'

'अगर तुम्हारी आमदनी कुछ बढ़ जाए तो फिर उसी तरह रहने लगोगे!'

'नहीं, कदापि नहीं। अपनी स्त्री को बुला लूँगा।'

'अच्छा, तो खुश हो जाओ; तुम्हारी तरक्क़ी हो गई है।'

मैंने अविश्वास के भाव से कहा–मेरी तरक्क़ी अभी क्या होगी? अभी मुझसे पहले के लोग पड़े नाक रगड़ रहे हैं?

'कहता हूँ, मान जाओ। मुझसे तुम्हारे बड़े बाबू कहते थे।'

मुझे अब भी विश्वास न आया। पर मारे कुतूहल के पेट में चूहे दौड़ रहे थे। उधर दानू बाबू अपने घर गये, इधर मैं बड़े बाबू के घर पहुँचा। बड़े बाबू बैठे अपनी बकरी दुह रहे थे। मुझे देखा, तो झेंपते हुए बोले–क्या करें भाई, दूधवाला नहीं आया, इसीलिए यह बला गले पड़ी, चलो बैठो।

मैं कमरे में जा बैठा। बाबूजी भी कोई आध घंटे के बाद हाथ में गुड़गुडी लिये निकले और इधर-उधर की बातें करते रहे। आख़िर मुझसे न रहा गया, बोला–मैंने सुना है, मेरी तरक्क़ी हो गई है।

बड़े बाबू ने प्रसन्नमुख होकर कहा–हाँ भई, हुई तो है। तुमसे दानू बाबू ने कहा होगा।

'जी हाँ, अभी कहा है। मगर मेरा नम्बर तो अभी नहीं आया, तरक्क़ी कैसे हुई?'

'यह न पूछो, अफ़सरों की निग़ाह चाहिए, नम्बर-सम्बर कौन देखता है।'

'लेकिन आख़िर मुझे किसकी जगह मिली? अभी कोई तरक्क़ी का मौक़ा भी तो नहीं।'

'कह दिया, भाई अफ़सर लोग सब कुछ कर सकते हैं। साहब एक दूसरी मद से तुम्हें 15 रु० महीना देना चाहते हैं। दानू बाबू ने शायद साहब से कहा-सुना होगा।'

'किसी दूसरे का हक मारकर तो मुझे ये रुपये नहीं दिये जा रहे हैं?'

'नहीं, यह बात नहीं। मैं खुद इसे मंजूर न करता।'

महीना गुज़रा, मुझे 45 रु० मिले। मगर रजिस्टर में मेरे नाम के सामने वही 30 रु० लिखे थे। बड़े बाबू ने अकेले बुलाकर मुझे रुपये दिये और ताक़ीद कर दी कि किसी से कहना मत, नहीं दफ़्तर में बावेला मच जाएगा। साहब का हुक्म है कि यह बात गुप्त रखी जाए।

मुझे संतोष हो गया कि किसी सहकारी का गला घोंटकर मुझे रुपये नहीं दिए गए। खुश-खुश रुपये लिये सीधा दानू बाबू के पास पहुँचा। वह मेरी बाछें खिली देखकर बोले–मार लाये तरक्क़ी, क्यों?

'हाँ यार, रुपये तो 15 मिले; लेकिन तरक्क़ी नहीं हुई, किसी और मद से दिये गए हैं।'

'तुम्हें रुपये से मतलब है, चाहे किसी मद से मिलें। तो अब बीवी को लेने जाओगे न?'

'नही, अभी नहीं।'

'तुमने तो कहा था, आमदनी बढ़ जाएगी, तो बीवी को लाऊँगा, अब क्या हो गया?'

'मैं सोचता हूँ, पहले रुपये पटा दूँ। अब से 30 रु० महीने देता जाऊँगा, साल भर में पूरे रुपये पट जाएँगे। तब मुक्त हो जाऊँगा।'

दानू बाबू की आँखें सजल हो गईं। मुझे आज अनुभव हुआ कि उनकी इस कठोर आकृति के नीचे कितना कोमल हृदय छिपा हुआ था। बोले–नहीं, अबकी मुझे कुछ मत दो। रेल का ख़र्च पड़ेगा, वह कहाँ से दोगे! जाकर अपनी स्त्री को ले आओ।

मैंने दुविधा में पड़कर कहा–यार, अभी न मज़बूर करो। शायद किश्त न अदा कर सकूँ तो?

दानू बाबू ने मेरा हाथ पकड़कर कहा– तो कोई हरज़ नहीं। सच्ची बात यह है कि मैं अपनी घड़ी के दाम पा चुका था। मैंने तो उसके 25 रु० ही दिये थे। उस पर तीन साल काम ले चुका था। मुझे तुमसे कुछ न लेना चाहिए था। अपनी स्वार्थपरता पर लज्जित हूँ।

मेरी आँखें भी भर आयीं। जी में तो आया, घड़ी का सारा रहस्य कह सुनाऊँ, लेकिन जब्त कर गया। गद्‌गद कंठ से बोला–नहीं दानू बाबू, मुझे रुपये अदा कर लेने दो। आख़िर तुम उस घड़ी को चार-पाँच सौ में बेच लेते या नहीं? मेरे कारण तुम्हें इतना नुकसान क्यों हो?

'भाई, अब घड़ी की चर्चा न करो। यह बताओ, कब जाओगे?'

'अरे, तो पहले रहने का तो ठीक कर लूँ।'

'तुम जाओ, मैं मकान का प्रबंध कर रखूँगा।'

'मगर मैं 5 रु० से ज़्यादा किराया न दे सकूँगा। शहर से ज़रा हटकर मकान सस्ता मिल जाएगा।'

'अच्छी बात है, मैं सब ठीक कर रक्खूँगा। किस गाड़ी से लौटोगे?'

'यह अभी क्या मालूम। विदाई का मामला है, साइत बने या न बने, या लोग एकाध दिन रोक ही लें। तुम इस झंझट में क्यों पड़ोगे? मैं दो-चार दिन में मकान ठीक करके चला जाऊँगा।'

'जी नहीं, आप आज जाइए और कल आइए।'

'तो उतरूँगा कहाँ?'

'मैं मकान ठीक कर लूँगा। मेरा आदमी तुम्हें स्टेशन पर मिलेगा।'

मैंने बहुत हीले-हवाले किए, पर उस भले आदमी ने एक न सुनी। उसी दिन मुझे ससुराल जाना पड़ा।

5

मुझे ससुराल में तीन दिन लग गए। चौथे दिन पत्नी के साथ चला। जी में डर रहा था कि कहीं दानू ने कोई आदमी न भेजा हो तो कहाँ उतरूँगा, कहाँ को

जाऊँगा। आज चौथा दिन है। उन्हें इतनी क्या गरज़ पड़ी है कि बार-बार स्टेशन पर अपना आदमी भेजें। गाड़ी में सवार होते समय इरादा हुआ कि दानू को तार से अपने आने की सूचना दे दूँ। लेकिन बारह आने का ख़र्च था, इससे हिचक गया।

मगर जब गाड़ी बनारस पहुँची, तो देखता हूँ कि दानू बाबू स्वयं कोट-हैट लगाए, दो कुलियों के साथ खड़े हैं। मुझे देखते ही दौड़े और बोले—ससुराल की रोटियाँ बड़ी प्यारी लग रही थीं क्या? तीन दिन से रोज़ दौड़ रहा हूँ, जुरमाना देना पड़ेगा।

देवीजी सिर से पाँव तक चादर ओढ़े गाड़ी से उतरकर प्लेटफार्म पर खड़ी हो गई थीं। मैं चाहता था, जल्दी से गाड़ी में बैठकर यहाँ से चल दूँ। घड़ी उनकी कलाई पर बँधी हुई थी। मुझे डर लग रहा था कि कहीं उन्होंने हाथ बाहर निकाला और दानू की निग़ाह घड़ी पर गई, तो बड़ी झेंप होगी। मगर तक़दीर का लिखा कौन टाल सकता है। मैं देवीजी से दानू बाबू की सज्ञनता का खूब बखान कर चुका था। अब जो दानू उसके समीप आकर संदूक उठाने लगे, तो देवीजी ने दोनों हाथों से उन्हें नमस्कार किया। दानू ने उनकी कलाई पर घड़ी देख ली। उस वक़्त तो क्या बोलते; लेकिन ज्यों ही देवीजी को एक ताँगे पर बिठाकर हम दोनों दूसरे ताँगे पर बैठकर चले, दानू ने मुस्कुराकर कहा—क्या घड़ी देवीजी ने छिपा दी थी?

मैंने शर्माते हुए कहा—नहीं यार, मैं ही दे आया था। दे क्या आया था, उन्होंने मुझसे छीन ली थी।

दानू ने मेरा तिरस्कार करके कहा—तो मुझसे झूठ क्यों बोले?

'फिर क्या करता?'

'अगर तुमने साफ़ कह दिया होता, तो शायद मैं इतना कमीना नहीं हूँ कि तुमसे उसका तावान वसूल करता, लेकिन ख़ैर, ईश्वर का कोई काम मसलहत से खाली नहीं होता। तुम्हें कुछ दिनों ऐसी तपस्या की ज़रूरत थी।'

'मकान कहाँ ठीक किया है?'

'वहीं तो चल रहा हूँ।'

'क्या तुम्हारे घर के पास ही है? तब तो बड़ा मज़ा रहेगा।'

'हाँ, मेरे घर से मिला हुआ है, मगर बहुत सस्ता।'

'दानू बाबू के द्वार पर ताँगे रुके। आदमियों ने दौड़कर असबाब उतारना शुरू किया। एक क्षण में दानू बाबू की देवीजी घर में से निकलकर ताँगे के पास आयीं और पत्नीजी को साथ ले गयीं। मालूम होता था, यह सारी बातें पहले ही से सधी-बधी थीं।'

मैंने कहा—तो यह कहो कि हम तुम्हारे बिना-बुलाए मेहमान हैं।

'अब तुम अपनी मरज़ी का कोई मकान ढूँढ़ लेजा। दस-पाँच दिन तो यहाँ रहो।'

लेकिन मुझे यह ज़बरदस्ती की मेहमानी अच्छी न लगी। मैंने तीसरे ही दिन एक मकान तलाश कर लिया। विदा होते समय दानू ने 100 रु० लाकर मेरे सामने रख दिए और कहा—यह तुम्हारी अमानत है। लेते जाओ!

मैने विस्मय से पूछा—मेरी अमानत कैसी?

दानू ने कहा—15 रु० के हिसाब से 6 महीने के 90 रु० हुए और 10 रु० सूद।

मुझे दानू की सज्ञनता बोझ के समान लगी। बोला—तो तुम घड़ी ले लेना चाहते हो?

'फिर घड़ी का ज़िक्र किया तुमने! उसका नाम मत लो।'

'तुम मुझे चारों ओर से दबाना चाहते हो।'

'हाँ, दबाना चाहता हूँ। तुम्हें आदमी बना देना चाहता हूँ, नहीं तो उम्र भर तुम यहाँ होटल की रोटियाँ तोड़ते और तुम्हारी देवीजी वहाँ बैठी तुम्हारे नाम को रोतीं। कैसी शिक्षा दी है, इसका एहसान तो न मानोगे।'

'यों कहो, तो आप मेरे गुरु बने हुए थे?'

'जी हाँ, ऐसे गुरु की तुम्हें ज़रूरत थी।'

मुझे विवश होकर घड़ी का ज़िक्र करना पड़ा। डरते-डरते बोला–

'तो भाई घड़ी'

'फिर तुमने घड़ी का नाम लिया!'

'तुम खुद मुझे मज़बूर कर रहे हो।'

'वह मेरी ओर से भावज को उपहार है।'

'और ये 100 रु० मुझे उपहार मिले हैं।'

'जी हाँ, यह इम्तहान में पास होने का इनाम है।'

'तब तो डबल उपहार लिया है।'

'तुम्हारी तकदीर ही अच्छी है, क्या करूँ।'

मैं रुपये यों न लेता था, पर दानू ने मेरी जेब में डाल दिये। लेने पड़े। इन्हें मैंने सेविंग बैंक में ज़मा कर दिया। 10 रु० महीने पर मकान लिया था। 30 रु० महीने ख़र्च करता था। 5 रु० बचने लगे। अब मुझे मालूम हुआ कि दानू बाबू ने मुझे छः महीना तक यह तपस्या न कराई होती, तो सचमुच में न-जाने कितने दिनों तक देवीजी को मैके में पड़ा रहने देता। उसी तपस्या की बरकत थी कि आराम से ज़िंदगी कट रही थी, ऊपर से कुछ-न-कुछ ज़मा होता जाता था। मगर घड़ी का किस्सा मैंने आज तक देवीजी से नहीं कहा। पाँचवे महीने में मेरी तरक़्क़ी का नम्बर आया। तरक़्क़ी का परवाना मिला। मैं सोचा रहा था कि देखूँ, अबकी दूसरी मदवाले 15 रु० मिलते हैं या नहीं। पहली तारीख़ को वेतन मिला, वही 45 रु०। मैं एक क्षण खड़ा रहा कि शायद बड़े बाबू दूसरी मदवाले रुपये भी दें। जब और लोग अपने-अपने वेतन लेकर चले गये, तो बड़े बाबू बोले–क्या अभी लालच घेरे हुए है? अब और कुछ न मिलेगा।

मैंने लज्जित होकर कहा–जी नहीं, इस ख़याल से नहीं खड़ा हूँ। साहब ने इतने दिनों तक परवरिश की, यह क्या थोड़ा है। मगर कम-से-कम इतना तो बता दीजिए कि किस मद से यह रुपया दिया जाता था?

बड़े बाबू–पूछकर क्या करोगे?

'कुछ नहीं, यों ही जानने को जी चाहता है।'

'जाकर दानू बाबू से पूछो।'

'दफ़्तर का हाल दानू बाबू क्या जान सकते हैं।'

'नहीं, यह हाल वही जानते हैं।'

मैंने बाहर आकर एक ताँगा किया और दानू के पास पहुँचा। आज पूरे दस महीने बाद मैंने ताँगा किराये पर किया था। इस रहस्य को जानने के लिए मेरा दम घुट रहा था। दिल में तय कर लिया था कि अगर बचा ने यह षड्यंत्र न रचा होगा, तो बुरी तरह ख़बर लूँगा। आप बगीचे में टहल रहे थे। मुझे देखा तो घबराकर बोले–कुशल तो है, कहाँ से भागे आते हो?

मैंने कृत्रिम क्रोध दिखाकर कहा–मेरे यहाँ तो कुशल है; लेकिन तुम्हारी कुशल नहीं।

'क्यों भाई, क्या अपराध हुआ है?'

'आप बतलाइए कि पाँच महीने तक मुझे जो 15 रु० वेतन के ऊपर से मिलते थे, वह कहाँ से आते थे?'

'तुमने बड़े बाबू से नहीं पूछा? तुम्हारे दफ़्तर का हाल मैं क्या जानूँ?'

'मैं आजकल दानू से बेतकल्लुफ़ हो गया था। बोला–देखो दानू, मुझसे उड़ोगे, तो अच्छा न होगा। क्यों नाहक मेरे हाथों पिटोगे।'

'पीटना चाहो, तो पीट लो भाई, सैकड़ों ही बार पीटा है, एक बार और सही। बारजे पर से जो ढकेल दिया था, उसका निशान बना हुआ है, यह देखो।'

'तुम टाल रहे हो और मेरा दम घुट रहा है। सच बताओ, क्या बात थी?'

'बात-बात कुछ नहीं थी! मैं जानता था कि कितनी ही किफ़ायत करोगे, 30 रु० में तुम्हारा गुज़र न होगा। और न सही, दोनो वक़्त रोटियाँ तो हों। बस, इतनी बात है। अब इसके लिए जो चाहो, दंड दो।'

❑❑❑

स्मृति का पुजारी

महाशय होरीलाल की पत्नी का जब से देहांत हुआ, वह एक तरह से दुनिया से विरक्त हो गए हैं। यों रोज कचहरी जाते हैं—अब भी उनकी वकालत बुरी नहीं है। मित्रों से राह-रस्मीं भी रखते हैं, मेलों-तमाशों में भी जाते हैं; पर इसलिए नहीं कि इन बातों से उन्हें कोई खास दिलचस्पी है; बल्कि इसलिए कि वे भी मनुष्य हैं, और मनुष्य एक सामाजिक जीव है। जब उनकी स्त्री जीवित थी, तब कुछ और ही बात थी। किसी-न-किसी बहाने से आये-दिन मित्रों की दावतें होती रहती थीं। कभी गार्डन-पार्टी है, कभी संगीत है, कभी जन्माष्टमी है, कभी होली है। मित्रों का सत्कार करने में जैसे उन्हें मजा आता था। लखनऊ के सुफेदे आये हैं। अब, जब तक दोस्तों को खिला न लें, उन्हें चैन नहीं। कोई अच्छी चीज़ खरीदकर उन्हें यही धुन हो जाती थी कि इसे किसी की भेंट कर दें, जैसे लोग अपने स्वार्थ के लिये तरह-तरह के प्रपंच रचा करते हैं वह सेवा के लिए षड्यंत्र रचते थे। आपसे मामूली जान-पहचान है; लेकिन उनके घर चले जाइए तो चाय और फलों से आपका सत्कार किए बिना न रहेंगे। मित्रों के हित के लिए प्राण देने को तैयार और बड़े ही खुशमिज़ाज़। उनके कहकहे ग्रामोफ़ोन में भरने लायक होते थे। कोई संतान न थी; लेकिन किसी ने उन्हें दुखी या निराश नहीं देता।

मुहल्ले के सारे बच्चे उनके बच्चे थे। और स्त्री भी उसी रंग में रंगी हुई । आप कितने ही चिंतित हों, उस देवी से मुलाक़ात होते ही आप फूल की तरह खिल जाएँगे। न जाने इतनी लोकोक्तियाँ कहाँ से याद कर ली थीं। बात-बात पर कहावतें कहती थीं। और जब किसी को बनाने पर आ जातीं, तो रुलाकर छोड़ती थीं। गृह-प्रबंध में तो उनका जोड़ न था। दोनों एक दूसरे के आशिक़ थे, और उनका प्रेम पौधों के क़लम की भाँति दिनों के साथ और भी घनिष्ठ होता जाता था। समय की गति उस पर जैसे आशीर्वाद का काम कर रही थी। कचहरी से छुट्टी पाते ही वह प्रेम का पथिक दीवानों की तरह घर भागता था। आप कितना ही आग्रह करें; पर उस वक़्त रास्ते में एक मिनट के लिए भी न रुकता था और अगर कभी महाशयजी के आने में देर हो जाती, तो वह प्रेम-योगिनी छज्जे पर खड़ी होकर उनकी राह देखा करती थीं और पच्चीस साल के अभिन्न सहचर ने उनकी आत्माओं में इतनी समानता पैदा कर दी थी कि जो बात एक के दिल में आती थी, वही दूसरे के दिल में बोल उठती थी। यह बात नहीं कि उनमें मतभेद न होता हो। बहुत-से विषयों में, अनके विचारों में आकाश-पाताल का अन्तर था, और अपने पक्ष के समर्थन और परपक्ष के खण्डन में उनमें खूब झाँव-झाँव होती थी। कोई बाहर का आदमी सुने तो समझे कि दोनों लड़ रहे हैं, और अब हाथापाई की नौबत आनेवाली है; मगर उनके मुबाहसे मस्तिष्क से होते थे। हृदय दोनों के एक, दोनों सहृदय, दोनों प्रसन्नचित्त, स्पष्ट कहनेवाले, निःस्पृह, मानो देवलोक के निवासी हों; इसलिए पत्नी का देहान्त हुआ, तो कई महीने तक हम लोगों को यह अन्देशा रहा कि यह महाशय आत्म-हत्या न कर बैठें।

हम लोग सदैव उनकी दिलजोई करते रहते, कभी एकांत में न बैठने देते।

रातों को भी कोई-न-कोई उनके साथ लेटता था। ऐसे व्यक्तियों पर दूसरों को दया आती ही है। मित्रों की पत्नियाँ तो इन पर जान देती थीं। उनकी नज़रों में वह देवताओं के भी देवता थे। उनकी मिसाल दे-देकर अपने पुरुषों से कहतीं—इसे कहते हैं प्रेम! ऐसा पुरुष हो, तो क्यों न स्त्री उसकी गुलामी करे? जब से बीवी मरी है, ग़रीब ने कभी भरपेट भोजन नहीं किया, कभी नींद भर नहीं सोया; नहीं तो तुम लोग दिल से मनाते रहते हो कि यह मर जाए, तो नया ब्याह रचाएँ। दिल में खुश होंगे कि अच्छा हुआ मर गई, रोग टला, अब नई-नवेली स्त्री लाएँगे।

और अब महाशयजी का पैंतालीसवाँ साल था, सुगठित शरीर था, स्वास्थ्य अच्छा, रूपवान्, विनोदशील, सम्पन्न। चाहते तो तुरन्त दूसरा ब्याह कर लेते। उनके हाँ करने की देर थी। गरज़ के बावले कन्यावालों ने सन्देश भेजे, मित्रों ने भी उजड़ा घर बसाना चाहा; पर इस स्मृति के पुजारी ने प्रेम के नाम को दाग़ न लगाया। अब हफ़्तों बाल नहीं बनते; कपड़े नहीं बदले जाते। घसिहारों-सी सूरत बनी हुई है, कुछ परवाह नहीं। कहाँ तो मुँह अँधेरे उठते थे और चार मील का चक्कर लगा आते थे। कभी अलसा जाते थे तो देवीजी घुड़कियाँ जमातीं और बाहर खदेड़कर द्वार बन्द कर लेतीं। कहाँ अब आठ बजे तक चारपाई पर पड़े करवटें बदल रहे हैं। उठने का जी नहीं चाहता! ख़िदमतगार ने हुक्का लाकर रख दिया, दो-चार कश लगा दिए। न लाये, तो ग़म नहीं। चाय आयी पी ली, न आये तो परवाह नहीं। मित्रों ने बहुत गला दबाया, तो सिनेमा देखने चले गये, लेकिन क्या देखा और क्या सुना, इसकी ख़बर नहीं। कहाँ तो अच्छे-अच्छे सूटों का ख़ब्त था, कोई खुशनुमा डिज़ाइन का कपड़ा आ जाए, आप एक सूट ज़रूर बनाएँगे। वह क्या बनवाएँगे, उनके लिए देवीजी बनवाएँगी। कहाँ अब वही पुराने-धुराने, बदरंग, सिकुड़े-सिकुड़ाए, ढीले-ढाले कपड़े लटकाए चले जा रहे हैं, जो अब दुबलेपन के कारण उतारे-से लगते हैं और जिन्हें अब किसी तरह सूट नहीं कहा जा सकता। महीनों बाज़ार जाने की नौबत नहीं आती। अबकी कड़ाके का जाड़ा पड़ा तो आपने एक रूईदार नीचा लबादा बनवा लिया और खासे भगतजी बन गए। सिर्फ़ कंटोप की कसर थी। देवीजी होतीं, तो यह लबादा छीनकर किसी फ़्कीर को दे देतीं; मगर अब कौन देखनेवाला है? किसे परवाह है, वह क्या पहनते हैं, और कैसे रहते हैं। 45 की उम्र में जो आदमी 35 का लगता था वह अब 50 की उम्र में 70 का लगता है, कमर भी झुक गई है, दाँत भी ग़ायब हो गए। जिसने उन्हें तब देखा हो, आज पहचान भी न सके।

मज़ा यह है कि तब वह जिन विषयों पर देवीजी से लड़ा करते थे, वही अब उनकी उपासना के अंग बन गए हैं। मालूम नहीं, उनके विचारों में क्रांति हो गई है या मृतात्मा ने उनकी आत्मा में लीन होकर भिन्नताओं को मिटा दिया है। देवीजी को विधवा-विवाह से घृणा थी। महाशयजी इसके पक्के समर्थक थे; लेकिन अब आप भी विधवा विवाह का विरोध करते हैं। आप पहले पश्चिमी या नई सभ्यता के भक्त थे और देवीजी का मज़ाक उड़ाया करते थे। अब इस सभ्यता की उनसे ज़्यादा तीव्र आलोचना शायद ही कोई कर सके। इस बार यों ही अंगरेज़ों के समय-नियंत्रण की चर्चा चल गई। मैंने कहा—इस विषय में हमें अंगरेज़ों से सबक लेना चाहिए। बस, आप तड़पकर उठ बैठे और उन्मत्त स्वर में बोले—कभी नहीं, प्रलय तक नहीं। मैं इस नियंत्रण को स्वार्थ का स्तम्भ, अहंकार का हिमालय और दुर्जनता का सहारा समझता हूँ। एक व्यक्ति मुसीबत का मारा आपके पास आता है। मालूम नहीं, कौन-सी जरूरत उसे आपके पास खींच लायी है, लेकिन आप फ़रमाते हैं—

मेरे पास समय नहीं। यह उन्हीं लोगों का व्यवहार है, जो धन को मनुष्यता के ऊपर समझते हैं, जिनके लिए जीवन केवल धन है। जो व्यक्ति सहृदय है, वह कभी इस नीति को पसन्द न करेगा। हमारी सभ्यता धन को इतना ऊँचा स्थान नहीं देती थी। हम अपने द्वार हमेशा खुले रखते थे। जिसे जब ज़रूरत हो, हमारे पास आये। हम पूर्ण सभ्यता से उसका वृत्तांत सुनेंगे और उसके हर्ष या शोक में शरीक़ होंगे। अच्छी सभ्यता है! जिस सभ्यता की स्पिरिट स्वार्थ हो, वह सभ्यता नहीं है; संसार के लिए अभिशाप है, समाज के लिए विपत्ति है। इस तरह धर्म के विषय में भी दम्पत्ति में काफ़ी वितंडा होता रहता था। देवीजी हिंदू धर्म की अनुगामिनी थीं, आप इस्लामी सिद्धांतों के कायल थे; मगर अब आप भी पक्के हिंदू हैं, बल्कि यों कहिए कि आप मानवधर्मी हो गए हैं! एक दिन बोले—मेरी कसौटी तो है मानवता! जिस धर्म में मानवता को प्रधानता दी गई है, बस उसी धर्म का दास हूँ। कोई देवता हो या नबी या पैग़म्बर, अगर वह मानवता के विरुद्ध कुछ कहता है, तो मेरा उसे दूर से सलाम है। इस्लाम का मैं इसलिए क़ायल था कि वह मनुष्य मात्र को एक समझता है, ऊँच-नीच का वहाँ कोई स्थान नहीं है; लेकिन अब मालूम हुआ कि यह समता और भाईपन व्यापक नहीं, केवल इस्लाम के दायरे तक परिमित है। दूसरे शब्दों में, अन्य धर्मों की भाँति यह गुटबंदी है और सिद्धांत केवल उस गुट या समूह को संबल और संगठित बनाने के लिए रचे गए हैं। और जब मैं देखता हूँ कि यहाँ भी जानवरों की कुरबानी शरीयत में दाखिल है और हरेक मुसलमान के लिए अपनी सामर्थ्य के अनुसार भेड़, बकरी, गाय या ऊँट की कुरबानी फ़र्ज़ बताई गई है, तो मुझे उसके अपौरुषेय होने में संदेह होने लगता है। हिन्दुओं में एक सम्प्रदाय पशु-बलि को अपना धर्म समझता है। यहूदियों, ईसाइयों और अन्य मतों में भी कुरबानी की महिमा गायी गई है। इसी तरह एक समय नर-बलि का भी रिवाज़ था। आज भी कहीं-कहीं उस सम्प्रदाय के नामलेवा मौजूद हैं, मगर क्या सरकार ने नर-बलि को अपराध नहीं ठहराया और ऐसे मज़हबी दीवानों को फाँसी नहीं दी? अपने स्वाद के लिए आप भेड़ को ज़बह कीजिए, या गाय, ऊँट या घोड़े को, मुझे कोई आपत्ति नहीं। लेकिन धर्म के नाम पर कुरबानी मेरी समझ में नहीं आती। अगर आज इन जानवरों का राज हो जाए, तो कहिए, वे इन कुरबानियों के जवाब में हमें और आपको कुरबान कर दें या नहीं? मगर हम जानते हैं, जानवरों में कभी यह शक्ति न आएगी, इसलिए हम बेधड़क कुरबानियाँ करते हैं। स्वार्थ और लोभ के लिए हम चौबीसों घंटे अधर्म करते हैं, कोई ग़म नहीं, लेकिन कुरबानी का पुण्य लूटे बग़ैर हमसे नहीं रहा जाता। तो जनाब, मैं ऐसे रक्तशोषक धर्मों का भक्त नहीं। यहाँ तो मानवता के पुजारी हैं, चाहे इस्लाम में हों या हिन्दू धर्म में या बौद्ध में या ईसाइयत में; अन्यथा मैं विधर्मी ही भला। मुझे किसी मनुष्य से केवल इसलिए द्वेष तो नहीं है कि वह मेरा सहधर्मी नहीं है। मैं किसी का खून तो नहीं बहाता, इसलिए कि मुझे पुण्य होगा।

इस तरह के कितने ही परिवर्तन महाशयजी के विचारों में आ गए।

और महाशयजी के पास सम्भाषण का केवल एक ही विषय है, जिससे वह कभी नहीं थकते, और वह है—उन स्वर्गवासिनी का गुणगान। कोई मेहमान आ जाए, आप बावले से इधर-उधर दौड़ रहे हैं। कुछ नहीं सूझता, कैसे उसकी ख़ातिर करें। क्षमा-याचना के लिए शब्द ढूँढते फिरते हैं—भाईजान, मैं आपकी क्या ख़ातिर करूँ, जो आपकी सच्ची ख़ातिर करता था, वह नहीं रही। इस वक़्त तक आपके

सामने चाय और टोस्ट और बादाम का हलवा आ जाता। संतरे और सेब छिले-छिलाए तश्तरियों में रख दिए जाते। मैं तो निरा उल्लू हूँ, भाई साहब, बिलकुल काठ का उल्लू। मुझमें जो कुछ अच्छा था, वह सब उसका प्रसाद था। उसी की बुद्धि से मैं बुद्धिमान था, उसी की सज्ञनता से सज्ञन, उसी की उदारता से उदार। अब तो निरा मिट्टी का पुतला हूँ भाई साहब, बिलकुल मुर्दा। मैं उस देवी के योग्य न था। न जाने किन शुभ-कर्मों के फ्ल से वह मुझे मिली थी। आइए, आपको उसकी तसवीर दिखाऊँ। मालूम होता है, अभी-अभी उठकर चली गई है। भाई साहब, आपसे साफ़ कहता हूँ, मैंने ऐसी सुन्दरी कभी नही देखी। उसके रूप में केवल रूप की गरिमा ही न थी; रूप का माधुर्य भी था और मादकता भी, एक-एक अंग साँचें में ढला था, साहब! आप उसे देखकर कवियों के नख-शिख को लात मारते।

आप उत्सुक नेत्रों से वह तसवीर देखते हैं। आपको उसमें कोई विशेष सौंदर्य नहीं मिलता। स्थूल शरीर है, चौड़ा-सा मुँह, छोटी-छोटी आँखें, रंग-ढंग से दहकानीपन झलक रहा है। पर उस तसवीर की खूबियाँ कुछ इस अनुराग और इस आडम्बर से बयान किए जाते हैं कि आपको सचमुच उस चीज़ में सौंदर्य का आभास होने लगता है। इस गुणानुवाद में जितना समय जाता है, वही महाशयजी के जीवन के आनंद की घड़िया हैं। इतनी ही देर में वह जीवित रहते हैं। शेष जीवन निरानंद है, निस्पंद है।

पहले कुछ दिनों तक वह हमारे साथ हवा खाने जाते रहे—वह क्या जाते रहे, मैं ज़बरदस्ती ठेल-ठालकर ले जाता रहा, लेकिन रोज़ आध घंटे तक उनका इंतज़ार करना पड़ता था। किसी तरह घर से निकलते भी, तो जनवासी चाल से चलते और आध मील में ही हिम्मत हार जाते और लौट चलने का तकाज़ा करने लगते। आख़िर मैंने उन्हें साथ ले जाना छोड़ दिया। और तबसे उनकी चहल-कदमी चालीस कदम रह गई है। सैर क्या है—बेगार है, और वह भी इसलिए कि देवीजी के सामने उनका यह नियम था।

एक दिन उनके द्वार के सामने से निकला, तो देखा कि ऊपर की खिड़कियाँ जो बरसों से बंद पड़ी थीं, खुली हुई हैं! अचरज हुआ! द्वार पर नौकर बैठा नारियल पी रहा था। उससे पूछा, तो मालूम हुआ, आप घूमने गये हैं। मुझे मीठा विस्मय हुआ। आज यह नई बात क्यों! इतने सबेरे तो यह कभी नहीं उठते। जिस तरफ़ वह गये थे, उधर ही मैंने भी कदम बढ़ाए। इधर एक हफ़्ते के लिए मैं एक नेवते में चला गया था। इस बीच यह क्या काया-पलट हो गई। ज़रूर कोई-न-कोई रहस्य है। और भला आदमी निकल कितनी दूर गया। दो मील तक कहीं पता नहीं। मैं निराश हो गया मगर यह महाशय रास्ते में कहाँ रह गए, यहाँ तो किसी से उनकी मुलाक़ात भी नहीं है, जहाँ ठहर गए हों! कुछ चिंता भी हो रही थी। कहीं कुएँ में तो नहीं कूद पड़े। मैं लौटने ही वाला था कि आप लौटते हुए नज़र आए। चित शांत हुआ। आज तो कैंड़ा ही और था। बाल नए फैशन से कटे हुए, मूछें, साफ़ दाढ़ी, चिकनी, चेहरा खिला हुआ, चाल में चपलता; सूट पुराना, ब्रश किया हुआ और शायद इस्तरी भी की हुई, बूट पर ताजा पालिश। मुस्कुराते चले आते थे। मुझे देखते ही लपककर हाथ मिलाया और बोले—आज कई दिन के बाद मिले! कहीं गये थे क्या?

मैंने अपने ग़ैरहाज़िरी का कारण बताकर कहा—मैं डरता हूँ, आज तुम्हें नज़र न लग जाए। अब मैं नित्य तुम्हारे साथ घूमने आया करूँगा। आज बहुत दिनों के बाद तुमने आदमी का चोला धारण किया है।

झेंपकर बोले—नहीं भई, मुझे अकेला ही रहने दो। तुम लगोगे दौड़ने और ऊपर से घुड़कियाँ भी जमाओगे। मैं अपने हौले-हौले चला जाता हूँ। जब थक जाता हूँ, कहीं बैठ लेता हूँ। मेरा तुम्हारा क्या साथ?

'यह दशा तो तुम्हारी एक सप्ताह पहले थी। आज तो तुम बिल्कुल अप-टू-डेट हो। इस चाल से तो शायद मैं तुमसे पीछे ही रहूँगा।'

'तुम तो बनाने लगे।'

'मैं कल से तुम्हारे साथ घूमने जाऊँगा। मेरा इंतज़ार करना।'

'नहीं भई, मुझे दिक न करो। मैं आजकल बहुत सबेरे ही उठ जाता हूँ। रात को नींद नहीं आती। सोचता हूँ, लाओ टहल ही आऊँ। तुम मेरे साथ क्यों परेशान होगे।'

मेरा विस्मय बढ़ता जा रहा था। यह महाशय हमेशा मेरे पैरों पड़ते रहते थे कि मुझे भी साथ ले लिया करो। जब मैंने इनकी मंथरता से हारकर इनका साथ छोड़ दिया, तब इन्हें बड़ा दुःख हुआ। दो-एक बार मुझसे शिकायत भी की—हाँ भई, अब क्यों साथ दोगे! अभागों का साथ किसी ने दिया है, या तुम नई नीति निकालोगे? ज़माने का दस्तूर है, जो लँगड़ाता हो, उसे ढकेल दो, बीमार हो, उसे ज़हर दे दो, और यही आदमी आज मुझसे पीछा छुड़ा रहा है। यह क्या रहस्य है? यह चपलता, प्रसन्नता और सजीवता कहाँ से आ गई? कहीं आपने बंदर की गिल्टी तो नहीं लगवा ली? यह नया सिविल सर्जन गिल्टी-आरोपण-कला में सिद्धहस्त है। मुमकिन है, इन्हें किसी ने सुझा दिया हो और आपने हज़ार-पाँच सौ ख़र्च करके गिल्टी बदलवा ली हो। इस पहेली को बूझे बग़ैर हमें चैन कहाँ? उनके साथ ही लौट पड़ा।

दो-चार कदम चलकर मैंने पूछा—सच बताओ, भाईजान! गिल्टी-विल्टी तो नहीं लगवा ली?

उन्होंने प्रश्न की आँखों से देखा—कैसी गिल्टी? मैंने नहीं समझा।

'मुझे संदेह हो रहा है कि तुमने बंदर की गिल्टियाँ लगवा ली हैं।'

'अरे यार, क्यों कोसते हो। गिल्टियाँ किस लिए लगवाता? मुझे तो इसका कभी ख़याल भी नहीं आया।'

'तो क्या कोई बिजली का यंत्र मँगवा लिया है?'

'तुम आज मेरे पीछे क्यों हाथ धोकर पड़े हो? विधवा भी तो कभी सिंगार कर लेती है? जी ही तो है। एक दिन मुझे अपने आलस्य और बेदिली पर खेद हुआ। मैंने सोचा, जब संसार में रहना है, तो जिंदों की तरह क्यों न रहूँ। मुर्दों की तरह जीने से क्या फायदा। बस, और न कोई बात है, न रहस्य।'

मुझे इस तरह व्याख्या से संतोष न हुआ। दूसरे दिन ज़रा और सबेरे आकर मैंने द्वार पर आवाज दी; लेकिन आज भी आप निकल चुके थे। मैं उनके पीछे भागा। जिद पड़ गई कि इसे अकेले न जाने दूँगा। देखूँ, कब तक मुझसे भागता है। कोई रहस्य है अवश्य। अच्छा बचा, आधी रात को आकर बिस्तर से न उठाऊँ तो सही। दौड़ तो न सका; लेकिन जितना तेज चल सकता था, चला। एक मील के बाद आप नज़र आए। बगटुट भागे चले जा रहे थे। अब मैं बार-बार पुकार रहा हूँ—हज़रत, ज़रा ठहर जाइए, मेरी साँस फूल रही है; मगर आप हैं कि सुनते ही नहीं। आख़िर जब मैंने अपने सिर की कसम दिलायी, तब जाकर आप रुके। मैं झपाटे से पहुँचा, तो तिनककर बोले—मैंने तो तुमसे कह दिया था, मेरे घर मत आना, फिर क्यों आये और क्यों मेरे पीछे पड़े? मुझे आप धीरे-धीरे घूमने दो। तुम अपना रास्ता लो।

मैंने उनका हाथ पकड़कर ज़ोर से एक झटका दिया और बोला–देखो, होरीलाल, मुझसे उड़ो नहीं, वरना मुझे जानते हो, कितना बेमुरौवत आदमी हूँ। तुम यह धीरे-धीरे टहल रहे हो या डबल मार्च कर रहे हो, मेरी पिंडलियों में दर्द होने लगा और पसलियाँ दुःख रही हैं। डाक का हरकारा भी तो इस चाल से नहीं दौड़ता। उस पर ग़ज़ब यह कि तुम थके नहीं हो, अब भी उसी दम-खम के साथ चले जा रहे हो। अब तो तुम डंडे लेकर भगाओ, तो भी तुम्हारा दामन न छोड़ूँ। तुम्हारे साथ दो मील चलूँगा, तो अच्छी खासी कसरत हो जायेगी, मगर अब साफ़-साफ़ बतलाओ, बात क्या है! तुममें यह जवानी कहाँ से आ गई? अगर किसी अक़सीर का सेवन कर रहे हो, तो मुझे भी दो। कम-से-कम उसे मँगाने का पता दो, मैं मँगवा लूँगा; अगर किसी दुआ-ताबीज़ की क़रामात है, तो मुझे भी उस पीर के पास ले चलो।

मुस्कुराकर बोले–तुम तो पागल हो, झूठ-मूठ मुझे दिक कर रहे हो। बूढ़े हो गए, मगर लड़कपन न गया। क्या तुम चाहते हो कि मैं हमेशा उसी तरह मुर्दा पड़ा रहूँ? इतना भी तुमसे नहीं देखा जाता! तब तो तुम्हारे मिज़ाज ही न मिलते थे। कितनी चिरौरी की कि भाईजान, मुझ भकुवे को भी साथ ले लिया करो। मगर आप नखरे दिखाने लगे। अब क्यों मेरे पीछे पड़े हो? यह समझ लो, जो आदमी मदद आप करता है, उसकी मदद परमात्मा भी करते हैं। मित्रों और बंधुओं की मुरौवत देख ली। अब अपने बूते पर चलूँगा।

वह इसी तरह मुझे कोसते जा रहे थे और मैं उन्हें छेड़-छेड़कर और भी उत्तेजित कर रहा था कि एकाएक उन्होंने उँगली मुँह पर रखकर मुझे चुप रहने का इशारा किया, और ज़रा क़द और सीधा करके और चेहरे पर प्रसन्न्ता और पुरुषार्थ का रंग भर, मस्तानी चाल से चलने लगे। मेरी समझ में ज़रा भी न आया, यह संकेत और बहुरुप किस लिए? वहाँ तो कोई दूसरा था भी नहीं। हाँ सामने से एक स्त्री चली आ रही थी, मगर उसके सामने इस पर्देदारी की क्या ज़रूरत? मैंने तो उसे कभी देखा भी न था। आसमानी रंग की रेशमी साड़ी, जिस पर पीला लैस टका था, उस पर खूब खिल रही थी। रूपवती कदापि न थी, मगर रूप से ज़्यादा मोहक थी उसकी सरलता और प्रसन्नता। एक बहुत ही मामूली शक्ल-सूरत की औरत इतनी नयनाभिराम हो सकती है, यह मैं न समझ सकता था।

उसने होरीलाल के बराबर आकर नमस्कार किया। होरीलाल ने ज़वाब में सिर तो झुका दिया, मगर बिना कुछ बोले आगे बढ़ना चाहते थे कि उसने कोयल के स्वर में कहा–क्या अब लौटिएगा नहीं? आप अपनी सीमा से आगे बढ़े जा रहे हैं। और हाँ, आज तो आपने मुझे देवीजी की तसवीर देने का वादा किया था। शायद भूल गए, आपके साथ चलूँ?

महाशयजी कुछ ऐसे बौखलाए हुए थे, कि मामूमी शिष्टाचार भी न कर सके। यों वह बड़े ही भद्र पुरुष हैं और शिष्टाचार में निपुण; लेकिन इस वक़्त जैसे उनके हाथ-पाँव फूले हुए थे। एक क़दम और आगे बढ़कर बोले–आप क्षमा कीजिए। मैं एक काम से जा रहा हूँ।

महिला ने कुछ चिढ़कर कहा–आप तो जैसे भागे जा रहे हैं। मुझे तसवीर दीजिएगा या नहीं?

महाशयजी ने मेरी ओर कुपित नेत्रों से देखकर कहा–तलाश करूँगा।

सुन्दरी ने शिकायत के स्वर में कहा–आपने तो फ़रमाया था कि वह हमेशा

आपकी मेज़ पर रहती है। और अब आप कहते हैं—तलाश करूँगा। आपकी तबियत तो अच्छी है? जबसे आपने उनका चरित्र सुनाया है, मैं उनके दर्शनों के लिए व्याकुल हो रही हूँ। अगर आप यों न देंगे, तो मैं आपकी मेज़ पर से उठा ले जाऊँगी, (मेरी ओर देखकर) आप मेरी मदद कीजिएगा। महाशय! यद्यपि मैं जानती हूँ, आप इनके मित्र हैं और इनके साथ दग़ा न करेंगे। आपको ताज्जुब हो रहा होगा, यह कौन औरत महाशयजी से इतनी निस्संकोच होकर बातें कर रही है। इनसे पहली बार मेरा परिचय सब्ज़ी-मंडी में हुआ था। मैं शाक-भाजी खरीदने गयी हुई थी। अपनी भाजी मैं खुद लाती हूँ। जिस चीज़ पर जीवन का आधार है, उसे नौकरों के हाथ नहीं छोड़ना चाहती। भाज़ी लेकर मैंने दाम देने के लिए रुपया निकाला, तो कुँजड़े ने उसे ठनठनाकर कहा—दूसरा रुपया दो, यह खोटा है। अब मैंने जो कुछ टंकारा, तो मालूम हुआ, सचमुच कुछ ठस है। अब क्या करूँ! मेरे पास दूसरा रुपया न था, यद्यपि इस तरह के कटु अनुभव मुझे कितनी ही बार हो चुके हैं; मगर घर से रुपया लेकर चलते वक़्त मुझे उसे परख लेने की याद नहीं रहती। न किसी से लेती ही बार परखती हूँ।

इस वक़्त मेरे सन्दूक में ज़्यादा नहीं, तो बीस-पचीस खोटे रुपये पड़े होंगे और रेजगारियाँ तो सैंकड़ों की ही होंगी। मेरे लिए अब इसके सिवाय दूसरा उपाय न था कि भाज़ी लौटाकर खाली हाथ चली आऊँ। संयोग से महाशयजी उसी दूकान पर भाज़ी लेने आये थे। मुझे इस विपत्ति में देखकर आपने तुरन्त एक रुपया निकालकर दे दिया।

महाशयजी ने बात काटकर कहा—तो इस वक़्त आप वह सारी कथा क्यों सुना रही हैं? हम दोनों एक ज़रूरी काम से जा रहे हैं। व्यर्थ में देर हो रही है।

उन्होंने मेरा हाथ पकड़कर अपनी ओर खींचा।

मुझे उनकी यह अभद्रता बुरी लगी। कुछ-कुछ इसका रहस्य भी समझ में आ गया। बोला—तो आप जाइए, मुझे ऐसा कोई ज़रूरी काम नहीं है। मैं भी अब लौटना चाहता हूँ।

महाशयजी ने दाँत पीस लिए। अगर वह सुन्दरी वहाँ न होती, तो न जाने मेरी क्या दुर्दशा करते। एक क्षण मेरी ओर अग्नि-भरे नेत्रों से ताकते रहे, मानो कह रहे हों—अच्छा बचा; इसका मज़ा न चखाया तो कहना; और चल दिए। मैं देवी के साथ लौटा।

सहसा उसने हिचकिचाते हुए कहा—मगर नहीं, आप जाइए, मैं उनके साथ जाऊँगी। शायद मुझसे नाराज़ हो गए हैं। आज एक सप्ताह से मेरा और उनका रोज़ साथ हो जाता है और अब अपनी जीवन-कथा सुनाया करते हैं। कैसी नसीबवाली थी वह औरत, जिसका पति आज भी उसके नाम की पूजा करता है। आपने उन्हें देखा होगा। क्या सचमुच इन पर जान देती थीं?

मैंने गर्व से कहा—दोनों में इश्क़ था।

'और जबसे उनका देहांत हुआ, यह दुनिया से मुँह मोड़ बैठे?'

'इससे भी अधिक! उसकी स्मृति के सिवाय जीवन में इनके लिए कोई रस ही न रहा।'

'वह रूपवती थीं?'

'इनकी दृष्टि में तो उससे बढ़कर रूपवती संसार में न थी।'

उसने एक मिनट तक किसी विचार में मग्न रहकर कहा—अच्छा, आप जाएँ। मैं उनके साथ बात करूँगी? ऐसे देवता पुरुष की मुझसे जो सेवा हो सकती हैं, उसमें क्यों दरेग़ करूँ? मैं तो उनका वृत्तांत सुनकर सम्मोहित हो गई हूँ।

मैं अपना-सा मुँह लेकर घर चला आया। इत्तफ़ाक़ से उसी दिन मुझे एक ज़रूरी काम से दिल्ली जाना पड़ा। वहाँ से एक महीने में लौटा। और सबसे पहला काम जो मैंने किया, वह महाशय होरीलाल का क्षेम-कुशल पूछना था। इस बीच में क्या-क्या नई बातें हो गईं—यह जानने के लिए अधीर हो रहा था। दिल्ली से इन्हें एक पत्र लिखा था; पर इन हज़रत में यह बुरी आदत है कि पत्रों का ज़वाब नहीं देते। उस सुन्दरी से इनका अब सम्बन्ध है, आमद-रफ़्त है या बन्द हो गई, उसने इनके पत्नी-व्रत का पुरस्कार दिया या देनेवाली है? इस तरह के प्रश्न दिल में उबल रहे थे।

मैं महाशयजी के घर पहुँचा, तो आठ बज रहे थे। खिड़कियों के पट बन्द थे। सामने बरामदे में कूड़े-करकट का ढेर था। वही दशा थी, जो पहले नज़र आती थी। चिंता और बढ़ी। ऊपर गया तो देखा, आप उसी फ़र्श पर पड़े हुए—जहाँ दुनिया भर की चीज़ें बेढंगेपन से अस्त-व्यस्त पड़ी हुई हैं—एक पत्रिका के पन्ने उलट रहे हैं। शायद एक सप्ताह से बाल नहीं बने थे। चेहरे पर जर्दी छायी थी।

मैंने पूछा—आप सैर करके लौट आये क्या?

सिटपिटाकर बोले—अजी, सैर-सपाटे को कहाँ फ़ुर्सत है भई, और फ़ुर्सत भी हो, तो वह दिल कहाँ है। तुम तो कहीं बाहर गये थे।

'हाँ, ज़रा देहली तक गया था। अब सुंदरी से आपकी मुलाक़ात नहीं होती?'

'इधर तो बहुत दिनों से नहीं हुई।'

'कहीं चली गयी क्या?'

'मुझे क्या ख़बर।'

'मगर आप तो उस पर बेतरह रीझे हुए थे।'

'मैं उस पर रीझा! आप सनक तो नहीं गए हैं। जिस पर रीझा था, उसी ने साथ न दिया, तो अब दूसरों पर क्या रीझूँगा?'

मैंने बैठकर उनकी गर्दन में हाथ डाल दिया और धमकाकर बोला—देखो होरीलाल, मुझे चकमा न दो। पहले मैं तुम्हें ज़रूर व्रतधारी समझता था, लेकिन तुम्हारी वह रसिकता देखकर, जिसका दौरा तुम्हारे ऊपर एक महीना पहले हुआ था, मैं यह नहीं मान सकता कि तुमने अपनी अभिलाषाओं को सदा के लिए दफ़्न कर दिया है। इस बीच में जो कुछ हुआ है, उसका पूरा-पूरा वृत्तांत मुझे सुनाना पड़ेगा, वरना समझ लो, मेरी तुम्हारी दोस्ती का अंत है।

होरीलाल की आँखें सजल हो गईं। हिचक-हिचककर बोले—मेरे साथ इतना बड़ा अन्याय मत करो, भाईजान! अगर तुम्हीं मुझ पर ऐसे संदेह करने लगोगे तो मैं कहीं का न रहूँगा। उस स्त्री का नाम मिस इंदिरा है। यहाँ जो लड़कियों का हाईस्कूल है, उसी की हेड मिस्ट्रेस होकर आयी है। मेरा उससे कैसे परिचय हुआ, यह तुम्हें मालूम ही है। उसकी सहृदयता ने मुझे उसका प्रेमी बना दिया। इस उम्र में और शोक का यह भार सिर पर रखे हुए, सहृदयता के सिवा मुझे उसकी और कौन-सी चीज़ खींच सकती थी? मैं केवल अपनी मनोव्यथा की कहानी सुनाने के लिए नित्य विरहियों की उमंग के साथ उसके पास जाता था। वह रूपवती

हैं, खुशमिज़ाज है, दूसरों का दुःख समझती है और स्वभाव की बहुत कोमल है, लेकिन तुम्हारी भाभी से उसकी क्या तुलना? वह तो स्वर्ग की देवी थी। उसने मुझ पर जो रंग ज़मा दिया, उस पर दूसरा रंग क्या ज़मेगा! मैं उस ज्योति से जीवित था। उस ज्योति के साथ मेरा जीवन भी बिदा हो गया। अब तो मैं उसी प्रतिमा का उपासक हूँ, जो मेरे हृदय में है। किसी हमदर्द की सूरत देखता हूँ, तो निहाल हो जाता हूँ और अपनी दुःख-कथा सुनाने दौड़ता हूँ। यह दुर्बलता है, यह जानता हूँ; मेरे सभी मित्र इसी कारण मुझसे भागते हैं, यह भी जानता हूँ। लेकिन क्या करूँ भैया; किसी- न-किसी को दिल की लगी सुनाए बग़ैर मुझसे नहीं रहा जाता। ऐसा मालूम होता है, मेरा दम घुट जाएगा। इसीलिए जब मिस इंदिरा की मुझ पर दया-दृष्टि हुई, तो मैंने इसे दैवी अनुरोध समझा और उस धुन में—जिसे मेरे मित्रवर्ग दुर्भाग्यवश उन्माद समझते हैं—वह सब कुछ कह गया, जो मेरे मन में था, और है, एवम् मरते दम तक रहेगा। उन शुभ दिनों की याद कैसे भुला दूँ! मेरे लिए तो वह अतीत वर्तमान से भी ज़्यादा सजीव और प्रत्यक्ष है। मैं तो अब भी उसी अतीत में रहता हूँ। मिस इंदिरा को मुझ पर दया आ गई। एक दिन उन्होंने मेरी दावत की और कई स्वादिष्ट खाने अपने हाथ से बनाकर खिलाए। दूसरे दिन मेरे घर आयी और यहाँ सारी चीज़ों को व्यवस्थित रूप में सज़ा गई। तीसरे दिन कुछ कपड़े लायीं और मेरे लिए खुद एक सूट तैयार किया! इस कला में बड़ी चतुर है।

'एक दिन शाम को क्वींस पार्क में मुझसे बोलीं—आप अपनी शादी क्यों नहीं कर लेते?'

'मैंने हँसकर कहा—इस उम्र में अब शादी क्या करूँगा इंदिरा! दुनिया क्या कहेगी?'

'मिस इंदिरा बोलीं—आपकी उम्र अभी ऐसी क्या है। आप चालीस से ज़्यादा नहीं मालूम होते।

'मैंने उनकी भूल सुधारी—मेरा पचासवाँ साल है।'

'उन्होंने मुझे प्रोत्साहन देकर कहा—उम्र का हिसाब साल से नहीं होता, महाशय; सेहत से होता है। आपकी सेहत बहुत अच्छी है। कोई आपको पान की तरह फेरनेवाला चाहिए। किसी युवती के प्रेम-पाश में फँस-जाइए, फिर देखिए, यह नीरसता कहाँ ग़ायब हो जाती है।'

'मेरा दिल धड़-धड़ करने लगा। मैंने देखा, मिस इंदिरा के गोरे मुख-मंडल पर हलकी-सी लाली दौड़ गई है। उनकी आँखें शर्म से झुक गई हैं और कोई बात बार-बार उनके होंठों तक आकर लौट जाती है। आख़िर उन्होंने आँखें उठायीं और मेरा हाथ अपने हाथ में लेकर बोलीं—अगर आप समझते हों कि मैं आपकी कुछ सेवा कर सकती हूँ, तो मैं हर तरह हाज़िर हूँ, मुझे आपसे जो भक्ति और प्रेम है, वह इसी रूप में चरितार्थ हो सकता है।

'मैंने धीरे से अपना हाथ छुड़ा लिया और काँपते हुए स्वर में बोला—मैं तुम्हारी इस कृपा को कहाँ तक धन्यवाद दूँ, मिस इंदिरा; मगर मुझे खेद है कि मैं सजीव मनुष्य नहीं, केवल मधुर स्मृतियों का पुतला हूँ। मैं उस देवी की स्मृति को अपनी लिप्सा और तुम्हारी सहानुभूति को अपनी आसक्ति से भ्रष्ट नहीं करना चाहता।'

'मैंने इसके बाद बहुत-सी चिकनी-चुपड़ी बातें कीं, लेकिन वह जब तक यहाँ रहीं, मुँह से कुछ न बोलीं। जाते समय भी उनकी भँवें तनी हुई थीं। मैंने अपने आँसुओं से उनकी ज्वाला को शांत करना चाहा; लेकिन कुछ असर न हुआ, तबसे

वह नज़र नहीं आयीं। न मुझे ही हिम्मत पड़ी कि उनकी तलाश करता, हालाँकि चलती बार उन्होंने मुझसे कहा था—जब आपको कष्ट हो और आप मेरी ज़रूरत समझें, तो तुझे बुला लीजिएगा।'

होरीलाल ने अपनी कथा समाप्त करके मेरी ओर ऐसी आँखों से देखा, जो चाहती थीं कि मैं उनके व्रत और संतोष की प्रशंसा करूँ; मगर मैंने उनकी भर्त्सना की—कितने बदनसीब हो तुम होरीलाल, मुझे तुम्हारे ऊपर दया भी आती है और क्रोध भी! अभागे, तेरी ज़िन्दगी सँवर जाती। वह स्त्री नहीं थी, ईश्वर की भेजी कोई देवी थी, जो तेरे अँधेरे जीवन को अपनी मधुर ज्योति से आलोकित करने के लिए आयी थी, तूने स्वर्ग का-सा अवसर हाथ से खो दिया।

होरीलाल ने दीवार पर लटके हुए अपनी पत्नी के चित्र की ओर देखा और प्रेम-पुलकित स्वर में बोले—मैं तो उसी का आशिक़ हूँ भाईजान, और उसी का आशिक़ रहूँगा।

☐☐☐